교환학생
완전정복

Thanks to...

추천사를 써주신 UC 데이비스 글로벌 스터디 프로그램 코디네이터 제이콥 호지어Jacob Hosier 님과 대학내일의 정문정 기자님, 고려대 이영찬님께 감사드린다. 책에 직간접적으로 포함된 인터뷰에 응해준 모든 분들 그리고 사진을 제공해 준 친구들 강정현John, 최상현Simon, 박신영, 데니스Denise Garcia, 제이Jay Jongjitirat, 질리안Jillian Mariano, 래리 할아버지Larry Kaempf, 나탈리Natalie Golden에게도 감사를 전한다. 미국에서 만난 인연이 한국에 돌아와 룸메이트로 이어지고 있는, 귀한 수기를 써준 최인아, 영문 자소서 샘플을 제공해준 박은숙Amy에게도 특별한 감사를 전한다.

교환학생
완전정복

박솔희 · 양상준 지음

꿈의지도

Prologue...

교환학생!

대학 오면 하고 싶은 게 뭐였어? 미팅? 동아리? 장학금 받기? 그리고 교환학생?

배낭여행도 좋지만, 외국에서 대학생 신분으로 생활해볼 수 있는 기회인 교환학생은 그야말로 대학생들만이 누릴 수 있는 특권! 외국의 대학생들은 무엇을 하고 놀지? 무슨 생각을 하고, 어떤 꿈을 갖고 있을까? 미드 속 미국 대학은 현실과 어떻게 다를까? 현지 학생들과 직접 부딪히며 이 모든 궁금증을 해소할 수 있는 기회가 바로 교환학생!

하지만 누구나 그 기회를 잡을 수 있는 건 아니다. 로망을 현실로 만들기 위해서는 노력이 필요하다. 외국 대학에서 공부할 수 있는 어학실력도 갖춰야 하고, 눈 빠지게 외국 사이트를 들여다보며 복잡한 지원절차를 거치고 서류를 제출해야 한다. 남들은 쉽게만 하던 항공권 예매는 뭐가 이렇게 헷갈리고, 비자인터뷰는 어찌나 사람을 긴장하게 하는지.

이 모든 과정들이 더욱 험난한 건, 믿고 따라갈 만한 가이드가 없기 때문이다. "친구의 친구 선배가 교환학생을 다녀왔다는데" 하는 식의 카더라 통신 아니면 인터넷에 떠도는 못 믿을 정보들. 그나마 제일 도움이 되는 건 이미 교환수학을 해본 경험자의 보고서 내지는 수기인데, 체계적으로 정리가 돼있지 않아서 여기에만 기대서는 불안감을 가실 수 없다.

이렇게 맨땅에 헤딩하듯, 삽질하며 시작된 교환학생 완전정복. 직접 경험했고, 길이 험한 것을 너무나 잘 알기에, 다음에 올 사람들을 위해서 그 길을 좀 닦고자 했다. 조금만 정보를 알면 충분히 스스로 할 수 있는 일도 막막한 나머지 유학원에 의지하거나, 안 써도 될 돈을 수십만원 지출하는 사례가 많기 때문이다.

〈교환학생 완전정복〉의 철저한 가이드를 따른다면, 더 이상 교환학생은 막연한 로망이 아닐 것이다. 교환학생의 복잡한 지원절차와 출국 전 준비할 사항, 현지 적응은 어떻게 하는지, 미국 대학생 뺨치는 캠퍼스 라이프는 어떻게 즐기는지, 미국 대학 특유의 하우스 파티와 동아리 문화는 어떤지……. 막막하고 궁금하기만 했던 교환학생 정복, 시원하게 알려준다. 두 저자의 직접 경험에서 우러난 생생한 정보 200%의 지침서로, 대학 시절의 특권, Studying Abroad, 즐겨보시라!

2012년 11월
박솔희, 양상준

CONTENTS

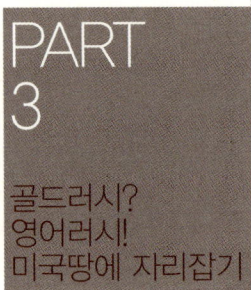

PART
3

골드러시?
영어러시!
미국땅에 자리잡기

01 미국, 도착은 했는데! 이제 나 어떡해?

입국 Entry

전화 Phone

집 구하기 Housing

은행 Banking

02 이제는 생활인! 미국에서 잘 먹고 잘 살기

PART 4

본토 대학생 뺨치는
캠퍼스 라이프
완벽 즐기기

01 파란 눈 교수님의 애제자 되기

03 파티! 파티! 파아티!

04 청춘, 떠나라! 아웃캠퍼스

PART
5

아쉬운 작별,
실속까지 챙겨
귀국하기

교환학생이 정확히 뭐야? 어학연수와는 어떻게 다른데? 교환학생을 다녀오면 어떤 점이 좋은 건데? 비용이 너무 많이 드는 건 아니야? 교환학생, 나도 갈 수 있을까? 대학생들의 로망 중 하나인 교환학생, 하지만 의외로 알려진 정보는 많지 않아 준비하면서 난항을 겪는 게 현실이다. 교환학생이 뭔지, 왜, 어디로, 일 년에 몇 명이나 갈 수 있는 건지, 비용은 얼마나 드는지……. 제대로 아는 이는 없는 교환학생의 세계, 지금부터 꼼꼼히 파헤쳐본다.

PART 1
대학생들의 로망,
교환학생

교환학생이란

교환학생Exchange Student Program 이란 말 그대로 본교와 협정을 맺은 파견 학교 간에 1:1로 학생을 교환하여 수학할 수 있게 하는 제도다. 양교에서 선발된 학생들이 같은 비율로 교환되기 때문에 등록금은 각자 본교에만 납부하면 되고 상대 학교에는 내지 않는다. 현지 대학생들과 거의 동등한 조건으로 수강할 수 있고, 현지에서 이수한 전공과 교양 학점을 본교에서 인정받을 수 있다.

방문학생, 특별교환학생, 자비교환학생

방문학생Visiting Student Program이란 실질적으로 교환학생과 다름없지만 본교와 파견 학교 간 학생이 1:1로 교환되지 않는다는 차이가 있다. 양교 간의 협정에 의한 1:1 교환학생은 파견 인원이 한정돼 있고, TO를 늘리는 것에도 한계가 있기 때문에 최근에는 방문학생 제도가 급격하게 확대되고 있다. 특히 한국 대학과 미국 대학 간의 방문학생 협정이 많다. 한국 대학으로 파견되고자 하는 미국 학생 수에 비해 미국 대학에서 수학하기를 원하는 한국 학생 수가 더 많기 때문에, 한국과 미국의 여러 학교들 간에 방문학생 협정이 활발하게 체결되는 추세인 것이다. 방문학생은 학생이 쌍방향으로 교환되지 않기 때문에 파견 학교에서 요구하는 자격요건만 충족한다면 비교적 쉽게 파견이 가능하다.

방문학생은 본교와 파견 학교에 모두 등록금을 납부해야 하지만, 대부분의 한국 학교에서는 장학금 형식으로 본교 등록금을 면제 혹은 감면해주기 때문에 이중으로 부담을 느낄 필요는 없다. 학교에 따라서 이를 특별교환학생 또는 자비교환학생이라고 부르기도 한다. 본서에서는 편의상 방문학생, 특별교환학생, 자비교환학생을 모두 방문학생이라고 통칭했으며, 특별히 구분할 필요가 있는 경우를 제외하고는 방문학생과 교환학생을 굳이 나누지 않고 교환학생이라고 지칭하였다.

방문학생의 장점은 일반 교환학생으로 갈 수 있는 학교보다 선택의 폭이 넓다는 것이며, 체류 기간도 비교적 자유롭게 정할 수 있는 편이다. 해외 명문대에서 수학할 수 있는 기회도 더 많다. 등록금 부담은 상대 학교에 따라 다르지만 한국 본교보다도 등록금이 저렴한 주립대도 있기 때문에, 오히려 일반 교환학생에 비해서 더 비용이 적게 들 수도 있다.

참고로 보통 영미권에서 일반 교환학생 프로그램은 Exchange Student Program, 방문학생 프로그램은 Study Abroad Program이라고 표현한다. 하지만 한국에서처럼 굳이 구분하지 않고 교환학생이라고 부르는 것이 일반적이다.

＼교환학생, 왜 가는 거야?

왜 다들 그렇게 교환학생을 가고 싶어 할까? 교환학생 제도의 매력은 무엇일까?

첫 번째, 외국에서 현지 학생과 같은 조건으로 대학 생활을 해볼 수 있다!
전 세계 어디에서든 '대학생'이기 때문에 누릴 수 있는 특권은 무궁무진하다. 교환학생은 외국에서도 현지 대학생과 같은 조건으로 대학 생활을 할 수 있다. 단순한 여행과는 다르게 관광객이 아닌 생활인으로 지내면서 지역 사회와 캠퍼스에 깊이 참여할 수 있고, 현지 학생들의 적극적인 학업 태도와 다채로운 자치 활동을 가까이서 지켜보며 무한한 영감과 자극을 받는다. 파견 학교에 등록금을 내지 않고, 혹은 본교 등록금이 감면되는 장학 혜택을 받으며 외국에서 공부할 수 있다는 것만으로도 이미 엄청난 혜택이자 특권임이 분명하다.

두 번째, 외국 대학원 갈까? 전공 공부를 영어로 해본다!

교환학생은 파견 학교에서 이수한 학점을 그대로 인정받을 수 있기 때문에 굳이 휴학을 하고 연수를 떠나거나 졸업을 늦추지 않아도 된다는 것이 장점이다. 또한 100% 영어로 전공 수업을 듣고, 같은 학문이라 해도 한국과는 다른 교수법이나 접근 방식을 통해 전공에 대한 심도 있는 지식을 쌓을 수 있다. 특히 외국 대학원 진학에 관심 있는 사람에게는 외국에서의 대학 생활을 미리 경험해보면서 대학원이 자기에게 잘 맞을 것인지, 대학원에 진학한다면 어떤 것들을 배우게 될지 미리 살펴볼 수 있는 기회도 된다.

세 번째, 지도 밖으로 행군하라! 더 넓은 세상 속으로, 전 세계에서 온 친구들을 만난다!

교환학생의 특권은 비단 캠퍼스 안에만 있는 게 아니다. 캠퍼스 안팎에서 만나는 다양한 국적의 친구들, 다양한 야외활동과 문화체험을 통해서 만나보는 더 넓은 세계! 웅장한 자연환경에 경외감을 느끼게 하는 국립공원 캠핑, 이름만 들어도 입이 쩍 벌어지는 박물관과 미술관 관람 등 방학을 이용한 국내외여행 그리고 할로윈데이, 추수감사절 등 한국에는 없는 명절문화 경험을 통해 견문을 넓힐 수 있다는 거! 함께하는 친구들과의 끈끈한 우정과 즐거운 웃음은 덤!

네 번째, 내 삶이 따뜻했던 날들, 인생 최고의 추억을 만든다!

'젊음은 젊은이에게 주기는 너무 아깝다'는 말 들어봤는가? 학교 다닐 때가 제일 좋은 거다, 즐길 수 있을 때 즐겨라, 많이 놀아라……. 선배들 말 안 듣고 아까운 젊음을 낭비하고 있는, 어이 거기 당신! 숨 돌릴 틈 없이 바쁘고 빡빡하게 돌아가는 한국 사회를 벗어나 짧게는 한 학기, 길게는 일 년 이상의 자유를 얻어보자. 인생에 다시는 오지 않을 기회일 수도 있다. 한국에서는 부모님 눈치 보느라 가지 못했던 클럽도 가보고, 남의 시선 때문에 입지 못했던 비키니 입고 일광욕도 즐겨보고, 취업 걱정에 전전긍긍하던 망설임 다 버리고 파티도, 여행도, 축제도, 마음껏 즐겨라!

다섯 번째, 바보야, 문제는 영어야! 공부, 취업, 해외여행 등 뭘 하든 필요한 영어 정복하기!

대학 입학은 물론 우리의 학점, 진학, 취업, 하다못해 해외여행을 갈 때도 발목을 잡고 늘어지는 이 죽일 놈의 영어, 영어, 영어! 토익 점수가 아무리 높아도 막상 외국인을 만나면 얼어버리는 죽은 영어는 더 이상 아무 짝에도 쓸모없다. 24시간 영어로 가득 찬 환경 속에서 원어민들과 대화하고 어울리면서 살아있는 영어를 입에 착착 붙이는 데는 교환학생들이 생활하는 대학교 캠퍼스만한 데가 없다. 게다가 영어로 영어만 배우는 것이 아니라 대학 수준의 교양과 전공 지식을 배우기 때문에 한 차원 높은 고급 영어를 습득할 수 있다.

이렇게 깨알 같은 매력과 장점을 가진 교환학생, 대학생 시절에 한 번 다녀오지 않으면 너무 섭섭하지 않을까?

교환학생을 가면 영어가 늘까?

미국에 다녀오기만 하면 원어민처럼 영어를 잘 하게 되지 않을까? 부푼 꿈을 안고 출국하는 교환학생이나 어학연수생들이 많다. 그러나 이는 쉽게 "예스"라고 답해줄 수 있는 질문이 아니다. 외국에 나가기 전, 그리고 현지에서 본인이 어떠한 마음가짐으로 어떻게 생활하느냐에 따라서 출국 전과 귀국 후의 영어실력은 하늘과 땅 차이로 달라질 수도, 아니면 별 차이가 없을 수도 있기 때문.

우선 미국을 비롯한 영미권 국가는 영어, 특히 회화 실력을 향상시키기에는 무척 유리한 환경이다. 한국과 달리 일상 속에서 영어 회화를 연습할 수 있는 환경이 24시간 유비쿼터스로 펼쳐져 있기 때문이다. 하지만 그런 환경을 쫓아 영어 공부에 목숨 거는 한국 유학생들이 불나방처럼 모여든다는 것 또한 기억해야 한다. 당신 또한 그들 중 한 명이 될 수 있으며, '우리민족끼리' 정서가 유달리 강한 한국인이 세계 어디를 가든 자연히 모이고 커뮤니티를 형성하게 된다는 사실 또한 무시하면 안 될 점이다. 물론 외국에서 같은 한국인을 만나면 무척 반갑기 마련이고, 비슷한 처지의 유학생들끼리 서로 고민을 나누고 어려운 일이 생겼을 때 도울 수 있다는 것도 이점이다.

그럼에도 불구하고, 미국에 가서 영어 실력을 향상시키는 것이 목적이라면 분명 완급조절이 필요하다. 현지에서 친해진 한국인 친구들은 나중에 한국에 돌아가서도 또 만날 수 있다. 하지만 미국인을 포함한 다양한 국적의 현지 학생들과 교환학생들은 이 시절이 지나면 언제 다시 만날 수 있을지 모른다. 또한 이렇게 24시간 영어에 완전히 몰입할 수 있는 환경 역시, 비싼 비행기 삯과 물가를 감당하며 미국까지 날아온 지금이 아니고서야 언제 다시 주어질지 모르는 일이다.

교환학생을 가는 것은 단순히 영어를 늘리기 위해서만은 아니다. 각자 다양한 목적과 꿈을 품고 비행기에 오르게 될 것이다. 하지만 정말로 영어를 늘리고 싶다면, 편하고 잘 맞는 한국인보다는 처음엔 좀 불편하고 어색한 외국인에게 먼저 말을 건네고 다가가자. 그들의 언어와 문화, 사고방식 등 한국에서 책으로만 공부할 때는 결코 접할 수 없었던 진짜 영어를 온몸으로 흡수하자. 한국인들끼리 어울릴 때도 영어로 대화하는 분위기를 만들면 더 좋지만 그건 사실 잘 안 된다. 그러니 평소에 한 명이라도 다른 나라에서 온 친구를 끼워서 같이 어울리고 그 친구를 위해서라도 모두가 영어로 대화하도록 하자(겪어보면 알겠지만 내가 알아듣지 못하는 언어로 앞에서 한참 떠들고 있으면 무척 불쾌할 뿐더러 소외된 기분이 든다. 미국인 친구들이 속사포 슬랭을 구사해서 나는 무슨 소린지 몰라 황당해 있을 때, 혹은 이탈리아 건축을 좋아하는 친구들이 자기들끼리 이탈리아어로 떠들고 있을 때라든지……). 이러한 노력을 하지 않고서 편한 대로 한국인들끼리만 어울려 놀러 다니고 집에서는 한국 드라마만 다운받아 보면서 시간을 보낸다면 귀국 시 영어가 늘지 않는다고 징징거릴 자격 없음이다.

교환학생, 얼마나 많이 갈까?

해외로 나가는 한국인 유학생은 몇 명일까

교육과학기술부 유학생 현황 지표 통계에 따르면 2011년 해외 고등교육기관에서 수학하는 한국인 유학생은 26만2천465명으로 집계됐다(2011년 4월 기준). 이는 2010년의 25만1천887명 대비 4.2% 증가한 수치다. 국외 유학생 수는 세계경기가 주춤했던 2008년 잠시 위축되었지만 이후로는 꾸준히 증가 추세를 이어오고 있으며, 세계화가 진행되고 국가 간 인적자원의 교류가 확대됨에 따라 향후에도 이러한 추세가 이어질 것으로 보인다.

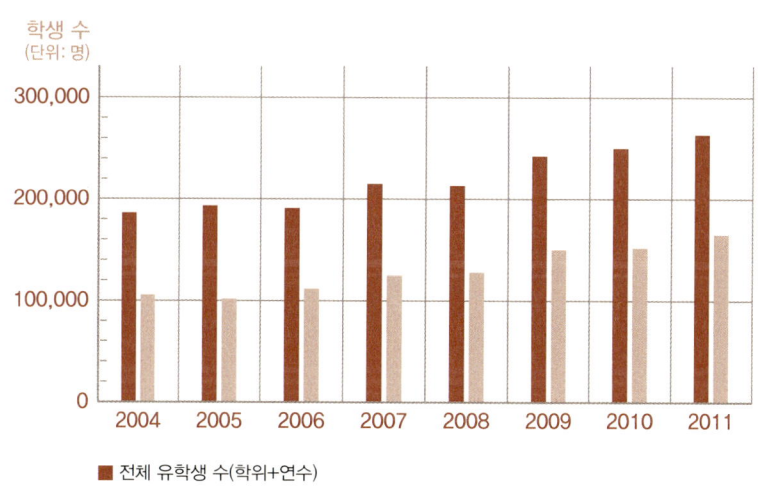

>>> 국외 한국인 유학생 현황

유학생		2004	2005	2006	2007	2008	2009	2010	2011
	대학(학위+연수)	187,683	192,254	190,364	217,959	216,867	240,949	251,887	262,465
	대학(학위)	105,893	100,716	113,735	123,965	127,000	151,566	152,852	164,169

출처: 교육과학기술부

본 통계에서 유학생이란 조사 당시(매년 4월 1일) 외국의 고등교육기관에서 6개월 이상의 기간에 걸쳐 수학하거나 학문·기술을 연구 또는 연수하는 자를 의미한다. 학위 취득을 목적으로 하는 학부나 석·박사 과정에 있는 유학생과 비학위 프로그램인 교환학생, 방문학생은 물론 사설학원에서 어학연수를 하는 경우도 포함된다.

2011년 유학생 26만2천465명 중 외국 대학에 정식으로 입학해 학위과정을 밟고 있는 인원이 16만4천169명이며, 이를 제외한 9만8천296명은 대개 비학위 유학인 교환학생, 방문학생, 어학연수생 등에 해당한다.

이렇게 많은 국외 유학생 중에 가장 많은 비중을 차지하는 7만2천153명이 미국 유학생으로서, 전체의 27.5%를 점하고 있다.

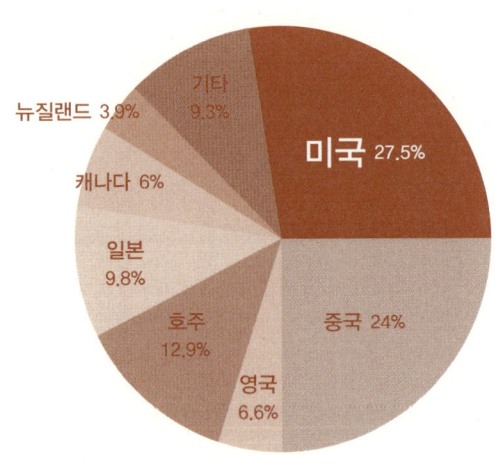

>>> 주요 국가별 한국인 유학생 현황(2012년 4월 기준)

미국으로 들어오는 전 세계 유학생은 몇 명일까

실제로 미국에 머무르면서 느끼기에도 미국에는 어딜 가나 한국인이 많았다. 이민자도 많지만, 미국 국적이 아닌 장·단기 유학생도 무척 많았다.

미국 전역을 통틀어 전 세계 각지에서 유학을 목적으로 미국에 와 있는 학생은 약 88만 명이나 된다. 교환학생을 포함한 외국인 학생 및 교환연구자들의 비자 정보를 관리하는 미 국무부의 교환방문자 정보시스템 세비스SEVIS의 2012년 1/4분기 자료를 보면 2012년 4월 2일 기준으로 유효한 F-1이나 M-1 비자를 가지고 있는 외국인 학생은 87만9천5명이었다.

F-1 비자는 정규교육 혹은 언어연수 비자이고 M-1 비자는 미용, 요리와 같은 직업훈련 비자인데 세비스 통계에서는 이 둘을 통틀어 학생비자로 구분했다. 실제로는 M-1 비자 취득자보다 F-1 비자 취득자 수가 훨씬 많다. 교환학생은 학생비자인 F-1 혹은 방문교류 비자인 J-1을 받게 되는데 17만2천870명에 달하는 J-1 비자 취득자 중 교환학생보다는 교환교수, 방문연구자, 기타 문화교류 프로그램 참가자가 훨씬 많기 때문에 여기서는 분석하지 않았다.

약 88만명에 달하는 학생비자 소지자 중 한국인은 10만7천54명으로 인구가 훨씬 많은 인도(9만8천554명)를 제치고 중국(21만3명)에 이어 2위를 차지했다. 교육열이 높아 해외 연수·유학에 적극적인 한국인의 특성이 잘 드러나는 대목이다.

>>> 학생비자(F-1 & M-1) 소지자의 출신국가 상위 10개국(2012년 4월 기준)

순위	출신국가	학생 수
1위	중국	210,003 명
2위	한국	107,054 명
3위	인도	98,554 명
4위	사우디아라비아	51,999 명
5위	캐나다	30,104 명
6위	일본	26,591 명
7위	대만	25,213 명
8위	베트남	18,537 명
9위	멕시코	17,054 명
10위	브라질	15,517 명

출처: 미 교환방문자 정보시스템SEVIS

미국 어떤 주에 유학생이 많을까

학위 과정과 비학위 과정을 통틀어 유학생이 가장 많은 지역은 캘리포니아다. 10개 UC 계열 대학들의 인프라가 잘 갖추어져 있고 도시의 치안도 좋은 편이기 때문에 교환학생을 비롯한 장·단기 유학생들에게 각광을 받고 있다. 흔히 칼텍이라고 줄여 부르는 캘리포니아 공과대학과 스탠퍼드 대학 같은 명문대 그리고 애플, 페이스북 등의 본사가 위치하며 전 세계 첨단산업의 중심지인 실리콘 밸리가 있는 곳도 캘리포니아다.

뉴욕과 메사추세츠, 펜실베이니아 주는 미국 동부에 위치해 있다. 말할 것도 없는 미국 최대의 도시인 뉴욕 시가 위치한 뉴욕 주에는 뉴욕대, 뉴욕주립대, 콜롬비아대 등이 위치해 있고 어학연수생, 직업훈련생도 무척 많다. 메사추세츠 주의 보스턴 시는 하버드대학, MIT 즉 메사추세츠 공과대학, 보스턴대학과 같은 명문대가 위치해 유학 준비생들이 선호하는 도시이며, 펜실베이니아 주에는 아이비리그에 해당하는 유펜 즉 펜실베이니아대학이 있다.

텍사스 주는 우리나라에는 잘 알려져 있지 않지만 휴스턴과 같은 대도시가 있고 생각보다 한인이 많으며, 특히 오스틴 같은 도시는 학생 인구 비율이 무척 높은 대학도시다. 일리노이 주는 미국의 역사 깊은 도시 중 하나인 시카고가 있는 곳으로 일리노이 공과대학, 일리노이 주립대 등이 소재해 있다. 전체 학생비자 소지자의 55%가 이 7개 주에 분포돼 있다.

〉〉〉 학생비자(F-1 & M-1) 소지자의 체류지역 상위 7개 주(2012년 4월 기준)

순위	공부하고 있는 주	학생 수
1위	캘리포니아	147,401 명
2위	뉴욕	103,630 명
3위	텍사스	64,887 명
4위	메사추세츠	49,283 명
5위	플로리다	41,292 명
6위	일리노이	38,282 명
7위	펜실베이니아	35,032 명

출처: 미 교환방문자 정보시스템SEVIS

국내 대학에서 해외로 파견하는 교환학생은 몇 명일까

아직까지 국내에는 교환학생 부문에 특화된 유학생 통계가 미비한 실정이다. 비자 취득을 기준으로 하는 미국 자료로는 교환학생과 어학연수생, 기타 문화교류 프로그램 참가자를 구분할 수 없었다. 중앙일보 대학평가와 교과부 대학알리미를 통해 개별 대학에서 제공하는 자료를 부분적으로 얻을 수 있었으나 통일된 기준으로 정리된 자료가 없어 재가공 과정을 거쳤다.

>>> 연간 교환학생 파견 인원(단위: 명, 2011년 기준)

순위	대학교	학생 수	순위	대학교	학생 수
1	경희대	897	16	서울시립대	280
2	한양대	649	17	건국대	276
3	중앙대(서울)	642	18	청주대	270
4	이화여대	542	19	한국과학기술원KAIST	211
5	한국외대	511	20	중앙대(안성)	210
6	동국대(서울)	496	21	동국대(경주)	200
7	서울대	478	22	한남대	193
8	숙명여대	463	23	부산외국어대	173
9	연세대(서울)	455	24	성신여대	170
10	고려대(서울)	455	25	덕성여대	161
11	성균관대	451	26	서울여대	150
12	인하대	364	27	서강대	138
13	대진대	314	28	가톨릭대	135
14	선문대	309	29	대구한의대	110
15	전북대	307		합 계	100,10

출처: 중앙일보 대학평가 국제화 지수와 대학알리미 자료를 재가공

국내에서 높은 인지도와 영향력을 갖고 있는 중앙일보 대학평가의 국제화 지수를 토대로 상위 29개 대학을 추려냈다. 중앙일보 대학평가의 국제화 지수 평가 지표에는 외국인 교수 비율, 학위과정 등록 외국인 학생 비율, 해외 파견 교환학생 비율, 국내 방문 외국인 교환학생 비율, 전공

수업 중 영어 강좌 비율 등이 있다. 이 중 해외 파견 교환학생 비율을 기준으로 상위 29개 대학을 추린 뒤 대학알리미에 나와 있는 재학생 수(학부+대학원)를 이용해 파견 학생 인원을 계산해냈다. 따라서 위 표의 순위는 중앙일보 대학평가에 나타난 해외 파견 교환학생 비율이 아니라 본서에서 재가공한 해외 파견 교환학생 인원수에 따라 매겨진 것임을 밝힌다.

교환학생 파견 인원수에 따라서 대학들을 줄 세우고자 하는 의도는 없다. 다만 이렇게 많은 대학들이 이 정도의 규모로 매년 학생들을 해외로 파견하고 있다는 의미로 이해해주기 바란다. 중앙일보 대학평가에서는 전년도 10월과 당해년도 4월을 기준으로 해외에서 1학기 이상 수학하는 교환학생들을 파견 인원으로 본다. 따라서 2010년 하반기~2011년 상반기에 걸친 기간 동안 상위 29개 대학에서만 1만명 이상의 교환학생이 외국으로 파견된 것이다. 2011년 중앙일보 대학평가의 대상만 해도 1백개 대학이며, 통계에 잡히지 않는 부분도 있다는 것을 감안하면 매년 파견되는 교환학생 수가 무척 많다는 것을 알 수 있다. 또한 각 대학들이 대학평가를 의식하는 것과 함께 교환학생 파견 숫자가 매년 늘어나고 있어서, 교환학생은 더는 영어를 잘하거나 특별한 사람만 갈 수 있는 한정된 기회로 여겨지지 않고 있다.

교환학생은 전 세계로 간다?

앞서 살펴본 것처럼 한국 유학생의 미국 편중도가 무척이나 높다. 교환학생의 경우도 사정은 크게 다르지 않다. 일례로 2011년 고려대학교의 해외 파견 교환학생 총 1천158명(본교·분교 통합) 중 미국으로 파견되는 인원은 단일 국가 파견으로는 가장 많은 309명으로 전체의 26.7%에 해당했다. 이는 중국 115명, 영국 123명, 캐나다 108명에 비해 월등한 숫자다.

크게 보아 교환학생으로 해외에 파견될 수 있는 지역은 미국과 유럽, 아시아로 삼분된다. 아시아는 대개 중국 혹은 일본, 홍콩, 싱가포르와 같은 선진국으로 파견되는 인원이 많다. 유럽 지역은 전체 인원을 합치면 꽤 많지만 각 나라별로는 파견 인원이 한정돼 있다. 또한 유럽의 모든 나라에서 영어가 일상적으로 통용되는 것은 아니다. 따라서 유럽과 아시아 일부 국가의 경우 교환학생을 갈 수 있는 사람은 해당국 언어의 전공자로 한정된다.

미국으로의 파견 인원이 많은 이유는 사실상 파견 당사자들의 선호도가 높기 때문이다. 우리나라는 미국과 국교가 많고 어릴 때부터 미국식 영어를 배우기 때문에 유럽 등 다른 나라에 비해서 익숙하다. 제2외국어를 하는 사람이 아니고서야 영어로 수업을 듣고 생활할 수 있으며 영어 실력 향상도 기대해볼 수 있는 영미권으로 교환학생을 가고 싶어 하는 것이 당연하다. 워낙에 미국으로 건너가 정착한 한인이 많다보니 미국에 친척이나 지인이 있는 사람도 많으며, 할리우드 영화와 미드와 같은 미국문화는 강력한 파급력으로 우리의 삶에 깊숙이 파고들어 있다.

그랜드캐니언, 나이아가라 폭포 등 웅장한 미국의 대자연을 체험할 수 있고, 샌프란시스코, 라스베가스, 뉴욕 등 유명한 관광지가 많아 볼거리가 많다는 것도 미국 교환학생의 매력이다. 한국보다 생활비가 비싼 것은 사실이지만 유로화를 사용하는 서유럽이나 북유럽과 비교하면 한결 부담이 덜하다.

선발절차 면에서도 미국 대학들은 1:1 교환학생뿐 아니라 방문학생도 대규모로 받고 있기 때문에 파견이 수월하다. 또한 우리나라 대학의 학문 풍토가 미국의 영향을 많이 받았기 때문에 전공 공부에 도움이 되며 학점 이수에도 유리할 수 있다는 장점이 있다.

교환학생, 나도 갈 수 있을까?

교환학생을 지원할 때 가장 마음에 걸리는 요소는 아무래도 '영어 성적'이다. 높은 공인영어성적이 필요할 것이라고 지레 겁먹는 사람이 많지만 요즘은 파견 인원 확대와 함께 커트라인이 많이 낮아져서 토플 100점

이상의 고득점자가 아니라도 어렵지 않게 교환학생을 갈 수 있다.

학교마다 요구하는 점수 요건이 다르지만 대개 아이비티^{IBT} 80점 내외에서 지원 가능 점수가 형성돼있다. 이는 단순히 교환학생에 지원할 수 있는 자격요건에 해당하는 점수이며, 합격선은 학교에 따라 그리고 파견 상대 학교에 차이가 난다.

1:1 교환 프로그램의 경우 파견 인원이 파견교당 한해 10명 이내로 한정된 경우가 많다. 따라서 가장 인기가 많은 미국 지역의 좋은 학교에 가려면 아이비티 100점은 넘어야 할 정도로 경쟁이 치열하다. 하지만 파견 인원에 큰 제한이 없는 방문학생 프로그램의 경우 상대 학교에서 요구하는 자격요건만 충족하면 어렵지 않게 파견이 가능하다. 미국 대학교에서 교환학생에게 요구하는 자격요건은 보통 아이비티 70점대이며, 이보다 점수가 낮거나 공인영어성적이 없더라도 어학 코스인 이에스엘^{ESL : English as a Second Language} 수업 수강을 조건으로 파견이 가능한 경우도 있다.

>>> 토플 아이비티와 아이엘츠 비교

	토플 아이비티	아이엘츠
주관사	ETS	주한영국문화원
과목	읽기, 듣기, 말하기, 쓰기	읽기, 듣기, 말하기, 쓰기
시험 방법	인터넷 컴퓨터	종이에 주관식, 말하기는 1:1 면접
가격	약 19만원(170불)	21만원
성적발표일	온라인 10일 후, 성적표 발송 3주 후	13일 후

영어만 잘한다고 다 교환학생을 갈 수 있는 것도 아니고, 영어를 잘 못한다고 절대로 교환학생을 갈 수 없는 것도 아니다. 선발기준은 학교에 따라 다르지만 영어 성적 외에 학점과 자기소개서, 면접 점수가 종합적으로 고려된다. 학교에서는 단순히 영어만 잘하는 학생보다는 교환학생 파견에 대한 열의가 높은 학생을 지원하고자 한다. 그러므로 영어 성적이 월등하지는 못하더라도 자기소개서와 면접에서 열정을 보여준다면 부족한 영어 성적을 상당 부분 만회할 수 있다.

토플이 조금 어렵다고 느껴지면 아이엘츠^{IELTS} 시험을 준비해보는 것도 방법이다. 아이엘츠는 영국 케임브리지 대학에서 만든 시험으로, 영국 대학뿐 아니라 미국 대학에 지원할 때도 대부분 공인영어성적으로 인정받을 수 있다. 보통 교환수학을 위해서는 6.5 이상의 점수가 요구되는데 점수가 0.5 단위로 올라가기 때문에 토플보다 커트라인을 넘는 점수를 받기가 쉽다. 단 지원 준비 전에 다니고 있는 한국 본교에서 아이엘츠 성적을 인정해주는지 먼저 확인해야 한다.

〈토플과 아이엘츠에 대한 자세한 내용은 049쪽 참고〉

교환학생, 비용은 얼마나 들까?

돈 걱정을 안 할 수가 없다. 교환학생을 가고 싶어도 비용이 걱정되어 아예 도전하지 못하는 사람도 있다. 분명 미국은 한국에 비해 등록금과 집세가 무척 비싸며, 새로운 나라에 가서 시행착오를 겪으며 생활하게 되므로 생활비가 많이 들게 된다. 아무리 싸게 끊어도 1백만원 이하로는 구하기 어려운 왕복항공료와 40만원에 달하는 비자 발급비용은 말할 것도 없다.

하지만 자신이 정말로 교환학생을 가고 싶다면, 물론 쉽지 않더라도 길은 있다고 말하고 싶다. 실제로 주변에서 자기가 번 돈으로 교환학생 가는 친구들을 많이 봤다. 또한 체재비에 대한 부담으로 1년 파견이 많은 1:1 교환 대신 어학연수를 선택하는 경우가 있다. 하지만 방문학생은 비교적 유연하게 수학 기간을 결정할 수 있으며, 미국에는 한국 본교보다 등록금이 싼 주립대도 있기 때문에 오히려 학비를 절약할 수도 있다. 미국이 한국에 비해 월등하게 비싼 부분은 집세 혹은 기숙사비인데, 이 부분만 어느 정도 해결이 된다면 평소 생활비는 자기가 아껴 쓰기 나름이다. 교환학생에게 주어지는 장학금도 있고 구하기는 어렵지만 교내에서 아르바이트를 할 수도 있기 때문에, 교환학생을 가는 것은 돈이 아닌 의지의 문제라고 생각한다.

〈교환학생이 받을 수 있는 장학금에 대한 자세한 내용은 074쪽 참고〉

미국에 교환학생으로 한 학기 동안 수학한다면 6개월간의 체류 비용은 얼마나 들까. 지역, 학교, 개인의 소비패턴에 따라 차이는 있지만 그런대로 절약해서 생활한다는 가정 하에 다음과 같은 추산이 가능하다.

〉〉〉 미국 교환학생 6개월 체류비용

항목	액수	산정 기준 및 비고
등록금	약 500만원	주립대 기준 300만원~1,000만원
집세 혹은 기숙사비	약 300만원	지역, 학교에 따라 편차 큼
식비	약 100만원	외식이 잦은 경우 훨씬 늘어남
교통비(혹은 자전거 구입비)	약 15만원	
통신비(휴대폰)	약 35만원	AT&T 국내 무제한 통화료 50불 기준
교재비	약 20만원	미국은 교과서가 무척 비쌈
문화체험 및 여행 경비	약 100만원	개인차 큼
비자 및 여권 발급 비용	약 50만원	여권 발급 비용 5만5천원, 서비스 수수료 200불 등
항공료	약 150만원	항공사와 시기에 따라 120~180만 원
기타 비용	약 30만원	쇼핑, 생활용품 구입 등
합계	약 1,300만원	

월별 평균을 내보면 매달 약 216만원 가량이 소요된다고 보면 된다. 이 중 출국 준비시기에 들어가는 등록금, 비자 및 여권 발급 비용, 항공료를 제외하면 매달 평균 100만원 정도가 든다. 이 중 집세는 지역에 따라 편차가 크고 문화체험 및 여행 경비 역시 개인에 따라 천차만별로 달라진다. 식비는 대부분의 끼니를 집 혹은 학교 식당에서 해결하는 경우를 기준으로 추산했고 외식이 잦아지는 경우 훨씬 늘어날 수 있다.

기숙사에 살지 않는 경우, 체류 지역에 따른 생활비는 매달 얼마나 들까. 지역에 따른 격차가 가장 큰 항목은 집세와 교통비다. 미국 기숙사는 가격에 비하면 시설이 좋지 않지만 그래도 따로 살 집을 구하는 것에 비하면 저렴하고 편리한 점이 많다. 집을 렌트하는 경우 아무래도 공과금과 초기 정착비 등으로 생활비가 더 많이 들어간다. 또한 대도시일수록 렌트

비용이 말도 안 되게 비싸진다. 집세는 집은 쉐어하되 방은 독립적으로 사용하는 경우를 기준으로 계산했지만 방을 쉐어하는 경우 비용을 더 낮출 수 있다.

>>> 근교 대학도시와 대도시 대학의 생활비 비교

항목 액수	근교의 대학도시	대도시에 있는 대학
집세	500~700불	700~1,000불
공과금(전기, 수도, 인터넷)	50~60불	50~60불
식비	150~250불	150~250불
교통비(혹은 자전거 구입비)	0~30불	30~60불
통신비(휴대폰)	50~60불	50~60불
기타 비용	50~100불	50~100불
합계	780~1,200불 한화 약 90만~140만원	1,030~1,530불 한화 약 120만~180만원

교환학생과 어학연수의 차이

교환학생이 어학연수나 워킹홀리데이 같은 여타 프로그램과 가장 다른 점은 현지 대학생과 같은 조건으로 학점을 인정받으면서 대학 생활을 한다는 점이다.

교환학생은 본교에만 등록금을 납부하면 되지만, 반드시 기숙사에 살아야 하거나 학교식당 식권을 사야 한다는 조건이 걸려 있는 경우가 있다. 미국 대학의 기숙사Dormitory 혹은 Residence Hall에는 주로 저학년 학부생들이 거주하며 비용에 비해서 시설이 좋지 않은 편이다.

방문학생은 양교에 등록금을 납부하고 본교 등록금은 장학금 형식으로 환급받는다. 방문학생은 파견 인원이 많은 대신 수용할 학부생 기숙사가 충분치 않아서 외국인 학생 전용 기숙사나 학교와 제휴돼 있는 아파트On-Campus Apartment나 인터내셔널 하우스 등에 살게 되는 경우가 종종 있다.

〈인터내셔널 하우스에 대한 자세한 내용은 263쪽 참고〉

어학연수는 사설 어학원이나 대학 부설 어학당에 등록하고 어학 코스를 수강하는 것이다. 원할 경우 학원에서 홈스테이를 연결해주며, 현지 생활에 어느 정도 적응한 후에 아파트를 렌트해 나가 사는 경우가 많다. EF 등 자체 기숙사가 있는 학원도 있다. 학원비는 매달 혹은 분기별로 납부하는데 우리나라 학생들은 대개 유학원을 통해 미리 장기등록을 하고 출국하는 경우가 많다.

>>> 교환학생 · 방문학 · 어학연수 비교

	등록금 납부	기숙사	수학기간
교환학생	본교 납부	자율선택	1학기 혹은 1년
방문학생	본교와 파견학교 모두 납부 *본교에서 장학금 형식으로 차후 감면	자율선택	1학기 이상으로 비교적 자유로움
어학연수	매달 혹은 분기별 납부	자율선택	스스로 결정

어학연수 기관의 종류

사설 어학원 Language Institute

미국의 주요 대도시에는 카플란, 인트락스Intrax, 아이엘에스씨ILSC, 앰버시Embassy 등의 사설 어학원이 있다. 영어를 모국어로 하지 않는 외국인을 대상으로 영어를 가르치며, 배치고사를 통해 수준별 반편성이 이루어진다. 미국인이나 호주인 등의 영어권 원어민 교사가 수업을 진행하며, 회화에 중점을 두고 가르치는 경우가 많다. 보통은 학생비자 유지를 위한 최소 조건인 주 18시간 수업을 진행하는 일반 과정 혹은 20시간 이상 수업을 진행하는 집중 과정을 듣게 되며, 학원에 따라서 지알이GRE나 토플 준비반, 비즈니스 과정 등이 개설돼 있기도 하다.

한국의 유학원을 통해 제휴 어학원에 등록하면 할인 혜택을 받을 수 있다. 하지만 대형 학원일수록 한국인이 많아 회화 연습에 불리하고 대도시에 위치해 생활비가 비싸다는 단점이 있다. 개인적으로 등록하고 싶으면 원하는 지역의 학원을 찾아 홈페이지에서 등록하면 되지만 대부분의 대형 어학원은 유학원을 통한 등록이 일반적이기 때문에 오히려 학비가 더 비싸질 수 있다.

대학 부설 어학당 University Extension

대부분의 미국 대학교에는 부설 어학당이 있어서 이에스엘ESL 수업을 들을 수 있다. 해당 대학으로의 입학이나 편입을 준비하는 학생들이 많아서 회화보다는 글쓰기 등 보다 아카데믹한 내용으로 수업이 진행된다. 강사들도 대학의 교수나 강사인 경우가 많아서 수업의 질이 매우 높다는 것이 장점이다. 영어 실력이 일정 수준 이상이면 해당 대학의 수업을 수강할 수 있게 해주는 경우도 있어서, 단순히 영어만 배우는 것이 아니라 보다 높은 수준의 강의를 들어볼 수 있어 유리하다. 교실이 대학 캠퍼스 내에 위치해 있어 간접적으로나마 미국 대학을 체험해볼 수 있다.

단점은 대체로 수업료가 비싼 편이고 할인을 받을 수 있는 경로도 거의 없다. 또한 진학 준비 위주로 수업이 진행되기 때문에 회화 능력 향상을 기대하는 경우 다소 지루하게 느낄 수 있으므로, 어학연수의 목적을 잘 생각하고 기관을 결정해야 한다. 교외의 대학도시에 살아야 하기 때문에 생활비가 절약된다는 점은 좋으나 생활이 심심하고 주말에 여행을 다니는 등의 교통이 불편하다.

대학 부설 어학당은 유학원을 통해 소개받을 수도 있지만 어학연수 기관에서 유학원에 주는 수수료가 없기 때문에 할인 혜택이 없을 뿐더러 따로 소개비를 요구하는 경우가 많다. 스스로 원하는 어학당의 홈페이지를 찾아서 등록할 수 있다.

외국 대학에 다닐 수 있는 또 다른 방법은?

한국 본교에서의 선발 후 상대 학교의 승인을 얻어 파견되는 일반적인 교환학생 선발절차를 거치지 않고 개별적으로 지원하여 교환수학하고 학점을 인정받을 수 있는 방법이 있다. 아이셉ISEP과 에스에이에프SAF 그리고 파견을 원하는 학교에 직접 지원하는 개별 지원이 그것이다.

아이셉ISEP

아이셉이란 International Student Exchange Program의 약자로 '국제교환학생 프로그램'이라 불리기도 한다. 아이셉은 세계 여러 나라의 학생들이 경제적 부담없이 국제 경험을 쌓을 수 있는 기회를 제공하기 위해 만들어진 국제단체로 39개국 275개의 회원교가 참여하고 있다. 우리나라 대학 중에는 고려대, 계명대, 아주대, 연세대, 이화여대가 아이셉 회원교로 등록돼 있다. 등록되어 있는 학교의 학생만 지원이 가능하다.

일반적으로 교환학생을 해당 대학 내에서 선발하여 파견하는 것과 달리 아이셉을 통해 파견되는 교환학생은 아이셉에서 자체 선발한다. 장학 혜택이 주어지기 때문에 보통의 교환학생 지원 자격보다 조건이 까다로운 편이다. 미국 대학에 지원하려면 아이비티 토플 84점 이상, 3.0 이상의 평균평점을 갖춰야 한다. 아이셉을 통해 파견될 수 있는 프로그램은 1:1 학생 교환 방식의 아이셉 익스체인지ISEP-Exchanges와 방문학생이라고 할 수 있는 아이셉 다이렉트ISEP-Direct 등이 있다.

아이셉으로 파견되는 경우에도 교내에서 선발해 파견하는 교환학생 프로그램과 똑같이 본교에만 학비를 낸다. 기숙사비와 식비를 아이셉 측에서 지원해주기 때문에 파견 전에 한국에서 비용을 지불하고 가야 한다.
〈아이셉 홈페이지 isep.org〉

에스에이에프SAF

에스에이에프란 The Study Abroad Foundation의 약자로 미국 정부의 인가에 따라 교환학생 프로그램을 지원하는 비영리재단이다. 에스에이에프는 미국을 비롯한 해외 유수 대학들이 회원교로 들어와 있으며 우리나라에서는 25개의 대학교와 협정을 맺고 있다. 국립대 중에는 강원대, 경북대, 서울대, 부산대, 인천대, 전남대, 충북대가 참여하고 있고 사립대 중에는 가톨릭대, 건국대, 고려대, 국민대, 동국대, 명지대, 서강대,

서울시립대, 성균관대, 숙명여대, 숭실대, 연세대, 인하대, 중앙대, 포항공대, 한국외대, 한양대, 홍익대가 참여한다. 등록되어 있는 학교의 학생만 지원할 수 있다.

에스에이에프 프로그램은 1:1 학생 교환 방식이 아니라 방문학생 형태로 파견된다는 점이 특징이다. 따라서 파견 가능성이 높고 학교 선택의 폭이 넓다는 장점이 있다. 각 대학에서 요구하는 자격요건을 충족하면 지원이 가능하다.

〈에스에이에프 홈페이지 korea.studyabroadfoundation.org〉

개별 지원

본교나 사설 교환학생 기관을 거치지 않고 파견을 원하는 학교에 직접 지원하여 교환학생을 가는 방법도 있다. 이 경우에는 대부분 방문학생의 형태로 파견이 이루어진다. 모든 과정을 개인이 알아서 진행해야 하기 때문에 조금 어려울 수도 있지만 자신이 원하는 학교로 갈 수 있으며, 치열한 경쟁 과정없이 파견될 수 있다는 게 장점이다.

대부분의 대학들이 방문학생 지원을 위한 웹사이트를 운영하고 있으며, 개별 대학이 요구하는 자격요건을 갖추고 학사일정에 맞추어 지원하면 된다. 최근에는 여름계절학기를 개별 지원하기도 하는데, 미국 대학의 여름계절학기는 보충수업 느낌이 나는 한국 대학의 계절학기와 달리 수강생이 많고 어학연수를 겸해서 찾아오는 국제학생들도 많다. 그래서 교환학생 한 학기를 다녀오는 것과 체감이 비슷하기 때문에 정규학기보다 비싼 수업료에도 불구하고 점점 인기를 얻고 있다.

개별 수학한 프로그램의 학점을 인정받기 위해서는 반드시 본교 학사지원팀과의 상담을 거쳐야 한다. 또한 등록금을 양교에 내는 경우 본교의 장학 혜택을 받을 수 있는지 확인해야 한다. 하지만 개별 지원하는 방문학생 프로그램은 휴학생도 참가할 수 있기 때문에, 파견 학교에만 등록금을 내고 본교는 휴학한 상태로 나가도 된다. 졸업이 늦어진다는 것은 단점이지만 초과 학기를 다녀서라도 졸업을 늦추고자 하는 경향이 있는 요즘에는 오히려 장점이 될 수도 있다.

규정되지 않은 나를 만나러 가다

숙명여대 아동복지학과 08 최인아
2011년 10월~12월. 카플란Kaplan International College
산타바바라 지점에서 어학연수
2012년 1월~6월. UC 데이비스 글로벌 스터디 프로그램
겨울학기, 봄학기
2012년 8월. 뉴욕 레너트Rennert 어학원에서
테슬TESOL 과정 수료

왜 교환학생을 가야 했나? 영어!

다양한 경험도, 해외여행도 좋지만 내가 교환학생을 가기로 결정한 가장 큰 목적은 사실상 영어였다. 졸업을 한 학기 앞둔 나에게 영어는 그저 스펙이 아니라 국제적인 일을 하고 싶은 꿈을 위해 절실히 필요한 수단이었다. UC 데이비스로 교환학생을 떠나기로 결정이 된 후에도, 어학연수를 하기 위해 교내 유학원을 통해 미국 산타바바라에 있는 카플란 어학원에 등록했다. 처음 학원에 도착해서 반배치를 받았다. 열두 명 정도 되는 한 반에 한국인이 3명이나 있었다. 그들은 내가 한국인이라는 것을 눈치 채고 말을 걸어왔다. 나는 "Nice to meet you. Yes, I am Korean."이라고 대답했다.

말을 걸었던 한국인들의 눈빛은 수상하게 바뀌었고, 뒤에서는 "한국말 안 하는데?"라며 수군거렸다. 하지만 나는 그 때부터 누가 한국말로 말을 걸어도 영어로 대답했고, 한국어를 쓰며 몰려다니는 어학원 내의 한국 사람들에게도 영어로 대화해줄 것을 부탁했다. 당연히 다들 내 남다른 태도에 대해서 수군댔지만, "난 미국에 친구 사귀러 온 거 아니야"라고 생각하며 마음을 다잡았다. 나중에는 한국인들도 자연스럽게 영어로 말을 걸어왔고, 학원 밖에서 한국인들끼리 어울릴 때도 항상 영어를 쓰는 분위기가 조성되었다. 학원 선생님은 한국 학생들이 회화 연습을 잘 하고 있다며 칭찬했고, 처음에는 이상하게 생각하던 한국인들과도 오해를 풀고 친하게 지냈다.

홈스테이 가족과의 갈등, 크리스마스이브에 집에서 쫓겨나다

미국에서 좋은 일만 있었던 건 아니었다. 그 중에서 가장 힘들었던 건 홈스테이 가족과의 갈등이었다. 산타바바라에서 같이 지냈던 호스트 패밀리는 이민자 부부였는데, 아줌

마는 동유럽 출신이고 남편은 멕시칸이었다. 그런데 이들은 학생을 돌보는 것은 뒷전이고 돈 때문에 홈스테이를 하는 호스트 패밀리였다. 나는 홈스테이를 하면서 호스트 패밀리와 대화를 하며 회화 연습을 더 하고 싶었다. 그런데 아저씨는 일을 다니지 않고 집에서 술만 마시는 알코올 중독자라 이야기를 하기 어려웠고, 아줌마는 일을 하고 집에 들어오면 피곤한지 밥도 제대로 챙겨주지 않고 내가 말을 걸어도 번번이 불친절하게 대답했다. 밥을 제대로 안 챙겨주는 건 차라리 괜찮았다. 하지만 나를 '보살펴야 할 홈스테이 학생'이 아니라 단순한 '돈벌이 대상'으로만 보는 듯한 태도는 견디기 어려웠다.

결국 크리스마스이브에 사건이 터졌다. 어학원 공부가 끝나고 데이비스로 떠나기 사흘 전, 홈스테이 아줌마와의 다툼 끝에 집에서 쫓겨났다. 호텔 전화번호만 몇 개 확인하고 짐을 싸서 나왔을 때, 교회에서 만나 종종 함께 어울렸던 래리 할아버지에게 전화가 왔다. 오늘 밤 크리스마스이브 콘서트에 가겠냐는 거였다. 나는 지금 사정이 생겨 당장 숙소를 알아봐야 하기 때문에 가지 못할 것 같다고 말했다. 얘기를 듣자 래리 할아버지는 다시 연락을 주겠다고 하더니, 1분 후에 다시 전화를 걸어 말했다. "넌 래리 앤 해리엇 호텔에 3일 동안 무료로 숙박할 수 있어. 내가 지금 너를 데리러 갈 거야."

그렇게 해서 나는 3일 동안 래리 할아버지와 해리엇 할머니 집에서 함께하게 되었다. 미국의 가장 큰 명절인 크리스마스답게 아들, 딸, 손자, 손녀 모두가 할아버지 집에 모여 있었다. 그날 밤, 크리스마스트리 밑에 쌓아둔 선물을 한 명씩 함께 풀어보는 시간을 가졌다. 가족이 서로 축복하고 선물을 나누는 따뜻한 시간이었지만, 그 중에 가족이 아닌 사람은 나뿐이라는 사실에 약간은 울컥한 생각이 들었다. 그 때, 내 이름이 호명되었고 나를 위한 선물이 있었다. "We love Ina"라는 글자가 새겨진, 래리 할아버지가 직접 만든 장식물이었다. 눈물이 왈칵 쏟아졌다.

그렇게 3일 동안 래리 할아버지와 해리엇 할머니는 나를 데리고 내가 아직 가보지 못한 산타바바라 구석구석을 구경시켜주었다. 최고의 시간들이었다.

데이비스 도착 후 사흘, 스스로 만든 나의 웰커밍 파티

UC 데이비스의 교환학생 담당 부서에서 살 집을 추천해줬지만, 룸메이트가 한국인이 될 거라는 얘기를 듣고, 그냥 스스로 집을 알아보기로 했다. 이왕이면 미국 학생들과 함께 어울리며 살아야 영어도 더 늘고, 교환학생 생활을 제대로 즐길 수 있을 거라 생각했기 때문이다. 미국 대학생들이 집을 구할 때 쓰는 유룹이라는 사이트에서 학교와 매우 가까운 집을 발견해 계약을 하고 이사하게 되었다.

도착 사흘 후, 새로운 하우스메이트들이 모두 집에 모인 날 나는 한국음식 파티 겸 나 자

신의 웰커밍 파티를 열기로 했다. 전날 집에 놀러 와서 친해진 내 룸메이트의 친구들과, 파티 당일 요리재료를 사러 한인마트에 갔다가 만난 미국인 더스틴, 그리고 교회에서 만난 친구 한 명을 즉흥적으로 초대해버렸다. 그렇게 서로에게 낯선 이들로 이루어진 이상한 조합의 웰커밍 파티 후, 우리는 친구가 되었다. 이 때 파티에 왔던 친구들과는 데이비스 생활이 끝날 때까지 함께하며 가깝게 지냈다.

영어를 배우던 학생에서 이제는 선생님으로

학교 공부는 쉽지 않았지만 한국에서와는 달리 학생들의 적극적인 참여가 많아 무척 재미있었고, 룸메이트는 물론이고 너무너무 좋은 친구들을 만났고 도움도 많이 받았다. 초등학교 보조교사 인턴십을 하며 아이들과 상호작용하는 방법을 배웠고, 마지막에는 뉴욕에서 단기 테솔 과정을 수강하며 어학연수생들에게 영어를 가르치기도 했다. 11개월 전 학생으로 저 자리에 앉아있던 내가 이제는 영어를 가르칠 수 있는 정도가 되었다니, 감개무량했다.

하지만 미국에서 내가 진짜로 얻은 것은 영어가 아니었다. 이력서에 쓸 한 줄의 경력도 아니었다. 내가 진정으로 얻은 것은 내가 왜, 어떻게 살아야 하는지에 대한 목적의식과 사람을 향한 애정이었다. 수강신청부터 과제, 시험까지 도와주지 않은 게 없던, 가족사부터 미래에 대한 이야기까지 모든 것을 공유하며 단지 '외국인 친구'가 아니라 국적을 넘어 둘도 없는 마음의 친구가 된 데니스. 데이비스를 떠나기 전 내가 미처 가보지 못했던 베이 에어리아 지역을 2시간 동안 운전해 가서 구경시켜주면서, 남자친구가 동행하게 되자 "인아, 내 남자친구 브라이언이 합류해서 네가 불편할까봐 걱정이 돼. 걔는 신경 쓰지 마. 우리 커플 사이에 네가 낀 게 아니라, 너랑 내가 여행하는 건데 브라이언이 합류하게 된 거야. 이번 여행의 목적은 너에게 최고의 기억을 만들어 주는 거니까."라는 배려의 말로 나를 감동시켰던 제니퍼.

처음에는 영어나 배우고 친구 사귈 목적으로 나갔던 바이블 스터디에서 나는 내가 어떻게 살아야 하는지에 대한 답을 찾았다. 사랑을 나누며 살아야 한다는 것. 이후로 '사랑'이라는 단어는 나의 전 삶을 어우르는 목적이자 가치관이 되었다. 한국에 돌아온 나는 여전히 진로 문제로 비틀거리고 있지만 미국에서 찾아온 내 삶의 목적은 정신없는 한국에서의 삶 속에서 숨을 돌릴 수 있게 하는 휴식이자 나를 이끄는 단단한 밧줄이 되어주고 있다.

새로운 나라에 가는 것은 누구에게도 규정되지 않는 나를 만나는 기회를 가지게 되는 일이다. 내 토익 점수가 남들보다 높은지 낮은지, 내가 어떤 스펙 목록을 채우지 못했는지 계산할 필요도, 주위 사람을 신경 쓸 필요도 없는 흔치 않은 기회다. 내가 정말로 무엇을 좋아하고 잘할 수 있는지 자신을 시험해볼 수 있는 기회도 된다. 또한 미국은 정말로 기회의 나라다. 지레 겁먹기보다는 된다고 생각하고 부딪힌다면 기회는 대부분 열려 있다. 초등학교 보조교사 인턴십을 구하기 위해 보냈던 이메일 50통은 대부분 긍정적인 회신으로 돌아왔고, 방학 때 청강생 자격으로 수업을 듣던 교수님께 인턴십 소개를 부탁하자 정식 학생도 아닌 나에게 꽤나 긴 연구실 목록을 보내주시기도 했다. 뉴욕에서의 테솔 과정은 구글링을 통해서 알아냈고, 모르는 게 있으면 자꾸 묻고 또 물었다. 문은 두드리는 자에게 열리는 법. 11개월간의 미국 생활은 영어보다 값진 교훈을 내게 가르쳐주었다.

단기 테솔로 자아를 발견하다

요즘 한국에도 많이 알려져 있는 테솔TESOL 과정은 'Teaching English to Speakers of Other Languages'의 약자로 영어가 모국어가 아닌 이에게 영어를 효과적으로 가르치는 교수법을 배우는 코스다. 예전에는 석사 과정만 있었지만 요즘에는 짧은 기간에 집중적으로 배워서 수료할 수 있는 단기 프로그램도 있어서 교육학과 학생이나 영어교사 지망생이라면 도전해 보는 것도 좋다.

뉴욕 레너트 어학원의 단기 테솔 프로그램은 기간이 짧은 만큼 프로그램 밀도가 높다. 매일 아침 10시부터 저녁 6시까지가 정규 수업이었고, 대부분의 학생이 그보다 일찍 와서 공부하고 더 늦게까지 남아 있곤 했다.

테솔 프로그램의 장점이자 단점은 일주일에 두 번씩 어학연수 온 외국인 학생들을 상대로 수업을 해야 한다는 거였다. 각국에서 온 테솔 프로그램 참가자 중에는 대학생보다는 직장을 다니다가 그만두고 교사의 꿈을 품은 사람, 12년 경력의 현직교사 등 정말 영어 교수법을 배우려고 오는 사람들이 많았으며 다들 영어도 잘했다. 개중에는 자신의 적성보다는 나중에 스펙이 될 수료증을 얻기 위해 혹은 단순히 영어 공부를 더 하기 위해서 오는 사람들도 있었다. 하지만 그런 사람들은 프로그램을 즐기지 못하고 무척 힘겨워했으며, 끝내 프로그램을 수료하지 못하는 경우도 있었다. 단 한 번이라도 결석하면 수료증을 주지 않을 정도로 만만치 않은 코스이기 때문에 자기가 정말로 테솔 과정을 듣고 싶은지, 즐겁게 공부할 수 있을지를 고민해보고 등록하는 것이 필요하다.

테솔 과정을 듣기 위해서는 토플 점수를 내야 하는 곳도 있고, 학부 졸업생 이상만 받아주기도 하는데 레너트 어학원의 경우 전화 인터뷰와 에세이만을 요구했다.

〈레너트 어학원의 테솔 과정 웹사이트 rennert.com/tesol〉

PART 2
미국 대학생이
되는 법

미국 대학생이 되기는 쉽지 않다. 토플 성적 만들기, 자기소개서 및 학업계획서 쓰기, 살 떨리는 면접 치러내기……. 마침내 파견 기회를 잡았다고 해도 본격적인 준비는 이제 시작이다. 복잡하고 헷갈리기만 하는 미국비자 받기, 수강신청, 항공권 구매와 짐 꾸리기 등. 이 모든 걸 영어로 해야 한다니 막막하기만 한데. 하지만 시작이 반이랬다. 친절한 가이드와 함께 차근차근 준비해나간다면 교환학생 완전정복!

교환학생 준비하기

교환학생 준비는 학교 홈페이지의 교환학생 선발공고를 확인하는 데서 시작된다. 각 학교 국제처는 매년 일정한 시기에 교환학생을 선발하며 그에 앞서 학교 홈페이지를 통해 선발 일정을 공지한다. 이 선발공고를 통해서 교환학생에 선발되기 위해 갖춰야 할 자격요건과 준비할 서류들, 전형절차, 선발기준에 대한 정보를 얻을 수 있다. 교환학생 모집 시기를 앞두고 교환학생 설명회를 열거나 상담 부스를 운영하기도 하니, 정보는 부지런히 찾아다니는 자의 것이다.

자격요건

외국 대학에서 교환수학하기 위해서는 본교인 한국 대학과 파견 학교 인 외국 대학에서 각각 정한 일정한 자격을 갖춰야 한다. 학교마다 차이 가 있지만 대체로 본교에서의 이수 학기 수와 평균평점, 파견국의 언어로 수업을 받을 수 있는 어학 능력을 요구한다.

Example. 숙명여대 일반교환 지원 자격
° 제2학기 이상의 재학생 및 휴학생, 편입생은 1학기 이상
° 평균평점 3.0/4.3 이상
° 영어권 대학으로 파견을 원하는 경우 :
  토플 씨비티TOEFL CBT 213 / 아이비티 79 이상
° 정규학기 및 여름/겨울 계절학기의 원어강의를 최소 1과목 이상 수강 중이거나 이수

한 학생(영어권 대학 지원자에 한함, 교양 영어회화과목 제외)
° 학칙에 의한 징계 사실이 없는 자(학사경고 제외)
° 해외여행에 결격 사유가 없는 자

Example. 숙명여대 자비교환 지원 자격
° 제2학기 이상의 재학생 및 휴학생, 편입생은 1학기 이상
° 평균평점 3.0/4.3 이상
° 파견국의 언어로 수업을 받을 수 있는 자
° 학칙에 의한 징계 사실이 없는 자(학사경고 제외)
° 해외여행에 결격 사유가 없는 자

Example. 고려대 교환학생 · 방문학생 지원 자격
° 제2학기 이상의 재학생 및 휴학생, 편입생은 1학기 이상
° 평균평점 3.0/4.5 이상
° 파견 학교에서 요구하는 어학 성적
  Point. 2학기 이상 재학, 무난한 학점 유지, 현지에서 수업을 받을 수 있는 어학 성적
       (모든 대학에 해당한다).

지원서류

학교마다 차이는 있지만 대체로 다음과 같은 서류를 요구한다.

° 교환학생 지원서(인적사항)
° 자기소개서 및 학업계획서
° 전체학기 성적증명서
° 공인 어학 성적 증명서(토플, 아이엘츠 등)
° 지도교수 추천서

이 외에 파견을 원하는 국가의 언어로 쓴 자기소개서 및 학업계획서와 전
형료 납부영수증 등이 필요할 수 있다.

선발시기 및 전형절차

대부분 한국 대학에서는 1년에 2~3차례에 걸쳐 교환학생을 선발한다. 미국 대학은 9월부터 정규 학기가 시작되기 때문에 전년도 11월부터 다음해 2월 사이에 선발되어 가을학기에 파견되거나, 전년도 6~9월에 선발되어 다음해 겨울학기에 파견되는 경우가 많다.

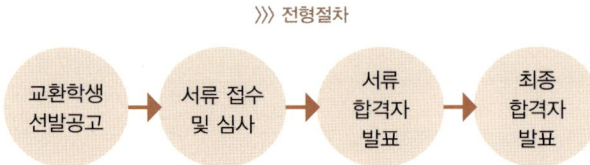

》》》 전형절차

교환학생 선발공고 → 서류 접수 및 심사 → 서류 합격자 발표 → 최종 합격자 발표

선발 및 파견 시기에 따른 교환학생 준비 타임라인

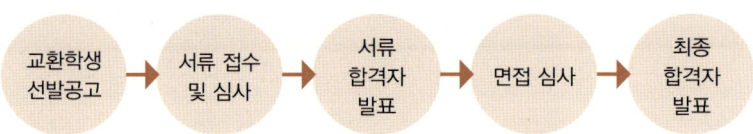

》》》 가을학기(9월) 파견, 고려대의 경우

교환학생 선발공고 → 서류 접수 및 심사 → 서류 합격자 발표 → 면접 심사 → 최종 합격자 발표

12월	첫째 주	성적 제출 가능한 마지막 토플과 아이엘츠 시험
	둘째 주	교환학생 선발공고, 자기소개서 및 학업계획서 미리 준비
1월	첫째 주	서류 접수 시작(자기소개서, 어학 성적표 제출)
	둘째 주	서류전형 합격자 면접 일정 발표
	넷째 주	면접전형 실시
2월	첫째 주	최종 합격자 발표

* 위 타임라인은 2012년 파견을 기준으로 정리하였으며 변동이 있을 수 있음.

>>> 겨울학기(1월) 파견, 고려대의 경우

8월	첫째 주	**토플 시험 응시**
		Point. 토플 성적표는 응시 후 약 열흘이 지나면 온라인상에서 확인이 가능하며, 이때부터 성적표가 우편으로 발송되기 시작한다. 미국에서 오는 성적표라 시일이 꽤 걸리며, 보통은 한 달 정도 걸리지만 때에 따라 더 늦어지기도 한다. 그러므로 최소한 서류 제출 한 달 전에 시험에 응시하는 것이 좋다. 다만 서류 전형 과정에 한해서, 많은 한국 대학들이 온라인상의 성적표 인쇄본을 인정해준다. 따라서 혹시라도 시험 응시가 조금 늦어졌거나 성적표가 늦게 도착하는 경우 임시변통이 가능하다.
	셋째 주	**자기소개서 및 학업계획서 미리 준비**
		Point. 학교의 국제처 홈페이지 등을 통해서 필요한 서류를 미리 확인하고 준비하는 것이 현명하다.
9월	첫째 주	**교환학생 선발공고, 서류 접수 시작**
		Point. 국제교류팀에 제출할 서류로는 자기소개서 및 학업계획서, 전체학기 성적증명서, 공인 어학 성적표, 지도교수 추천서, 전형료 납부영수증 등이 있다.
	둘째 주	**서류전형 합격자 발표**
	셋째 주	**면접 심사**
		Point. 대개 한국어와 영어로 이루어지며, 학교에 따라 100% 한국어 혹은 100% 영어로만 진행하기도 한다. 면접관은 각 학교 교수 중 선발되며 면접권, 면접 주제, 면접 질문 등에 대해서는 심사의 **공정성** 문제로 공개하지 않는다.
	넷째 주	**최종 합격자 발표**

* 위 타임라인은 2012년 파견을 기준으로 정리하였으며 변동이 있을 수 있음.

선발기준

Example. 숙명여대

서류(평균평점 30%+어학성적 30%) 및 면접성적(40%) 합산

Point. 평균평점, 어학 성적, 면접 성적이 고르게 영향을 미치는 편이다.

Example. 고려대

° 자기소개서 및 학업계획서 성적(50%) 및 한국어 심층 면접(50%) 합산

Point. 평균평점이나 어학성적은 일단 서류심사를 통과하고 나면 영향을 미치지 않는 것이 특이하다. 또한 과거 교환학생 선발 전형에서 탈락한 경험이 있는 지원자에게는 가산점을 주므로 한 번 탈락했다고 포기하지 않고 다시 도전하는 자에게 유리하다.

Example. 이화여대

° 서류(평균평점 50%+어학성적 25%) 및 면접 성적(25%) 합산

Point. 평균평점의 비중이 큰 것이 특징이다.

선발기준은 학교별로 차이가 있는 편이다. 학교에 따라서 원어강의 수강, 국제교류팀 주관 봉사활동이나 외국인 교환학생 버디 활동, 국제처 인턴십 등의 경험이 있는 경우 가산점을 부여하기도 한다.

어느 학교로 갈까? 미국 대학 선택 가이드

외국 대학에서 교환수학하기 위해서는 본교인 한국 대학과 파견 학교인 외국 대학에서 각각 정한 일정한 자격을 갖춰야 한다. 학교마다 차이가 있지만 대체로 본교에서의 이수 학기 수와 평균평점, 파견국의 언어로 수업을 받을 수 있는 어학능력을 요구한다.

교환학생은 대부분 한국 본교와 협정을 맺은 상대 학교로 파견되기 때문에 선택의 폭이 어느 정도 제한돼 있는 게 사실이다. 그러나 상대적으로 TO 제한이 적은 방문학생이나 아이셉, 에스에이에프 등의 프로그램을 이용하여 파견되는 경우에서는 선택권이 더 넓어진다.

미국에서 학교를 선택할 때는 크게 동부, 서부, 내륙으로 구분되는 지역과, 학교 주변의 생활 여건, 한국인 비율 등을 고려할 수 있다.

잘 알려진 것처럼 미국의 좋은 대학들은 아이비리그와 뉴욕대NYU를 포함하는 동부 명문대와 UC 계열 및 스탠퍼드를 포함하는 서부의 학교들로 크게 구분된다. 그 외에 미시간 주립대처럼 각 주를 대표하는 주립대들의

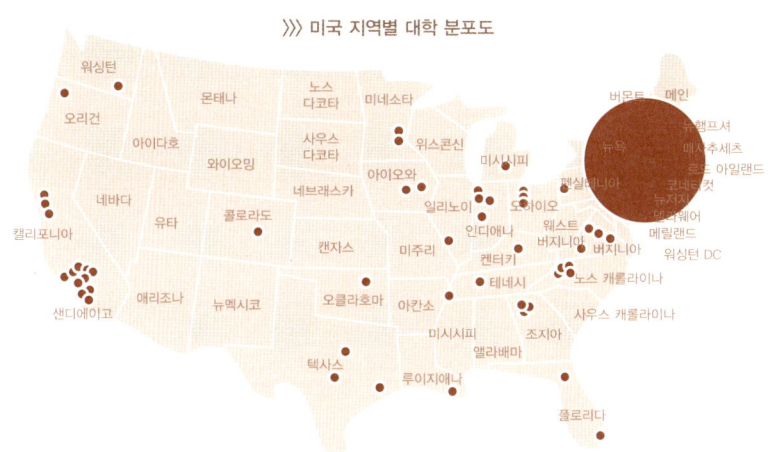

>>> 미국 지역별 대학 분포도

교육 수준이 높은 편이다.

해당 지역의 기후를 무시할 수가 없다. 특히 겨울학기의 경우, 뉴욕이나 시카고 등 한국보다 위도가 높은 지역은 말 못할 정도로 추우니 단단히 각오하고 가야 한다. 미국에는 한국 같은 온돌난방 시스템이 없어서 실내가 그다지 따뜻하지는 않으니 감안할 것. 또한 일조량이 적고 비나 눈이 내리는 겨울에는 심리적으로 우울해지기 쉽고 야외활동도 불편하다. 데이비스의 경우에도 겨울 내내 비가 자주 내려 돌아다니기 불편한 기후적 특징이 있었다. UCLA와 UC 샌디에이고가 있는 캘리포니아 남부지역 혹은 플로리다 주립대가 있는 플로리다 주 같은 경우 사계절 내내온화한 기후를 보여 야외활동을 자유롭게 할 수 있는 편이다.

미국은 워낙 땅덩어리가 크다 보니 문화 역시 지역별로 차이가 많이 난다. UC 계열 대학로 유학을 온 국제학생들을 비롯해 이민 2세대, 3세대 등 동양인이 굉장히 많아서, 외국인에 대한 배타성이 낮고 동양인이라서 차별을 겪을 일도 없다. 저자들이 수학할 당시 UC 데이비스에서는 한국계 여학생이 총학생회장으로 당선되기도 했다. 다만 한국인들이 워낙 많아서 한국인들끼리 몰려다니게 되기 쉽고, 동양인이 전혀 특별한 존재가 아니기 때문에 자신이 먼저 다가가지 않으면 관심을 갖고 다가와주는 사람이 드물다.

반면 미주리나 켄터키 같은 미국 시골에서는 동양인 구경하기가 어려워서 주목의 대상이 될 수 있다. 학교 전체에서 동양인이 손에 꼽는 수준의 학교라면 어느 수업에 가도 눈에 띄기 마련. 한국인이 거의 없으므로 보다 미국문화에 빠져들기 쉽다는 것은 장점이지만 너무나 다른 환경에 심리적으로 위축되어 적응하기 어려울 수도 있다. 또한 차가 없으면 돌아다니기 힘들다거나 해가 지면 할 일이 없어 심심하다는 단점이 있다. 차분하게 공부하는 것을 선호한다면 좋은 환경이지만, 대부분 번화가를 끼고 있는 한국 대학을 다니던 학생들은 미국 생활을 지루하다고 느끼기 쉽다. 하지만 오히려 시골 학교일수록 놀데가 학교밖에 없어서 학생들끼리 파티도 더 자주 하고 기숙사를 중심으로 돈독하게 지내는 등 대학문화가 활성화돼 있는 경우도 많다.

뉴욕을 비롯한 동부 대도시의 경우 대도시답게 다양한 인종을 만날 수 있지만 서부와는 또 분위기가 다르다. 서부에는 주로 동양인 이민자와 국경을 넘어온 히스패닉이 많은 반면 동부에는 유대인이나 무슬림, 흑인들을 더 많이 볼 수 있다. 인종 간 갈등이나 치안 사고가 종종 발생하므로 안전에 유의해야 한다. 대도시일수록 집세 등 물가가 비싸다는 것도 감안해야 한다. 동부지역에는 인구가 많은 만큼 그레이하운드뿐 아니라 메가버스, 볼트버스 등 버스 노선이 잘 연결돼 있어서 주말에 가까운 도시로 여행을 다니기 편리하다는 장점이 있다. 한편 하버드와 MIT가 위치한 보스턴은 유서 깊은 대학도시로 다른 동부 도시들과는 분위기가 좀 다르다. 놀기 좋은 대도시들을 놔두고 굳이 하버드가 있는 보스턴으로 찾아오는 학생들의 마인드부터가 다르기 때문에 교환학생을 하던 어학연수를 하던 수업 분위기가 좋은 편. 유흥가가 없는 것은 아니지만 밤문화보다는 면학 분위기가 조성돼 있는 동네라서 공부하기에는 아주 좋은 환경이다.

참고로 미국 대학의 학기제도는 시미스터제Semester System와 쿼터제 Quarter System 두 가지로 나뉘어진다는 것을 알아야한다. 시미스터제는 우리나라의 학기제도와 비슷하게 일 년에 봄과 가을 두 학기와 긴 여름방학, 겨울방학이 있는 제도다. 쿼터제는 한 학기가 10주로 이루어지며, 가을학기와 겨울학기, 봄학기가 있다.

토플 vs 아이엘츠

교환학생에 지원하기 위해서는 토플 혹은 아이엘츠 점수가 필요하다. 한국 본교의 서류 전형에서는 보통 토플 점수를 요구하지만 아이엘츠 점수를 받아주는 학교도 있다. 미국 학교는 대부분 토플과 아이엘츠 성적을 모두 인정하므로 본교와 파견 학교의 요구조건에 맞추어 시험을 준비하면 된다. 아이엘츠는 영국에서 만든 시험이라서 영국으로 교환학생을 가는 경우라면 아이엘츠 점수가 필요하다.

토플은 잘 알려진 토익시험의 주관사 이티에스ETS에서 만든 시험이다. 미국식 영어로 시험문제가 출제되며 응시자가 영어로 대학 공부를 할 수 있는 능력이 있는지 평가한다. 듣기 · 읽기 · 쓰기 · 말하기의 4개 영역으로 영어 실력을 측정하며 주로 대학교의 강의와 캠퍼스 안에서 벌어질 수 있는 회화 상황에 대한 내용이 출제된다.

인터넷을 기반으로 한 아이비티, 컴퓨터를 기반으로 한 씨비티, 종이 시험지를 기반으로 한 피비티PBT 세 유형이 있는데 최근에는 거의 아이비티로 시험이 치러진다. 듣기와 말하기 영역은 헤드폰과 마이크로 녹음내용을 듣고 답안을 녹음하는 방식으로 시험을 본다.

시험 성적은 120점 만점에 영역당 30점씩 배분된다. 응시료는 170불로 마스터카드나 비자카드로만 결제할 수 있다. 2012년 5월부터는 원화 결제도 가능해져서 카드사에 내는 환전수수료를 아낄 수 있게 되었다. 환율에 따라서 변동이 발생하지만 거의 20만원이 조금 안 되는 정도다.

아이엘츠는 영국의 케임브리지 대학에서 만든 시험으로 아카데믹Academic Module과 제너럴General Training Module 두 가지 종류가 있다. 아카데믹은 토플과 마찬가지로 대학 공부를 할 수 있는 영어 능력을 평가하고 제너럴은 해외 이민과 취업에 필요한 영어 실력을 확인하는 시험이다. 교환학생에 지원하기 위해서는 아카데믹 시험을 치러야 한다.

시험은 듣기 · 읽기 · 쓰기 · 말하기 네 개의 영역으로 나뉜다. 미국식 영어와 영국식 영어가 모두 출제되며 그 비중은 반반이다. 시험 성적은 각 영역별로 1점부터 9점 사이로 평가된다. 토플과 다른 아이엘츠의 특징은

OMR 카드나 컴퓨터, 인터넷을 전혀 사용하지 않는다는 점이다. 종이 시험지를 사용하며 답안지에 연필로 숫자나 단어를 직접 기입하면 된다. 말하기 시험 역시 헤드셋을 이용해 녹음하는 것이 아니라 외국인 시험관과 1:1로 마주하여 평가한다. 응시료는 토플보다 조금 비싼 21만원이다.

토플의 경우 응시자 수가 많은 만큼 학습 자료와 정보가 풍부하다는 장점이 있다. 단점은 광범위한 학문 분야에 대한 내용이 출제되므로 공부할 내용이 많다는 점과 컴퓨터로 치르는 시험이 익숙하지 않은 경우 제 실력을 발휘하지 못할 수 있다는 점이다. 특히 말하기 시험의 경우 어버버 하다가 답변 시간이 끝나버렸다는 시험 후기를 자주 들어볼 수 있다. 아이엘츠는 상대적으로 난이도가 낮고, 사람과 직접 대화하며 말하기 평가를 하므로 보다 편안한 분위기에서 평가받을 수 있다는 장점이 있다. 또한 일부 학교에서는 교환학생 지원 시기에 맞춰서 특별 시험이 실시된다. 미처 어학성적을 준비해놓지 못한 경우에 고려해볼만한 옵션이다.

〈토플 toeflgoanywhere.org〉
〈아이엘츠 public.jinhak.com/IELTSV1/Main.aspx〉

영문자소서 쓰기

교환학생에 지원하기 위해서는 영문으로 된 자기소개서Personal Statement 와 학업계획서Statement Of Purpopse가 필요하다. 이는 미국 대학에 입학원서를 낼 때도 필요한 서류다. 말 그대로 자기소개서는 자신이 어떤 사람인지에 대해서, 학업계획서는 지원 동기에 초점을 맞추고 쓰면 되며, 이 두 가지를 따로 구분하지 않고 둘 중 하나만 요구하는 학교도 있다.

우리말로 쓰는 '자소서'도 어려운데, 영어로 자기소개서를 써야 한다니 한숨부터 나오는 게 인지상정. 하지만 굳이 거창한 내용을 담으려하기 보다는 자신이 왜 교환학생을 가고 싶은지 진솔한 마음을 구체적으로 표현한다면 좋은 평가를 받을 수 있다. 한국어로 써 놓은 자기소개서를 단순 번역하는 것보다는 교환학생에 지원한 동기와 현지 학교에서 어떻게 공부하고 생활할 것인지, 그 후 본교에 돌아와서 어떠한 인재로 성장할 것인지에 대한 내용들을 담으면 좋다.

교환학생 자기소개서는 파견 학교에 대한 철저한 조사를 바탕으로 작성해야 한다. 자신이 교환학생으로 가고 싶은 학교를 마음에 정해두었다면 해당 학교 홈페이지와 구글을 통해서 가능한 많은 정보를 수집하는 게 좋다. 기존 교환학생 경험자들의 경험수기를 읽어보고 필요한 경우 이메일을 통해서 질문하는 것도 도움이 될 것이다. 자기소개서는 또한 학업계획서이기도 하므로, 자신의 전공과 관련하여 자기가 어느 분야에 관심이 있고 파견 학교에서 어떤 과목을 수강하고 싶은지 구체적으로 쓸 수 있다면 심사관은 지원자의 열정과 구체적인 계획을 높이 살 수밖에 없다.

예를 들어서 저자들이 파견수학한 UC 데이비스의 축산학Animal Science은 미국 내에서도 최고 수준으로 알려졌는데, 한국에서 관련 전공을 하고 있는 사람이라면 "한국에서는 이론에 치중한 수업에 아쉬움을 느낄 때가 있었는데 미국에서도 최고로 손꼽히며, 연구 환경이 잘 갖춰진 UC 데이비스에서 축산학을 직접 배워보고 싶다"라는 식으로 설득력 있는 지원 동기를 작성할 수 있을 것이다. 이러한 내용은 UC 데이비스의 축산학이 우수하다는 정보를 알지 못하면 결코 쓸 수 없는 것이다.

궁극적으로 자기소개서를 통해 해야 하는 이야기는 내가 교환학생이 되고 싶은 이유 그리고 학교가 나를 교환학생으로 선발해야 할 이유이다. '나는 이러한 사람이고, 이러한 이유로 교환학생에 지원했으며, 현지에서 이렇게 생활할 것이고, 그 경험을 바탕으로 본교에 돌아와 이러한 인재로 성장할 것이다.' 이는 단순히 자기소개서에 채워 넣어야 할 항목이 아니라 진심으로 스스로에게 질문해야 할 내용이다. '나는 교환학생을 왜 가고 싶지? 영어를 늘리기 위해? 친구들은 다 가는데 나만 안 갔다 오면 뒤처지는 것 같아서? 취업할 때 내세울만한 스펙이 되어줄 것 같아서?' 진지하게 자문하고 동기를 찾지 못하면 교환학생으로 선발되기 어려울 뿐더러, 어찌저찌 파견이 된다 하더라도 목적의식이 희미해서 알찬 교환학생 라이프를 즐기지 못할 가능성이 크다.

지원 동기는 구체적으로 쓸수록 설득력이 높아진다는 것을 기억하자. '교환학생 경험을 통해 미국 생활을 하고 영어도 늘리고 싶다' 보다는 '인종의 도가니 미국에서 다양한 민족과 인종들의 삶을 직접 경험하고, 그러한 다문화에 대한 이해를 바탕으로 국제개발협력전문가라는 꿈을 이루는 데 한 발 가까이 다가가고 싶다' 라고 쓰는 편이 더 구체적이다. 자신이 정한 목표를 이루기 위해 지금까지 어떤 활동을 해왔는지에 대해서도 구체적으로 서술해야 한다. 스펙을 단순 나열하는 것은 아무 의미가 없다. 뚜렷한 목표를 향해 어떠한 활동들을 해왔고 그 활동들을 통해서 무엇을 배웠으며, 그 활동들이 자신의 성장과 발전에 어떤 의미가 있었는지 구체적으로 기술하는 것이 중요하다.

학교에서 교환학생을 파견하는 이유를 상기하자. 때로는 등록금에 상당하는 액수의 장학금을 주면서까지 파견하는 교환학생들에게 학교가 바라는 것은 '학교의 명예를 실추시키지 않고, 시간을 헛되이 보내지 않고, 적극적인 자세로 많이 배우고 돌아와 본교 그리고 나아가 우리 사회의 글로벌 인재로 성장하는 것' 이다. 학교의 입장에서는 선발인원이 한정된 만큼 정말 교환학생에 열정이 있고, 그곳에서 같은 시간 동안 최대의 경험을 하고 돌아와 장차 학교의 명예를 드높일 수 있는 학생을 선발하고자 하는 것이 당연하다.

자기소개서를 쓸 때에는 논리가 필요하다. 단순히 '보내만 주면 열심히 하겠다' 라는 식으로는 한계가 있다. 본격적인 작성에 들어가기 전에 먼저 개요를 짜며 탄탄한 논리를 갖춰나가자. 그리고 초고를 완성한 후에는 주변에 영어를 잘 하는 사람에게 첨삭을 부탁하여 문법이나 철자에 문제가 없도록 하는 게 좋다. 또한 주변 사람들에게 읽히고 평가를 부탁하여 자신의 진정성이 자기소개서에 잘 녹아 있는지 확인해야 한다.

Example. 개요 작성 예시
° 목표 제시 내 꿈은 글로벌 마케터가 되는 것이다.
° 그동안 해온 노력 마케팅 동아리에서 활동하며 학교에서는 배울 수 없는 현장 지식을 얻고, 마케팅 공모전에 도전해 수상하는 등 꿈을 위한 노력을 해왔다.

° 왜 교환학생을 가고자 하나? 교환학생으로서 할 수 있는 글로벌 경험이 꿈을 이루는 데 큰 도움이 될 것이다.

° 왜 이 학교를 선택했나? 경영대학의 마케팅 학문이 잘 정립되어 있는 대학이기 때문이다.

° 파견 학교에서 어떻게 공부하고 생활할 것인가? 수준 높은 마케팅 과목을 수강하고 비즈니스 관련 동아리 활동을 통해 미국의 비즈니스와 마케팅 관련 지식을 쌓고 싶다.

° 졸업 후 계획은? 졸업 후에 교환학생 경험을 살려 세계적인 기업의 마케팅팀에 입사하여 유능한 글로벌 마케터가 되고 싶다.

Example. 자기소개서 및 학업소개서 예시

글로벌 마케터를 꿈꾸는 경영학 전공자의 자기소개서로, UC 데이비스 교환학생 프로그램 담당자로부터 잘 된 자소서라는 평가를 받은 글이다. 해당 학교에 지원하는 이유 그리고 자신의 장래희망과 관련하여 그동안 해온 노력과 미래 계획까지 구체적으로 나와 있어서 좋은 사례로 소개한다.

[학업소개서]

This is a brief description of why you've chosen for study abroad program and what you expect to accomplish during your academic year.

교환학생 프로그램 지원 동기와 함께 파견 학교에서 무엇을 성취하고 싶은지에 대한 학업계획을 묻는 학업계획서에 해당하는 질문이다.

<u>My dream is a global marketer who is able to understand the differences of each culture and know exactly how employee marketing strategy is different in other countries.</u> I hope to acquire those abilities by learning my major in other countries during my academic years, making myself to immerse in other culture and living together with someone who experienced different culture. Just spending time together with them in Korea, I think that it is not enough to enhance the ability to understand people who have various ways of thinking stems from different environment. <u>Therefore, I decided to take study abroad program.</u>

글로벌 마케터가 되고 싶은 자신의 장래희망을 교환학생 프로그램에 지원하게 된 동기로 자연스럽게 연결시키고 있다.

There are several specific reasons why I chose UC Davis global study program as my exchange experience. First of all, I think that UC Davis is the perfect university to study as an exchange student because it is very safe to live there and the academic environment is surrounded and focused for students' campus life. These settings would make me to study my major deeper and totally dive myself into American college life. Second, the quality of education is provided by UC Davis. This prestigious school is known for having great line of faculty members and also is ranked high among the world's university. Most importantly, I know that UC Davis has so many exchange students who come from other countries. This strong advantage helps me to meet diverse students at UC Davis and improve my ability to understand the differences among other cultures more easily. Lastly, I desire to improve my English ability for my personal goal. As I mentioned above, I want to be a global marketer. As a global marketer, fluent English ability is necessary. I hope that not only having valuable time at UC Davis, but also improving my English communication ability more.

데이비스라는 도시의 안전하고 학구적인 환경, UC 데이비스가 제공하는 높은 교육 수준, 여러 나라에서 온 교환학생들이 많은 학교 분위기 등 구체적인 이유를 들어 지원한 동기를 밝히고 있다. 이유가 설득력 있을 뿐만 아니라 지원하는 학교에 대해서 미리 많이 조사했다는 표가 나기 때문에 지원자의 열의를 증명할 수 있는 대목이다.

For these reasons, I have chosen UC Davis for global study program without any hesitation.

[자기소개서]

Brief essay about who you are, what you've done or ccomplished, and what your goals for the future.

자신이 어떤 사람인지, 지금까지 어떤 성취를 이루어왔으며 미래에 어떤 사람이 될 것인지를 묻는 자기소개서에 해당하는 질문이다

My favorite motto is that "Time is gold". That means every moment is very valuable so that I should try to spend time pricelessly and enjoy every minute. By choosing this motto, I already understand the value of my life so that I tend to be very bright and optimistic.

자신의 좌우명을 언급하며 그런 좌우명을 가지고 있는 자신이 삶에 대해 어떠한 태도를 취하고 있는지 설명하고 있다.

As a college student, I have had precious experiences. First, I volunteered for a year as a teacher at Karak elementary school to help students who are behind the curriculum. By doing so, I could learn that I was a very happy person and there were things that I could help the others. Second, studying abroad is what I wished for ever since I entered college, so that I could practice English conversation. Once I became confident of my English, I started to spend my time with foreign friends. I helped them to tour our country more easily by introducing Korean foods and culture, so we became friends.

초등학교에서 학습부진아들을 가르친 경험과 영어회화 연습을 하며 외국인 친구들을 사귄 일 등을 예로 들며 대학교에 다니면서 이룬 성취가 무엇이냐는 질문에 답하고 있다.

As I mentioned in the first place of question 1, my dream is a global marketer in the bakery fields. There is a SPC group which has dominant power of market share in Korean bakery industry. I desire to be one of the marketers of that group and expand their business to other countries. I would like to develop of my ability to embrace other cultures, which is one of basic acquirements to be a global marketer, by participating UC Davis global study program. After I graduate, I have a plan to take the MBA courses in order to handle the global business as well. Since, I hope to be an expert of my own area. My ideal goal of my life is that when I am old, I want to be a person who is generous so that I can embrace anyone and help less fortunate people. To be a person like that I think I should study harder and experience everything as much as possible.

미래에 어떤 사람이 되겠느냐는 질문에 답하면서 단순히 어떤 직업을 갖겠다고만 말하지 않고 구체적으로 어떤 분야에서 어떤 방식으로 어떤 일을 하는 글로벌 마케터가 되고 싶은지 기술했다. 또한 그러한 글로벌 마케터로 성장하는 데 교환학생 프로그램이 필요하다고 말하면서 자신을 뽑아야 하는 이유를 한 번 더 강조하고 있다.

면접, 어떻게 대비할까?

교환학생 면접은 대개 한국어와 영어로 이루어지며, 학교에 따라 100% 한국어 혹은 100% 영어로만 진행하기도 한다. 대부분의 경우 면접관은 학교 교수님들이며, 일대일보다는 그룹 면접이 실시된다.

한국어 인성 면접의 경우 학생이 해외 대학에 파견돼 수학하기에 적절한 인성을 갖추었는지를 평가한다. 학점과 어학성적이 조금 부족하더라도 면접에서 좋은 모습을 보인다면 결과를 뒤집을 수도 있다.

예상되는 질문을 미리 생각해보고 편안하게 이야기를 풀어놓을 수 있도록 연습하면 면접 준비는 OK. 답변을 달달 외울 정도로 지나치게 준비하는 것은 정형화된 인상을 주므로 오히려 마이너스가 될 수 있다. 편안한 마음을 갖고 질문에 순발력 있게 대처하는 것이 중요하다.

교환학생 면접전형 예상 질문

√ 3분간 본인을 어필할 수 있는 자기소개를 하라!

어느 면접에서나 자기소개는 필수이다. 아직도 자기소개에서 '1남 1녀 중의 장남으로 태어나 엄하신 아버지와 인자한 어머니…' 같은 소리 하고있는 사람은 없으리라 믿는다. 자신감 있게 자신의 강점을 잘 드러내주는 자기소개만 잘 해도 절반은 먹고 들어간다.

√ 교환학생에 지원하게 된 동기는 무엇인가?

자신이 교환학생에 가고자 하는 이유를 구체적으로 제시한다. 전공이나 자신의 장래와 관련지을 수 있다면 금상첨화다.

√ 본인이 갖고 있는 학업계획은 어떻게 되는가?

현지 파견에 대해 준비된 자세를 묻는 질문이다. 실제로 파견되었을 때 어떤 자세로 생활할 것이며, 무엇을 하고 싶은지 답한다. 파견을 원하는 학교와 그 지역의 특성을 언급하며 한국과는 다른 환경에서 구체적으로 어떤 것들을 해보고 싶다고 말하는 게 좋다.

√ 외국에서 경험하게 될 문화적 차이를 극복하는 방법은 무엇인가?

지원자의 위기대처능력과 문화적 소양을 묻는 질문이다. 실제 교환학생으로 생활하면서 겪을 수 있는 상황이기도 하므로, 나름대로의 답변을 준비해보자.

√ 본인이 다른 지원자와 다른 점은 무엇이고, 왜 자신이 교환학생으로 꼭 뽑혀야 한다고 생각하는가?

수많은 경쟁자 중에서 왜 꼭 자신이 선발되어야하는지, 남과 다른 자신의 차별성과 특장점에 대해서 어필한다.

√ 대학을 졸업하고 향후 5년간의 계획 가운데, 교환학생 경험이 당신의 인생에 어떤 영향을 미치겠는가?

막연하게 '다양한 경험을 통해 시야가 넓어진다'는 식의 추상적인 말보다는 자신의 장래계획과 관련 접점을 찾아보도록 하자.

√ 아시아문화에 관심이 많은 외국인이 한국의 문화에 대해 설명해 달라고 한다. 어떤 아이템을 골라 어떻게 설명할 것인가?(영어 면접)

교환학생은 외국에서 한국을 대표하는 외교사절과 같은 역할도 하게 된다. 따라서 기본적인 우리 문화를 영어로 설명할 수 있는 준비를 해간다면 현지에서 큰 도움이 된다.

면접 팁!

√ 복장은? 학내에서 진행하는 면접이므로 정장을 차려입을 것까지는 없다. 그러나 지나치게 캐주얼한 복장은 성의가 없어 보일 수 있으니, 단정하게 연출하는 것이 필요하다. 여학생의 경우 지나치게 짙은 화장은 삼가는 게 좋겠다.

√ 지각하지 말자! 그 어떤 핑계를 다 대더라도, 면접에 지각하는 것은 면접관에 대한 예의가 아니기 때문에 나쁜 인상을 줄 수밖에 없다. 지각 시 큰 폭으로 점수를 깎거나 아예 면접을 보지 못하게 하는 학교도 있다.

√ 자소서 숙지! 자신이 제출했던 자기소개서의 내용을 숙지하는 것은 필수다. 면접관들이 자기소개서를 바탕으로 질문을 던지기 때문이다. 제출한 서류의 내용과 대답하는 내용이 다르다면 자기소개서의 진위를 의심받을 수 있고, 불분명한 인상을 남기기 마련이다.

√ 확고한 목표 가장 좋은 면접 준비 방법은 실제로 자신이 해외에 파견됐을 때 어떤 목표를 갖고 어떻게 생활할지 구체적으로 생각해보는 것이다. 면접 질문들이 대개 그와 관련된 것일뿐더러 실제로 파견되기 전 현지 생활에 대한 마음의 준비를 하는 계기가 된다.

√ 모의면접 예상되는 질문에 대한 예시 답안을 만들어서 숙지하고, 친구들과 함께 모의면접을 진행해보자.

나는 교환학생에 지원할 때 면접에서 한 번 떨어진 적이 있어서 총 두 번 면접을 봤어. 처음 면접을 볼 때는 사실, 막연히 교환학생을 가고 싶다는 열정만 가득했지 구체적으로 준비된 바가 없었던 것 같아. 핀란드에 있는 대학교를 1순위로 지원하기는 했지만 그 나라에 대해서는 자일리톨껌만큼도 아는 게 없었지.

면접관 세 명에 지원자 세 명이 들어가는 그룹 면접이었는데, 한국어와 영어로 자기소개와 지원 동기에 대해 물으셨고 특별히 대답하기 곤란한 질문은 없었어. 하지만 아무래도 준비 부족 탓일까, 보기 좋게 낙방하고 말았어. 교환학생을 가고 싶은 이유에 대해서 스스로도 구체적으로 답할 수가 없었거든. 막연하게 새로운 경험을 하고 싶다는 정도? 토플 점수나 학점도 그다지 높은 게 아니어서, 아쉽지만 다음을 기약할 수밖에 없었지.

두 번째로 면접을 볼 때는 가고 싶은 학교도 미리 확실하게 정하고, 내가 갈 지역인 캘리포니아에 대한 책도 몇 권 읽어보면서 확신을 굳혔어. 토플 점수나 학점도 처음 지원할 때보다는 높아졌고.

이번에는 면접관이 두 명이었는데, 한 분은 악대 교수님이었고 한 분은 외국인으로 학교 어학당 선생님이라고 했어. 전부 영어로만 진행됐어. 처음과 마찬가지로 자기소개, 왜 교환학생에 가고 싶은지를 물으셨고, 특히 왜 UC 데이비스에 가고 싶은지에 대한 질문을 받았어. 같이 면접본 지원자가 나를 포함해 세 명이었는데 모두 UC 데이비스를 1순위로 지망했거든. 나는 미리 학교 홈페이지도 좀 들어가 보고, 캘리포니아 지역에 대한 정보를 알고 있었기 때문에 비교적 수월하게 답할 수 있었지만 다른 두 명은 좀 쩔쩔매더라고. 사실 나도 자료를 좀 찾아보기 전에는 캘리포니아가 미국 서해안에 있다는 것도, 'UC'가 'University of California'의 준말이라는 것도 몰랐으니 당연한 일이지. "캘리포니아는 미국 중에서도 다양한 인종이 모여 사는 지역이고, 문화적 다양성이 있는 곳이라고 생각해서 가고 싶다"고 대답했는데 미소를 지으며 고개를 끄덕거려 주시더군. 결과는 무난히 합격!

교환학생 면접에서는 학생의 파견 의지와 준비된 자세를 많이 보는 것 같아. 왜냐면 단순히 토플 성적이나 학점이 좋더라도 현지에서 공부할 준비가 안 된 학생보다는 정말 의지가 있는 학생을 선발하는 게 개인에게도, 학교에도 좋으니까. 그런 의지를 보여주려면 단순히 가고 싶다는 말만 하기보다는 조금이라도 현지 학교와 그 환경에 대해서 직접 알아보고, 왜 내가 그 학교에 가야하는지 구체적으로 이유를 들어 주장하는 게 필요해.

한 예로 다른 친구는 중국으로 교환학생을 갔는데, 그 당시 경쟁이 굉장히 치열했대. 그런데 단순히 중국어 공부나 다양한 경험을 하고 싶다는 식의 추상적인 동기가 아니라, 자기가 좋아하는 중국 작가의 문학 세계에 대해서 깊이 있게 공부하고 싶다며 구체적으로 대답을 해서 합격할 수 있었대. 면접을 보시던 교수님께서 어떻게 그 작가에 대해 그렇게 잘 아느냐면서 굉장히 좋게 봐 주셨다지. 누구나 열정이 넘치는 시대에, 이제 정말 중요한 건 자신의 열정을 구체적으로 표현해낼 수 있는 능력인 것 같아.

합격부터 출국까지

토플 점수 만들기, 학점 유지, 영어자소서와 면접 등 무수한 관문을 넘고 합격! 드디어 교환학생이 되는 티켓을 거머쥐었다. 하지만 진짜 준비는 이제부터 시작이라는 게 함정. 까다롭기로 소문난 미국비자를 받아야하고, 두근 세근 설레며 수강신청도 해야 하고, 항공권 구입과 집 구하기 등 만만한 일이 하나도 없다. 하지만 쫄지 말자, 합격부터 출국까지, 이렇게만 하면 된다!

선발 및 파견 시기에 따른 교환학생 준비 타임라인

》》》 가을학기(9월)에 파견되는 경우

2월	최종 합격자 발표(교내), 학교 홈페이지 공지 확인
3월	파견 대학 승인받기, 필요한 서류 제출
4월	교내 오리엔테이션
5월	비자 서류 I-20 혹은 DS-2019 및 웰컴 패킷 수령
	파견 대학에 지원서와 자기소개서 및 학업계획서 제출
	항공권 예약 시작
6월	여권 만들기, 비자 사진 촬영
7월	미국 대학 수업료와 기숙사비 납부
	미국 학교 인트라넷 계정 만들고 수강신청하기
	미국 대사관 방문하여 비자인터뷰

8월	현지에서 살 집 알아보기, 보험 가입, 씨티은행 국제 체크카드 개설, 국제운전면허증 발급, 중요 서류 스캔하여 이메일에 저장, 건강검진 및 치과치료, 짐 싸기
9월	슈퍼셔틀·에어포터 등 공항에서 학교까지 이동할 수단 예약, 출국 후 휴대폰 만들기, 자전거 구입, 기숙사 입사/집 계약하고 입주, 현지 은행계좌 트기, 현지 학교 사무실 방문하여 학생증 발급
	현지 오리엔테이션 참가, 개강, 수강정정, 수업 교과서 구입 등

* 위 타임라인은 2012년 파견을 기준으로 정리하였으며 변동이 있을 수 있음.

>>> 겨울학기(1월)에 파견되는 경우

9월	넷째 주	최종 합격자 발표(교내), 학교 홈페이지 공지 확인
		Point. 합격 이후 합격 점수와 개인의 우선순위에 따라서 최종적으로 파견될 학교를 결정하게 된다.
10월	첫째 주	파견 대학 승인받기, 필요한 서류 제출
	둘째 주	항공권 예약
		Point. 겨울학기부터 수학하는 경우 12월말~1월초의 성수기에 미국에 입국하게 된다. 이때는 일 년 중 항공권 가격이 가장 높은 시기이므로, 파견이 확정되는 즉시 가능한 빨리 표를 알아봐야 한다.
	셋째 주	비자 서류 I-20 혹은 DS-2019 및 웰컴 패킷 수령
11월	첫째 주	미국 대학 수업료와 기숙사비 납부
	둘째 주~넷째 주	비자인터뷰 신청, 미국 학교 인트라넷 계정 만들고 수강신청, 현지에서 살 집 알아보기, 보험 가입, 교내 오리엔테이션
12월	첫째 주~둘째 주	미국 대사관 방문하여 비자인터뷰
		Point. 비자는 인터뷰 통과 후 통상 3~4일이면 도착하지만 여유가 있다면 미리 준비하는 편이 마음이 놓인다.
	둘째 주~넷째 주	씨티은행 국제체크카드 개설, 국제운전면허증 발급, 중요 서류 스캔하여 이메일 저장, 건강검진 및 치과치료, 짐 싸기
1월	첫째 주	공항에서 학교까지 이동할 수단 예약, 출국 후 휴대폰 만들기, 자전거 구입, 기숙사 입사/집 계약하고 입주, 현지 은행계좌 트기, 현지 학교 사무실 방문하여 학생증 발급
	둘째 주	현지 오리엔테이션 참가, 개강, 수강정정, 수업 교과서 구입 등

* 위 타임라인은 2012년 파견을 기준으로 정리하였으며 변동이 있을 수 있음.

파견 대학 승인받기

교내 전형에 합격한 이후에는 파견 상대 학교에도 지원 서류를 제출해야 한다. 한국 대학과 협정을 맺은 상대 학교에서는 아주 특별한 경우가 아니고서야 교내 합격자를 별 문제없이 받아준다. 필요한 서류만 모두 제출한다면 그다지 염려할 필요가 없다. 학교마다 차이가 있지만 제출해야할 서류는 대체로 다음과 같다.

√ 인적사항이 담긴 지원서Application

√ 영문재정보증서류Financial Statement

√ 어학 성적표

  Point. 현지 대학교에 제출하는 토플 성적표는 온라인상의 성적 확인 페이지가 아닌 공식 성적표의 원본 또는 사본이어야 한다.

√ 영문성적증명서

√ 여권 사본 1부(사진 있는 면)

필요한 서류를 모두 제출하고 나면 상대 학교에서 비자 서류 겸 입학허가서I-20 혹은 DS-2019를 포함한 웰컴 패킷을 보내온다. 이후 본교에서 교내 오리엔테이션을 실시하며, 전년도 파견됐던 선배와의 만남 시간을 마련해주기도 한다.

항공권 구매

항공권은 구입하는 시기와 조건, 항공사에 따라서 가격이 천차만별이니 미리미리 알아보는 것이 좋다. 단순히 한두 주 일찍 산다고 더 싼 것도 아니기 때문에, 저렴하게 항공권을 구입하기 위해서는 시간 여유를 두고 항공권 판매 사이트를 자주 들락거려야 한다.

항공권 판매 사이트

대표적인 항공권 판매 사이트로 탑항공toptravel.co.kr이나 투어2000 tour2000.co.kr, 투어익스프레스tourexpress.com 등이 있다. 우리나라에서 출발하는 웬만한 항공권 물량은 다 찾아볼 수 있다. 인터파크 항공air.interpark.com도 많이 이용하는데 날짜나 여정 변경 시 여행사수수료가 높으며, 다른 여행사와 달리 담당자와 직접 통화가 어렵고 온라인상에서 주로 업무를 처리하므로 답답하다는 단점이 있다.

국외에서는 카약닷컴kayak.com이나 프라이스라인priceline.com을 많이 쓰는데 국내 출발 항공권도 이런 사이트를 통해 예매가 가능하다. 이런 사이트들은 미국에서 국내여행을 다닐 때도 자주 이용하게 되는데, 무척이나 저렴하게 항공권을 예매할 수 있도록 도와준다. 다만 국내 출발 항공권을 구입할 때는 큰 이득은 아닐 수 있다. 또한 미화로 결제해야 하므로 해외 사용이 가능한 비자카드나 마스터카드가 있어야 하고, 카드사에 내는 해외사용수수료와 환전수수료, 비자카드사나 마스터카드사에 내는 수수료가 각각 붙기 때문이다. 신용카드의 해외사용금액은 소득공제가 되지 않는다는 점도 참고.

성수기와 비수기

가을학기가 시작되는 9월 중순 이전에는 교환학생들뿐 아니라 방학 동안 한국에 들어와 있던 유학생들도 다시 출국하면서 항공권 수요가 많아진다. 그래도 8월이 지나면 한국에서는 휴가철이 끝나기 때문에 항공권 가격이 엄청나게 비싸지는 않다.

문제는 겨울학기에 파견되는 경우다. 크리스마스와 설날을 포함하는 12월 중순에서 1월 초는 미국에서 겨울방학에 해당하는데, 휴가철이자 극성수기로 연중 항공료가 가장 비싼 시기이기 때문. 정해진 학사일정이므로 따를 수밖에 없지만 얼리버드할인이나 학생특가 등을 이용하면 조금이라도 비용을 줄일 수 있을 것이다. 한편 여름방학 기간의 경우 학교에 따라 5월 중순 혹은 6월 중순에 시작되어 9월까지 이어진다.

얼리버드할인

파견이 일찍 결정되는 경우 얼리버드할인을 이용해 더욱 저렴하게 항공권을 살 수 있다. 그러므로 파견 날짜가 많이 남았다고 여유를 부리기보다는 미리미리 알아보자. 항공권은 단순히 일찍 살수록 더 싸지는 것이 아니나 얼리버드특가라고 해서 할인폭이 상당히 높은 티켓이 있으므로 이용할 수 있으면 유리하다. 얼리버드나 학생특가 등 할인항공권을 구매하는 경우 마일리지 적립불가, 스탑오버 불가 등의 제약조건이 붙기도 하니 구매 전 확인하자.

학생특가를 활용하자

교환학생은 F-1 혹은 J-1 비자를 받게 되는데, 이 경우 학생특가를 이용해 좀더 저렴한 티켓을 구입할 수 있다. 예매 시에 미국 학교에서 발급해주는 비자 서류이자 입학허가서인 I-20 혹은 DS-2019가 필요하다. 아메리칸항공의 경우 서류가 아직 나오지 않은 경우라도 학생특가티켓을 살 수 있으며 탑승권 Boarding Pass을 받을 때는 서류를 제시해야 한다. 왕복 오픈티켓 중에 가장 저렴한 항공권이 학생특가티켓이다. 항공사별로 수량이 한정되어 있으므로 예매를 서두르자.

편도&왕복&오픈티켓

아무리 저렴한 항공권이 나왔어도 입출국 날짜를 결정해야 구입을 할 수 있을 것이다. 출국일의 경우 파견 학교의 학사 일정에 맞추면 되지만 귀국일은 최소 몇 달에서 일 년 이상 뒤의 일이기 때문에 확정하기가 어렵다. 학기가 끝나고 여행을 더 하다 귀국하거나 다른 나라를 거쳐 여행하다 들어가는 일이 흔하다. 한 학기만 수학하려고 왔다가도 현지 학교가 마음에 들어서 기간을 연장하는 등 예상보다 오래 머무르게 되는 일도 있다.

이렇게 예측할 수 없는 상황을 염려해 편도티켓만 끊어 출국하는 일이 많다. 막연한 미래에 대비할 수 있다는 점에서는 유리하나 가격이 왕복 티켓에 비해 비싸다는 점은 감안해야 한다. 단순히 계산해도 편도티켓 두

장의 합이 왕복티켓에 비해 비쌀 뿐더러, 항공권 가격 자체가 시간이 지남에 따라 꾸준히 오르기 때문에 늦게 구입할수록 불리하다. 몇 십만원 이상의 차이가 날 수도 있다.

그러므로 교환학생 일정 이외에 다른 뚜렷한 계획이 있는 게 아니라면 왕복티켓을 구입하는 것이 현명하다. 귀국 날짜를 확신한다면 날짜를 아예 정해서 구입하는 것이 가장 저렴한 방법이다. 만약 귀국 날짜를 변경하게 되는 경우 항공사와 티켓 규정, 예매처에 따라 수수료를 내야 하는데 이 수수료는 10만원을 넘어가는 일이 드물며 항공사 홈페이지에서 직접 예매한 경우에는 따로 들지 않는 경우도 많다. 혹시 내게 될지 모르는 수수료를 포함하더라도 편도보다는 왕복으로 구입하는 것이 저렴하다.

하지만 귀국 일정이 영 불확실하다면 그냥 편도티켓을 끊는 것이 마음 편하다. 왕복티켓의 귀국 날짜를 변경하는 것은 쉽지만 귀국 도시를 변경하는 것은 상대적으로 어렵고, 가능하다 하더라도 수수료가 비싸다. 그러므로 학기가 끝난 후 여행을 많이 다닐 예정이라면 편도티켓만 사는 게 아무래도 낫다. 특히 캐나다나 멕시코 등 미국 접경 국가까지 여행을 갈 생각이라면 더욱 그러하다. 보통 우리나라에서 미국으로 가는 항공권보다 미국에서 우리나라로 들어오는 항공권이 더 저렴하기 때문에, 현지에서 잘만 찾아보면 의외로 낮은 가격에 티켓을 구할 수 있다.

얼추 예상은 할 수 있지만 날짜를 확정하기 어려운 경우에는 오픈티켓을 구입한다. 오픈티켓은 출국일을 결정하되 귀국일은 정하지 않는 티켓이다. 대신 유효기간이 3개월이나 6개월, 1년 등으로 정해져 있다. 유효기간이 길수록 가격이 오르는 것이 일반적이고, 날짜가 정해진 왕복티켓보다는 값이 좀더 비싸다. 그러나 편도티켓을 따로 두 장 사는 것보다는 역시 저렴하기 때문에 귀국 예정일을 알 수 없는 경우 좋은 방법이다.

현지에서 생활하다가 귀국일을 정하면 예매처 혹은 항공사에 연락해서 좌석을 확보하면 된다. 아무리 오픈티켓이라고 해도 이왕이면 빨리 연락해야 좌석을 확보하기 유리하다. 특히 방학 등의 성수기에 귀국하려는 경우 최소한 2주 전에는 예약해야 안전하다. 오픈티켓에 대한 규정은 항공사마다 다르기 때문에 예매 전 반드시 확인하자.

항공권, 언제 구입해야 가장 저렴할까?

통념과 달리, 항공권을 무조건 일찍 예매한다고 싸지는 것은 아니다. 얼리버드특가를 적용받는 게 아니라면 굳이 일찍 구매할 필요가 없다. 일반적으로 국제선 항공권은 1~3달 전에 구입하는 것이 좋은데, 항공사의 프로모션 등 변수가 많다. 시간 여유가 있다면 1~2주 정도 항공권 판매 사이트를 들락거리며 특가항공권이 나오지 않는지 살펴보는 게 좋다. 교내 여행사에서 가지고 있는 특가항공권 물량이 있는지도 알아보자.

그런데 항공권 예매에서 중요한 변수로 작용하는 것이 항공사별로 티켓이 풀리는 시기이다. 특정 항공사를 고집하는 경우가 아니라면 무조건 저렴한 항공사에서 티켓을 사게 되기 마련이다. 그런데 에어차이나, 싱가폴항공 등 일부 항공사는 출발 한 달 전쯤에 항공권 예매를 오픈한다. 따라서 출국 두 달 전에 아메리칸항공에서 예매하는 것보다 한 달 전에 싱가폴항공에서 예매하는 것이 더 저렴할 수 있는 것이다. 항공권 가격 비교 사이트에서 검색해 봐도 이런 변수 때문에 1년 뒤 티켓 가격보다 1달 뒤의 티켓 가격이 오히려 더 저렴하게 나오는 것을 알 수 있다. 그러므로 어차피 일찍 예매를 못했고 학생특가 적용도 어려운 상황이라면, 비싼 티켓이나마 하루라도 빨리 사려고 하기보다는 차라리 더 저렴한 티켓이 풀릴 때까지 조금 기다려보자. 물론 항공사 홈페이지 등을 꾸준히 체크하는 부지런을 떨어야 한다.

여행사를 통한 항공권 구매

아무리 들여다봐도 복잡하기만 한 항공권 판매 사이트. 항공권을 직접 구매하는 것이 너무 막연하다면 여행사를 통해서 항공권을 구하는 것도 나쁘지 않다. 여행사를 통해 구입한다고 해서 꼭 더 비싼 것도 아니며, 여행사에서 미리 확보해놓은 특가티켓 물량이 있는 경우 오히려 더 알뜰한 구매를 할 수 있다. 특히 출국 일정이 빠듯할 때는 골치 아프게 인터넷을 뒤지는 것보다 여행사에 맡겨 버리는 게 마음 편하다. 따라서 직접 항공권 사냥에 나서 성공할 자신이 없다면 교내 여행사를 방문해보도록 하자.

입출국 공항이 다를 경우

입국 공항과 출국 공항이 다를 경우가 있다. 샌프란시스코 국제공항으로 입국했다가 학기를 마친 후 동부를 여행하다가 뉴욕에서 귀국할 수도 있는 것이다. 이 경우는 편도티켓 가격이 적용돼 삯이 더 비싸진다. 그러나 뉴욕에서 다시 샌프란시스코로 돌아가는 항공료도 20만 원 정도는 들기 때문에 무조건 같은 공항 왕복티켓을 사는 것만이 정답은 아니다. 자신의 계획과 여행 스타일에 따라서 결정하는 것이 필요하다.

환승과 스탑오버

저렴한 항공권을 찾다보면 환승Transfer을 해야 하는 경우도 생긴다. 환승이란 말 그대로 목적지까지 가는 도중 중간기착지에 내려 비행기를 갈아타는 것. 그러나 환승티켓이 반드시 더 저렴한 것만도 아니므로 잘 따져봐야 한다.

중간기착지에서 단순히 환승만 하는 게 아니라 아예 해당 국가에 입국 신고를 하고 공항 밖으로 나갔다 오는 것을 스탑오버Stopover라고 한다. 스탑오버를 이용하면 적은 추가비용만으로 다른 나라를 덤으로 여행할 수 있다. 최소 6시간 이상의 여유는 있어야 공항 밖으로 나갔다 돌아오는 것이 가능하며, 이삼일 정도 스탑오버 하는 것이 보통이다. 스탑오버 시 해당 항공사에서 서림하게 호텔이나 투어 버스를 제공하기도 하기 때문에 더욱 실속 있는 여행이 가능하다. 스탑오버는 항공권 구입 시 발권 전에 신청해야 하며, 할인 항공권의 경우 스탑오버 불가 조건이 붙은 것도 있으니 미리 확인하자.

스탑오버를 하는 경우에는 해당 국가에 입국을 했다가 다시 출국하게 되기 때문에 입국신고서와 비자 등의 서류를 갖춰야 한다. 요즘은 무비자로 일정 기간 체류할 수 있는 국가가 많아서 편리하지만 그렇지 않은 경우 따로 준비해야 한다. 출발할 때 부친 짐은 경유지에서 모두 찾은 뒤 경유지를 떠날 때 다시 부쳐야 한다.

항공권 가격 비교 사이트

항공권 판매 사이트는 각 항공사에서 제공하는 티켓 정보를 모두 모아서 보여주며, 직접 판매도 하는 사이트이다. 같은 항공권이라고 해도 판매 사이트마다 예매수수료를 떼기 때문에 가격이 조금씩 다르다. 이 차이를 비교해서 보여주는 곳이 항공권 가격 비교 사이트로, 모몬도닷컴 momondo.com과 부킹버디닷컴 bookingbuddy.com이 있다. 국내 사이트로는 투어캐빈 tourcabin.com이 있다.

모몬도닷컴에서 입출국 공항과 날짜를 설정하면 날짜별로 가격 동향을 그래프로 표시해서 보여준다. 특정한 날짜를 고집하는 것이 아니라면 비슷한 기간 중 저렴한 항공권이 나온 날짜에 출국하는 것이 현명하겠다. 항공권 가격 비교 사이트에서 직접 항공권을 판매하지는 않으므로, 원하는 항공권을 찾았다면 항공권 판매 사이트나 해당 항공사 홈페이지에서 직접 예매해야 한다. 이 경우 항공사 공식 홈페이지에서 구매하는 것이 더 좋으며 예매수수료가 없어 가격이 좀 더 저렴하고, 좌석 지정이나 마일리지 적립 등의 혜택 면에서도 더 유리하기 때문이다.

부킹버디닷컴에서는 항공권을 판매하는 모든 판매 사이트에 직접 들어가서 가격을 비교할 수 있게 해 준다. 여행일정을 입력하면 5~10개의 항공권 판매 사이트에서 정보를 검색하여 클릭 한 방으로 가격을 비교할 수 있게 해준다. 모몬도닷컴에서 시기별 항공권 가격 추이를 보며 여행일정을 결정하고, 부킹버디닷컴에서 해당 일정 중 가장 저렴한 항공권을 파는 사이트 혹은 항공사를 찾는 방법을 추천한다.

다만 국내 사이트가 아닌 항공사 공식 홈페이지나 항공권 판매 사이트에서 티켓을 구매할 때는 비자카드나 마스터카드가 필요하며, 각종 해외 사용수수료가 든다는 점을 염두에 두자. 국내 사이트인 투어캐빈은 모몬도닷컴이나 부킹버디닷컴처럼 광범위한 가격 비교 서비스를 제공하지는 않는다.

복잡하기만 한 항공권, 주요 항공사 특징

아메리칸항공American Airlines

아메리칸항공은 상당히 저렴한 가격임에도 불구하고 나쁘지 않은 기내서비스를 제공한다. 비슷한 가격대의 유나이티드나 델타항공과는 달리 수화물도 2개까지 무료로 부칠 수 있어 더욱 좋다. 미국에서 인천까지는 직항이 없고 미국의 주요 도시와 일본 동경 간에 직항편을 운행한다. 따라서 동경까지는 아시아나항공이나 일본항공 등의 공동 운항편을 타고 간 후 환승하게 된다. 미국 내 국내선 노선도 촘촘히 갖춰진 항공사로 환승이 용이하다. 티켓가격이 낮은 편인 대신 환불수수료가 굉장히 높은 것이 특징이다.

싱가폴항공Singapore Airlines

인천에서 샌프란시스코로 입국한다면 정답은 무조건 싱가폴항공이다. 한 번 타본 사람이라면 예찬하게 된다는 싱가폴항공의 기내서비스는 대한항공의 2/3도 채 되지 않는 티켓 삯을 의심하게 만드는 지경. 인천에서 샌프란시스코 간 주7회 직항을 운행하여 많은 유학생들의 사랑을 받는 항공사다. 승무원들이 매우 친절하며 한국인 승무원들도 많아 편리하게 장거리 비행을 즐길 수 있다.

유나이티드항공United Airlines

과거 컨티넨탈항공사가 이름이 바뀌었다. 미국에서는 국내에서의 통근수단으로 많이 이용되기도 하는, 지렴한 축에 속하는 저렴한 항공사이며, 국제선도 가격이 낮은 항공편이 많이 있는 편이다. 기내서비스는 보통.

국적기(대한항공, 아시아나항공)

한국 항공사들은 가격이 비싸지만 그만큼 훌륭한 서비스를 제공한다. 한두 번 타고 만다고 생각하면 분명 가격이 높지만, 비행기를 자주 이용한다면 오히려 국적기 이용이 합리적일 수 있다. 마일리지 혜택의 폭이 크고, 기내서비스가 월등히 뛰어나기 때문이다. 또한 우리나라에서 출발하는 항공편이 많기 때문에 미국을 비롯한 어느 나라를 가더라도 원하는 노선을 찾기 쉽다. 나중에라도 해외여행을 많이 다닐 생각이라면 미리미리 마일리지를 쌓아두는 것도 좋은 방법이다.

그래서 정답은 뭐?

항공권 예매에는 정답도, 왕도도 없다. 가장 저렴하게 항공권을 사려면 역시 여러 항공권 판매 사이트와 가격 비교 사이트를 들락거리며 가격 추이를 지켜보는 것이 좋고, 이 과정이 너무 복잡하고 머리가 아프다면 그냥 여행사에 맡겨버리는 게 속 편하다. 여행사를 통해 항공권을 산다고 해서 꼭 더 비싼 것도 아니라는 게 함정이니 각자 자신에게 편리한 방법으로 항공권을 구입하면 될 것이다.

또한 예매를 했더라도 출국 72시간 이전에 예매처에 연락해서 변동 사항은 없는지 물어보고, 항공사 홈페이지에 방문해 자신이 탑승할 항공편이 제 시간에 출발하는지, 결항이나 지연 등의 문제는 없는지 확인해보는 것이 필요하다.

웰컴 패킷 수령

드디어 현지 학교에서 비자 서류를 비롯한 웰컴 패킷이 도착한다. 본교의 교환학생 관련 업무를 담당하는 국제처에서 수령하면 된다. 출국 전에 준비할 사항과 현지 학교생활에 대한 안내 자료가 포함돼 있다. 학사 일정 달력, 등록금 납부 및 수강신청 안내, 보험 관련 안내문도 찾아볼 수 있다.

등록금 및 기숙사비 납부

현지 학교와 한국 학교 간 1:1로 학생이 교환되는 일반교환학생의 경우 한국 학사 일정에 맞춰서 본교에만 등록금을 납부하면 된다. 다만 기숙사에 들어간다면 기숙사비를 내야하고, 학교에 따라서 기성회비나 학생회비 Student Fee 등을 납부해야 하는 경우가 있다.

학생 교환 비율에 관계없이 파견되는 방문학생의 경우 현지 학교와 한국 본교에 모두 등록금을 납부해야 한다. 하지만 많은 한국 학교들에서 등록금의 80~100%를 장학금으로 돌려주기 때문에 이중 부담을 느낄 필요는 없다.

등록금과 기숙사비 납부는 해외송금이나 신용카드 혹은 현금으로 할 수 있다. 직접 은행에서 해외송금 신청을 하거나 인터넷뱅킹으로 송금하면 된다

〈송금하는 자세한 내용은 163쪽 참고〉

해외송금과 신용카드 결제 모두 수수료가 들기 때문에 가족의 주거래 은행이나 신용카드사의 혜택 등을 따져보아 수수료를 아낄 수 있는 수단으로 결제하면 좋다. 현지에 도착한 후 현금 혹은 현지계좌를 이용한 계좌이체로 등록금과 기숙사비를 내는 경우도 있으니 파견 학교와 본교의 안내를 잘 따르면 된다.

또한 외국대학에 납부한 등록금은 교육비 공제 대상에 해당된다. 등록금 납부영수증과 외국교육기관이 발행한 재학증명서 또는 입학증명서와 입학허가서가 있으면 된다. 미국에 도착하여 교환학생 담당 부서에 해당 서류를 요청하면 발급받을 수 있으며 이를 스캔하여 이메일로 보내거나 국제 우편으로 한국에 보내서 공제를 받을 수 있다.

'재정보증서류' 란?

미국비자를 받기 위해서는 재정보증서류가 필요하다. 재정보증서류란 미국 대학에서 수학할 수 있는 충분한 재정을 갖추고 있는지 증명하는 서류다. 학업을 가장하고 미국에 들어와 불법 취업을 하거나, 수학 중이라도 학비와 생활비를 벌기 위해 불법을 저지르는 일을 미연에 방지하기 위해 요구하는 것이다.

비자 서류를 발급받기 위해서 현지 학교에 재정보증서류를 제출해야 하며, 비자 서류를 받았다는 것은 재정보증 내용이 인정됐다는 뜻이다. I-20 같은 경우에는 아예 서류에 해당 내용이 기재되므로 비자인터뷰 시 따로 재정보증서류를 준비하지 않아도 된다.

가장 손쉽게 만들 수 있는 재정보증서류는 시중 은행에서 발급받는 잔고증명서를 말한다. 등록금과 주거비, 생활비를 충당할 수 있는 충분한 비용이 통장에 있다는 것을 증명하는 것이다. 파견 기간과 학비에 따라서 현지 학교에서 요구하는 재정보증 액수가 다르다. 2012년 숙명여대에서 UC 데이비스를 갈 때 한 학기 파견은 1만 5천불(한화 약 1,700만 원), 1년 파견은 3만 불(한화 약 3,400만 원) 이상의 금액이 통장에 있다는 것을 증명해야 했다.

필요한 금액이 들어있는 통장을 가지고 은행에 가서 '영문잔고증명서'를 떼어달라고 하면 된다. 수수료는 2천원이다. 금액은 당일 환율로 환산한 미화로 표기되므로 액수가 모자라지 않도록 환율을 확인해야 한다. 같은 은행에 계좌가 여러 개 있다면 여러 계좌의 금액을 합산해서 증명서를 떼어준다. 적금이나 주택청약저축으로 묶여 있는 돈도 합산해주므로 유리하다. 물론, 보통 학생이 이렇게 큰돈을 계좌에 갖고 있을 리 만무하다. 돈이 계좌에 24시간 동안만 들어 있으면 되므로, 부모님 계좌에서 하루 동안만 돈을 빌려 넣어두면 된다. 잔고증명서를 발급받는 시점에 필요한 금액이 계좌에 들어있어야 하며, 증명서 발급 후 24시간이 지나야 인출이 가능하다.

부모님의 계좌로 발부받은 영문잔고증명서를 재정보증서류로 제출할 수도 있다. 이때는 가족관계 증명을 위해 영문으로 된 주민등록등본을 함께 제출해야 한다. 하지만 본인 계좌가 아닌 경우 여러 가지 복잡한 서류와 함께 공증을 요구하는 학교도 있으므로 이왕이면 본인계좌로 처리하는 것이 깔끔하다.

당장 큰 액수의 현금을 마련해서 잔고증명서를 발급받기 어려운 경우에는 부모님의 재직증명서, 소득금액증명원, 급여가 입금된 은행 통장기록, 은행 잔고증명서 등을 제출해 재정보증을 입증할 수 있다. 사업자의 경우 사업자등록증과 부가세 납입증명 등이 필요하다. 장학금을 받아 교환학생을 가는 경우라면 장학금 관련 서류를 첨부하면 된다.

Hana Bank

CERTIFICATE OF DEPOSIT/
MONEY (INVESTMENT) TRUST BALANCE

No. 911262

0000051 1267

발급번호 : 039100007799

Date. OCT.08.2012 15:06:32

TO: YANG SANG JUN

In reply to your request, we certify that the deposit/money(investment) trust balance
as of OCT.08.2012 stands as follows.

The amount of balance may be subject to change in the event the issue date of this certificate is different from the base date.

Account Number Account Type	Trustor Beneficiary of principal Beneficiary of profit	Balance Including Uncollected Checks & Bills (Current Market Value of Trust)	Uncollected Checks & Bills Comments Pledged Amount
098-910024-20207 Savings Deposits	WON USD	0 WON 0.00 No Comments USD	0 0.00
	No more statements hereafter		
Total		USD 0.00 USD	0.00

Say :
U.S. DOLLAR NAUGHT ONLY   Including Uncollected Checks & Bills Won   0-

(Exchange rate: 1 USD = ₩ 1,110.60000)

Note: 1. If the trustor differs from the beneficiary(the principal or profit beneficiary), the name of the beneficiary is given. (Trust for the benefit of others)
2. The current market value of the investment trust / base value trust is caculated based on the net asset value as of the date stated above(before deduction of tax and/or early cancellation fee).
   The future value of the investment trust / base value trust may vary from the current value. In case of the statement date is holiday, the current market value of this statement uses prior working date's price.
3. The total amount in this certificate implies the balance from bank and book value trust account, including current market value of beneficiary certificate and base value trust.
4. "Uncollected Checks & Bills" refers to deposits made through Banker's checks, Personal checks, Money orders, Promissory note's etc.
   Deposits that fail to clear will be deducted from the Total.
5. Any transaction affecting the rights or the value of the deposit, such as collateralizing or changing the balance of deposit, is not allowed on the date of the issuance of the certificate of deposit. Therefore, please check whether any automatic transfer is scheduled on the date hereof.
6. On issuing a certificate of deposit, in case there are any material facts such as restriction to the withdrawal or establishment of pledge, etc., all those facts should be mentioned.

증명서 발급내용 일치여부는 당행 홈페이지 빠른서비스에서 조회 가능합니다.

Yours truly

Verified by

Authorized Signature

Hana Bank Jedae   Department/Branch

TEL.   02)928-1111   1/1

(2/2) (210 × 297) (NCR상74g/㎡) (2011. 1 개정)

>>> 영문재정보증서류 : 미국 대학에서 수학할 수 있는 충분한 재정을 갖추고 있는지 증명하는 서류.

교환학생이 받을 수 있는 장학금이 있다고?

미래에셋 해외 교환장학생

미래에셋 해외 교환장학생 제도는 우리나라에서 가장 큰 규모의 교환학생 장학금이다. 일 년에 두 차례, 봄학기와 가을학기를 기준으로 파견되는 학생들에게 장학금 혜택을 준다. 본교 등록금과 왕복항공료, 체재비까지 지원 액수가 상당해서 교환학생을 꿈꾸는 사람이라면 한 번쯤 들어보았을 장학금 제도다.

그만큼 경쟁률도 10:1 이상으로 무척 치열하며, 사실상 가장 중요한 선발기준은 가계곤란도이다. 본인의 가정 형편을 잘 따져보아 가망이 없다면 무턱대고 도전하라 권할 수가 없다. 총 1만자 분량의 학업계획서를 작성해야 하고, 건강보험료 납부확인서, 지방세 세목별 과세증명서 등 수많은 서류를 떼어다 제출해야 하는데 이 서류들을 떼는 데만도 많은 시간과 노력이 들고 때로는 수수료까지 내야 하기 때문이다. 부모님이 맞벌이를 하시거나 부동산을 소유하고 있다면 선발 가능성이 희박하다고 봐야 한다.

지원은 온라인으로 이루어지며 제출 서류는 본인이 소속된 대학교의 국제처에 제출하면 된다. 가을학기 파견은 매년 4월, 봄학기 파견은 매년 10월에 약 일주일 간 지원이 이루어진다. 이 안에 모두 작성하기에는 요구하는 자기소개서와 학업계획서의 분량이 너무나 많으므로 지원할 생각이 있다면 미리 공고를 확인하고 준비해놓는 것이 좋다.

사회공헌이라는 장학금의 취지에 따라 지속적인 봉사활동 참여자, 특히 지역아동센터 지도교사 봉사활동을 2년 이상 한 경우 우대된다. 또한 상당한 분량의 자기소개서와 학업계획서를 요구하는 것에서 엿보이듯 자신이 이 장학금을 받고 교환학생에 다녀와 어떠한 인재로 성장하여 사회공헌을 할 수 있을 것인지 탄탄한 스토리를 갖추는 것이 필요하다. 단순한 스펙 나열이 아닌 본인의 뚜렷한 비전, 해외 교환학생으로 파견되어 이루고자 하는 바를 담아 진정성 있는 자기소개서와 학업계획서를 작성하는 것이 중요하다.

⟨미래에셋 박현주재단 foundation.miraeasset.com⟩

주한영국문화원 아이엘츠 장학 프로그램

아이엘츠 시험 성적으로 영국과 미국으로 유학을 떠나는 한국 학생들에게 주어지는 장학금이다. 학부와 석사 유학생을 대상으로 하는데 교환학생도 지원이 가능하다. 아이엘츠 아카데믹 모듈 6.5 이상의 성적이 필요하다. 반드시 파견 학교에 아이엘츠 성적을 제출하지 않았더라도 파견 학교가 아이엘츠 성적을 인정해주는 학교라면 지원 가능하지만 선발 가능성은 매우 낮다고 봐야 한다.

미국 유학생 4명과 영국 유학생 4명, 총 8명에게 미화 3,500불(한화 약 400만원 상당)을 지원한다. 영국 유학생 4명에게는 대영박물관 이용권과 대한항공의 지원을 받아 런던왕복항공권도 지원한다.

지원은 매년 4월 시작되며 1차 전형은 영문지원서와 자기소개서, 2차 전형은 영어 프리젠테이션과 인터뷰 심사로 진행된다. 특히 인터뷰의 경우 면접관이 영국인이기 때문에 영국식 영어 억양에 익숙하지 않다면 질문을 주의 깊게 들어야 한다.

선발 일정상 가을학기 파견자만 지원할 수 있고 파견 기간은 상관없다. 선발 절차가 마무리되는 6월까지 파견 학교로부터 받은 합격통지서 내지는 입학허가서를 제출해야 한다.

〈아이엘츠 장학프로그램 ieltstest.or.kr/bclELTSV1/info/info22.aspx〉

그 외 장학금 제도

2012년 유학네트와 파고다어학원에서는 자비교환 장학생 선발 오디션인 '나도 유학생이다'를 실시했다. 이는 이미 선발된 교환학생들을 지원해주는 장학금이 아니라 이 오디션을 통해 선발된 대학생들을 현지 학교로 파견해주는 프로그램으로 학비 전액을 지원한다. 미국, 영국, 호주 각 1명씩을 선발하며 자기소개와 UCC 제작, 영어 프리젠테이션 등 여러 절차를 거쳐야 하므로 선발이 쉽지는 않다.

〈나도 유학생이다 eduhouse.net/event/2012/nadouhak.asp〉

그 외 각 학교마다 방문학생들에게 본교 등록금 환급의 형태로 장학금을 지급하고 있다. 영현대 글로벌 대학생 기자단이나 영삼성 캠퍼스 리포터 해외조 같은 활동을 통해서 현지 리포트를 작성하고 활동비와 원고료를 받을 수 있는 기회를 잡는 것도 좋다. 영현대 글로벌 기자단은 매년 3월 모집해 5월부터 4월까지 1년간 활동하게 되며 영삼성 캠퍼스 리포터는 매년 12월과 8월에 모집해 6개월간 활동한다.

〈영현대 young.hyundai.com〉

〈영삼성 youngsamsung.com〉

여권 만들기

아직 여권이 없거나 유효기간이 만료되었다면 새로 여권을 준비해야한다. 유효기간이 얼마 남지 않아 교환수학 중 만료되는 경우에도 미리여권을 재발급 받아가는 것이 좋다. 파견 여권 발급을 위해서는 여권용사진 1장과 수수료, 신분증을 준비하면 된다. 남성의 경우 병역관계서류도 함께 지참해야 한다. 군필의 경우 전역증, 미필의 경우 병무청에서 발급하는 국외여행허가서가 필요하다. 여권 사진을 찍을 때는 가급적 안경을 쓰지 않는 것이 좋은데 특히 뿔테나 무늬가 독특한 안경은 금물이다. 사진은 흰 바탕에서 찍고 머리카락이 귀를 덮지 않게 하며 흰색 상의를 입으면 안 된다.

여권은 주소지와 관계없이 가까운 시군구청을 방문해 발급받을 수 있다. 빠른 처리를 원한다면 외교통상부 여권과 홈페이지 passport.mofat.go.kr에서 예약하고 가는 게 좋다. 여권 신청에서 발급까지는 약 4일이 소요된다. 여권발급수수료는 10년짜리 복수여권의 경우 5만5천원이다.

2008년 8월 이후 발급되는 모든 여권은 IC 칩이 내장된 전자여권 ePassport으로 발급된다. IC 칩 안에 얼굴과 지문 정보, 이름, 여권번호, 생년월일 등이 기록된다. 전자여권이 있으면 비자면제 프로그램 ESTA를 이용하여 무비자로 미국을 90일간 단기 체류할 수 있다.

〈비자면제 프로그램 이용법에 대한 자세한 내용은 309쪽 참고〉

비자 만들기

미국으로 교환학생을 갈 때 가장 중요하고도 복잡한 과정이라 해도 과언이 아닌 것이 비자 만들기다. 까다롭기로 유명한 미국 비자 신청에 지레 겁먹고 유학원이나 여행사에 10~15만원의 대행수수료를 지불하고 비자 발급을 맡겨 버리기도 한다. 답변해야할 질문이 많고 절차가 복잡해서 무척 귀찮은 것은 사실이다. 하지만 웬만하면 본인이 직접 비자 신청을 하라고 권하고 싶다. 비싼 대행료를 냈더라도 어차피 전자서명, 인터뷰 등은 직접 할 수밖에 없는데다가, 이 정도가 귀찮다고 남한테 맡겨버리는 마인드로는 앞으로 현지에서 부딪히게 될 수많은 난관을 잘 이겨낼 수 있을지 매우 의심스럽기 때문이다. 본서의 설명을 차근차근 따라가기만 한다

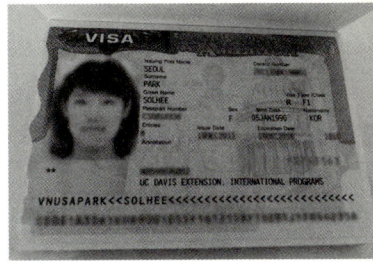

면 비자 신청 웹사이트의 암호 같은 설명에 멘붕하지 않고 무사히 미국비자를 받을 수 있을 것이다. 미국비자 신청 절차와 비용은 예고없이 변동될 수 있다.

F-1 비자와 J-1 비자

교환학생은 F-1 혹은 J-1 비자를 받게 된다. 신청 절차와 비용 면에서는 별 차이가 없지만 비자의 목적이 다르다.

우선 F-1 비자는 학생비자로서 현지 학교에 수업료를 내고 등록한 경우에 받을 수 있다. 현지 학교에서 발급해주는 입학허가서인 I-20가 있어야 비자를 신청할 수 있기 때문이다. 미국 대학에 수업료를 내는 방문학생이나 미국 내 어학원에 등록하는 어학연수생, 미국으로 학사나 석사 유학을 떠나는 유학생들이 받게 되는 비자이다. F-1 비자는 학생비자이기 때문에 학교 밖에서 돈 버는 일을 할 수 없다. 인턴십을 하더라도 무급으로 해야 하고 불법으로 아르바이트를 하다가 적발될 경우 본국으로 추방당할 수 있다. 단, 교내 인턴십이나 아르바이트를 하는 것은 가능하다.

J-1 비자는 기본적으로 문화교류비자다. 따라서 현지 학교에는 수업료를 내지 않고 한국 학교에만 등록금을 내고 1:1로 교환되는 경우에 이 비자를 받게 된다. J-1 비자의 장점은 학교 밖에서 합법적으로 돈을 벌 수 있다는 것이다. 따라서 교환학생, 유·무급 인턴십이나 수입을 얻을 수 있는 문화교류 프로그램에 참가하는 경우, 교환교수, 정부 프로젝트 연구원 등으로 미국에 가는 경우 J-1 비자를 받아야 한다.

비자를 받기 위해서는 현지 학교 혹은 현지 스폰서로부터 비자 서류를 받아야 한다. 이 서류에 세비스SEVIS 번호와 바코드가 있는데 비자 신청

과정에 이 번호가 필요하다. F-1 비자를 받을 때는 현지 학교에서 발급해주는 I-20이 있으면 되고 J-1 비자를 받을 때는 현지 학교 혹은 현지 스폰서가 발급해주는 DS-2019가 있으면 된다. 현지 스폰서란 예를 들어 인턴십을 하게 될 현지 회사와 같은 기관이 해당되는데, 인턴이 미국에서 불법을 저지르지 않고 비자의 목적에 맞게 생활하고 있는지 관리·감독하는 보증인 역할을 한다. J-1 비자 소지자는 교환학생 기간을 마치고 인턴십을 할 수 있는데 이 경우 DS-2019 만료 전에 현지 학교에 알려야 체류 기간을 연장해준다.

〈인턴십에 대한 자세한 내용은 274쪽 참고〉

F-1 비자는 미국에서 돈을 버는 게 아니라 돈을 쓰러 가는 비자다보니 비자와 비자 서류의 발급이 쉬운 편이다. 공부가 끝나고 학교를 옮기는 경우에도 학비 외에 추가비용없이 새 I-20가 나오기 때문에 체류 기간을 쉽게 연장할 수 있다. 교환학생의 경우 학교를 옮길 일은 없겠지만, 본인의 영어 실력이 부족하다고 생각해서 교환수학 전에 개인적으로 어학연수를 받고 싶다면 이렇게 학생비자의 이점을 십분 활용할 수 있다. 먼저 현지 어학원 등 어학연수 기관의 I-20을 받아 학생비자를 취득해 출국한 후 파견 학교의 I-20을 받아서 트랜스퍼 절차를 밟으면 되는 것이다.

F-1 비자와 J-1 비자 모두 학기 시작 30일 전부터 미국에 입국할 수 있다. 또한 현지에서의 마지막 학기가 끝난 뒤 F-1 비자는 60일, J-1 비자는 30일 동안 더 체류할 수 있다. 이 출국준비기간 Grace Period을 지키지 않으면 추후 미국 입국 시 문제가 될 수 있다. 그러므로 이 기간을 꽉 채우려고 하지 말고 만일의 사태에 대비해 며칠 여유를 두고 출국 날짜를 잡는 게 좋다. 출국준비기간 동안 캐나다나 멕시코 등 다른 나라로 여행을 가게 되면 미국에서 출국함과 동시에 비자의 효력이 다하기 때문에 재입국이 불가능하다. 다만 관광비자가 있다면 그 비자로 입국하면 되는데, 해외에서 미국 관광비자를 받는 것은 쉽지 않다. 전자여권 소지자의 경우 비자면제 프로그램을 통해 무비자 입국이 가능하다. 이 경우 미리 이스타 ESTA 홈페이지에서 미리 신청해야 한다.

〈비자면제 프로그램 이용법에 대한 자세한 내용은 309쪽 참고〉

비자 신청 관련 웹사이트

√ 주한민국대사관 비 이민 비자 안내

   korean.seoul.usembassy.gov/visas_non-immigrant_visas.html

√ 미국 비자 신청 웹사이트 ustraveldocs.com/kr_kr

√ 세비스 웹사이트 fmjfee.com

비자 신청을 위해 준비할 것들

√ 유효한 여권　유효기간이 귀국예정일로부터 6개월 이상 남아 있는 것이 좋다. 예전에 미국 비자를 받은 적이 있으면 과거 비자가 있는 여권도 지참해야 한다.

√ 비자용 사진　5x5cm 규격으로 인화한 사진 1장과 온라인 지원서에 첨부할 사진 파일이 필요하다. 파일의 규격은 최소 600x600 픽셀에서 1200x1200 픽셀 사이가 되어야 한다. 사진은 반드시 귀가 보여야 하며 흰 옷을 입으면 안 되고 배경은 흰색이어야 한다.

√ 비자 서류　I-20 혹은 DS-2019를 반드시 지참한다. 미국 학교 담당자의 서명이 담긴 원본이어야 한다. 본인도 서명을 해야 하는데 하지 않은 경우 대사관에서 알려주는 대로 그 자리에서 하면 된다.

√ 비자 신청서　비자 신청 웹사이트에서 온라인 지원서DS-160를 작성한 후 확인용지를 인쇄해서 가져간다.

√ 비자신청수수료납부영수증　씨티은행에 납부한 비자신청수수료 영수증(160불)

√ 세비스수수료납부영수증　온라인으로 납부한 세비스수수료영수증(F-1 비자는 200불, J-1 비자는 180불)

√ 인터뷰 예약 확인서　인터뷰 예약 후 확인서 인쇄

√ 재정증명서류　원칙적으로는 재정증명서류를 제시해야 하나 I-20나 DS-2019를 발급받았다는 사실 자체가 재정증명이 끝났다는 뜻이므로, 특수한 경우가 아니라면 따로 재정증명서류를 요구받지 않는다.

비자 신청 절차

1단계: DS-160 작성

미 국무부에서 운영하는 비자 신청 웹사이트ustraveldocs.com/kr_kr에서 온라인 비자 신청서인 DS-160을 작성한다. DS-160 상에 비자용 사진을 업로드해야 한다. 자세한 DS-160 작성 방법은 84쪽을 참조할 것.

2단계: DS-160 확인 용지 출력

DS-160 작성을 완료한 후 확인 용지를 인쇄한다. 당장 프린터가 없다면 내용을 이메일로 발송하여 추후 출력할 수도 있다.

3단계: 비자신청수수료 납부

씨티은행에 방문해 비자신청수수료를 납부한다. DS-160 확인 용지와 여권을 지참해야 한다. 수수료는 160불. 영사관 환율 1:1200으로 계산되어 한화 19만 2천원을 지불해야 한다. 현금으로만 지불할 수 있다. 이때 받은 영수증은 인터뷰 예약을 위해 꼭 필요하므로 잘 챙겨둔다. 인터넷뱅킹으로도 수수료를 납부할 수 있는데 이 경우 납부 후 이틀이 지나야 인터뷰를 예약할 수 있다. 은행에 직접 방문하여 납부하는 경우 4시간이 지나면 인터뷰 예약이 가능하다.

4단계: 비자인터뷰 예약

비자인터뷰 예약을 위해서는 여권번호, 씨티은행에서 받은 비자신청수수료 납부영수증에 있는 거래 번호, DS-160 확인 용지에 있는 10자리 바코드 번호가 필요하다. 비자인터뷰를 진행하는 대사관은 항상 기다리는 사람이 많다. 아침 시간으로 예약하고 예약 시간보다 일찍 도착하면 대기 시간을 줄일 수 있다. 인터뷰 날짜는 보통 1~2주 후로 잡을 수 있으나 성수기에는 3~4주 이상 기다려야 할 수도 있다.

5단계: 세비스수수료 납부

이민국이 운영하는 세비스 웹사이트fmjfee.com에서 'Proceed to I-901 Form and Payment'를 클릭해 세비스수수료를 납부한다. 세비스수수료는 비자신청수수료와는 별도로 F-1 비자는 200불, J-1 비자는 180불을 납부해야 한다. 비자나 마스터카드로 결제 가능하다. I-20나 DS-2019의 오른쪽 상단에 있는 바코드에 10자리 숫자가 표기돼 있는데 이

것이 본인의 서비스 등록번호이다. 서비스 등록번호와 학교 코드를 정확하게 입력하는 것이 핵심이다. 서비스수수료 납부 후 영수증을 인쇄해서 대사관인터뷰 시 지참한다.

서비스란 학생 및 교환방문자 정보시스템을 말한다. 9/11 테러 이후 유학생과 교환 프로그램 참가자들에 대한 감독이 강화되면서 도입된 시스템이다. 쉽게 말해 학생들이 현지에서 딴짓하지 않고 잘 생활하고 있는지 관리하는 체계다. 현지 학교의 담당자 DSO Designated School Officer가 미 이민국에 학생의 신원을 보고하는 방식으로 운영된다. 그 운영에 들어가는 비용이 서비스수수료로서 유학 비자(F, M)나 문화교류 비자(J) 비자를 받을 때 납부해야 한다.

6단계: 대사관 인터뷰

필요한 구비 서류를 가지고 예약한 인터뷰 날짜에 대사관에 방문한다. 비이민비자신청 출입구로 입장해 여권을 보여주고 예약시간을 확인한 후 들어가면 된다. 로비에서 번호표를 받고 안내에 따라 이동한다. 영사인터뷰 이전에도 여러 창구를 거치며 지문 채취 등의 절차를 밟아야하기 때문에 30분 정도 일찍 도착하는 것이 좋다. 이곳에서 택배신청서도 작성해야 한다. 여권에 비자를 부착해 택배로 배송해주기 때문이다. 택배비는 비자신청수수료에 포함돼 있으므로 따로 지불하시 않아도 된다.

교환학생의 경우 비자 서류만 잘 갖추어져 있다면 인터뷰 통과는 어렵지 않다. 묻는 질문은 미국에 가는 목적, 학비는 누가 대 주는지, 부모님 직업은 무엇인지, 학교와 전공, 출국 날짜 등 쉽게 답할 수 있는 것들이 대부분이다. 가끔 전공 공부 계획이나 건강 상태와 같이 조금 난이도가 있는 질문도 나오지만 당황하지 않고 침착하게 생각한다면 충분히 답변할 수 있을 것이다. 영어로 진행되는 인터뷰가 버겁다면 통역을 부탁할 수도 있지만 교환학생 갈 준비가 된 사람이라면 스스로 할 수 있을 거라 믿는다.

인터뷰 시 제출한 여권은 1주일 이내에 부착된 비자와 함께 집으로 배송된다.

비자 서류 I-20, DS-2019란?

I-20와 DS-2019는 미국비자 신청 시 필요한 서류로, I-20은 F-1비자, DS-2019는 J-1 비자를 받을 때 필요하다. F-1 비자는 학생비자, J-1 비자는 문화교류비자에 해당하며 교환학생들은 이 두 비자 중 하나를 받게 된다. 현지 학교에 수업료를 내야 하는 방문학생의 경우 주로 F-1 비자를 받고, 본교에만 등록금을 내는 일반교환학생의 경우 대개 J-1 비자를 받게 된다.

비자 서류는 교환학생의 신상정보와 수학기간, 재정보증, 파견 학교의 정보 등에 대한 내용이 담겨 있는 일종의 입학허가서다. 비자 서류는 파견 학교가 미국 이민국 Immigration의 승인을 얻어 발급해주는 것으로, 입국심사 시에도 필요한 중요 서류다. 따라서 이 서류에 문제가 있으면 비자 발급이 되지 않을 뿐더러 체류 중이라도 불법체류자로 전락할 위험이 있다. 현지에서 교환학생 신분을 증명할 수 있는 유일한 공식 서류이기 때문에 출국 시 여권과 함께 잘 챙겨두도록 하자.

현지 체류 중에도 은행계좌나 현지 신분증을 만들기 위해 필요하며, 혹시라도 분실하게 되면 즉시 파견 학교 담당자에게 알려 재발급 받아야 한다.

U.S. Department of Justice

Immigration and Naturalization Service

Certificate of Eligibility for Nonimmigrant (F-1) Student
Status - For Academic and Language Students   (OMB NO. 1653-0038)

Page 1

Please read Instructions on Page 2
This page must be completed and signed in the U.S. by a designated school official.

SEVIS

1. Family Name (surname):
   Yang

   First (given) Name: Middle Name:
   Sang Jun

   Country of birth: Date of birth(mo/day/year):
   SOUTH KOREA   04/24/1985

   Country of citizenship: Admission number:
   SOUTH KOREA

2. School (School district) name:
   UC Davis Extension, International Programs
   University of California, Davis

   School Official to be notified of student's arrival in U.S.(Name and Title):
   Michelle Baker
   Intl. Student Advisor

   School address (include zip code):
   1333 Research Park Drive
   Davis, CA 95616

   School code (including 3-digit suffix, if any) and approval date:
   _____ approved on _01/29/2003_

For Immigration Official User

Student's Copy
N0008301212

Visa issuing post   Date Visa Issued

Reinstated, extension granted to:

3. This certificate is issued to the student named above for:
   Initial attendance at this school.

4. Level of education the student is pursuing or will pursue in the United States:
   Other: Undergraduate Visiting Student

5. The student named above has been accepted for a full course of study at this
   school, majoring in Sociology_____.
   The student is expected to report to the school no later than _09/15/2011_
   and complete studies not later than _09/15/2012_. The normal length of
   study is ___12___ months.

6. English proficiency:
   This school requires English proficiency.
   The student has the required English proficiency.

7. This school estimates the student's average costs for an academic term of
   ___3___ (up to 12) months to be:
   a. Tuition and fees $ _____3,850.00
   b. Living expenses $ _____3,600.00
   c. Expenses of dependents (0) $ _____0.00
   d. Other (specify): $ _____0.00
       Total $ _____7,450.00

8. This school has information showing the following as the student's
   means of support, estimated for an academic term of _3_
   months (Use the same number of months given in item 7).
   a. Student's personal funds $ _____8,925.00
   b. Funds from this school $ _____0.00
       Specify type:_____
   c. Funds from another source $ _____0.00
       Specify type:_____
   d. On-campus employment $ _____0.00
       Total $ _____8,925.00

9. Remarks: _____
   _____
   _____
   _____

10. School Certification: I certify under penalty of perjury that all information provided above in items 1 through 9 was completed before I signed this form
    and is true and correct; I executed this form in the United States after review and evaluation in the United States by me or other officials of the school of
    the student's application, transcripts, or other records of courses taken and proof of financial responsibility, which were received at the school prior to the
    execution of this form; the school has determined that the above named student's qualifications meet all standards for admission to the school; the student
    will be required to pursue a full course of study as defined by 8 CFR 214.2(f)(6); I am a designated official of the above named school and am authorized
    to issue this form.

    Michelle Baker   Intl. Student Advisor   05/18/2011   Davis, CA
    Name of School Official   Signature of Designated School Official   Title   Date Issued   Place Issued (city and state)

11. Student Certification: I have read and agreed to comply with the terms and conditions of my admission and those of any extension of stay as specified on
    page 2. I certify that all information provided on this form refers specifically to me and is true and correct to the best of my knowledge. I certify that I
    seek to enter or remain in the United States temporarily, and solely for the purpose of pursuing a full course of study at the school named on page 1 of this
    form. I also authorize the named school to release any information from my records which is needed by the INS pursuant to 8 CFR 214.3(g) to determine
    my nonimmigrant status.

    _____   _____   _____
    Name of Student   Signature of Student   Date

    _____   _____   _____   _____   _____
    Name of parent or guardian   Signature of parent or guardian   Address (city)   (State or Province) (Country)   (Date)
    If student under 18

    Form I-20 A-B (Rev. 04-27-88)N

    For Official Use Only
    Microfilm Index Number

>>> 비자 서류는 교환학생의 신상정보와 수학기간, 재정보증, 파견 학교에 대한 내용이 담겨있는 일종
의 입학허가서.

DS-160 작성하기

DS-160이란 2010년 주한미국대사관이 도입한 온라인 기반 비이민비자신청서Online Nonimmigrant Visa Application의 문서 이름이다. 개인정보와 여행정보, 현지 연락처, 보안 질문 등 수많은 항목에 답해야하기 때문에 완성하려면 시간이 꽤 걸린다. 질문은 영어로 되어 있긴 하지만 영어 문장에 마우스 커서를 갖다 대면 한국어 번역이 제공된다. 답변은 모국어 성명 외에는 모두 영어로 작성해야 한다.

우선 사진을 업로드하고 등록 IDApplication ID를 받은 뒤 입력을 시작하게 된다. 아래의 답변 예시와 설명을 참조하면 어렵지 않게 작성을 마칠 수 있다. 답변 시 체크하는 항목에 따라서 추가로 입력해야 하는 내용이 생길 수 있다. 현지에서 체류할 장소, 미국 내 비상연락처를 입력해야 하는 항목이 있으므로 해당 사항을 미리 확인해서 준비해둔다. 가족 외에 연락할 수 있는 사람 2명의 전화번호와 주소를 입력해야 하는 란도 있으니 친구들에게 주소를 미리 물어봐두면 한 자리에서 작성을 끝낼 수 있다.

주의할 점은 한 화면에서 20분 이상 머무르면 데이터가 날아간다는 것. 입력하는 중간 중간 데이터를 저장해두자. 또한 저장한 데이터를 불러와서 입력을 계속 할 경우에 등록 ID가 필요하므로 처음에 받은 등록 ID를 잘 기록해두자.

입력을 마치고 나면 리뷰 페이지를 통해 잘못 입력한 정보가 없는지 확인하고 전자 서명을 한 뒤 신청서를 온라인으로 제출하게 된다. 마지막에 나오는 확인 화면을 인쇄해서 대사관인터뷰 때 반드시 지참한다.

Personal, Address, Phone, and Passport Information 신상, 주소, 전화, 여권 정보

Name Provided 성명 PARK, SOLHEE

Full Name in Native Language 모국어 성명 **박솔희**

- -

Other Names Used 그 외 사용하는 이름 : NO

Telecode Names Used 사용하는 텔레코드 이름 : NO

(텔레코드 이름이란 일부 국가에서 쓰이는 숫자 형식의 이름을 말한다.)

Sex 성별 : FEMALE

Marital Status 결혼 여부 : SINGLE

Date of Birth 생년월일 : 05 JANUARY 1990

Place of Birth 출생지 : DAECHEON, CHUNGCHEONGNAMDO,

　　　　　　　　　KOREA, REPUBLIC OF(SOUTH)

Nationality 국적 : KOREA, REPUBLIC OF(SOUTH)

Other Nationalities 다른 국적 : NO

National Identification Number 국적 확인 번호 : 900105*******

(한국인의 경우 주민등록번호를 입력하면 되고, 줄표(-)는 빼고 써야 한다.)

U.S. Social Security Number 미국 사회보장번호 : DOES NOT APPLY(해당 없음)

U.S. Taxpayer ID Number 미국 납세자 ID : DOES NOT APPLY(해당 없음)

Home Address 집 주소 : DREAMMAP APT 101-301, HYOCHANGDONG

(미국 주소는 번지수나 아파트 동 · 호수를 먼저 적고, 동, 시, 도 순서대로 적는다.)

City 도시 : YONGSANGU

State/Province 수/노 : SEOUL

(서울이 워낙 큰 도시이기 때문에 서울을 State, 구를 City 개념으로 생각하는 경우가 많다.)

Postal Zone/ZIP Code 우편번호 : 140-896

Country 국가 : KOREA, REPUBLIC OF(SOUTH)

Same Mailing Address? 집 주소와 우편물 수령지가 동일합니까? : YES

Primary Phone Number 기본 전화번호 : 82-10-1234-5678

Secondary Phone Number 추가 전화번호 : 82-2-123-4567

Work Phone Number 직장 전화번호 : DOES NOT APPLY(해당 없음)

Email Address 이메일 주소 : jamila@daum.net

Passport/Travel Document Type 여권/여행허가증 종류 : Regular

Passport/Travel Document Number 여권/여행허가증 번호 : (여권번호를 입력한다.)

Passport/Travel Document Book Number 여권/여행허가증 고유번호 :

(여권 하단부에 매 페이지마다 반복 기재돼 있는 알파벳과 숫자 조합의 번호가 고유번호이다. 전자여권의 경우는 여권번호와 고유번호가 동일하다. 이 항목은 DOES NOT APPLY 에 체크해도 상관없다.)

Country/Authority that Issued Passport/Travel Document 여권/여행허가증 발급국가/당국 : KOREA, REPUBLIC OF(SOUTH)

City Where Issued 여권 발급 도시 : GYERYONG

State/Province Where Issued 여권 발급 주/도 : CHUNGCHEONGNAMDO

Country Where Issued 여권 발급 국가 : KOREA, REPUBLIC OF(SOUTH)

Issuance Date 발급일 : 13 NOVEMBER 2007

Expiration Date 만료일 : 13 NOVEMBER 2012

Have you ever lost a passport or had one stolen? 여권을 분실하거나 도난당한 일이 있습니까? : NO

====================================

Travel Information 여행 정보

====================================

Purpose of Trip to the U.S. (1) 미국 방문 목적 : ACADEMIC OR LANGUAGE STUDENT(F)
(J 비자를 받는 경우에는 'EXCHANGE VISITOR (J)'를 선택하면 된다.)

Specify 구체적으로 : STUDENT(F1)
(J 비자의 경우에는 'EXCHANGE VISITOR(J1)'을 선택한다.)

Intended Date of Arrival 예상 도착일 : 04 JANUARY 2012

Intended Length of Stay in U.S. 예상 체류기간 : 6 MONTH(S)

Address where you will stay in the U.S. 미국에서 체류할 주소 :

1333 RESEARCH PARK DRIVE

UNIVERSITY OF CALIFORNIA, DAVIS

DAVIS, CALIFORNIA 95618-4852

(현지 학교나 기숙사 주소를 입력하면 된다.)

Person/Entity Paying for Your Trip 여행비용을 지불하는 사람/기관 : SELF

Other Persons Traveling with You 동행 여부 : NO

Have you ever been in the U.S.? 미국에 방문한 적이 있습니까? : NO

Have you ever been issued a U.S. visa? 미국 비자를 받아본 적이 있습니까? : NO

Have you ever been refused a U.S. Visa, been refused admission to the United States, or withdrawn your application for admission at the point of entry? 미국 비자 발급을 거절당하거나 입국을 거절당한 적 있습니까? : NO

Have you ever been denied travel authorization by the Department of Homeland Security through the Electronic System for Travel Authorization(ESTA)? 미 국토안보부로부터 전자여행 허가서ESTA 승인을 거절당한 적 있습니까? : NO

Has anyone ever filed an immigrant petition on your behalf with the United States Citizenship and Immigration Sevices? 다른 사람이 당신을 위해 이민 청원을 낸 적이 있습니까? : NO

U.S. Contact Information 미국 내 연락 정보

Contact Person Name in the U.S. 미국 내 연락할 사람 : BAKER, MICHELLE
(현지 학교 담당자의 정보를 입력하면 된다.)

Organization Name in the U.S. 미국 내 기관명 : UC DAVIS EXTENSION

Relationship to You 귀하와의 관계 : SCHOOL OFFICIAL

U.S. Contact Address 미국 내 연락할 주소 :

1333 RESEARCH PARK DRIVE

UNIVERSITY OF CALIFORNIA, DAVIS

DAVIS, CALIFORNIA 95618-4852

Phone Number 전화번호 : 530-757-8569

Email Address 이메일 주소 : globalstudy@ucdavis.edu

Family Information 가족 정보

Father's Surnames 아버지의 성 : PARK

Father's Given Names 아버지의 이름 : YEONJEONG

Father's Date of Birth 아버지의 생년월일 : 11 NOVEMBER 1961

Is your father in the U.S.? 아버지가 미국에 있습니까? : NO

Mother's Surnames 어머니의 성 : LEE

Mother's Given Names 어머니의 이름 : SAMSOON

Mother's Date of Birth 어머니의 생년월일 : 13 AUGUST 1963

Is your mother in the U.S.? 어머니가 미국에 있습니까? : NO

Do you have any immediate relatives, not including parents in the U.S.? 부모를 제외한 직계가족 중 미국에 있는 사람이 있습니까? : NO

Do you have any other relatives in the United States? 미국에 다른 친척이 있습니까? : NO

Work / Education / Training Information 직장 / 교육 / 직업훈련 정보

Primary Occupation 기본 직업 : STUDENT

Present Employer or School Name 현재 직장 혹은 학교 이름 :
SOOKMYUNG WOMEN'S UNIVERSITY

Present Employer or School Address 현재 직장 혹은 학교 주소 :
SOOKMYUNG WOMEN'S UNIVERSITY

2ND STREET, CHEONGPADONG

City 도시 : YONGSANGU

State/Province 주/도 : SEOUL

Postal Zone/Zip Code 우편번호 : 140-742

Country 국가 : KOREA, REPUBLIC OF(SOUTH)

Work Phone Number 직장 전화번호 : 82-2-2710-9256

Month Salary in Local Currency 현지 통화로 환산한 월급액 :

DOES NOT APPLY(해당 없음)

Briefly Describe your Duties 귀하의 직업에 대해 간략히 기술하시오 :

I am an undergraduate student majoring in Communications.

Were you previously employed? 이전에 고용된 적이 있습니까? : NO

Security and Background Information 보안 및 신원조회 정보

Do you have a communicable disease of public health significance? (Communicable diseases of public significance include chancroid, gonorrhea, granuloma inguinale, infectious leprosy, lymphogranuloma venereum, infectious stage syphilis, active tuberculosis, and other diseases as determined by the Department of Health and Human Services.)? 공중보건상 위중한 전염병을 앓고 있습니까? (공중보건상 위중한 전염병이란 연성하감, 임질, 서혜 육아종, 감염성 나병, 서혜 림프 육아종, 매독, 활동성 결핵 및 그 외 보건복지부 에서 지정한 질병을 말합니다.) : NO

Do you have a mental or physical disorder that poses or is likely to pose a threat to the safety or welfare of yourself or others? 자신 또는 타인의 안전과 복지에 위협이 되는 정 신적 · 신제적 문제가 있습니까? : NO

Are you or have you ever been a drug abuser or addict? 약물을 오남용하거나 그에 중 독되었던 적이 있습니까? : NO

- -

Have you ever been arrested or convicted for any offense or crime, even though subject of a pardon, amnesty, or other similar action? 후에 사면, 특사 또는 이와 유사한 법적 조치를 받았다 할지라도 위법이나 범죄로 인해 체포되거나 유죄판결을 받은 적이 있습니까? : NO(간혹 불기소처분이 되었더라도 범죄 기록이 남아있는 경우에는 YES에 체크하고 인터뷰 시 영사에게 당시 상황을 잘 설명해야 한다.)

Have you ever violated, or engaged in a conspiracy to violate, any law relating to controlled substances? 통제된 물질(마약) 관련법을 어기거나 이와 관련된 불법행위에 가담한 적이 있습니까? : NO

Are you coming to the United States to engage in prostitution or unlawful commercialized vice or have you been engaged in prostitution or procuring prostitutes within the past 10 years? 귀하의 미국 입국 목적이 매춘 혹은 불법 성매매이거나, 지난 10년간 매춘 또는 매춘 알선을 한 적이 있습니까? : NO

Have you ever been involved in, or do you seek to engage in, money laundering? 돈세탁에 연루된 적이 있거나 돈세탁을 하려고 합니까? : NO

Have you ever committed or conspired to commit a human trafficking offense in the United States or outside the United States? 미국 내 혹은 해외에서 인신매매를 하거나 음모에 가담한 적이 있습니까? : NO

Have you ever knowingly aided, abetted, assisted or colluded with an individual who has committed, or conspired to commit a severe human trafficking offense in the United States or outside the United States? 미국 내 혹은 해외에서 인신매매를 하거나 음모에 가담한 적이 있는 사람을 고의로 원조, 선동하거나 도움을 주거나 결탁한 적이 있습니까? : NO

Are you the spouse, son, or daughter of an individual who has committed or conspired to commit a human trafficking offense in the United States or outside the United States and have you within the last five years, knowingly benefited from trafficking activities? 귀하는 미국 내 혹은 해외에서 인신매매를 하거나 음모에 가담한 적이 있는 자의 배우자 혹은 자녀로서 최근 5년간 인신매매 활동을 알고도 그 혜택을 받은 적이 있습니까? : NO

Do you seek to engage in espionage, sabotage, export control violations, or any other illegal activity while in the United States? 미국 방문 중 첩보, 파괴, 수출 규제 위반 또는 다른 불법적인 활동에 가담하려고 합니까? : NO

Do you seek to engage in terrorist activities while in the United States or have you ever engaged in terrorist activities? 미국 방문 중 테러활동에 가담할 계획이 있거나 이에 가담한 적이 있습니까? : NO

Have you ever or do you intend to provide financial assistance or other support to terrorists or terrorist organizations? 테러리스트나 테러단체에 금전적 도움 또는 다른 지원을 준 적이 있거나 주려고 합니까? : NO

Are you a member or representative of a terrorist organization? 테러단체의 일원이거나 주도자입니까? : NO

Have you ever ordered, incited, committed, assisted, or otherwise participated in genocide? 대량학살을 명령, 선동, 실행, 지원 또는 참여한 적이 있습니까? : NO

Have you ever committed, ordered, incited, assisted, or otherwise participated in torture? 고문을 행하거나 명령, 선동, 지원 또는 참여한 적이 있습니까? : NO

Have you committed, ordered, incited, assisted, or otherwise participated in extrajudicial killings, political killings, or other acts of violence? 법정 권한 외의 사살, 정치적 사살, 혹은 그 밖의 폭력행위를 저지르거나 명령, 선동, 지원 또는 참여한 적이 있습니까? : NO

Have you ever engaged in the recruitment or the use of child soldiers? 소년병을 모집 혹은 사용한 적이 있습니까? : NO

Have you, while serving as a government official, been responsible for or directly carried out, at any time, particularly severe violations of religious freedom? 정부 관료로 일하면서 어느 시점에서든 종교의 자유를 중대하게 침해한 책임이 있거나 직접 침해한 적이 있습니까? : NO

Have you even been directly involved in the establishment or enforcement of population controls forcing a woman to undergo an abortion against her free choice or a man or woman to undergo sterilization against his or her free will? 인구를 규제하기 위해 여성의 유산을 강요하거나 남성 또는 여성의 불임수술을 강요하는 기관이나 집행조직에 직접적으로 가담한 적이 있습니까? : NO

Have you ever been directly involved in the coercive transplanation of human organs or bodily tissue? 강압적인 인체 장기나 생체조직 이식에 직접적으로 가담한 적이 있습니까? : NO

Have you ever sought to obtain or assist others to obtain a visa, entry into the United States, or any other United States immigration benefit by fraud or willful misrepresentation or other unlawful means? 귀하는 사기, 고의적인 허위 진술 혹은 다른 불법적 수단으로 비자, 미국 입국, 기타 미국 이민 업무와 관련한 이득을 취하려 했거나 그렇게 하도록 타인을 도와준 일이 있습니까? : NO

Have you ever withheld custody of a U.S. citizen child outside the United States from a person granted legal custody by a U.S. court? 미국 법정이 정한 합법적 보호자(친권자)로부터 미국 시민인 어린이의 보호권을 외국에서 보류당한 적이 있습니까? : NO

Have you voted in the United States in violation of any law or regulation? 미국 내에서 불법으로 투표한 적이 있습니까? : NO

Have you ever renounced United States citizenship for the purpose of avoiding taxation? 세금 납부를 회피하기 위해 미국 시민권을 포기한 적이 있습니까? : NO

Additional Point of Contact Information 추가 연락 정보

가족을 제외하고 연락 가능한 사람 2명의 이름, 주소, 전화번호, 이메일 주소를 입력해야 한다.

SEVIS Information 세비스 정보

I-20이나 DS-2019 상단의 바코드에 표시된 세비스 ID를 입력한다. 추가 정보로 학교 이름과 주소, 공부하게 될 과정을 기입한다.

Location Information 위치 정보

Location where you will be submitting your application 지원서를 제출하게 될 위치

Current Location 현재 위치 : SEOUL, SOUTH KOREA

Sign and Submit 서명 및 제출

전자 서명을 통해 지금까지 작성한 비자신청서의 내용이 본인의 지식과 신념에 비추어 진실이며 정확하다는 것을 확인하게 된다. 서류 작성을 다른 사람이 도와줬다고 하더라도 전자 서명만은 반드시 스스로 해야 한다.

Preparer of Application 지원서를 준비한 사람

Did anyone assist you in filling out this application? 지원서 작성을 도와준 사람이 있습니까? : NO

수강신청

100% 영어로만 진행되는데다가 방식도 한국과는 다르기 때문에 결코 만만치 않은 게 미국 수업이다. 교수님은 물론 발표하는 학생들의 말이 빠르고 읽기 과제Reading Assignment와 보고서Paper가 많아 교환학생에게는 특히나 더 버거울 수 있다.

교환학생을 1학기만 하는 경우는 주저없이 원하는 강의를 수강하자. 전공학점으로 이수받을 수 있는 수업이라면 더 좋을 것이고, 한국 본교가 파견 학교 취득 학점을 P/FPass.Fail로 처리해준다면 부담도 더니 금상첨화다. 2학기 이상 교환학생을 가는 경우라면 좀 더 계획적인 수강신청을 하는 게 좋다. 첫 학기에는 비교적 쉬운 과목을 신청해 현지 수업 방식에 적응하고, 두 번째 학기에는 조금 더 어려운 수업에도 도전해보자.

미국 대학 수업이 어떤데?

한국에서는 교수의 강의가 일방적으로 진행되는 경우가 많고, 교재도 한두 권 정도로 분량이 적은 편이다. 또한 교재를 다 읽지 않고 수업에 들어가도 PPT만 잘 보면 따라가기 쉬운 경우가 많다. 하지만 미국 학교에서는 정말 많은 리딩을 기본 과제로 내준다. 매주 리딩을 읽고 리스펀스 페이퍼Response Paper를 써 오라고 하는 경우도 있다.

또한 학생들이 리딩을 읽었다는 것을 전제로 질문도 많이 던지고 활발한 참여를 요구하기 때문에 리딩을 읽지 않고 들어가면 수업 시간 내내 할 말이 없어 황당하게 된다.

리딩이 너무 많아!

강의계획서를 보면 너무 많은 리딩이 부담되어 어떤 강의를 선택해야 할지 난감하기만 하다. 게다가 외국인 학생으로서 영어로 된 교재를 읽는 속도가 더 느린 것은 당연하다. 중요한 것은 선택과 집중이다. 리딩이 많은 수업을 듣게 된다면 교수님이나 담당 조교에게 이메일을 보내 영어가 미국 학생들처럼 편하지 않아서 모든 리딩을 다 읽기 어려운 자신의 사정

을 이야기하자. 그리고 많은 리딩 중 꼭 읽어야 하는 것이 어느 부분인지
물어보고 그 부분을 집중적으로 읽자.

어떤 수업을 선택할까?

미국 대학에는 한국 대학에 있는 것 같은 교양학부가 없는 경우가 대
부분이다. 미국 대학 신입생들은 심지어 전공도 없다. 입학 후에 여러 학
과의 전공기초과목을 들어보면서 자신이 계속 공부하고 싶은 전공을 결
정하는 시스템이기 때문. 전교생이 자율전공학부생인 셈이다. 그래서 우
리나라의 교양과목과 비슷한 난이도의 수업은 각 학과의 전공기초과목
Lower Division Class이라고 보면 된다. 물론 한국 본교에 기준에 따라서 전공
학점으로 인정받을 수 있다.

미국 대학 수업은 학점 수에 비해 수업시수가 많다. 3학점짜리 수업이
면 일주일에 3시간 수업이 있는 한국 대학과 달리 미국 대학에는 4학점
이나 5학점짜리 수업에 조교가 진행하는 세션까지 포함하면 일주일에 수
업시수가 6~7시간인 경우도 있다. 대신 한 학기에 듣는 학점 수는 한국
에 비해 적은 편이다. 학생비자를 유지하기 위해 필요한 최소 수강 학점
은 12학점이며, 미국 학생들도 16학점 이상 듣는 경우는 드물다. 수업시
수와 과제의 양을 따지면 우리나라의 20학점 수준은 되기 때문이다.

기초가 필요한 수학이나 화학 과목을 수강하기 위해서는 선수과목
Prerequisite을 먼저 들어야 하거나 배치고사 비슷한 시험을 쳐야 하는 경우
가 있다. 음악 실기 수업을 듣기 위해서 오디션을 봐야 하고, 문학이나
언어와 관련한 수업을 듣기 위해서 기초적인 글쓰기 소양을 평가하는 시
험을 통과해야 하는 경우도 있다.

교환학생들을 위한 특별 수업이 개설되기도 하는데, 외국인 학생들을
위한 수업인 점이 감안되어 난이도가 낮고 숙제도 적어 교환학생 첫 학기
에 수강하면 부담없이 따라갈 수 있다. 교환학생들을 위한 특별수업 중
아예 이에스엘ESL; English as Second Language에 해당하는 영어 수업들도 가끔
있는데, 영어 수업을 들으면서 학점인정도 받을 수 있어 유리하다.

나는 1년 동안 UC 데이비스에서 세 학기 수업을 수강했어. 파견 기간이 꽤 기니까 나름 전략적으로 수강신청을 하고자 했는데, 첫 학기에는 가급적 쉬운 수업들을 신청했지. 전공인 사회학과 부전공인 경제학의 기초과목들을 들었는데 본교인 고려대에서 전공학점으로 인정받을 수 있는 과목 중에 가장 쉬운 것들이었어.

사회학 : 5학점, 사회학개론 Introduction to Sociology

전반적인 사회학의 이슈들을 이론과 접목시키는 걸 배우는 과목이었어. 기초과목이다 보니 아무래도 1학년들이 많았고 매주 리딩을 읽고 주어진 주제로 1쪽짜리 리스펀스 페이퍼를 써 가는 게 과제야. 개론이라고 해서 만만하게 보면 안 되는 게, 내용 자체가 특별히 어렵지는 않지만 다루는 범위가 광범위하기 때문에 과제가 엄청 많거든. 인문학이나 사회과학 계통의 수업을 듣다보면 대체로 리딩이 많고 시험을 에세이 형식으로 보게 돼. 영어가 완벽하지 못하니까 그 자리에서 바로 써서 제출하는 에세이 시험을 잘 볼 리 만무했지. 그걸 만회하려면 평소 과제에서 좋은 평가를 받는 게 중요하다고 생각했어. 리딩을 꼼꼼히 읽고, 페이퍼를 내기 전에는 학내 라이팅센터 Writing Center에 가서 교정을 꼭 받았어. 그 노력 덕분인지 학점은 만점에 가깝게 받을 수 있었어.

경제학 : 4학점, 개발경제학 Economics of Development

강의 소개 글을 살펴보다가 멕시코의 경제개발에 대한 내용이 재미있을 것 같아 신청했어. 교수님의 유머감각 덕분에 매 수업시간이 흥미진진했지. 시험은 객관식과 약술형이 혼합되어, 서술형 에세이로 보는 과목보다는 점수받기에 유리했어. 대신 과제가 좀 어려웠는데, 엑셀로 된 통계자료를 정리분석하는 과제가 3번이나 나와서 꽤 공을 들여야 했어. 과제를 어떻게 해야 할지 감이 안 잡힐 때는 조교실에 찾아가 묻고 또 물었어.

경제학 : 4학점, 경제학원론 Principle od Macro Economics

강의는 한 마디로 맨큐의 경제학 교재의 요약이라고 하면 될 것 같아. 100명이 넘게 듣는 대형 강의라 파워포인트 자료를 이용해 진행됐고 교수님이 중요하다고 생각하시는 부분을 자세히 설명하셨어. 매주 온라인에서 예시 문제를 풀어 제출해야 했어. 문제가 어렵진 않았지만 양이 굉장히 많아서 많은 시간을 들여야 했지.

미국 대학에서 들을 수업을 선택하는 데 가장 중요하게 생각한 기준은 '한국에서는 못 듣는' 수업이었어. 전공 인정을 받으려면 복수전공인 영어영문학 수업을 들어야 했지만, 제대로 수업을 따라가지 못할 바에야 아예 듣지 말자고 생각했어. 영문학 수업은 한국에서 들어도 원체 리딩이 많아. 번역본의 도움을 받아 겨우겨우 진도를 따라가곤 하지. 미국에서 문학 수업을 들으면 한 학기에 과목당 리딩이 대여섯 권 이상은 나온다던데 도저히 다 읽을 자신이 없더라고. 교환학생까지 가서 번역본 찾는 건 무의미한 짓인 것 같아서, 초과 학기를 다니더라도 남은 학점은 한국에서 채우기로 결심, 그냥 내가 듣고 싶은 수업들을 선택했어.

연극 : 4학점, 공연의 이해 Understanding Performance

예술로서의 공연에 관심이 많아 선택하게 된 과목. 연극이나 극작은 우리나라에서는 크게 인정을 못 받지만 서양에서는 중요한 문학의 한 장르로 자리매김하고 있거든. 노벨상 수상작 중 희곡 작품도 많고. 디오니소스 제전에서 시작된 연극의 역사에서부터 셰익스피어, 안톤 체호프, 브레히트 등 각 시대 연극의 특징과 의의에 대해서 배워. 조교들이 진행하는 수업시간에는 야외로 나가서 직접 몸을 움직이며 공연의 기본 원리에 대해서 생각해볼 수 있어. 직접 공연을 보고 와서 보고서를 쓰는 과제가 있어서 겸사겸사 공연도 관람하는 계기가 되어 재미있었어. 영어영문학 전공 학점으로도 인정받을 수 있었어.

영화학 : 4학점, 영화학 입문 Introduction to Film Studies

좀 내용이 뻔하지 않을까 싶어서 긴가민가하며 신청했는데, 나중에는 꽤 괜찮았다고 생각한 수업이야. 영화를 보는 세션이 따로 있어서 그 날은 영화만 보고, 강의 때는 그 주에 본 영화와 교재 내용을 연관지어 설명을 해 주셨어. 영화의 촬영이나 편집기법을 통해 영화를 보다 깊이 있게 읽어낼 수 있는 방법을 배워. 영화를 보고 리뷰 쓰는 것을 좋아하는 나에게 굉장히 유용했어. 〈시티 라이트〉〈터미널〉〈택시 드라이버〉 등 재미있으면서도 주옥같은 영화들을 발견한 것도 이 수업의 크나큰 매력이었지. 시험은 객관식과 약술이라 어렵지 않았어. 수업 시간에 배운 영화기법을 가지고 영화를 분석하는 페이퍼 과제도 오피스 아워에 찾아가 질문하면서 했더니 무난히 A를 받았고. 제1전공인 정보방송학 전공 학점으로도 인정받을 수 있어서 더 만족스러웠던 수업이야.

사회학 : 4학점, 개인과 사회 Self and Society

원래 사회학에 관심이 많은데, 본교인 숙명여대에는 사회학과가 없어서 수업을 들어볼 기회가 없었어. 다른 학교에 간 김에 사회학 수업을 들어보자 생각했지. '개인과 사회'라니, 수업 주제에서부터 흥미를 느껴 신청했고 실제 수업도 재미있었어. 다양한 사례와 연구결과를 토대로 개인이 사회 속에서 어떻게 상호작용하는지 배웠지. 또한 오피스 아워의 중요성을 깨닫게 해준 수업이기도 했는데, 담당 조교 아마라가 아니었으면 3권이나 되는 교재를 제대로 읽지도 못한 이 수업에서 B를 받기는 불가능했을 거야. 친절하게 페이퍼를 교정하고 방향을 잡아준 것은 물론 격려와 응원까지 아끼지 않고 해 주었거든!

체육 : 0.5학점, 골프 초급 Golf Beginner

교환학생이 들을 수 있는 최대 학점은 13학점인데, 들을 수업을 다 신청하고 보니 1학점이 남게 되어 넣은 수업이야. 한국에서 언제 골프를 쳐 보겠어? 그것도 진짜 필드에서! 집에서 자전거로 10분 거리에 있는 골프장에서 수업이 진행됐지. 골프채나 공은 골프장에 있는 걸 쓰면 되니까 따로 비용부담 같은 건 없었어. 일주일에 두 번 한 시간씩, 따사로운 햇살을 받으며 샷을 날리는 기분이 어찌나 상쾌하던지! 초급 수업이다 보니 기본 스킬을 배운 뒤 각자 연습하는 식으로 거의 진행됐어. 잘 치지는 못해도 폼만은 프로였다고!

그러다가 나중에 자전거에서 떨어져 팔을 다치는 바람에 골프를 칠 수 없게 됐어. 통증이 지속되어 거의 한 달이나 수업을 못 갔는데, 교수님께 연락했더니 '팔이 다 나은 뒤 다음 학기에 개설되는 골프 수업에 4번 참석하고 담당 교수 사인을 받아오라'고 해서 그렇게 했지. 성적은 일단 'Incomplete'로 처리되었다가 네 개의 사인이 담긴 확인 용지를 제출하니 'PPass'로 바꾸어주셨어.

수강신청 절차

수강신청 시스템 자체는 한국 학교의 그것과 크게 다르지 않다. 하지만 인쇄된 카탈로그를 미리 받아보기 어렵다는 점과 선배, 동기들로부터 전해 듣는 정보가 부족하다는 점에서 불편함이 있다. 아무래도 기존 재학생들에 비해 수강신청 우선순위에서 밀리게 되고, 때로는 대기자 명단에도 이름을 올릴 수 없는 등 제약이 많다. 직접 인트라넷에서 수강신청을 하지 못하고 교환학생 담당 부서의 오피스를 통해서 신청해야 하는 경우도 있다.

√ 인트라넷 계정 만들기

파견 학교에서 안내해주는 대로 인트라넷 계정을 생성한다. 한국에서 종합정보시스템, 수강신청 포털 등으로 불리는 학내 인트라넷은 미국에서도 다양한 이름을 갖고 있다. 미국 사이트들은 대부분 국내 사이트보다 보안 규정이 철저해서 복잡한 비밀번호를 설정하도록 요구한다.

계정을 생성하고 나면 edu로 끝나는 이메일 주소example. solpark@ucdavis.edu를 받게 된다. 미국의 대학계정 메일 주소는 모두 끝자리가 edu로 되어 있다. 이메일 주소만으로도 본교 학생임이 증명되기 때문에 교수님이나 학교 부처에 이메일을 쓰는 경우 이 계정을 사용하는 것이 좋다.

√ 시간표 짜기

수업 서치 툴이나 강의 카탈로그를 보며 듣고 싶은 수업을 찾아본다. 본교에서 전공 인정을 받을 수 있는지 여부도 미리 확인하고 신청하는 게 좋다. 미국 전역의 대학생들이 애용해 마지않는 교수 평가 사이트 ratemyprofessors.com에서는 수업이 얼마나 도움이 되는지, 명확한지, 쉬운지 등에 대해서 실제 수업을 들은 학생들이 직접 평가한 점수와 코멘트를 볼 수 있다. 평가한 학생이 어떤 수업을 들었는지도 볼 수 있어서 수업 선택에 더욱 도움이 된다. 교수명과 학교명으로 쉽게 검색할 수 있다.

√ 수강신청

직접 인트라넷에서 신청하거나 교환학생 담당 부서에 신청서를 제출해서 수강신청을 한다. 각 학교마다 시스템이 다르므로 파견 학교 안내에 따르면 된다. 교환학생들의 특수성을 고려해 수강 과목에 대한 상담을 진행하기도 하므로 궁금한 것은 적극적으로 질문하자. 수강정원이 초과된 경우에는 교수님께 이메일을 보내서 남은 자리를 열어줄 수 있는지 알아본다.

√ 수강정정

한국에서와 마찬가지로 개강 첫 1~2주는 수강정정기간Add&Drop Period이다. 첫 수업에 들어가 보고 교수님 말이 너무 빨라서 이해하기 어렵거나 자기와 맞지 않는다고 생각하면 지체 없이 강의를 바꾸자. 수강정정기간에도 그대로 진도를 나가는 경우가 많기 때문에 바꾸려면 빨리 바꿔야 수업을 따라갈 수 있다.

수강신청 관련 용어

수강신청을 하다보면 알쏭달쏭한 약자나 줄임말에 혼란을 겪게 된다. 처음 강의시간표를 받아들고 수강신청을 하던 새내기 시절에도 교양 필수니, 전공 선택이니, 학수번호니 하는 복잡한 용어들을 듣자마자 이해하지는 못했을 거다. 무수한 교환학생들이 멘붕하며 터득한 수강신청 관련 용어들을 알아두면 수강신청 과정이 한결 수월해진다.

TR 2:10~4:00 PM / MW 10:00~10:50 AM
여기서 TR은 각각 Tuesday(T)와 Thursday(R)의 약자이다. MW는 Monday(M)와 Wednesday(W)를 말한다. '월화수목금'에 해당하는 약자는 'MTWRF'가 된다.

TBA
'To Be Announced' 즉 '추후 공지'라는 뜻으로 일상생활에도 종종 쓰인다.

Credits / Units
보통 학점을 크레딧Credit이라고 하지만, 유닛Unit이라는 표현도 자주 쓰니 알아두자.

CRN
Course Reference Number의 약자로 해당 과목의 고유 번호 즉 학수번호를 말한다.

Prerequisite
선수과목. 특정 수업을 듣기 위해서 먼저 수강해야 하는 과목을 말한다.

TA, TA Section
TA는 Teaching Assistant 즉 조교를 말하며, 본 수업 외에 조교가 진행하는 수업을 TA Section이라고 한다. TA 섹션은 의무인 경우도 있고 자유참석인 경우도 있는데 주로 수업 내용에 대한 보충이나 토론이 이루어진다. 페이퍼에 대한 팁을 얻고 싶거나 시험을 잘 보고 싶다면 놓치지 않는 것이 좋다.

Syllabus

강의계획서. 복수형은 Syllabi다.

Multiple Choice Question, Short Answer, Essay

시험의 유형을 일컫는 표현들로 각각 객관식, 주관식 약술형, 서술형을 말한다.

Lower Division, Upper Division

저학년들이 많이 듣는 전공기초과목은 Lower Division Class, 고학년들이 주로 듣는 전공심화과목은 Upper Division Class라고 부른다.

Liberal Arts

교양 과목, 교양 학과. '인문학'을 뜻할 때도 있으니 혼동하지 않도록 주의.

Add&Drop Period

수강정정기간. 수강신청을 Add, 수강취소를 Drop이라고 한다.

Curve/Relative Evaluation, Absolute Evaluation

상대평가는 보통 커브Curve라고 많이 표현한다. 상대평가를 하게 되면 학생들의 점수가 그래프상에 일정한 모양의 곡선 형태로 표현되기 때문이다. 절대평가는 말 그대로 Absolute Evaluation이라고 한다.

Letter Grade, P/NP

레터 그레이드는 학점을 ABCD 식으로 매기는 방식을 말한다. P/NP 혹은 P/F은 Pass/Non-Pass나 Pass/Fail의 약자로 학점을 따로 매기지 않고 통과 여부만 결정하는 평가방식을 말한다.

GPA

'Grade Per Average'의 약자로 전체 평점평균을 말한다. 미국 대학의 평점평균은 보통 4.0 만점으로 표기된다.

Home University

한국 본교를 일컫는다.

학점인정

각 대학마다 해외파견대학에서 이수한 학점을 인정해주는 기준이 다르다. 본교와 파견 학교가 맺은 협정에 따라서 달라지기도 한다. 많은 학교에서 파견 학교 학점을 P/F로 처리해주어서 현지에서 좋은 학점을 받기 힘든 교환학생들의 부담을 덜어준다. 파견 학교 학점은 평점평균GPA에도 포함되지 않는 경우가 많다. 하지만 파견 학교에서 받은 학점이 그대로 평점평균에 포함되는 학교도 있으니 자기가 다니는 학교의 학점인정 규정을 확인해보자.

대부분 대학에서 파견 학교에서 받은 학점을 같은 비율로 인정해준다. 예를 들어 현지에서 4학점짜리 수업을 들었으면 본교 성적에도 4학점으로 들어가는 것이다. 학교에 따라서는 4학점짜리 수업을 3학점으로, 3학점짜리 수업을 2학점으로 인정해주기도 한다. 이수학점 수를 정산하기 위해서 학사지원팀에서 강의계획서를 요구할 수 있으므로 챙겨두자.

또한 학점인정 자체는 까다롭지 않으나 전공으로 인정받기 위해서는 조건이 붙는 경우가 있으므로 출국 전 학사지원팀과 학과장님께 문의하여 확인하는 과정이 필요하다. 파견 학교에서 들은 과목을 본교 과목으로 대체인정 받아야 하는 경우도 있고, 파견 학교에서 들은 수업명 그대로 인정해주는 학교도 있다. 또한 파견 학교에 내 전공과목이 개설되지 않는다 하더라도 유사한 과목을 들으면 학과장 재량에 따라 인정을 해주는 경우가 많으므로 파견 전 확인해두자.

편입생이나 1년 파견 학생의 경우에는 학점인정 제한 범위도 신경을 써야 한다. 학점인정 제한이란 파견 학교에서 취득한 학점이 본교 취득 학점의 1/2을 넘을 수 없다는 조건이다. 전공을 총 42학점 들어야 한다면 파견 학교 학점으로는 최대 21학점까지만 인정받을 수 있다는 것이다. 편입생의 경우 현재 다니고 있는 학교에서 취득한 학점 수가 적을 수밖에 없기 때문에 교환학생을 다녀오고 나면 9학기를 다녀야 하는 경우가 많다.

집 구하기

파견 학교에서 기숙사를 제공해주지 않는 이상은 직접 살 집을 구해야 한다. 부동산 임대계약은 낯선 땅에서 영어로 해야 하기 때문에 더욱 주의를 기울여야 한다. 특히 한국에서 자취를 해보지 않아서 집 계약을 처음 하는 경우 더 많은 주의가 필요하다. 집의 상태와 조건, 계약서를 차근차근 따져보고 결정하는 것이 중요하다.

어떤 집에서 살까?

교환학생이 미국에서 살게 되는 주거 형태는 크게 학교 기숙사, 일반 주택이나 아파트, 홈스테이로 구분할 수 있다. 파견 학교에서 기숙사를 제공한다면 복잡한 고민을 할 필요없이 기숙사에 들어가면 편하지만, 기숙사비가 시설에 비해 터무니없이 비싼 경우도 많으니 현지 사정을 보고 결정하자. 치안이 안 좋은 지역이거나 학교가 주택가에서 멀다면 기숙사에 들어가는 것이 좋다. 기숙사에 살게 되면 보통 기숙사 식당 식권인 밀플랜Meal Plan도 함께 구매하기 때문에 식사까지 한 번에 해결되어 편리하다.

일반 주택은 타운하우스Town House 혹은 그냥 하우스House라고 부르는데 보통 정원이 있는 집에서 집주인과 함께 혹은 세입자들끼리 살게 된다. 대체로 아파트에 비해 조용하여 공부에 집중할 수 있다는 장점이 있다.

대학가 주변의 아파트에는 보통 학생들이나 젊은 사람들이 많이 거주한다. 아파트의 규모에 따라 체육관이나 수영장 등의 부대시설이 갖춰져 있고, 관리사무소Office를 통해 시설물이 고장 났을 때 쉽게 수리 받을 수 있다는 장점이 있다. 학생들이 많고 이웃집이 가까이 붙어 있다 보니 이웃의 파티에 초대받거나 친하게 지낼 수 있다는 것도 장점이지만, 역으로 옆집에서 파티라도 하는 경우에 나는 소음은 감수해야 한다.

아파트라고 해도 기껏 해야 2층이나 3층짜리에 엘리베이터도 없는 건물이 대부분이다. 시카고나 뉴욕 같은 대도시에는 고층 아파트도 물론 존재한다. 하지만 미국 대학들은 한적한 동네에 넓은 캠퍼스를 차지하고 있는 것이 대부분이기 때문에 그런 곳에 살게 되는 경우가 많지는 않을 것이다.

아파트는 방의 개수에 따라 원베드룸 아파트1-Bedroom Apartment, 투베드룸 아파트2-Bedroom Apartment이라는 식으로 부른다. 그 중에서 마스터 베드룸Master Bedroom은 집에서 가장 큰 방으로 화장실이 딸려 있는 것을 말한다. 스튜디오Studio는 우리나라로 치면 원룸인데, 취사시설과 화장실이 딸린 방을 말한다.

홈스테이

홈스테이는 말하자면 일종의 하숙으로, 미국의 일반 가정에 방을 얻어 생활하는 것이다. 주인집에서 아침과 저녁 식사를 제공하며, 점심 도시락을 싸 주기도 한다. 가족적인 분위기에서 생활이 가능하고, 차가 없는 학생들을 위해 라이드를 해 주거나 인근 지역 관광을 시켜주기도 한다. 식사가 해결되어 편리하고 미국 가정을 체험해볼 수 있다는 장점이 있지만, 자취를 하는 것보다 비싸고, 학교와의 거리가 조금 먼 경우가 더러 있다.

집주인의 음식 솜씨나 성격에 따라서 생활이 많이 달라지는데, 홈스테이 가정 중에는 학생들을 돌보는 일은 뒷전이고 돈을 목적으로 하는 경우가 종종 있어서 살면서 갈등을 빚는 일이 있다. 또한 집주인이 막연한 상상처럼 백인인 것만은 아니며 다양한 인종 분포를 보이고 있다. 동양계 이민 가정이나 인디언, 멕시칸 가정에 배정될 수도 있다. 필리피노 가정에서 홈스테이를 유난히 많이 하는데, 대개 친절하고 주식이 쌀이기 때문에 우리와 비슷한 점이 많아서 원만하게 생활할 수 있는 편이다.

영어를 잘 못 하거나 미국 가정을 체험해 보고 싶은 경우, 처음 한두 달 정도 홈스테이를 하다가 아파트를 구해 이사하는 것이 흔하다. 홈스테이맘으로부터 학업에 도움을 받는 운 좋은 케이스도 가끔 있어 페이퍼의 문법 체크를 해준다거나 토론을 통해 말하기 실력을 늘리도록 도와준다거나 하는 식이다.

각 대학교에서 인근 지역의 홈스테이 가정을 연결해주는 경우가 많이 있으니 홈스테이를 하고 싶으면 우선 학교에 문의하자. 홈스테이 가정들에 대한 정보를 받으면 세부사항을 읽어본 뒤 호스트 패밀리Host Family와 이메일을 주고받으며 궁금한 사항에 대해 문의한 뒤 최종적으로 살 집을 결정하면 된다. 또한 사진을 꼭 확인해서 집의 상태와 분위기를 파악하는 게 필요하다. 홈스테이는 보통 월 단위로 계약Month-to-Month하기 때문에 기간에 구애받지 않고 나올 수 있으며, 집이 지저분하거나 홈스테이 가정의 분위기에 적응하지 못해서 나오는 경우가 많다.

〈WISE 홈스테이 wise.wisefoundation.com/group-homestay〉

아파트, 어디서 찾을까? 크레이그리스트와 유룹

미국에는 우리나라처럼 부동산이 흔하지 않다. 집을 렌트할 때는 대부분 신문광고나 전단지, 인터넷을 활용한다. 가장 많이 쓰이는 웹사이트가 크레이그리스트Craig's List와 유룹Uloop이다.

크레이그리스트craigslist.com는 대학생뿐 아니라 모든 사람이 가입없이 이용할 수 있고 글을 올리기도 쉽다. 매일 올라오는 게시물 수도 상당해서 살 집을 구하거나 중고물품을 거래할 때 가장 편리한 웹사이트다. 다만 불특정 다수가 이용하다보니 사기를 당할 염려가 있으니 주의해야 하며, 거래 도중 연락이 끊기거나 이메일에 답장이 오지 않는 일도 많다.

유룹uloop.com은 미국의 대학에서 제공하는 edu로 끝나는 메일 계정이 있는 사람만 이용할 수 있다. 대학생이나 대학원생, 교직원들로 이용자가 한정되기 때문에 크레이그리스트보다 믿을 만하다. 다만 거래 물량은 크레이그리스트에 미치지 못한다.

그 외 각 학교 및 지역별로 운영되는 한인학생회, 한인회 커뮤니티 게시판을 통해 집을 구할 수 있다. '한인커뮤니티 헤이코리안heykorean.com'는 뉴욕과 뉴저지 지역의 렌트 정보가 가장 많이 올라온다. '북캘리포니아 한인회sfkorean.com'는 샌프란시스코와 인근 지역의 렌트 정보가 많이 올라온다.

〈한인커뮤니티 헤이코리안 heykorean.com〉
〈북캘리포니아 한인회 sfkorean.com〉

1년 계약? 1달 계약?

미국에는 전세가 없기 때문에 기본적으로 월세는 매월 1일에 지불한다. 아파트는 보통 1년 단위로 계약하는데, 대학가에서는 학기가 시작하는 9월부터 다음해 8월까지를 계약기간으로 정하는 경우가 많다. 1년 이상 장기계약하는 경우 한 달 월세를 면제해주거나 할인해주는 등의 혜택이 있다. 단점은 중간에 이사를 가고 싶어도 계약기간을 채워줄 다른 사람을 찾지 못하면 월세를 고스란히 물어야 한다는 것이다.

월별로 계약을 갱신하는 경우 나가고 싶을 때 나갈 수 있어서 편리하지만 이런 조건이 있는 집은 월세가 다소 비싼 편이다. 1달 단위 계약이라고 해도 나가고 싶을 때는 1달 전에 통보해주어야 한다.

하우스메이트와 룸메이트

한국에서는 모르는 사람과 같이 사는 것보다는 원룸에서 혼자 사는 경우가 대부분이지만 미국에서는 방 두세 개짜리 아파트에서 네다섯 명이 모여 사는 경우가 흔하다. 이 경우 거실과 부엌을 공유하며 방은 쉐어할 수도 있고 각자 쓸 수도 있다. 방을 같이 쓰는 것과는 관계없이 한 집에 같이 사는 상대를 보통 룸메이트Roommate라고 하는데, 방을 공유하는 룸메이트와 구분할 때는 하우스메이트Housemate라고 지칭한다.

원베드룸 아파트나 스튜디오를 구해서 혼자 사는 것이 아닌 이상은 룸메이트와 함께 살게 되는 것이 일반적이다. 룸메이트와 같이 사는 경우 생활비를 절약하고 외롭지 않게 살 수 있다는 장점이 있지만, 룸메이트와 성격이 맞지 않는 경우에는 생활이 고달파질 수도 있다. 또한 미국에서는 남녀가 한 집에 같이 살거나 심지어 같은 방에 사는 경우도 드물지 않으니 입주 전에 미리 문의해서 당황하는 일이 없도록 하자.

집 주변 환경

집을 구할 때는 지리적 조건도 결코 무시할 수 없다. 가장 중요한 학교와의 거리, 그리고 장을 볼 수 있는 마트와의 거리 등을 구글 맵으로 확인해본다. 학교나 인근 마트를 걸어서 혹은 자전거로 갈 만한 곳에 위치해있는지 확인한다.

집 주변 환경이 지저분하거나 위험하지는 않은지도 확인한다. 집세가 지나치게 싼 경우 우범지대에 위치해 있거나 집 자체에 문제가 있어서 그럴 수 있으니 반드시 구글 맵에서 위치를 확인하고 구글 검색창에 거리 이름 등을 쳐봐서 정보를 확보한다.

크레이그리스트의 렌트 광고 샘플

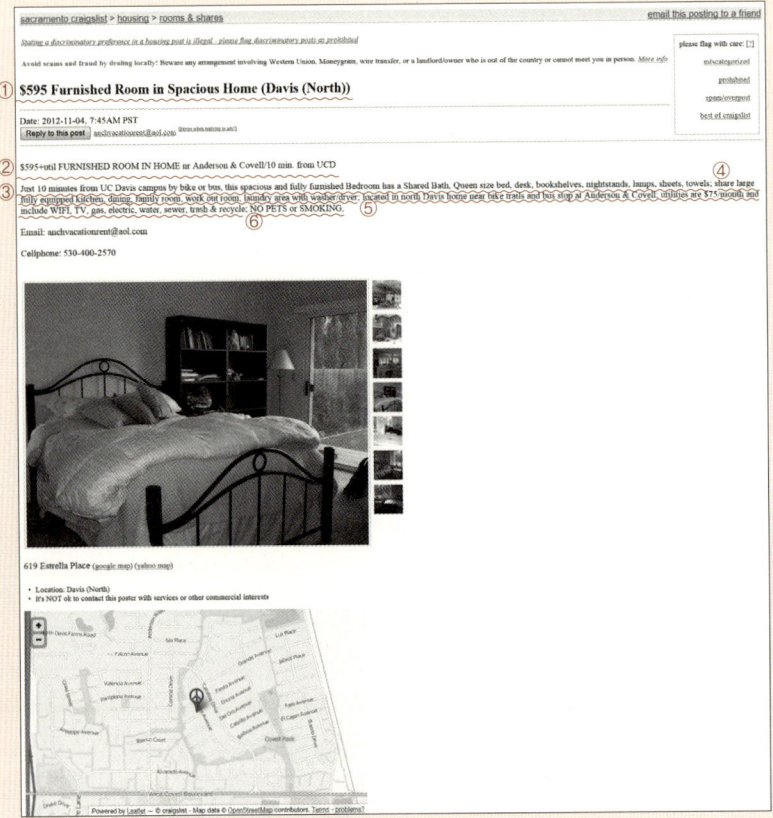

① $595 <u>Furnished Room</u> in Spacious Home(Davis(North))

→ 퍼니시드 룸Furnished Room은 가구가 완비돼 있는 방을 말하며 보통은 침대, 의자, 책상, 책장, 옷장 정도가 갖춰져 있다. 가구가 없는 방은 언퍼니시드 룸Unfurnished Room이라고 한다. 한 곳에서 오래 살지 않을 교환학생들은 가급적 가구가 갖춰진 집으로 들어가는 게 편하다.

② $595+util/mo. FURNISHED ROOM IN HOME nr Anderson & Covell/10 min. from UCD

→ 'util' 은 Utilities의 준말로 공과금을 말한다. 'mo' 는 Month의 준말이다.

③ Just 10 minutes from UC Davis campus by bike or bus, this spacious and fully furnished Bedroom has a Shared Bath, Queen size bed, desk, bookshelves, nightstands, lamps, sheets, towels;

→ 가구가 완비된 집의 경우 광고를 통해 어떤 가구들이 있는지 알려준다. 미국에는 천장 형광등이 없는 집이 많아서 램프를 따로 구입해야 하는데 본 광고에서는 나이트스탠드와 램프가 구비돼 있다고 밝히고 있다. 또한 침대 시트와 수건까지 제공해서 이사가 잦은 학생들이 살기 편리한 집이 많다. 미국에서는 온 몸을 덮는 큰 수건을 흔히 쓰기 때문에 수건이 큰 짐이 되기 때문이다.

④ share large <u>fully equipped kitchen</u>, dining, family room, work out room, laundry area with washer/dryer;

→ 부엌에는 가스레인지Gas Stove 혹은 전기레인지Electric Stove는 물론 전자레인지와 오븐, 식기 등이 기본적으로 구비돼 있다.

⑤ located in north Davis home near bike trails and bus stop at Anderson & Covell; <u>utilities are $100/month and include Comcast, gas, electricity, water, sewer, trash & recycle;</u>

→ 공과금의 종류는 인터넷 이용료, 가스비, 전기세, 수도세, 하수처리비용, 쓰레기처리 비용 등이 있다. 컴캐스트Comcast는 미국의 대표적인 인터넷 회사 이름이다. 공괴금이 집세에 포함된 것인지 따로 내야 하는지 확인해야 한다.

⑥ NO PETS or SMOKING

→ 건물에서 애완동물을 키울 수 없고, 집안에서 흡연도 금지한다는 것이다. 규정을 어길 경우 집안 전체의 청소비용을 내야 하거나, 바닥 카펫을 전부 교체해 줘야 하는 등의 규정이 있기도 하니 주의해야 한다.

한국에서 미리 집 계약하기

한국에서부터 미리 집 계약을 하고 오는 경우가 있다. 하지만 파견 지역이 아주 집을 구하기 힘든 곳인 경우만 빼고 절대 추천하지 않는다. 직접 집을 보지 않고 계약하는 것은 아무래도 위험 부담이 크기 때문이다. 사진을 받아본다고 해도 직접 방문해 살펴보는 것과는 다를 뿐더러 사진이 실제와 같을 거라는 보장도 할 수 없다. 게다가 집주인이나 같이 살게 될 하우스메이트들, 주변 환경과 학교와의 거리 등도 살펴보는 것이 필요하다. 한국에서 미리 마음에 드는 집 몇 군데에 이메일을 보내 미국에 도착하는 대로 집을 보러 가겠다고 연락을 해두되 계약은 현지에서 직접 집을 본 다음에 해야 한다.

현지 사정에 어두운 국제 학생들을 대상으로 사기를 치는 이들도 있다. 일단 한 번 계약서에 서명을 하고 나면 계약의 파기와 변경이 어렵다는 점을 노리는 것이다. 전형적인 수법으로는 시세보다 저렴한 가격을 제시하거나 자전거나 식기를 공짜로 준다는 등의 조건으로 교환학생들을 유혹한다. 사기를 당하면? 상태가 좋지 않은 집을 시세보다 비싼 가격에 1년 계약하게 된다.

여러 위험 부담에도 불구하고 꼭 집 계약을 미리 하고 가야겠다면 가급적 공식적인 오피스가 있는 아파트를 찾는 것이 좋다. 그리고 구글 맵에서 실제 아파트가 존재하는지, 학교와의 거리는 얼마나 되는지 살펴보는 것이 필요하다.

당장 도착하면 머물 곳?

미리 집을 계약하고 오는 것을 추천하지 않는다면 현지에 도착해서 당장 어디에 머문단 말인가? 미국에는 어디를 가나 인Inn이나 모텔Motel이 많이 있기 때문에 걱정할 필요가 없다. 대도시를 제외하고는 하룻밤에 40~50달러에 묵을 수 있으니 2박 3일 정도의 숙박을 예약하고 출국하는 것이 좋다. 현지에 있는 숙소를 찾기 위해서는 익스피디아expedia나 프라이스라인 같은 호텔예약 사이트에서 지역명을 검색하면 된다. 이런 사이트들은 가격도 비교해주기 때문에 저렴하게 숙소를 예약할 수 있다.

하루만 재워줘! 카우치를 찾아보자

미국에 도착해서 당장 머물 데가 없을 때, 혼자 묵기에는 숙박비도 부담되고 외로워서 싫을 때, 카우치서핑을 시도해보자!

카우치서핑Couch Surfing이란 집에 남는 카우치Couch, 소파를 활용해 여행자들끼리 서로 숙박을 제공하는 온라인 커뮤니티다. 여행자들은 무료로 잠자리를 얻어서 좋고, 호스트 Host는 멀리 떠나지 않고도 세계 각국의 여행자를 만나 어울릴 수 있으니 좋다.

누구에게나 열려 있는 couchsurfing.org에 가입하고 사진을 포함한 프로필을 꼼꼼하게 입력한다. 자신이 가게 될 지역에 살고 있는 카우치 호스트 목록을 보며 마음에 드는 호스트에게 카우치 요청을 보낸다. 수락 답변이 오면 주소와 연락처를 받고 약속한 날짜에 맞춰 찾아가면 된다.

프로필을 성의있게 작성하는 것이 무엇보다 중요하다. 이는 이제 막 카우치서핑을 시작하는 당신을 호스트가 판단할 수 있는 근거는 오로지 프로필밖에 없기 때문이다. 호스트를 찾을 때도 상대의 프로필을 잘 보고 이 사람이 나와 잘 맞을만한 사람인지, 어떤 종류의 카우치를 제공하는지 확인해야 한다. 또한 다른 카우치 서퍼들로부터 받은 레퍼런스 Reference를 볼 수 있는데, 긍정적인 레퍼런스Positive Reference가 많은 사람이라면 안심하고 카우치 요청을 보낼 수 있지만 하나라도 부정적인 레퍼런스Negative Reference가 있는 사람인 경우 카우치 요청에 좀 더 신중을 기하는 게 좋다.

카우치서핑은 단순한 무료 숙박이 아니라 문화교류의 성격으로 보아야 한다. 카우치 호스트가 돈도 안 받고 여행자들을 재워주는 이유는 선 세계에서 오는 여행자들을 호스트하면서 자신도 함께 즐거운 시간을 보내고 싶기 때문. 호스트 역시 과거에 여행을 하면서 카우치서핑을 해보았기 때문에 그 때 자기가 받은 호의를 돌려주고 싶은 마음을 가지고 있는 경우가 많다. 여행을 좋아하지만 직장 등의 이유로 늘 비행기를 탈 수 없는 경우, 우리 집 카우치로 전 세계 여행자들을 초대하여 어울리고 싶다 등등 카우치서퍼들의 동기는 다양하다. 그러므로 카우치서핑을 할 때는 열린 마음과 예의를 갖추고 상대를 대해야 한다. 특히 교환학생이 현지에서 임시로 지낼 곳을 찾는 경우에는 며칠만 머물다 가는 배낭여행자와는 달리 호스트와 계속 한 동네에 사는 이웃으로서 교류할 수 있는 기회가 있으므로 좋은 친구가 될 수 있도록 노력해 보자.

〈솔희의 카우치서핑 경험담은 139쪽 참고〉

보험 가입

잘 알려진 것처럼 미국은 의료비가 말도 안 되게 비싸다. 그러므로 현지에서 생길 수 있는 불의의 상황들을 미연에 방지하기 위해 꼭 의료보험을 들어야 한다. 현지 학교에서도 교환학생들이 꼭 보험을 들도록 하고 있고 파견 전 보험 관련 서류Insurance Form 혹은 Medical Form를 제출하도록 하고 있다.

보험은 출국일부터 귀국 예상일까지 가입하면 되고 커버리지는 5만불 이상이 되어야 한다. 귀국일이 확실하지 않은 경우에는 나중에라도 기간을 연장할 수 있는지 규정에 대해 문의해두는 것이 좋다. 보통 여행사를 통해서 가입하는 것이 편리하며, 상담을 통해서 자세한 플랜을 추천받을 수 있다. 외국에서 생활하는 기간 전부를 유학생보험으로 들 필요는 없고 3개월 정도는 여행자보험으로 나눠서 들어도 된다. 예를 들어 미국에서 10개월 간 생활한다면 7개월은 유학생보험을 들고 귀국 전 여행을 하게 되는 기간을 포함한 나머지 3개월은 여행자보험에 들 수 있는 것이다. 여행자보험은 건강상의 문제뿐 아니라 귀중품 분실, 도난 등의 사고도 커버된다는 장점이 있다.

각 대학교에서도 의료보험을 제공하는데, 이 보험에 가입하면 교내병원에서 무료로 진료받을 수 있어 편리하다. 그러나 비용이 일반보험보다 훨씬 비싸고, 방학 중이나 캠퍼스 밖에서 일어난 사고에 대해서는 커버되지 않는 경우가 있다. 방학 중 여행을 하다가 다치면 보험 혜택이 전혀 적용되지 않을 수도 있는 것이다. 따라서 개인적으로 보험에 가입하고 학교보험은 면제신청서Waiver Form를 제출해 면제받기를 추천한다. 반드시 지정된 보험을 가입하라고 요구하는 학교도 있지만, 그렇지 않은 경우에는 보통 학교보험에 대한 안내와 함께 학교보험면제신청서를 웰컴 패킷에 동봉해서 보내준다. 개인적으로 보험에 가입하고 면제신청서와 함께 보험증서를 제출하여 학교에서 요구하는 수준의 보험에 들었다는 것을 증빙하면 학교보험가입을 면제받을 수 있게 되는 것이다.

〈보험금 타는 방법은 220쪽 참고〉

환전 및 해외사용카드 만들기

환율우대 받고 환전하기

공항에 있는 은행은 환전수수료가 높으므로 미리 주거래은행에서 환전을 해 두는 게 좋다. 특정 카드를 사용하는 고객이거나 환율우대 쿠폰이 있으면 환율우대를 받을 수 있다. 마땅히 환율우대를 받을 수 있는 조건이 없는 것 같아도 학생이라고 하면 환율우대를 해 주는 경우가 많다.

신용카드와 현금, 어떻게 준비할까?

미국은 한국보다 신용카드와 체크카드 사용이 보편화돼 있다. 따라서 현금을 지나치게 많이 가지고 가기보다는 해외사용이 가능한 신용카드를 1~2장 준비해 가는 게 바람직하다. 해외사용 가능한 카드라고 해도 미리 신청을 해야 해외에서 쓸 수 있으므로 확인해두자.

신용카드 대금이 부모님 계좌에서 결제된다 하더라도 카드 상에는 자기 이름이 찍혀 있는 가족카드를 만들어 가는 게 좋다. 미국에서는 신용카드 사용 시 본인 확인을 철저히 하기 때문에 결제 시 신분증을 보여 달라고 하는 일이 잦기 때문이다. 또한 본인 명의로 된 신용카드여야 자동차 렌트, 호텔 예약 시 이용할 수 있다.

미국에 도착해서 계약할 집의 집세와 보증금, 휴대폰 개통비 등 낮상의 생활비로 쓸 현금은 한화 1백~2백만원 정도에 해당하는 1천~2천불이면 충분하다.

씨티은행 국제체크카드

요즘 유학생들의 필수품이 된 씨티은행 국제체크카드는 해외 35개국 씨티은행과 세븐일레븐 ATM에서 단 1불의 수수료만으로 현금 인출이 가능하다. 보통 한국에서 만든 국제현금카드로 미국 은행 ATM에서 출금할 경우 2~3불의 수수료가 붙고 인출액의 1%가 따로 수수되기도 하는 것을 감안하면 상당히 저렴하다는 것을 알 수 있다.

가까운 씨티은행 영업점에 가서 국제체크카드를 만들고 싶다고 말하고 계좌를 열면 된다. 비자신청수수료를 납부하면서 함께 처리하면 편리하다. 현지에서 사용하다가 마그네틱이 손상되면 재발급받기 어렵기 때문에 여분으로 한 장을 더 만들어두자. 국제체크카드 한 장, 국제현금카드 한 장을 준비하면 좋다.

씨티은행 한국계좌에 원화를 입금해두고 미국에서 ATM으로 인출하면 따로 환전 절차를 거칠 필요없이 미화로 현금을 인출할 수 있다. 씨티은행은 미국 전역에 걸쳐 1천여 개 지점이 있고, 씨티은행이 없는 지역이라도 어지간하면 세븐일레븐 하나는 있기 때문에 편리하게 이용할 수 있다.

국제운전면허증 발급

미국에서 운전을 하려면 국제운전면허증이 필요하다. 국제운전면허증은 한국면허증의 공증 번역본 정도라고 생각하면 되는데 주마다 인정 여부가 다르다. 짧게는 입국 후 1~3개월 동안만 인정해 주기도 하니 미국에 오래 체류하면서 운전을 할 예정이라면 현지 면허증을 발급받는 것이 좋다. 국제운전면허증은 항상 한국운전면허증과 함께 제시해야 한다.
〈현지 운전면허증 취득하는 방법은 170쪽 참고〉

국제운전면허증을 발급받기 위해서는 여권, 반명함판 사진과 수수료 7천원, 운전면허증을 가지고 가까운 운전면허시험장을 찾아가면 된다. 간단한 서류 절차만 거치면 바로 발급받을 수 있다. 여권이 꼭 필요하지는 않지만 국제운전면허증에 들어갈 이름이 여권상의 영문 철자와 동일해야 하기 때문에 미리 확인하는 것은 필요하다. 국제운전면허증의 유효기간은 1년이다.

국제학생증, 만들어가야 하나요?
그 외 해외배낭여행 시 필수 아이템으로 알려진 것 중 국제학생증 International Student ID Card과 국제유스호스텔연맹 회원증이 있다. 국제학생증은 아이섹ISEC과 아이식ISIC 두 가지가 있는데 기능상 별 차이는 없다. 외국에서도 학생 신분이 증명되므로 미술관, 박물관이나 교통수단 이용 시 학생 할인을 받을 수 있다. 국제유스호스텔연맹 회원증은 국제유스호스텔연맹Hosteling International에 가입하면 발급되는데, 연맹 소속 호스텔 이용 시 할인 혜택을 받을 수 있다.

하지만 교환학생들은 현지 학교에서 영문으로 된 학생증을 발급해주기 때문에 군이 1만4천원의 발급비를 내고 국제학생증을 만들어 갈 필요가 없다. 국제유스호스텔연맹 회원증 역시 꼭 사용할 경우가 아니라면 군이 미리 준비하지 않아도 된다. 연맹에 가입돼 있지 않은 호스텔도 많고, 현지에서 필요해지면 그때 가서 가입해도 되기 때문이다.

〈국제학생증 발급 isecard.co.kr / isic.co.kr〉

건강검진 및 예방접종

교환학생은 길어야 1년 남짓의 일정이기 때문에 부산스레 온갖 건강검진과 예방접종을 다 하고 갈 필요는 없을 것이다. 하지만 B형 간염이나 자궁경부암처럼 2~3차례에 걸쳐 접종하는 예방주사를 맞고 있던 것이 있다면 일정을 체크하도록 하자. 평소 앓고 있는 지병이 있는 경우에도 의사와 상담하고 필요한 약을 준비해가야 한다. 미국은 치과치료비가 무척 비싸니 치과검진을 꼭 받고 필요한 경우 스케일링도 하고 출국하는 게 좋다. 필요하다는 생각이 들면 구충제도 먹고 가자.

미국은 공중 보건 수준이 높은 나라이기 때문에 지나친 노파심을 가질 필요는 없다. 교환학생 일정을 마치고 남미 여행을 꿈꾸고 있다면 황열병 예방주사 정도는 맞아두면 좋다.

짐 꾸리기

미국도 사람 사는 곳이니까 너무 많은 짐을 바리바리 챙겨갈 필요는 없다. 웬만한 생필품은 현지에서 충분히 살 수 있고, 한국음식이나 한국

상품들도 한인마트에서 많이 팔고 있다. 미국에 가져갈 짐은 현지에서 구하기 어렵거나 비싼 것 위주로 챙기는 게 좋다.

✓ **이민가방:** 이민가방은 3단으로 확장이 가능해서 짐을 많이 넣을 수 있고 밑에 바퀴가 달려 있어 이동이 편리하다. 좋은 이민가방일수록 재질이 튼튼해 터지지 않는다. 대형마트나 인터넷을 통해 쉽게 구매할 수 있으며 저렴한 것은 3만원 안쪽에서도 살 수 있다. 인터넷 구매 시 브라이튼몰BrightonMall.co.kr을 추천한다.

✓ **캐리어와 배낭:** 기내에 반입할 수 있는 크기의 작은 캐리어나 큰 배낭이 있으면 좋다. 현지에 있으면서 다른 도시로 여행을 갈 일이 많이 생기기 때문이다. 이민가방은 입출국 시를 제외한 평소에는 쓰기 어렵다. 큰 캐리어를 가져가면 짐을 많이 넣을 수 있지만 현지에서 쓰기가 어려우니 자신의 여행 계획에 따라서 준비하자. 야외활동을 좋아한다면 하이킹이나 캠핑을 할 수 있는 기회가 많으니 등산용 배낭을 준비하면 좋다. 마땅한 것이 없다면 현지에서 사도 된다.

✓ **노트북과 카메라:** 교환학생을 나가기 전에 노트북과 카메라를 새로 구입하는 경우가 많은데 필요해지면 현지에서도 살 수 있으므로 꼭 새 노트북과 카메라가 필요한지 잘 따져보자. 특히 애플이나 삼성 제품은 한국에서보다 저렴하게 살 수 있다. 카메라를 새로 사가는 사람도 있는데 DSLR 같은 경우 평소에 쓰던 사람이 아니라면 무겁고 불편해서 잘 안 쓰게 되는 일이 많다. 차라리 잘 나온 콤팩트 카메라를 추천한다. 전자제품을 가져갈 때는 전원 케이블이나 충전기, 배터리 등도 잊지 말고 챙겨야 한다.

✓ **110v용 플러그:** 우리나라 전자제품은 220v를 사용하기 때문에 미국에서 사용하려면 110v용 플러그가 필요하다. 110v용 플러그는 보통 '돼지코'라고 부르는 500원짜리 제품에서부터 여러 종류의 플러그를 모두 호환할 수 있는 멀티 컨버터까지 다양하다.

✓ **상비약:** 미국에도 약은 팔지만 아무래도 한국에서 사는 것보다 비싸다. 자신에게 잘 맞는 한국 약이 있다면 꼭 준비하자. 특히 항생제처럼 의사의 처방이 필요한 약은 미국에서 급히 구하기 어려우니 필요한 경우 준비해가자. 미국 생활 초기에는

물이나 음식이 맞지 않아 배탈이 날 수 있으므로 지사제나 정로환을 챙겨가면 유용하고, 한방소화제를 챙겨가는 것도 좋다. 한국에서 3천원이면 사는 연고류는 미국에서는 10불 이상으로 비싸니 후시딘이나 마데카솔을 한 개 가져가는 것이 좋다.

√ **안경 및 콘택트렌즈:** 안경을 쓰는 사람이라면 여분의 안경을 꼭 준비해가야 한다. 미국에서는 안경을 맞추려면 안과에 가서 검안을 받아야 하는데 검안비가 50불 이상으로 무척 비싸다. 검안비는 보험으로 커버되기도 하지만 안경값도 수백 불에 달하기 때문에, 국제특송비를 포함하더라도 한국에서 부탁해서 받는 게 훨씬 싸다고 하는 정도다. 제작 기간도 최소 1주일 이상으로 오래 걸린다.
콘택트렌즈를 사용하는 경우에도 2벌 정도 여분을 준비하자. 렌즈 세척액은 현지에서도 팔지만 한국에서 사는 것이 좀 더 싸다. 대용량을 가져가기는 어렵겠지만 한동안 쓸 만큼은 준비해가는 것이 좋다. 인공눈물도 미국에서는 비싸기 때문에 필요한 만큼 준비하자.

√ **위생용품:** 면봉이나 화장솜은 품질이 나쁘지는 않지만 한국에 비해 비싼 편이니 꼭꼭 눌러 담아 부피를 줄여서 가져가면 좋다. 흔히 미국 생리대가 질이 안 좋다고 알려져 있는데, 이는 미국에서는 체내형 생리대를 주로 쓰기 때문이다. 가격에 비해 질이 낮으므로 어느 정도 준비해가면 좋다.

√ **미용용품:** 손톱깎이, 발톱깎이, **큐티글징리기, 눈썹정리칼, 족집게 등**은 잊어버리기 쉬운데 막상 없으면 아쉬운 것들이니 잘 챙기자. 미국에서는 서비스 비용이 비싸서 미용실 가기가 어려우니, 직접 머리카락을 다듬을 생각이 있다면 화장품가게에서 5천원 정도에 파는 숱가위Thinning Scissors를 하나 사가면 좋다.

√ **화장품:** 평소 사용하던 화장품을 가져간다. 현지에도 좋은 제품들이 많으니 무리해서 많이 가져갈 필요는 없다. 비비크림이나 마스크팩 등은 현지에서 구하기 어려우니 필요한 만큼 챙기자. 물과 음식이 달라져서 피부에 트러블이 생길 수 있기 때문에 피부가 예민한 사람은 트러블 케어 제품도 준비해가면 좋다.

√ **의류 및 신발류:** 한국에서 신던 하이힐과 전공책 한 권도 안 들어가는 핸드백 들은 잠시 잊어버리자. 미국 등교 복장의 기본은 편한 후드티에 청바지, 운동화, 배낭

이다. 엄청난 양의 리딩과 페이퍼에 치이며 자전거로 등하교하다보면 구두와 짧은 치마는 더 이상 내 것이 아니게 된다. 파티처럼 특별한 날을 위한 드레스 한두 벌과 구두 한 켤레면 충분하다. 인턴십에 관심이 있다면 너무 과하지 않은 정장을 한 벌 준비해가는 것도 좋은 아이디어다. 양말류가 비싼 편이고 예쁜 양말을 찾아보기 어려우므로 한국에서 저렴한 양말을 필요한 만큼 준비해 가자. 스타킹도 미국에서 충분히 살 수는 있지만 한국 제품에 비해 질이 떨어지니 조금 가져가는 게 좋다. 수영복도 있으면 챙기자.

√ **한국음식과 젓가락**: 현지 한인마트를 통해서 어지간한 한국음식은 구할 수 있다. 한국인이 별로 없어 한인마트가 없는 지역이라도 최소한 중국마트나 아시안마트는 있기 마련이니 굳이 한국음식을 바리바리 싸갈 필요는 없다. 현지에서 밥솥을 새로 구입해야한다면 그 전까지 먹을 햇반이나 김, 볶음고추장 등을 조금 준비해가자.

고춧가루처럼 많은 양을 쓰지는 않아서 새로 사기 애매한 조미료는 필요한 분량만 조금씩 포장해가면 좋다. 부모님의 정성이 담긴 밑반찬을 챙겨가는 경우에도 음식이 새지 않도록 여러 겹 밀봉하고 겉포장에 영문으로 내용물의 이름을 적어서 세관의 오해를 피하도록 하자. 또한 잊기 쉬운 것이 젓가락인데 미국 집에는 당연히 젓가락이 없다. 현지에서도 살 수 있지만 보통 가정에 안 쓰는 젓가락이 몇 벌씩 있기 마련이니 두어 벌쯤 챙겨 가는 게 좋다.

√ **책**: 미국은 교과서 값이 무척이나 비싸다. 일반 단행본은 페이퍼백으로 사면 별로 비싸지 않지만 교과서는 인터내셔널 버전에 비해서 보통은 2~3배, 심하면 10배까지도 가격이 높다. 미국에서 들을 수업이 어느 정도 결정됐다면 가능한 한 인터내셔널 버전으로 교과서를 미리 구입해가자. 또한 독서를 좋아하는 사람이라면 한국 책을 몇 권 가져가는 것도 좋다. 다만 책이 워낙 무겁기 때문에 너무 욕심은 내지 말자. 미국에서 생활하다보면 짐이 늘어서 책을 다시 가져오기 어렵다는 점도 염두에 두어야 한다.

√ **필기도구**: 미국 학용품은 종류가 많지 않을 뿐더러 질이 낮고 가격이 비싸다. 하이테크 펜처럼 특별히 선호하는 필기구가 있는 경우 충분히 구입해가자. 샤프, 샤프심, 형광펜, 지우개, 포스트잇 등은 가격 대비 부피가 작고 조금만 준비해도 미국

생활 내내 쓸 수 있으므로 필통 안에 넣어서 챙겨가자.

√ **중요서류를 모아둔 파일철:** 여권과 비자 서류 같은 중요한 서류는 반드시 사본을 만들어두고 스캔을 하거나 사진을 찍어서 이메일로 파일을 저장해둔다. 중요한 서류는 짐으로 부치지 말고 직접 기내에 들고 타야 한다. 챙겨야 할 서류로는 여권, 비자 서류, 항공권, 보험증서 등이 있다.

√ **전자사전:** 영어로 공부하다보면 전자사전은 필수다. 많은 유학생들이 전자사전을 가져가서 유용하게 사용한다. 현지에서는 한국어가 지원되는 전자사전을 사기 어렵고 구하더라도 가격이 많이 비싸므로 필요하다고 생각하면 꼭 미리 구입해가자. 휴대폰에 내장된 전자사전이나 사전 어플을 이용하는 것도 방법이다.

√ **전기 찜질기나 전기장판:** 미국 집은 우리나라와 같이 온돌 난방시설이 없고 집 안에서는 난방을 세게 하지 않기 때문에 한국인에게는 춥게 느껴진다. 봄가을이라도 우리나라보다 습도가 낮아서 일교차가 크기 때문에 밤에 잘 때 추운 경우가 많으므로 전기 찜질기나 전기장판을 가져가면 무척 유용하다. 아무래도 전기장판은 부피가 커서 가지고 가기 쉽지 않으니, 시카고나 뉴욕처럼 겨울이 추운 지역에 가는 경우 가져가면 좋고 그렇지 않으면 조그마한 전기 찜질기만으로도 꽤 흡족한 보온 효과를 누릴 수 있다.

√ **국제전화카드:** 국제전화카드를 이용하면 국내통화 수준의 저렴한 가격으로 국제전화를 걸 수 있다. 수다카드sudacard.co.kr, 119카드119card.co.kr 등의 사이트에서 판매한다. 070 인터넷전화를 개통해서 가져가면 한국에 있는 인터넷전화와 무료로 통화할 수 있고, 일반전화로 거는 국제전화도 국내통화 수준의 요금으로 걸고 받을 수 있다. 하지만 최근에는 미국 통신사에서 국내통화는 물론 국제통화까지 무제한인 요금제를 많이 내놓았고 스카이프, 보이스톡 등의 활용이 많아져 굳이 인터넷전화를 가져갈 필요는 없을 듯하다.

〈국제전화카드 사용법은 146쪽 참고〉

√ **한국 기념품:** 미국을 떠날 때 친구들에게 선물할 한국 기념품을 조금 준비해가면 좋다. 남대문시장이나 지마켓에서 저렴하게 구입할 수 있다. 책갈피, 열쇠고리,

냉장고 자석, 부채, 복주머니 등 우리나라 고유의 문양이 있는 선물을 하면 좋은데 자칫 식상할 수 있으니 창의성을 발휘해보자. 예를 들어 소주 모형이 달린 재치있는 휴대폰줄을 선물하면서 한국의 국민 술인 소주에 대한 설명을 곁들이면 재미있는 친구라는 인상을 남길 수 있다. 마스크팩, 핸드크림 등 저렴하면서도 귀여운 한국 화장품을 선물하는 것도 좋은 아이디어다.

√ 기타: 한국 코스트코 회원카드가 있다면 미국에서도 사용할 수 있으므로 챙겨가자. 가족과 친구들에게서 받은 선물이나 사진 등을 가져가면 미국 생활이 어려울 때 힘이 된다.

반크 광개토태왕 꿈 날개 신청하기

아무리 저렴한 기념품이라도 여러 개를 사다보면 꽤 큰 돈이 된다. 외국 친구들에게 한국을 기억하게 해줄만한 선물을 남기고 싶지만 비용이 부담된다면 반크의 광개토태왕 꿈 날개를 신청해보자.

민간 사이버 외교사절단으로 유명한 반크에서는 21세기 광개토태왕 꿈 날개 프로젝트를 통해 외국에 나가는 한국인들에게 한국 홍보기념물을 무료 배부하고 있다. 꿈 날개라고 부르는 기념물은 한국 지도와 엽서, 스티커 등으로 구성된다. 한국의 역사나 독도Dokdo, 동해East Sea와 관련한 것들도 들어 있어서, 세계 속의 한국을 올바르게 알리는데 취지를 두고 있다. 홈페이지|wings.prkorea.com|를 통해 지원하면 택배로 발송해준다. 국내배송만 가능하므로 출국 전 여유를 갖고 신청하는 것이 좋다. 지원계기와 꿈 날개의 활용계획, 한국 홍보의 중요성과 그 창의적 방안 등에 대해서 간단하게 기술해야 한다. 신청자 모두에게 꿈 날개를 지원하는 것은 아니지만 분명한 목적을 바탕으로 성실하게 기술한다면 대부분 꿈 날개를 받을 수 있다.

또 하나 돈 들이지 않고 외국 친구들을 위한 기념품을 준비할 수 있는 곳은 시내 관광안내소이다. 서울이나 순천 등 일부 도시의 관광안내소에서는 관광객을 위한 무료 사진엽서를 비치하고 있다. 미국인들은 카드 주고 받는 일을 좋아하기 때문에 아름다운 한국의 모습이 담긴 엽서에 마음이 담긴 짧은 글을 적어 선물한다면 무척 기뻐할 것이 분명하다. 가까운 관광안내소를 방문해 무료로 얻을 수 있는 엽서가 있는지 확인해보자.

>>> 반크 홈페이지를 통해 지원하면 한국 홍보 기념물을 받을 수 있다.

절대 가져가지 말 것

√ **하이힐 2켤레 이상**: 절대로 신을 일이 없다. 한국에서 신던 예쁜 구두를 잔뜩 가져갔다가 한 번도 신지 않고 그대로 가져왔다는 사람이 많다. 어느 옷에도 무난하게 잘 어울릴 구두 딱 1켤레만 챙기자. 필요해지는 경우 현지에서도 쉽게 구입할 수 있으므로 굳이 애써서 가져갈 이유가 없다. 신발은 부피가 크고 운동화의 경우 닳기도 하므로 적당히 신던 것을 가지고 가서 나중에 버리고 오는 것도 좋은 방법이다. 학교에서는 구두를 신을 일이 거의 없지만 굽이 있는 부츠나 비오는 날의 레인부츠는 흔히들 신는다는 점도 참고.

√ **지나치게 많은 옷과 가방**: 특히 여학생들에게 해당되는 이야기인데, 한국에서 많이 입는 귀엽거나 샤랄라한 스타일의 옷은 평소에 학교에 입고 다니기도 과하고 파티에 입고 가기도 어울리지 않아서 애물단지로 전락하기 십상이다. 또한 서양에서는 미니스커트를 잘못 입으면 천박한 시선을 받을 수 있으니 주의하고, 반면에 가슴골이 파인 상의는 캐주얼하게 많이 입는다는 점을 참고하자. 가방 역시 편하고 실용적인 배낭 하나면 충분하다. 자전거로 등하교하는 경우에는 말할 것도 없다. 파티와 클러빙 clubbing을 위한 클러치나 핸드백은 딱 한 개만 준비하자.

√ **토익책, 자격증책 등의 수험서**: 먼저 왜 바다 건너 미국에까지 그 무거운 수험서를 가져가려고 하는지 생각해보자. 4학년인가? 교환학생이 끝나고 한국에 돌아오자마자 공채 스케줄에 휘둘려야 하는가? 일 년에 딱 네 번 있는 자격증 시험 날짜가 귀국 직후인가? 뚜렷하게 답할 수 있는 이유가 없이, 막연하게 마음만 앞선 열공 마인드로 이민가방 밑바닥에 수험서를 쟁여 넣었다면 당장 꺼내라. 인생에서 다시는 돌아오지 않을 호시절, 소중한 시간이 될 교환학생 기간을 토익책 끼고 머리 싸매며 보내고 싶은가? 그렇지 않으면 괜히 짐을 늘려서 국제적인 쓰레기 이동을 하고 싶은 건가? 어차피 안 보게 된다. 아니, 토익책 따위 들여다볼 시간이 없을 정도로 다양한 경험을 하며 즐겁게 지내도록 스스로 노력해야 한다. 목적이 뚜렷하지 않은 수험서 운반은 당장 그만두자.

√ **한국책 5권 이상**: 책을 아무리 좋아해도 5권 이상은 참아주길. 현지에서 하루 종일 영어만 듣고 영어만 읽고 살다보면 한국어 텍스트가 그리워지는 것은 사실이지만,

그렇다고 한국책만 읽고 한국드라마만 다운받아 본다면 미국까지 온 보람이 없지 않겠나. 굳이 한국책이 아쉬우면 현지의 한국 학생들끼리 빌려 읽고 바꿔 읽으면 된다. 무게도 적지 않은 책을 무리해서 가져가진 말자. 어차피 수업에서 요구하는 리딩을 읽기도 벅차기 때문에 책 읽을 시간이 의외로 없다는 점도 함정이다.

√ **샴푸 등 액체류:** 샴푸, 컨디셔너, 바디워시, 치약과 같은 생필품은 미국에도 다 있고 가격도 저렴하다. 가격 대비 무겁고 부피가 큰 생필품은 굳이 가져가기보다 현지에서 구입해 쓰는 것이 현명하다. 게다가 액체류는 이민가방이나 캐리어 속에서 터져서 다른 물건들을 망칠 수 있으니 당장 쓸 만큼의 소량만 잘 포장해서 가져가는 게 현명하다.

√ **식기류, 주방용품:** 전기밥솥이나 프라이팬, 냄비 등 식기나 주방용품을 가지고 가는 경우가 있는데, 워낙 무거운데다가 현지에서 더 싸게 살 수 있기 때문에 가지고 가지 않는 것이 낫다.

√ **비타민 등 영양제:** 홍삼이나 한약이라면 모를까 비타민제는 미국에서 반값 이하로 저렴하기 때문에 한국에서 많이 가지고 올 필요가 없다. 오히려 미국에서 비타민이나 오메가쓰리 등을 구입해서 한국으로 부치게 된다.

√ **필요 이상의 한국 돈:** 보관이 어렵고 분실의 위험이 있기 때문에, 귀국 시 공항버스를 탈 수 있을 정도의 돈만 가지고 가자.

미국에 가져갈 짐을 싸면서 제일 고민한 게 바로 옷을 어떻게 챙길까 하는 거였어. 굽 높은 구두나 아나운서 스타일의 여성복은 한국에서도 잘 입지 않는 편이었기에 챙길 필요가 없었지. 그래도 여자라면 다 공감하지 않을까. 아무리 짐이 많고 무거워도 어떻게 패션을 포기하겠어?

이미 교환학생을 다녀온 친구들에게 물어보니 '한국이랑 별 차이 없다', '아무도 네 옷에 신경 안 쓰니까 후줄근한 옷만 가져가서 입다가 다 버리고 와라', '편한 청바지에 티셔츠 정도?' 등의 의견을 들을 수 있었지. 하지만 나는 미국인들이 옷에 전혀 신경을 쓰지 않는다는 말을 믿을 수 없었어. 한국인들만큼은 아니더라도, 패션에 대한 관심은 전 세계 공통 아니야? 그렇지 않다면 보그나 코스모폴리탄 같은 미국계 패션잡지에 나오는 패션피플들은 다 누군데?

결론적으로 친구들 이야기가 어느 정도 맞긴 맞더라. 실제로 목격한 미국의 캠퍼스는 분명 한국의 대학가에 비해서 무척이나 드레스다운 Dressed Down 된 모습이었어. 한국 여대생의 상징이 하이힐과 파일철이라지? 미국 대학생의 상징은 후드티에 청바지, 백팩과 운동화라고 할 수 있을 것 같아. 그렇다고 한국 여대생들이 다 하이힐 신는 거 아니듯이, 미국 학생들도 외모에 무관심하기만 한 건 아니야. 옷은 편하게 입었어도 눈 화장은 절대 포기 못 하는 아이도 있고, 부츠와 가죽재킷, 머플러로 편안함과 실용성을 살리면서도 멋스러운 봄가을 코디도 자주 찾아볼 수 있었어. 비가 내리면 형형색색의 레인부츠가 등장하는 건 또 어떻고! 머리부터 발끝까지 힘 팍 주는 한국 여자 스타일은 아니지만 캐주얼하면서도 각자의 개성을 추구하는 옷차림이 많았어.

미국인의 패션이 한 가지 한국과 분명히 다른 점은 남의 옷차림에 대해 칭찬을 할지언정 그걸로 사람을 나쁘게 평가하거나 흉보는 모습을 본 적이 없다는 거야. 옷을 잘 입으면 분명 플러스가 되지만 옷을 적당히 입고 다닌다고 해서 마이너스가 되는 것도 아니라는 거지. 미국 생활 처음에는 화장도 하고 좀 꾸미고 다니다가 나중에는 귀찮아서 그냥 청바지에 티셔츠만 뒤집어쓰고 다녔는데, 아무도 내 옷차림을 비난하거나 잔소리하지 않았어. 하지만 옷을 잘 입으면 칭찬 한 마디라도 꼭 듣게 되고, 좀 꾸미고 학교에 갈 때마다 꼬박꼬박 "너 오늘 옷 예쁘다!"라는 칭찬을 들을 수 있었거든. 그 별 것 아닌 칭찬이 참 기분 좋아서 어찌나 포에버21을 드나들었던지! 여름옷은 정말 버리고 올 생각으로 아끼는 옷들 다 남겨두고 허접한 것들만 가져갔었는데, 결국 그것들 하나도 안 입고 미국에서 새로 사 입었어. 미국은 한국에 비해 옷값이 싸고 세일도 자주 해. 그래서 쇼핑을 즐기지 않는 사람이라도 어느 정도는 다 사게 되지. 그러니까 한국에서 가져오고 싶은 예쁜 옷들 가져와도 좋지만, 필요한 옷은 여기 와서 사면되니까 굳이 짐을 늘일 필요는 또 없다고 말하고 싶어.

남의 시선을 의식해서 애써 차려입을 필요가 결코 없는 곳이 미국이지만, 자신을 꾸미는 일은 전 세계 공통의 자기관리이니 부러 소홀히 할 필요도 없다는 게 내 생각이야!

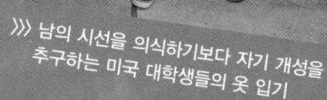

>>> 남의 시선을 의식하기보다 자기 개성을 추구하는 미국 대학생들의 옷 입기

픽업사항 확인하기

현지 공항에 도착해서 숙소 혹은 학교까지 이동할 방법을 마련해야 한다. 현지 학교에서 직접 픽업을 해주는 경우가 아니라면 슈퍼셔틀이나 에어포터와 같은 교통수단을 미리 예약해두어야 한다.

슈퍼셔틀Super Shuttle은 미국 내 35개의 공항에서 찾아볼 수 있는 파란색 밴으로 공항에서 집, 혹은 집에서 공항까지 도어투도어Door-to-Door 서비스를 제공하는 공항 셔틀 전문회사다. 홈페이지에서 예약할 수 있으며 큰 공항에서는 예약없이도 슈퍼셔틀 승차장에서 바로 탈 수 있다. 다른 손님들과 합승하는 것이 기본이며 가까운 곳부터 차례로 내려주기 때문에 택시처럼 빠르게 이동하는 것을 기대할 수는 없다. 하지만 택시에 비해서는 절반 이상 저렴하며, 짐칸이 크기 때문에 이민가방도 무리없이 실을 수 있어서 공항에서 이동할 때 가장 무난한 방편이다. 여러 명이 함께 예약하면 다소 할인도 받을 수 있으니 다른 교환학생들과 함께 출국한다면 상의해보길.

〈슈퍼셔틀 supershuttle.com〉
〈데이비스 에어포터 davisairporter.com〉

출국 사흘 전, 뭘 해야 할까

출국 사흘 전. 학교에서 하라는 거 다 했고, 보험 들고 슈퍼셔틀 예약하고, 현지에 가서 볼 집도 알아봐뒀고, 치과도 다녀왔으니 준비는 완벽한 것 같은데 왜 이리 불안한 걸까? 설렘과 불안이 공존하는 출국 사흘 전, 뭘 해야 할까?

출국이 며칠 남지 않았다고 해서 호들갑을 떨기보다는 평소와 다름없이 생활하다 출국하는 것이 마음의 평화를 위해 바람직하다. 앞으로 한동안 만나지 못할 친구들을 만나고, 추천서를 써주신 교수님과 가까운 어른들께 인사를 드리고, 차분하게 출국일을 기다리자.

이미 교환학생을 다녀온 선배들의 경험보고서를 읽으며 현지 도착을 대비하고, 한국 본교 국제처에 전화를 걸어 혹시 빠뜨린 것이 없는지 문의하면 좋다. 본교 학사 일정을 확인하여 제때 등록금을 납부할 수 있도록 준비해 두는 것도 필요하다. 등록금은 파견 학교가 아닌 본교 학사 일정을 기준으로 납부해야 하므로 현지 생활이 바쁘다보면 간혹 챙기지 못하는 경우가 생기는데, 최악의 경우 미등록 제적을 당할 수 있기 때문이다. 또한 파견 전 휴학 중이었다면 반드시 복학을 하고 출국해야 한다.

한국에서 쓰던 은행통장의 계좌를 확인하고 휴대전화 요금 등 낼 돈이 있으면 정산을 확실히 해두고, 사용하던 신용카드가 있다면 결제일에 맞춰 돈이 빠져나갈 수 있게 조치를 취해 둔다.

항공권을 구입한 여행사나 항공사에 전화를 걸어 항공권 예약사항을 재확인하고 비행기가 제때 출발하는지, 출발 시간이나 여정이 변경되지는 않았는지 반드시 체크해야 한다.

출국 전까지 할 일

행정적인 절차들을 착착 진행하는 와중에, 보다 알찬 교환학생 라이프를 위해 준비하면 좋은 일들을 알아보자.

1. 미드 보면서 실생활 영어 익히기

실생활에 가장 가까운 영어를 쉽게 배울 수 있는 매체가 바로 드라마다. 영어 자막과 한국어 자막을 함께 틀어놓으면 미드에 몰입은 덜 되지만 영어 공부에는 더 도움이 된다.

'프렌즈Friends'는 고전이지만 요즘에 보기에도 정말 잘 만든 드라마라는 생각이 들 정도의 수작이니 시즌 1부터 정주행해도 좋다. 일상에서 많이 쓰이는 실용적인 표현이 정말 많이 나와서 무척이나 도움이 된다. '섹스앤더시티Sex and the City' 역시 그 유명세만큼 여성들이 공감하면서 재미있게 볼 수 있으므로 추천하고, '가십걸Gossip Girl'은 내용은 유치하지만 미국의 고등학생이나 대학생들이 쓰는 일상 회화와 학교문화를 볼 수 있어 참고가 된다. 최근에는 '내가 그녀를 만났을 때How I Met Your Mother'가 인기다.

미드에 나오는 "Sue me(아니꼬우면 고소하든가)!"라는 표현을 배워서 친구들과 장난칠 때 써먹었더니 미국인 친구 하나가 자지러지게 웃으며 "넌 미국인도 아닌데 어떻게 그런 말을 쓰냐"고 놀랐던 일이 있다. 그만큼 미드 속 영어가 실제 미국인들이 사용하는 회화와 가장 가깝다는 방증이다.

2. 에세이 쓰기 연습

교환학생은 기본적으로 미국에 공부를 하러 가는 것이다. 따라서 에세이 쓰기는 피할 수 없는 숙제다. 글은 쓰면 쓸수록 느는 것이기 때문에 한국에서 미리 연습을 하고 가면 좋은데, 혼자서 에세이 쓰기 연습을 하는 게 쉽지만은 않다. 학교 수업이나 영어학원, 스터디 등을 활용해 공부해보자. 쓴 글은 교내 라이팅센터나 인터넷상의 무료 첨삭 사이트 등을 통해서 꼭 첨삭을 받아보는 게 좋다.

종로의 파고다 어학원 등에 에세이 라이팅 반이 있다. 평일 동안 매일 300~500단어짜리 에세이를 쓰는 연습을 할 수 있고 매시간 첨삭도 해주어 도움이 많이 된다.

돈 안 들이고 공부하는 방법은 역시 그룹 스터디다. 스터디원들의 실력이 일정 수준 이상은 되어야 실력 향상에 도움이 된다. 같이 교환학생을 가기로 결정된 친구들끼리 공부하는 것도 좋은 방법이다.

현지에서 수업을 들을 때 조금이라도 수월하려면 영어 단어를 많이 공부하고 가는 게 좋다. 해커스 토플 단어편이나 워드스마트 같은 단어장에 미국 대학 교육에서 실제로 쓰이는 단어들이 많이 나와 있다.

3. 미국에서 뜨고 있는 영화, 음악, 유튜브 동영상 등 접하며 미국 대중문화 예습하기

한국에서 평소에 친구들과 하는 대화를 떠올려 보자. '너 그 영화 봤어?' '이번에 싸이 새 앨범 나왔더라.' '그 짤방 완전 웃겨!' 대부분의 화제가 대중문화에 관한 것이다.

미국에서도 크게 다르지 않다. 예를 들어 트와일라잇 시리즈나 헝거게임, 밀레니엄 시리즈('The Girl with the Dragon Tattoo' 등)와 같은 베스트셀러 소설이 영화화될 때면 빠지지 않고 장안의 화제가 되며, 수퍼볼 Super Bowl과 같은 인기 스포츠 경기 전후로는 수업 시간에도 얘기가 나올 정도로 관심들이 높다. 또 미국 아이들은 유튜브에서 재미있는 영상을 보면서 시간 보내는 것을 좋아하며, 한국에서처럼 재미있는 짤방을 보며 폭소하는 것도 즐긴다. 재미있는 짤방은 페이스북을 통해서 무한대로 확산되기도 한다.

한국의 디시인사이드나 유머나라 정도에 해당하는 미국 사이트로 나인개그9gags.com가 있다. 이미지 짤방 위주의 개그가 많은데 처음에는 미국 문화와 개그 코드를 이해하지 못해서 재미가 없을 수도 있다. 하지만 자신의 미국문화 이해 수준의 척도라고 생각하고 방문해보는 것도 좋을 듯하다.

또한 미국에서는 팝도 팝이지만 EDM 즉 일렉트로닉댄스뮤직이 큰 인기를 얻고 있다. 우리나라에서 요즘 락 페스티벌이 인기를 끄는 것처럼 미국에서는 EDM 페스티벌(Rave라고도 한다)이 많이 열린다. 평소 일렉트로닉 음악을 좋아하는 사람이라면 음악을 좋아하는 미국 친구들과 할 얘기가 많고 같이 EDM 페스티벌에도 참가할 수 있을 것이다. 스포츠를 좋아하는 사람이라면 경기를 함께 즐기며 여러 나라에서 온 친구들과 금세 하나가 될 수 있다. 이런 식으로 같은 관심사나 취미가 있으면 새로운 친구들과 이야기할 거리도 생기고 친해지기 쉬우므로, 출국 전에는 의식적으로라도 미국 대중문화에 관심을 가져보자.

4. 전 세계 친구들에게 소개해줄 한국문화 복습·점검하기

미국의 문화를 예습하는 것도 필요하지만 우리 문화를 복습하는 것 또한 중요하다. 특히 캘리포니아나 뉴욕처럼 동양계 이민자가 많은 지역에서 지내게 되면 한류의 인기를 몸소 절감하게 된다. 외국인 친구가 한국 드라마를 너무 재밌게 봤다며 호들갑을 떠는데 나는 안 본 드라마라 할 얘기가 없다면 아무래도 좀 아쉬워진다. 그렇다고 취미없는 드라마를 애써 보고 갈 것까지는 없지만 평소 자신이 즐기는 문화와 한류문화 사이의 교집합을 확인해보면 좋다.

예를 들어 우리나라에서는 상대적으로 인기가 적은데 미국에서 유난히 인기를 끄는 아이돌이 있고, 우리나라에서는 톱스타지만 외국 활동을 하지 않아서 인지도가 없는 연예인도 있다. 미국에서 인기 있는 한국 가수로는 빅뱅, 소녀시대(SNSD라는 이름으로 알려져 있다.), 시크릿 등이 있고 '강남 스타일'의 히트로 월드스타에 등극한 싸이는 말할 것도 없다. 미국 친구들에게 한국에서 인기 가수의 공연을 본 경험담이라든지 현지에서는 잘 모르는 연예인들의 비하인드 스토리를 들려주면 무척이나 신기해한다.

한류 말고도 우리의 전통이나 역사에 대해서 무슨 말을 할 수 있을지 준비해가면 좋다. 미국 친구가 '너희는 왜 개고기를 먹어?' '독도가 왜 너희 땅인데?'와 같은 질문을 한다면 뭐라고 답할 것인가? '6·25 전쟁 Korean War 때문에 얼마나 많은 미국인이 죽었는지 아니?' 라고 따지는 퇴역군인 할아버지를 만나면 뭐라고 말할 것인가?

추수감사절과 추석은 결국 같은 건데 동양에서는 전통적으로 음력을 쓰기 때문에 날짜가 다르다는 점, 한국에서는 크리스마스뿐 아니라 석가탄신일도 휴일이라는 특성 등 우리나라와 문화에 대한 이야기만 제대로 알고 준비해 가도 여러 친구들의 관심을 한 몸에 받는 재치만점 입담꾼이 될 수 있을 것이다.

5. 미국의 역사와 지리 공부하기

미국의 역사를 굳이 모르더라도 미국에서 육 개월, 일 년 사는 데는 별 지장이 없다. 하지만 아는 만큼 보이는 법이다. 미국의 역사와 사회상에 관해서 조금이라도 공부를 하고 출국한다면 미국 각 도시를 돌아다닐 때마다 더 많이 느끼고 감동받을 수 있을 것이다. 뿐만 아니라 미국인 친구들과 보다 수준 높은 대화를 나누고 교양을 뽐낼 수 있다. 무엇보다 학교 공부에 도움이 많이 된다.

워터게이트 사건? 말콤엑스? 티 파티? 미국인들에게는 우리나라가 일제로부터 1945년에 독립했다는 것만큼이나 당연한 상식이지만 미국사를

128

모른다면 수업 시간에 '다 아는 얘기죠?'라는 식으로 스치고 지나가는 교수님의 한 마디에 심각한 혼란에 빠진다.

미국의 지리에 대해서도 대충 감을 잡고 가면 좋다. 워싱턴은 미국 북서부에 있는 주의 이름이며 미국의 정치적 수도인 워싱턴 DC는 동부에 위치한 도시라는 사실이라든지, 앨라배마 주가 남부에 있는 건지 북부에 있는 건지, 뉴욕이나 샌프란시스코 같은 대도시의 대략적인 위치는 어디쯤인지 정도라도 알아두자.

출국일 공항에서

출국 당일, 공항에는 여유 시간을 넉넉히 두고 도착하는 게 좋다. 국제선이기 때문에 늦어도 2시간 전에는 도착하는 게 좋다. 짐이 많으므로 수속에 시간이 걸리고 짐을 다시 풀어서 정리해야 하는 일도 생기기 때문이다.

인천국제공항에 도착하면 먼저 3층 출국 층에서 자신이 이용할 항공사의 탑승수속 카운터를 찾아야 한다. 항공사 카운터에 항공권과 여권을 보여주고 탑승권을 받고 수화물을 부친다. 수화물 규정은 항공사마다 규정이 다르니 항공권 구매 시에 미리 확인하고 그에 맞춰 짐을 싸야 한다. 짐의 무게나 개수가 초과되는 경우 추가비용을 내야하니 주의하자. 항공사 카운터 주변에 저울이 있으므로 이를 이용해서 무게를 확인해볼 수 있다.

기내에 반입할 수 있는 짐은 항공사 규정에 따라 다르지만 작은 캐리어 하나와 노트북 가방, 배낭 정도다. 짐이 많으면 비행기 안에서도 불편하고 환승하는 경우에도 짊어지고 다니기 피곤하니 현금과 중요 서류 등을 제외하고는 수화물로 부쳐 버리는 것이 편하다.

기내에는 100ml 이상의 액체류를 반입할 수 없다. 이 기준은 용기의 크기로 따지는데, 200ml짜리 용기에 들어있는 화장품을 절반 이상 사용해서 70~80ml 밖에 남아있지 않다고 해도 용기 크기가 100ml가 넘는다면 반입이 불가하다. 따라서 화장품, 치약 등의 액체류는 모두 위탁 수화물로 처리하는 것이 낫고, 손톱깎이나 면도칼 등의 날카로운 물건도 경우에 따라서 문제가 되므로 모두 짐 속에 넣어 부치도록 하자.

건조한 기내에서 사용할 핸드크림이나 치약 등이 필요하다면 작은 용기에 들어있는 것으로 준비하도록 하자. 기내에 반입하는 각각의 액체류는 100ml 이하여야 하며 총 합계가 1000ml를 넘을 수 없다. 면세점에서 화장품을 구입한다면 목적지에 도착할 때까지 면세품 봉투를 뜯지 말아야 한다. 중간에 환승이나 스탑오버를 하는 경우 출발지에서 액체류 면세품을 사지 못하는 경우도 있으니 면세품 구매 시 확인하도록 하자.

수화물을 부친 다음에는 짐표Claim Tag를 꼭 챙겨두어야 혹시 수화물이 분실 혹은 파손되었을 때 보상받을 수 있다. 환승하는 경우에는 중간에 짐을 찾아서 다시 부쳐야 하는지, 아니면 최종 목적지에서 바로 찾을 수 있는지 확인한다. 미국 국내에서 환승하는 경우 처음 도착하는 공항에서 짐을 찾고 입국심사와 세관검사를 받은 후 다시 국내선으로 짐을 부치고 탑승하는 것이 일반적이다.

짐 수속까지 마친 후에는 출국장으로 이동해 세관심사와 보안검사, 출국심사 등을 받게 된다. 출국장에는 탑승객 본인 외에는 들어갈 수 없으니 환송 나온 가족, 친구와는 이곳에서 작별해야 한다. 시간 여유가 있어 식사를 하고자 하면 지하 1층의 푸드코트가 공항치고는 가격도 무난하고 맛도 좋아 추천한다. 출국장을 통과한 뒤에는 면세 구역이 나오고, 이곳에서 시간을 보내다가 늦지 않게 탑승 게이트로 이동하면 된다. 인천공항이 워낙 넓기 때문에 한 층의 끝에서 끝까지 이동하는 것만도 10분 이상이 걸린다. 면세품 쇼핑에 넋이 나가 탑승 게이트와 반대방향으로 이동하다가는 헐레벌떡 뛰어가야 하는 일이 생기므로 위치와 시간을 수시로 확인해 탑승 시간에 늦지 않도록 하자. 탑승 게이트는 탑승권 보통 발급 때 안내되지만 변경되는 경우도 있고 게이트 지정이 늦어져 추후 전광판을 통해 공지되기도 하므로 주의를 기울여 확인해야 한다.

출국 하루 전 체크리스트

확인할 사항	☐ 현지 공항 픽업 확인 ☐ 첫 날 머물 숙소 확인 ☐ 계약하고 싶은 집 미리 확인하고 연락해둘 것 ☐ 항공편 정시출발 여부 확인 ☐ 친구들과 연락하기
몸에 지니고 갈 물건	☐ 여권 및 비자 ☐ I-20 혹은 DS-2019 ☐ 항공권 ☐ 보험증서 ☐ 등록금 납부영수증 ☐ 현지 학교에서 준 안내자료 ☐ 공항픽업 관련 사항과 연락처 ☐ 첫날 머물 숙소 주소와 연락처 ☐ 계약하고 싶은 집 주소와 연락처 ☐ 현지 도착 후 찾아가야 할 학교 오피스 주소와 지도 ☐ 노트북, 전원 케이블 ☐ 카메라, 배터리, 충전기 ☐ 110v용 플러그 ☐ 현금(귀국 시 필요한 한화와 현지 도착 후 필요한 미화) ☐ 씨티은행 국제체크카드와 국제현금카드 ☐ 운전면허증 및 국제운전면허증
이민가방 속 짐 확인	☐ 상비약 ☐ 안경 및 콘택트렌즈 ☐ 위생용품(면봉, 화장솜, 생리대) ☐ 미용용품(손톱깎이 등) ☐ 화장품(기초화장품, 비비크림 등) ☐ 의류(평소 입을 편한 옷과 속옷, 파티를 위한 드레스 한두 벌, 격식 있는 자리를 위한 정장이나 세미정장 한 벌, 수영복 등) ☐ 신발류(평소 신을 운동화나 편한 신발 1~2켤레, 구두 1켤레, 슬리퍼 1켤레 등) ☐ 한국음식 약간 ☐ 젓가락 두어 벌 ☐ 책(미국에서 쓸 교과서, 한국책) ☐ 필기도구가 든 필통 ☐ 전자사전 ☐ 한국 기념품

PART 3
골드러시? 영어러시!
미국땅에 자리잡기

"아메리칸 드림!" 영어 실력 향상, 문화 다양성의 경험, 우수한 교육 환경…… . 저마다의 이유, 각자의 꿈을 품고 수많은 이들이 미국을 향해 떠난다. 과거 유럽인들이 종교의 자유를 찾아 메이플라워호에 몸을 실었듯, 이민 1세대 교포들이 더 나은 삶을 위해 LA로 뉴욕으로 떠났듯, 21세기 한국의 젊은이들은 우리들만의 아메리칸 드림을 품고 오늘도 미국행 비행기에 오르고 있다.

01

미국, 도착은 했는데!
이제 나 어떡해?

우여곡절 끝에 미국에 도착했다. 웰컴 투 아메리카! 하지만 이제 어떡하지? 사람 얼게 만드는 입국심사가 기다리고 있고, 전화번호도 없지, 은행계좌도 없지, 아메리칸이 되는 길은 멀고도 험하다. 휴대폰 개통과 집 구하기, 은행계좌 열기, 신분증 만들기 등 미국에 자리 잡고 살기 위해 필요한 모든 것, 제대로 알려준다!

입국 Entry

입국심사

비행기에서 내리면 바로 입국심사대로 이동한다. 입국심사대는 크게 미국 시민이나 영주권자를 위한 'RESIDENT' 라인과 방문객을 위한 'NON-RESIDENT' 라인으로 나뉜다. 'NON-RESIDENT' 라인에 줄을 서고 차례를 기다리면 된다. 필요한 서류는 여권과 비자, 비자 서류, 기내에서 미리 작성한 입국신고서I-94와 세관신고서Customs Declarations다.

입국심사대 주변의 공기는 사뭇 긴장감이 감돈다. 미국이 워낙 불법체류자 문제로 골머리를 앓다보니 수상한 언행을 보이면 입국을 거부할 수도 있다. 필요한 서류를 미리 꺼내 준비하고 묻는 말에만 성실하게 대답하자. 입국심사 중에는 휴대전화 사용을 자제하고 선글라스나 모자도 벗어둔다.

입국심사 때는 1초도 안 걸려서 결정되는 첫인상에 따라 질문의 수위가 정해진다. 가급적 여권 커버를 벗기고 사진이 있는 면을 펴서 건네도록 하자. 입국심사관은 하루 종일 온갖 국적의 입국자들을 상대하느라 피곤한 기색이 역력하다. 친절은 기대하지 않는 게 좋다. 그래도 사람이니까 "Good Morning" 정도의 가벼운 인사말을 건넨다면 조금이라도 온화한 분위기에서 입국심사를 받을 수 있다.

질문을 잘 알아듣지 못했다면 "Pardon?" 혹은 "Sorry?"라고 하며 다시 말해달라고 부탁한다. 유창한 영어 실력을 심사하는 것이 아니므로 사실만을 정확하고 분명하게 대답하자. 심사관과 눈을 맞추며 차분하게 대답한다면 특별히 곤란한 일은 겪지 않을 것이다.

입국심사를 마치면 마침내 웰컴 투 아메리카! 짐을 찾아서 환승수속을 밟거나 공항 밖으로 이동한다.

국내선 환승

미국 국내에서 비행기를 갈아타는 경우, 가장 처음 도착하는 미국 내 공항에서 입국수속을 밟게 된다. 예를 들어 LA에 들렀다 샌프란시스코로 이동하는 경우라면 LA에서 입국수속을 밟고 짐을 모두 찾아서 세관 검사를 받은 뒤 다시 짐을 부치고 비행기에 타야 한다.

자물쇠가 망가졌어!

수하물로 부치는 짐가방에 자물쇠를 달아놓으면 나중에 자물쇠가 망가져 있는 경우가 종종 있다. 이는 미국 세관에서 가방을 열어 문제되는 물품이 없는지 확인하기 때문.

수하물을 분실했을 때

우선 항공사 직원에게 문의를 해야 한다. 이때 반드시 탑승수속할 때 받은 짐표를 지참한다. 분실신고서를 작성하고 증명서를 받아놓아야 하며 해당 항공사 분실물센터에 방문하여 짐이 들어온 게 없는지 확인하는 것도 필수다.

출입국신고서, I-94란?

I-94는 미국 출입국신고서의 공식 명칭이다. 미리 작성한 입국신고서를 입국심사대에 제출하면 그 일부를 여권에 스테이플러로 찍어서 붙여준다. 이 조그만 종잇조각 하나가 여권 혹은 비자 서류보다도 더욱 중요한데, 그 이유는 출국할 때 이를 반드시 제출해야 하기 때문이다. 이를 제출하지 않는 경우, 미국 이민국에 출국신고가 되지 않는다. 따라서 미국에 계속 체류하고 있는 것으로 간주되기 때문에, 추후에 미국비자를 받는데 문제가 발생할 수 있다.

출국 시 보통은 항공사 직원이 이를 회수하여 출입국세관에 제출해준다. 하지만 혹시 처리가 되지 않는 경우 책임은 본인에게 있기 때문에 반드시 재차 확인하도록 하자.

DEPARTMENT OF HOMELAND SECURITY
U.S. Customs and Border Protection

OMB No. 1651-0111

Admission Number

Welcome to the United States

3929232B2 1B

I-94 Arrival/Departure Record - Instructions

This form must be completed by all persons except U.S. Citizens, returning resident aliens, aliens with immigrant visas, and Canadian Citizens visiting or in transit.

Type or print legibly with pen in ALL CAPITAL LETTERS. Use English. Do not write on the back of this form.

This form is in two parts. Please complete both the Arrival Record (Items 1 through 13) and the Departure Record (Items 14 through 17).

When all items are completed, present this form to the CBP Officer.

Item 7 - If you are entering the United States by land, enter **LAND** in this space. If you are entering the United States by ship, enter **SEA** in this space.

CBP Form I-94 (10/04)

Admission Number

OMB No. 1651-0111

3929232B2 1B

Arrival Record

1. Family Name
①

2. First (Given) Name
②

3. Birth Date (Day/Mo/Yr)
③

4. Country of Citizenship
④

5. Sex (Male or Female)
⑤

6. Passport Number
⑥

7. Airline and Flight Number
⑦

8. Country Where You Live
⑧

9. City Where You Boarded
⑨

10. City Where Visa was Issued
⑩

11. Date Issued (Day/Mo/Yr)
⑪

12. Address While in the United States (Number and Street)
⑫

13. City and State
⑬

CBP Form I-94 (10/04)

Departure Number

OMB No. 1651-0111

3929232B2 1B

I-94
Departure Record

14. Family Name
⑭

15. First (Given) Name
⑮

16. Birth Date (Day/Mo/Yr)
⑯

17. Country of Citizenship
⑰

CBP Form I-94 (10/04)

See Other Side

STAPLE HERE

① 성

② 이름

③ 생년월일

(일, 월, 연도순서. 연도는 끝 두 자리만,

예를 들어 1990년은 90으로 표시)

④ 국적

⑤ 성별(남자는 male, 여자는 female)

⑥ 여권 번호

⑦ 항공사 및 항공 편명

(예를 들어 유나이티드 860이면 UA860)

⑧ 현재 주재국(거주 국가: 대한민국)

⑨ 어디에서 비행기를 탔는가

(도시명, 인천이면 Incheon)

⑩ 비자를 발급받은 도시

(서울에 있는 미국 대사관이면 Seoul)

⑪ 비자를 발급받은 날짜

(비자에 기재돼 있다)

⑫ 미국에서 지낼 곳 주소

(도착하는 날 머물 호텔 주소나 학교 주소

를 적어도 된다)

⑬ 미국에 거주할 도시, 주

(2103 Whittier Drive, Davis, CA 95618

이라면 2103 Whittier Drive는 12번에,

Davis, CA 95618은 13번에 적는다)

⑭ 성

⑮ 이름

⑯ 생년월일

⑰ 국적

세관신고서 작성하는 방법

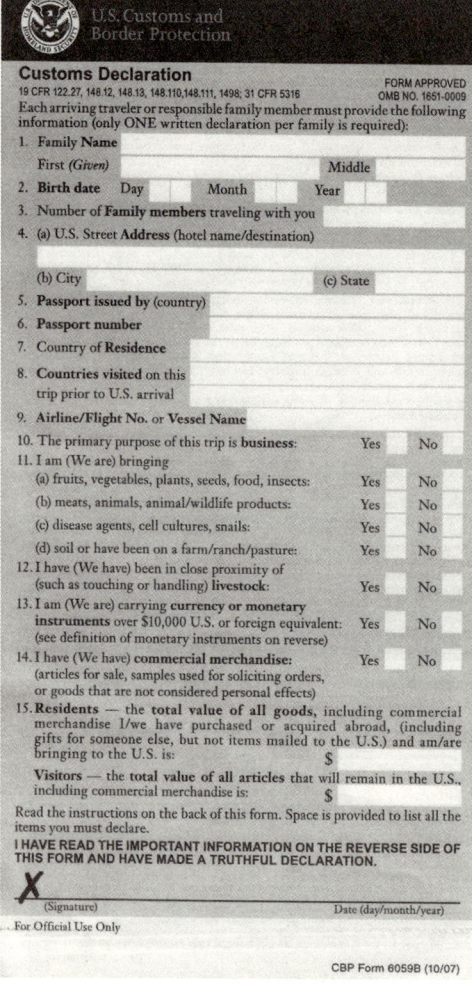

1. 성명

2. 생년월일

3. 동행하는 가족 수

   (혼자 여행하는 경우 00이라고 적는다)

4. 미국에서 머물 주소

5. 여권 발급국

6. 여권 번호

7. 현재 거주국(대한민국)

8. 미국에 도착하기 전에 방문한 나라

   (비행기 중간기착지도 적는다)

9. 비행기 편명

10. 미국을 방문한 목적이 상업인가?

    (10~15번은 모두 No라고 표시해야 문제의

    소지가 없다. 다만 검역이나 세관신고가

    필요한 상황이 있다면 정직하게 표시하고

    필요한 조치를 받도록 하자)

11.

(a) 과일, 꽃, 식품, 벌레 등을 소지하고 있는가

(b) 고기, 동물, 동물이나 야생동물과 관련된

    상품을 가지고 오는가

(c) 갑각류를 가지고 오는가

(d) 흙이나 농장, 목장 등을 방문했는가

12. 살아있는 것을 소지했는가

13. 미화로 1만불 이상을 소지했는가

14. 상업용 물품을 가지고 오는가

15. 자신이 가지고 들어오는 소지품의 총 액수

    (미국인은 Residents란에, 외국인은 Visitors란

    에 적는다)

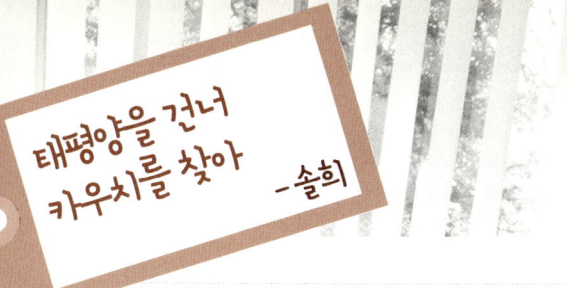
태평양을 건너
카우치를 찾아   -솔희

1월 4일, 아메리칸 항공편으로 출국이 결정됐어. 해외여행은 그런대로 많이 다녀본 편이고, 국내여행은 가이드북을 냈을 정도니 웬만한 여행에는 이골이 난 나. 그래도 태평양을 건너는 건 처음이라 설레고 걱정도 됐지. 게다가 출국 직후인 1월 5일은 내 생일. 12월 중순에 가을학기가 끝난 후 3주 만에 모든 절차와 짐정리를 마무리하느라 몸도 마음도 지친 상태였는데, 미국에 도착하자마자 홀로 쓸쓸하게 생일을 맞기는 싫었어. 그래서 생각해 낸 게 카우치서핑!

카우치서핑이란 말 그대로 카우치를 찾는 일이야. 웬만한 가정집 거실에 카우치 하나쯤은 으레 있기 마련이고, 경비를 절약하려는 배낭여행자들에게 이 정도면 훌륭한 숙소지. 이렇게 카우치를 제공하려는 사람들과 카우치를 찾는 사람들은 연결해주는 웹사이트가 바로 couchsurfing.org! 나는 오래 전부터 카우치서핑을 알고 있었고 국내에서지만 한 번 해본 일도 있어서 절차는 어렵게 느껴지지 않았어.

그렇게 해서 연결된 것이 UC 데이비스에 다니고 있는 미술사학도인 마리아나였어. 마리아나는 친절하게 집주소와 함께 찾아오는 방법까지 자세하게 일러주었지. 샌프란시스코 공항에 도착해서 그녀에게 전화를 걸었고, 온라인상으로만 대화했던 사람이 실제로 존재한다는 사실을 확인하자 어찌나 안심이 되던지! 미리 예약해둔 에어포터를 타고 도착한 집에서는 따뜻한 환대가 반기고 있었고, 마침 놀러온 마리아나의 친구들과 다함께 나는 피로도 잊은 채 최고로 특별한 생일을 맞이했어(세상에, Happy Birthday 노래가 그렇게 버전이 많을 줄이야! 다들 유튜브를 확인하시라). 다음날 휴대폰을 개통하고, 집을 보러 다니는 일 역시 마리아나의 도움으로 훨씬 수월하게 해결할 수 있었어. 그렇게 이틀 동안 마리아나의 집에서 머문 뒤에 나는 새로운 보금자리로 이사를 했지만, 이후에도 그녀의 집에 자주 방문하여 어울리곤 했어. 아는 이 하나 없던 미국에서, 처음으로 나를 반갑게 맞아주고 재워 준 카우치 호스트, 마리아나와의 인연은 더없이 소중했어.

》》 나의 첫 카우치 호스트,
마리아나와 그녀의 딸 야스민

>>> 슈퍼셔틀   >>> 에어포터

공항에서 집으로

미리 예약해둔 슈퍼셔틀이나 에어포터, 혹은 교환수학할 학교나 홈스테이 호스트가 제공해주는 차량을 이용해 공항에서 현지 숙소까지 이동하도록 한다. 기사가 짐 나르는 것을 도와주니 3~5불 정도의 팁을 잊지 말자.

환승할 비행기를 놓쳤다면?

입국수속이 늦어지는 일은 비일비재하다. 한두 시간 이상 걸리는 경우도 허다하니 항공권을 구매할 때 환승해야 하는 경우 최소 3~4시간의 여유 시간을 두는 게 좋다. 혹시나 입국수속이 늦어지거나 하는 등의 이유로 비행기를 놓쳤더라도 당황하지 말자. 해당 항공사 직원에게 상황을 설명하며 티켓을 보여주고 다음 비행기가 언제 있는지 확인하면 된다. 국내선에는 대개 빈자리가 많기 때문에 항공사 직원이 다음 비행기의 좌석을 예약해주며, 추가비용은 없다. 시간에 맞춰 해당 게이트에서 기다렸다가 탑승하면 된다. 미국의 대도시에 있는 공항에는 같은 노선의 비행기가 자주 다니므로, 오래지 않아 다음 비행기를 탈 수 있을 것이다. 다만 공항 픽업이 예정돼 있는 경우 연락을 취해 새로운 도착 시간을 알려줘야 한다.

예약한 슈퍼셔틀이 가버렸다면?

출국 전에 미리 약속 장소를 정했다고 해도 연락할 전화번호 하나는 꼭 받아두는 게 좋다. 슈퍼셔틀이나 에어포터 회사의 전화번호는 800번으로 시작하는 무료전화toll-free인 경우가 많으니 가까운 공중전화를 찾아 걸기만 하면 된다. 픽업을 나오는 사람과 직접 연락해야 하는 경우, 국제전화카드로 전화를 걸거나 공항 직원에게 도움을 요청한다.

전화 Phone

휴대폰 개통

집을 구하든, 중고 자전거를 구입하든 뭐라도 하려면 통신 수단이 있어야 한다. 가까운 휴대폰 대리점에서 손쉽게 휴대폰을 개통할 수 있다. 라디오섀크Radioshack 같은 전자제품 가게에서도 휴대폰 구입 및 개통이 가능하지만 통신사 직영 대리점에서 개통하는 편이 더 안전하고 편리하다. 직원들이 요금제나 규정에 대해서 더 정확하게 알고 있기 때문이다.

3개 통신사가 과점하고 있는 한국과 달리 미국에는 통신사가 굉장히 많다. 그 중 가장 널리 쓰이는 것이 AT&T, 티모바일T-mobile, 버라이즌Verizon, 부스트모바일Boostmobile 이렇게 네 개 정도다.

교환학생들이 쓰기 편리한 것은 매달 요금을 미리 충전해서 쓰는 선불전화Prepaid Phone 혹은 Pay-as-you-go Phone. AT&T에서 저렴한 요금제를 제공하는데, 한 달에 25불이면 국내통화 250분에 문자가 무제한이다. 한 달에 50불이면 통화와 문자 모두 무제한. 한 달에 통화가 250분이면 얼핏 충분할 것 같지만, 미국은 전화를 걸 때뿐 아니라 받을 때, 문자를 보낼 때뿐 아니라 받을 때도 돈이 들기 때문에 얼마 쓴 것 같지도 않은데 통화가 다 떨어지기 일쑤다. 또한 요금제를 다 쓰고 나서 추가로 충전해서 쓰는 통화는 요금이 상당히 비싸기 때문에, 결국 한 달에 50불이 넘게 들어가는 수도 있다. 요금제는 AT&T 플라자를 방문하면 쉽게 바꿀 수 있으니 필요에 따라 이용하자.

한국에 있는 가족과 친구들에게 전화를 많이 할 것 같으면 부스트모바일 휴대폰도 추천한다. 월 60불이면 국내통화와 문자는 물론 국제전화까지 무제한이기 때문이다. 다만 부스트모바일 전용 휴대폰을 구입해야 하고, 부스트모바일이 상대적으로 작은 회사이기 때문에 가끔 신호가 잘 안 잡힌다는 단점이 있다.

141

기계는 아직도 이런 휴대폰이 나오는 게 신기한 9.99불짜리 피쳐폰에서 최신 스마트폰까지 다양하다. 최근에 나온 기계를 구입하면 한글 문자도 보낼 수 있어 편리하다. 요금 납부는 매달 정해진 날짜 이전에 휴대폰 대리점에 방문하여 카드나 현금으로 할 수 있다. 통신사 콜센터에 전화해서 카드로 결제해도 된다.

한국과 다른 휴대폰 요금 체계

미국에서는 전화를 받는 사람도 전화요금을 내야 한다. 처음에는 크게 와 닿지 않아도 선불전화기를 쓰다보면 부담이 될 수밖에 없다. 특히 통화 가능 시간이 조금밖에 남지 않았을 때는 무심코 걸려오는 전화에도 신경이 쓰일 수밖에 없다. 그래서인지 미국인들은 통화 무제한 요금제를 많이 사용한다.

또한 휴대폰에도 시내요금과 시외요금의 가격 차이가 있다. 휴대폰을 개통한 지역 내에서 통화할 때는 시내요금을 적용받지만 그 지역을 벗어나면 바로 옆에 있는 사람에게 전화해도 시외요금으로 돈이 빠져나간다.

한국에서 쓰던 아이폰 그대로 쓰기

한국에서 쓰던 아이폰을 미국에서도 그대로 쓰고 싶다면? 미리 컨트리락County Lock을 해제해 와야 한다. 아이폰에는 기계를 해당 국가에서만 쓸 수 있도록 락이 걸려 있는데 그게 바로 컨트리락이다. 통신사 고객센터에 전화를 해서 컨트리락을 풀어달라고 한 뒤, 안내에 따라 필요한 정보를 알려주면 된다. 최대 3일 이내에 처리 결과를 문자로 받을 수 있으며, 이후 아이폰을 아이튠즈에 연결해서 동기화하는 과정이 필요하다.

또한 출국 전에 설정 〉 일반 〉 네트워크에 들어가서 '데이터 로밍'을 해제해두어야 한다. 아이폰을 해외에 가지고 나가면 대부분 자동로밍이 되는데, 잘못해서 데이터를 이용하다가 '요금 폭탄'을 맞을 수도 있기 때문이다. 인터넷을 쓰지 않을 계획이라고 해도 위치추적 어플 등 본인도 모르게 인터넷에 접속되는 경우가 있으므로 아예 해제해두는 것이 좋다. 휴대폰을 일시정지해놓고 출국하는 경우 어차피 와이파이밖에 쓸 수 없기 때문에 대부분 문제가 되지는 않지만, 귀국 시에라도 실수할 수 있기 때문에 미리 해제해두는 것이 마음 편하다.

일시 정지된 아이폰을 미국에 가져오면 '서비스 없음'이라는 문구가 떠 있는 것을 볼 수 있다. 이를 AT&T 등 통신사에 가져가서 가입하고 요금제를 신청하면 된다. 정상적으로 개통된 휴대폰에는 '서비스 없음' 대신 사업자명인 'AT&T'가 나타난다. 개통에 필요한 심카드SIM Card는 통신사에서 무료로 제공한다.

아이폰 외에 다른 휴대폰도 마찬가지다. 한국에서 쓰던 기계를 미국에서 그대로 쓰려면 이용하는 통신사에 문의해 컨트리락 해제 절차를 밟은 뒤 미국 통신사에서 새로운 심카드를 받아 끼우면 된다.

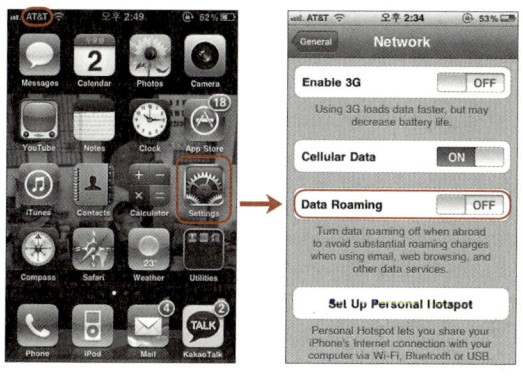

미국 전화번호 체계

미국의 전화번호는 한국 전화번호처럼 휴대폰 번호와 유선전화 번호가 구분되지 않는다. 휴대폰 번호도 유선전화 번호와 마찬가지로 첫 자리는 지역번호로 시작한다. 땅이 워낙 넓다보니 한 주 안에서도 지역번호가 수십 개에 이른다. 같은 미국 안이라고 해도 장거리 전화를 걸 때는 국가번호인 1을 눌러야 할 때가 있다.

example. 530-574-6081

530 = 데이비스 지역번호. 휴대폰인지 유선전화인지는 알 수 없다.

415 = 샌프란시스코 지역번호.

619 = 샌디에이고 지역번호.

√ 1-800, 1-888으로 시작되는 전화번호는 수신자부담 전화이다. 공중전화를 이용할 경우 동전을 넣을 필요 없이 바로 걸 수 있다. 그러나 매달 일정한 무료통화 시간이 있는 전화 요금제를 쓰는 경우, 무료통화 시간에서 차감이 되니 주의한다. 휴대폰으로 국제전화카드를 이용할 때 역시 무료통화 시간이 차감된다.

√ 752-BUSS?

데이비스 지역 버스운행 정보안내 번호는 752-BUSS이다. BUSS가 도대체 몇 번이냐고? 휴대폰 기계마다 다 다른 한국어 자판과는 달리 영어 자판은 대부분 일정하다.

즉 알파벳 BUSS에 해당하는 숫자인 2877이 전화번호가 되는 것이다. 기억하기 쉽도록 이런 식으로 전화번호를 설정해둔 가게나 기업들이 많다.

이런 식으로 알아두면 유용한 전화번호로 'GOOGLE'이 있다. GOOGLE을 휴대폰 키패드로 치면 46645가 된다. 이 번호는 구글 전화번호 안내Google Directory Assistance로, 전화번호를 알고 싶은 곳의 주소를 문자로 보내면 즉시 답장으로 전화번호를 보내주는 무료서비스다. 예를 들어 캘리포니아 주 새크라멘토에 있는 전자제품 할인점 베스트바이의 전화번호를 알고 싶으면 "Best Buy, Sacramento, CA"라고 문자를 보내면 된다. 가게의 정확한 주소와 함께 전화번호를 바로 안내해준다. 우리나라의 114와 같은 411 서비스도 있지만 유료라는 것이 단점인데, 구글 전화번호 안내는 무료라서 더욱 좋다.

한국으로 전화 걸기

한국으로 전화하는 방법은 다양하다. 과거에는 한국에서 인터넷 전화기를 개통하여 미국으로 가지고 오는 방법을 많이 이용했으나 요즘은 스카이프를 많이 쓴다. 스카이프는 로그인돼 있는 사용자들끼리 컴퓨터나 스마트폰 어플로 무료통화를 할 수 있게 지원해주는 인터넷 전화 서비스로, 영상통화도 지원된다.

스카이프 사용자가 아닌 번호에도 전화를 걸 수 있는데 이 경우에는 스카이프 크레딧을 구매해야 한다. 먼저 skype.com에서 계정을 만들고 로그인을 한 뒤에 '크레딧 충전하기'를 클릭하면 된다. 결제할 카드번호와 비밀번호, 그리고 카드에 등록된 주소Billing Address 정보만 있다면 쉽게 크레딧을 구매할 수 있다.

크레딧을 구매할 때는 '자동충전'에 체크하지 않도록 유의하자. 자동충전에 체크를 해두면 잔액이 2불 미만일 때 크레딧이 자동으로 구매되기 때문이다. 스카이프 통화는 분당 2.2센트로 아주 저렴하고, 정액 요금제를 사용하면 10% 정도 할인도 받을 수 있으니 확인하고 구매하자.

요즘은 스마트폰으로 인터넷 전화를 지원하는 어플이 많은데 추천하는 것은 우부ooVoo로 통화 품질이 가장 괜찮은 편이다. 바이버Viber도 쓸 만하다. 카카오톡에서 보이스톡을 출시한 이후에는 많은 사람들이 보이스톡을 국제전화 대용으로 편리하게 이용하고 있다.

070 인터넷 전화는 별도의 국제전화 요금이 들지 않는다는 장점이 있다. 각 통신사에서 제공하는 070 인터넷 전화를 가입하고 전화기를 미국으로 가져가서 쓰면 된다. 같은 통신사의 070 인터넷 전화 사용자끼리는 통화가 무료라서, 가족이나 이성친구와 자주 통화할 예정이라면 개통해서 이용하는 것도 괜찮을 듯. 또한 인터넷 전화로 한국 내 일반전화나 휴대폰에 전화를 걸 때도 우리나라 국내통화 요금 수준으로 이용할 수 있어 저렴하다. 단점이 있다면 무선인터넷이 잘 연결돼 있어야 하고, 인터넷 상황에 따라 통화품질이 달라질 수 있다는 것. 요금제는 통신사별로 다르지만 보통 월정액 2만원 안팎으로 이용할 수 있다.

그 외 한국으로 전화를 거는 수단으로는 국제전화카드나 국제전화 무제한 요금제가 가입된 휴대폰을 이용하는 방법이 있다.

국제전화카드 사용법

저렴한 선불 국제전화카드를 편의점이나 대형마트에서 구입할 수 있다. 국제전화카드는 어떤 국가 간에 이용하느냐에 따라 요금 차이가 있다. 그래서 미국과 한국 간에 저렴하게 통화할 수 있는 국제전화카드를 현지 한인마트에서 판매하기도 한다. 미국에서 가장 유명한 한인마트 중하나인 한아름마트 온라인 쇼핑몰hmart.com의 Living 섹션에 들어가서 구입할 수도 있다. 그 외 수다카드sudacard.co.kr, 119카드119card.co.kr 등 국제전화카드 전문 온라인 쇼핑몰이 많이 있으니 이용하면 된다.

선불 전화카드라고 해도 휴대전화로 이용할 경우 일반전화 요금이 동시에 과금된다. 가급적 무제한 요금제를 이용하는 휴대전화, 혹은 공중전화로 전화카드를 이용하도록 하자.

전화카드 뒷면에 사용 방법이 자세히 적혀 있는데, 온라인에서 구입할 경우 실물카드 대신 카드번호만 받게 될 수도 있지만 이용 방법은 같다. 일반적으로 연결번호, 카드번호(PIN번호), 국가번호를 포함한 전화번호를 음성 안내에 따라 순서대로 누르면 된다.

집 구하기 Housing

기숙사 입사하기

기숙사에 입사하는 경우, 여러 조건의 집을 따져 보고 혹시 사기를 당하지나 않을까 전전긍긍할 필요가 없다는 게 장점이다. 또한 또래 학생들과 금방 친해져서 즐거운 기숙사 라이프를 꾸려나갈 수 있다. 다만 생활 여건에 비해 기숙사비가 비싼 것이 흠이다.

미국 학교의 기숙사는 대개 1~3인실로 이루어진다. 방 안에는 수납공간과 침대, 책상, 냉장고 정도가 있고 화장실과 샤워실은 공용으로 쓰는 것이 보통이다.

한 학기 혹은 일 년 동안 생활할 장소이기 때문에 룸메이트와 잘 지내는 것이 중요하다. 취침 시간이 서로 맞지 않거나 소음 등으로 불편함을 느끼면 곧바로 이야기하는 것이 좋다. 특히 전형적인 미국인들의 경우 직설적으로 이야기하고 직설적으로 받아들이는 것이 문화이기 때문에, 지적을 했다가 상처를 줄까봐 걱정하지 않아도 된다. 반대로 지적을 당하는 경우에도 쿨하게 받아들이면 그만. 룸메이트가 자기를 싫어하는 것은 아닐까 조바심을 낼 필요는 없다.

미국 기숙사에서는 남녀가 한 층에 섞여 사는 일이 흔하다. 심지어 한 방을 같이 쓰는 경우도 가끔 있다. 한 층에 섞여 살다보니 화장실이나 샤워실 역시 공용으로 이용하게 되는 경우가 있는데, 처음에는 어색해도 곧 익숙해지기 마련이니 너무 걱정할 필요는 없을 듯하다. 모든 기숙사가 이런 환경인 것은 아니다. 기숙사 신청 시, 원하는 기숙사 환경을 선택할 수 있으므로 자신의 의사를 명확하게 표현하면 된다. 학교의 시설 형편에 따라 여학생전용 기숙사와 남학생전용 기숙사 건물이 따로 되어 있는 곳도 있다.

또한 미국 대학 기숙사는 외부인의 출입이 굉장히 자유로운 편이라서,

룸메이트가 이성친구를 방에 데리고 오는 경우도 있다. 심지어 이성친구가 와서 자고 가기도 하는데, 이런 상황이 불편하게 느껴진다면 당황하지 말고 룸메이트에게 자신의 불편한 심정을 이야기해야 한다. 이러다 말겠지 라는 생각으로 처음에 한두 번 아무 말 없이 넘기다보면 룸메이트는 내가 개의치 않는다고 생각해서 계속해서 이성친구를 데려오게 되고, 결국에는 감정적인 문제로 번질 수 있기 때문이다.

한 공간에서 같이 생활하는 룸메이트는 나와 정말 친한 친구가 될 수 있는 소중한 인연이다. 하지만 자칫 삐걱대기 시작하면 천하에 둘도 없는 원수가 될 수도 있는 관계가 또 룸메이트다. 한 공간에서 각자 할 공부를 하면서 시간을 보내다보면 어색한 순간이 올 수도 있고, 관계가 삐걱댈 수도 있는 것이 사실이다. 하지만 어차피 완벽하게 맞는 사람은 없는 법이니 그 때 그 때 지혜롭게 대처하는 자세가 요구된다. 룸메이트를 '나와 가장 가까운 사람' 혹은 '나와 가장 가까워질 사람'이라고 생각하고 친근하게 대해 보자. 관계 역시 노력이 필요한 일이다. 내가 정을 주는 만큼 상대는 나의 좋은 친구가 되어줌으로써 보답할 것이다.

한국 대학에 과문화가 있다면, 미국 대학에는 기숙사문화가 있다는 생각이 들 정도로 미국에서는 기숙사별로 잘 뭉치고 각 기숙사에서 주관하는 행사도 많다. 또한 한국에서 공강시간에 과방이나 동아리방에 가듯이, 미국 아이들은 건물이나 층별로 있는 라운지에 모여든다. 이곳에서 같이 공부를 하거나 음악을 듣고 떠들면서 놀거나 다양하게 어울리게 된다. 자연스럽게 친구들을 사귈 수 있는 기회. 그러므로 기숙사에 살게 된다면 방 안에만 갇혀 있지 말고 라운지에 자주 나가서 인사를 건네고 같이 어울릴 것!

홈스테이 가정 입주하기

홈스테이를 하기로 미리 결정하고 미국에 도착하는 경우 대개 홈스테이 가정에서 공항까지 픽업을 나와 준다. 홈스테이는 주거와 식사, 라이드가 포함되기 때문이다. 홈스테이 가족을 만나 인사를 나누고 함께 집까지 이동한다. 앞으로 함께 생활할 가족이라는 생각을 가지고 친근하게 대하도록 하자. 홈스테이 가정과의 관계는 서로 하기 나름인데, 친절한 가정을 만나는 경우 인근 관광지를 구경시켜주기도 하는 등 많은 도움을 받을 수 있다.

홈스테이 가정과 맞지 않아서 집을 옮기는 경우도 종종 생긴다. 홈스테이맘이 식사 준비를 제대로 해주지 않거나 집 청소를 하지 않아서 생활이 불편할 정도라면 호스트 가정으로서의 역할을 다하지 않는 것이다. 홈스테이는 보통 월 단위로 계약하기 때문에 잘 맞지 않는다고 느끼면 빨리 집을 옮기는 게 낫다.

집 계약하기

미국에 도착하면 곧바로 미리 알아보고 온 집주인들에게 연락을 취하고 직접 집을 보러 간다. 미국은 도로가 대부분 동서로 곧게 나 있어서 길 찾기가 쉽지만 초행이라 헤맬 수도 있으니 구글 맵을 미리 인쇄해가면 도움이 된다.

집에 도착하면 같이 살게 될 집주인이나 룸메이트의 인상, 집의 시설과 청결도, 주변 환경 등을 꼼꼼히 점검한다. 주변에 기찻길이 지나가거나 프리웨이에 접해 있는 경우 소음으로 밤잠을 설칠 수도 있으므로 피하는 게 좋다. 가까이에 장을 볼 수 있는 마트가 있는지, 학교와의 거리는 얼마나 되는지 확인한다. 그 외 가구는 어떤 것들이 제공되고 어떤 것들을 새로 사야할지, 주방기구와 그릇들은 있는 것을 써도 되는지, 세탁기와 건조기는 가까이 위치해 있는지 등을 점검한다. 특히 룸메이트의 경우 이메일을 통해서 파악하기가 어려우므로 꼭 만나보고 결정하는 게 좋다. 첫 인상이 전부는 아닐지라도, 전혀 모르는 사람과 갑자기 같이 살게 되는 것보다는 훨씬 낫기 때문이다.

현지 도착 즉시 휴대폰을 개통하고, 대중교통이나 자전거를 이용해 여러 집을 돌아보고 결정하는 것이 좋다. 발품을 파는 만큼 좋은 조건에 계약할 수 있는 가능성이 높아지는 것은 인지상정. 빨리 새 집에 안착하고 싶다면 부지런히 움직여야 한다.

렌트계약서 쓰기

계약서에 서명을 하기 전에 반드시 계약서를 꼼꼼히 읽어봐야 한다. 계약서에 서명을 하는 순간 계약서의 모든 내용에 동의하는 것으로 간주되기 때문이다. 한 줄 한 줄 꼼꼼하게 읽어보고 궁금한 점이나 이해가 안 되는 내용에 대해서는 설명을 요청한다.

미국의 렌트계약서에는 정말 별별 내용이 다 적혀 있다. 불이 났을 경우 집세에 포함된 화재보험이 보장하는 한도 내에서만 아파트 측이 책임을 진다든지, 수리를 하기 위해 불시에 전기와 수도가 끊길 수 있다는 내용, 다른 사람의 우편물을 열어보는 것 같은 행위는 연방법에 따라 처벌한다는 것 등 어찌 보면 당연하고 상식적인 내용에 대해서도 이름의 이니셜을 적고 서명을 하도록 하고 있다. 미국은 소송의 나라이기도 해서, 만에 하나 소송에 걸렸을 때 명문화되지 않은 내용에 대해서는 피고 측에 불리하게 진행될 수 있기 때문에 사소한 것까지도 다 확인을 받고 서명하도록 하는 것이다.

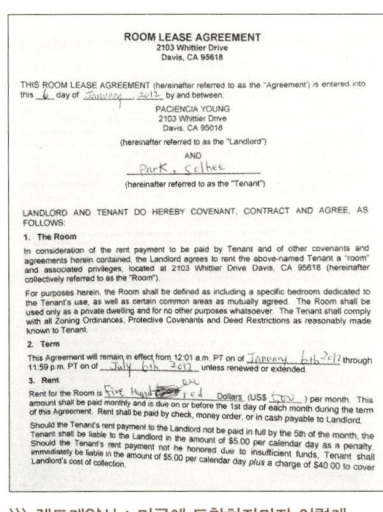

>>> 렌트계약서 : 미국에 도착하자마자 이렇게 길고 어려운 문서를 읽어야 한다.

미국에 도착하자마자 10여 쪽에 이르는 영문계약서를 읽는 것은 상당한 고역이다. 그러나 순간의 실수로 나중에 곤란한 상황을 겪게 될 수 있다는 점을 상기하자. 특히 렌트 기간과 액수, 입주일과 퇴거일, 렌트비 지불 날짜와 방법, 지불 연체 시의 연체료 등 돈과 관련된 내용을 꼼꼼하게 살펴보아야 한다. 말로 설명할 때는 6개월 계약이 가능하다고 하고서 계약 기간이 1년으로 된 계약서를 실수로(과연?)

150

내놓는 경우가 있다. 이 경우 6개월 후 이사를 가려고 할 때 세입자가 계약을 파기하는 것으로 간주되어, 보증금을 돌려받지 못하거나 오히려 위약금을 물어야 하는 수가 있으니 주의하자. 또한 수도세와 전기세는 어떻게 납부하는지, 화재 등의 사고 시에는 어떻게 보상이 이루어지며 부대시설은 어떻게 이용할 수 있는지도 꼼꼼히 읽어보도록 하자.

계약 후에는 계약서 사본을 한 부 받아둬야 한다. 대부분은 계약할 때 집주인이나 오피스 직원이 사본을 주지만 혹시 주지 않는 경우 꼭 요청해서 받아둬야 한다. 그래야 나중에 분쟁이 있을 경우 증거자료로 제출할 수 있기 때문이다.

룸메이트계약서

아파트 관리사무소와 쓰는 렌트계약서 외에 같이 살게 될 룸메이트와 룸메이트계약서를 쓰게 되는 경우가 있다. 아파트가 아닌 일반 주택인 타운하우스에서 사는 경우라도 룸메이트가 있는 경우 룸메이트들끼리 지켜야 할 규약을 담은 룸메이트계약서를 쓸 수 있다. 룸메이트계약서에는 야간에는 조용히 할 것, 서로의 프라이버시를 존중할 것, 애완동물을 들이지 않을 것, 담배를 피우지 않을 것, 부엌의 공동시설은 사용 후 바로 닦아둘 것 등 생활하면서 사소하지만 자주 부딪힐 수 있는 내용이 담긴다.

보증금

집을 계약할 때 월세 외에 내야 하는 비용으로 보증금Security Deposit이 있다. 이는 세입자가 유리창이나 가구 등의 기물을 파손한 뒤 변상하지 않고 이사 갈 것을 대비하여 받아두는 돈이다. 계약이 만기되고 나서 다시 돌려받을 수 있지만, 기물을 훼손했을 경우 일부 금액이 공제된다. 깐깐한 집주인의 경우 조그만 흠이라도 잡아서 보증금을 깎으려고 들기도 한다. 또한 평균 20~40불 정도의 청소비Cleaning Fee를 공제하는 것이 일반적이다.

미국에 연고가 없는 국제학생의 경우 보증금을 두 배로 요구하는 경우도 있다. 보증금에 해당하는 금액 이상으로 아파트 기물을 파손한 뒤 본국으로 돌아가 버리면 집주인으로서는 큰 손해가 되기 때문이다.

주의할 사항

한국에서나 미국에서 가계약을 한 경우라도, 집 주인이 온라인으로 제공한 사진이나 설명이 실제와 다를 경우에는 계약을 하지 않는 게 좋다. 교환학생의 경우 미국에 체류하는 기간이 짧다는 것을 알고 주인이 수리를 제때 해주지 않을 수 있기 때문이다. 가급적이면 이사 전에 수리할 부분이 없는 집을 선택하는 게 좋다. 계약 전에 집의 상태를 자세히 확인하고 상태가 좋지 않을 때는 언제 수리가 가능한지 확실히 해두는 것이 좋다.

또한 거래 당사자를 직접 만나서 거래하는 것이 안전하다. 그렇지 않으면 자칫 사기를 당하기 쉽다.

미국에서 자주 발생하는 수표 사기의 패턴은 다음과 같다.

√ 보통 외국인 이름을 대며 자신이 외국에 거주하고 있다고 한다. 사변적인 자기 이야기를 늘어놓으며 신빙성 있는 사람인 척을 한다. 내가 올린 광고 내용은 읽지도 않았는지 정형화된 질문지를 보내며 내용을 물어본다.

√ 빨리 집을 계약하고 싶어서 바로 수표를 보내주겠다고 하며, 실제로 보내오는데 금액을 잘못해서 더 많이 적었다고 하며 차액을 자기에게 다시 보내달라고 한다.

√ 수표가 너무나 진짜 같기 때문에 피해자들은 이 수표를 자기 계좌에 넣고, 차액을 상대방에게 보내게 된다. 하지만 이 수표는 돈이 없는 계좌에서 발행된 부도수표Bad Check로, 사기꾼에게 보내준 돈 외에 부도수표를 입금한 잘못으로 은행에 벌금까지 내야 한다. 수표를 현금화할 때 며칠의 시간이 걸린다는 점을 악용한 수표 사기이다.

√ 이런 경우 수표를 현금입출금기에 넣어서 현금화하기 전에 은행 직원을 만나 수표의 진위 여부를 확인해야 한다. 미국에는 듣도 보도 못한 크고 작은 은행들이 엄청 많을 뿐더러 사용되는 수표의 종류도 수없이 많다. 은행에서 직접 확인하는 방식이 가장 좋다.

사기 조심! 미국판 보이스 피싱

크레이그리스트에 서브리스 방 정보를 올린 지 얼마 되지 않아 사니타라는 여자에게 이메일이 왔다. 자신의 직업과 앞으로의 인생계획, 고향, 부모님은 무얼 하시는지 등 불필요하다 싶을 정도로 자세히 자신에 대해 소개했다. 자기가 해외에 체류하고 있는데 방을 빨리 구하고 싶어서 바로 수표를 보내줄 테니 이름과 연락처, 주소를 알려달라고 했다. 출국하기 전에 빨리 방을 팔아야 한다는 생각이 있었기 때문에 밑져야 본전이라는 생각으로 주소와 이름을 보냈더니 곧 두 번째 이메일이 왔다. 벌써 수표를 우편으로 보냈다고 했다. 그리고 그 수표가 우리 집에 도착했다는 우편 기록까지 첨부해서 보냈다. 누가 봐도 의심할 수 없을 만큼 정교하게 만들어진 수표였다. 게다가 원래 이야기했던 금액보다 많은 금액이 적혀 있었다. 수표를 가지고 은행으로 달려갔다. 은행에서는 이 수표는 부도수표라고 했다. 이 수표에서 찾을 수 있는 돈은 하나도 없었다.

말로만 듣던 수표 사기범에게 당할 뻔 했다는 생각에 수표는 내팽개치고 사니타가 보내는 이메일도 무시했다. 그러던 와중 또 다시 보내온 이메일에서 그녀는 나를 캘리포니아 FBI와 CIA 등에 신고하겠다고 협박했다. 깜짝 놀라 미국인 룸메이트에게 물어보니 걱정하지 말라며 나를 안심시켰다. 이런 사기가 비일비재하며, 혹시나 신고를 하더라도 부도수표를 보낸 것은 사니타이니 걱정할 것이 없다고 했다. 받은 수표를 돌려줄 테니 반송할 주소를 대라고 답장했더니 계속 신고하겠다는 말만 반복하더니 연락이 끊어졌다.

크레이그리스트처럼 불특정 다수가 열람하고 연락을 취할 수 있는 온라인 게시판을 통해 이런 사기성 이메일이 많이 퍼진다. 특히 영어를 잘 못하고 현지 사정에 어두운 외국인들을 표적으로 삼는다. 이름이 동양계인 것 같으면 중국어를 한다는 식으로 이야기하면서 친근감을 유발하기도 한다.

우선 이메일 내용 중 맞춤법이 많이 틀리고 오타가 많으면 의심해보는 것이 좋다. 사니타의 이메일만 보더라도 아무리 미국인이 아니라지만 범죄를 연구하는 고학력자라고 자신을 소개하면서 아버지를 유아어인 'Daddy'라고 지칭하는 등 수상쩍은 부분이 많았다. 성인들도 아버지Father를 편하게 '아빠Dad'라고는 부르지만, 'Daddy'라는 단어는 엄마로 치면 'Mommy'에 해당하는 유아어기 때문에 일상적으로는 쓰지 않기 때문이다.

이메일의 유형이 비슷해서 한 번만 파악해두면 눈치 채기가 어렵진 않다. 쓸데없이 자세한 자기소개, 뜬금없이 많은 돈을 보내준다는 등의 이메일은 주의해야 한다. 특히 큰 금액의 돈과 관련된 일은 미국인 친구들에게 조언을 구하는 것이 좋다.

서브리스, 서블렛

서브리스Sublease 혹은 서블렛Sublet이란 자신이 계약한 집의 만기를 다 채우지 못한 경우에 다른 사람에게 이를 이중으로 계약해 자기 집을 임대하는 것이다. 서브리스를 구할 때는 크레이그리스트와 유룹을 이용하여 광고 글을 올리고 직접 연락하여 계약을 하면 된다. 계약 시 대규모 아파트는 아파트 관리사무소에 가서 직원과 함께 서브리스계약서를 작성해야 하고 일반 주택은 집주인과 함께 서브리스계약을 해야 한다.

서브리스를 하게 되면 남은 계약기간 동안 발생하는 집세와 수도세, 전기세 등의 공과금 납부에 대한 책임이 서브리스계약자에게 승계된다. 예를 들어 아파트를 1년 동안 계약했는데 학기가 끝나고 바로 한국에 돌아가게 되어서 실제로는 9~10개월 밖에 살지 않는 경우, 서브리스로 계약을 승계할 사람을 찾게 된다면 남은 기간 동안의 집세를 내지 않아도 되는 것이다. 보증금의 경우에도 계약을 승계할 사람에게 전부나 일부를 받기도 한다.

미국 대학의 학기가 시작하는 9월에 미국에 도착하는 경우 서브리스를 구할 필요가 없고 구하기도 어렵다. 하지만 1월부터 시작하는 겨울학기나 4월 경 시작되는 봄학기에 미국에 도착하게 되면 서브리스를 쉽게 구할 수 있다. 보통 서브리스를 승계 받으면 이전에 살던 사람이 쓰던 가구나 생활용품을 넘겨받을 수도 있고, 첫 달 월세를 면제받거나 월세를 원래보다 싸게 해준다든지 해서 유리한 점이 많다. 원 거주자 입장에서는 가격을 조금 낮추더라도, 서브리스를 구하지 못해서 남은 계약기간 동안의 월세를 다 내는 것보다 훨씬 낫기 때문이다.

특히 여름계절학기인 서머세션Summer Session을 들으러 미국에 가는 경우 저렴한 서브리스를 쉽게 구할 수 있는 편이라서 집세를 대폭 절약할 수 있다. 방학 동안 고향집에 돌아가는 학생들이 방을 비워 두느니 적은 돈이라도 받고 서브리스를 하고 싶어 하기 때문이다. 렌트비 반값 할인, 보증금 면제 등 좋은 조건에 서브리스 계약을 할 수 있다.

미국 체류 시기와 기간에 따라 서브리스를 잘만 이용하면 이득이 많다. 다만 원 거주자의 이야기만 듣지 말고 아파트 직원 혹은 집주인도 함께 만나서 계약서 쓰는 것을 잊지 말자. 이사 시 집 상태도 확인해야 한다. 원 거주자가 파손해놓은 기물이 있는 경우에 이를 아파트 측과 같이 확인해두지 않으면 본인이 나갈 때 변상해야 하기 때문이다.

월세 납부

아파트 월세를 낼 때는 머니오더 Money Order나 수표Check를 준비해야 한다. 현금으로 납부하게 되면 그 사람이 월세를 냈는지 안 냈는지 증빙이 곤란한 경우가 많기 때문에 현금을 아예 받지 않는 아파트가 많다. 머니오더와 수표에 이름과 아파

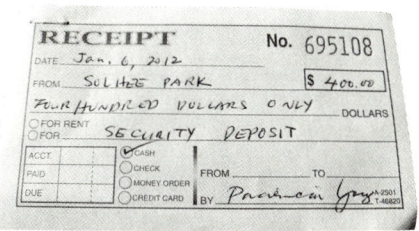

>>> 보증금 영수증 : 월세나 보증금을 내고 나면 반드시 영수증을 받아두자.

트 주소를 정확하게 쓰고 서명을 한 후 제출하자. 아파트 관리사무소 직원에게 내거나 사무실 앞에 있는 집세 내는 상자에 넣으면 된다. 머니오더를 만들 때 받는 영수증은 따로 보관해두는 것이 좋다.

월세는 정해진 기간 안에 내야 하며 연체 시 벌금으로 수십 불을 물리는 아파트도 있으니 날짜를 잘 확인하자. 또한 머니오더나 수표에 월세 금액을 정확하지 않게 썼거나 수표 승인이 거절되는 경우 추가 금액과 함께 벌금을 내야 하는 경우도 있다.

일반 주택에 사는 경우 현금으로 월세를 낼 수도 있는데 이 경우 영수증을 꼭 받아 두자. 미국에서는 돈이 오고 가면 영수증을 주고받는 것이 기본이기는 하지만 집주인이 챙겨주지 않는 경우 간단하게라도 영수증을 적어 달라고 부탁해 혹시 모를 오해나 분쟁을 미연에 방지하는 것이 좋다.

〈머니오더와 수표에 대한 자세한 내용은 162쪽 참고〉

부대시설 이용

대규모의 고급 아파트 단지일수록 부대시설이 잘 갖춰져 있다. 체육관 정도는 웬만한 아파트에 다 있고, 수영장, 스터디룸, 자쿠지Jacuzzi 사우나를 갖춘 곳도 있다. 별도의 카드키가 있어야 출입이 되는 경우가 많다.

부대시설 이용료도 월세에 포함되는 것이니 처음에 집을 계약할 때 어떤 시설들이 있는지 꼭 확인하도록 하자.

아파트 부설 체육관은 규모가 큰 것은 아니라 사람이 많을 때는 이용이 어려울 수 있다. 수영장은 우리나라의 실내 수영장 같이 연습용 레인이 있기보다는 물놀이용 야외 수영장 형식으로 돼 있는 곳이 많다. 수영모는 꼭 쓸 필요가 없으며, 수영도 수영이지만 비치의자에 누워 일광욕을 즐기는 사람들이 많다.

자쿠지는 우리나라의 노천온탕 같은 것인데, 커다란 월풀 욕조에 따뜻한 물이 담겨 있고 물과 거품이 나오면서 마사지를 해 준다. 남녀 혼탕이므로 수영복을 입고 이용한다. 자쿠지를 이용하면서 말동무 하다 이웃과 친해지는 경우도 많으니 자주 이용하면 좋다. 수영장과 자쿠지를 이용할 때는 수건을 반드시 챙기자. 이용 후 방까지 걸어오는 사이 체온이 떨어져 감기에 걸리는 상황을 맞고 싶지 않다면!

추천인 제도, 얼리버드 할인

미국의 대형 아파트 단지에는 대개 추천인 제도 Referral Program가 있다. 기존에 아파트에 살고 있던 사람이 친구를 소개해서 아파트에 입주하게 하면 두 사람 모두에게 수백 불에 이르는 현금을 보상해주는 것이다. 한 달 월세에 이르는 쏠쏠한 금액을 벌 수 있는 기회이니 아파트 게시판에 관련 게시물이 없는지 살펴보고, 계약하기 전에 진행 중인 프로모션이 없는지 미리 물어보자.

또한 교환학생에게는 대개 해당되지 않기는 하지만, 내년에 살 집을 미리 계약하거나 아파트를 3년 정도 장기계약 하는 경우 한두 달 월세를 면제해주는 경우도 있다. 대학교 주변의 아파트들은 보통 학기가 시작하는 9월부터 입주가 시작되기 때문에 보통 여름방학 전 봄학기 동안 가을부터 살 집을 구해놓는다. 빠르면 겨울학기부터 집과 룸메이트를 구하기 시작하고 게으른 학생들은 개강을 코앞에 남겨두고 부랴부랴 집을 구하기도 하는데, 여러 아파트에서 프로모션으로 얼리버드 할인 Early Bird Discount을 제공하고 있으니 참고하자.

생활용품과 가구 구입

가구가 완비된 집으로 입주하는 게 아니라면 생활용품과 가구를 구입해야 한다. 전등도 사야 한다. 미국에는 우리나라 같은 천장 형광등이 없는 집이 많기 때문이다. 가구가 없는 집으로 처음 이사하는 경우에는 당장 불도 켤 수 없는 불편함을 겪게 된다.

미국 체류 기간이 길지 않은 교환학생의 경우 몇 달 사용하지도 않을 가구를 비싼 돈 주고 장만하는 것은 효율적이지 않다. 그래서 중고 물품을 이용하면 좋은데, 크레이그리스트에 가구가 항목별로 분류되어 거래가 되고 있다. 또한 한인학생회와 같은 한인 커뮤니티 게시판을 보면 무빙세일Moving Sale 등으로 쓰던 가구를 저렴하게 처분하는 일이 있다. 무빙세일 혹은 귀국세일이란 유학생이나 주재원 등으로 해외에 체류하던 사람이 본국으로 돌아가면서 쓰던 생활용품과 가구를 저렴하게 정리하는 일이다. 어차피 가지고 가지 못하는 짐이기 때문에 저렴한 가격에 웬만한 물건은 다 넘기므로 이용할 수 있으면 좋다.

필요한 중고 물품이 제때 거래되지 않거나 새 가구를 굳이 사고 싶다면 월마트와 같은 대형마트나 이케아IKEA 같은 가구전문점, 혹은 동네 가구점에서 구입하면 된다. 월마트 가구는 품질이 좋다고 할 수는 없지만 가격이 가장 저렴하고, 이케아는 저렴한 조립형 가구로 디자인이 우수해 인기를 얻고 있다. 직접 조립해야 한다는 점이 귀찮을 수 있지만 조립과정이 어렵지 않아서 충분히 스스로 할 수 있다.

가구를 살 때 가장 문제가 되는 것은 배달이다. 배달비를 따로 내야 하는 경우가 대부분이고, 배달이 되지 않아 직접 가져가야 하는 경우도 있다. 예를 들어 이케아는 제품 자체는 중저가지만 배달비가 비싼 편이다. 119불짜리 탁자를 사면서 129불의 배송비를 내야 하는 상황도 생긴다. 따라서 운전을 하는 경우 차를 렌트하거나, 차가 있는 사람에게 라이드를 부탁하는 것이 좋다.

인터넷 이용

전 세계 어디를 가도 대한민국처럼 인터넷 잘 터지는 데가 없다는 건다 아는 사실. 그래도 요즘은 전반적으로 인터넷 환경이 좋아져서 이용에 큰 불편은 없다. 캠퍼스나 커피숍 등의 공공장소에서는 대부분 무선인터넷이 잡히며, 웬만한 가정집에서도 무선인터넷을 이용하는 것이 보통이다. 캠퍼스에서는 학번이나 인트라넷 아이디로 로그인하면 무선인터넷을 이용할 수 있고, 커피숍이나 개인 인터넷의 경우 비밀번호를 얻어 입력해야 접속이 가능하다.

기숙사에 사는 경우 학교 인터넷을 이용하면 되고, 대부분 학생들이 많이 사는 아파트에서는 무선인터넷이 기본으로 제공된다. 하지만 간혹 그렇지 않은 경우에는 직접 인터넷 업체에 연락해서 설치해야 한다.

대표적인 인터넷 서비스 제공 회사로는 컴캐스트가 있으며, AT&T 같은 통신회사에서도 서비스를 제공한다. AT&T 휴대폰을 사용하고 있다면 결합 할인 혜택을 받을 수도 있다. 그 외 각 지역에 따라 더 유리한 조건으로 서비스를 제공하는 군소 인터넷 회사들이 있다. 예를 들어 샌프란시스코의 경우는 어스타운드Astound가 컴캐스트보다 더 저렴하다.

인터넷을 설치할 때는 대개 설치비, 모뎀 라우터 구입 혹은 임대비, 매달 나가는 이용료 등의 비용이 들어가는데 회사마다 시기에 따라 다양한 프로모션을 제공하고 있어서 이를 잘 이용하면 정가에 비해 절반도 안 되는 가격에 계약할 수 있고, 설치비 면제 등의 혜택을 받을 수도 있다. 인터넷 이용료로 월 20~30불, 모뎀 라우터 임대비로 월 10불 정도를 내기로 했다면 저렴하게 잘 계약한 것.

신청은 인터넷 홈페이지 혹은 전화로 가능하며, 교환학생은 사회보장번호SSN; Social Security Number가 없기 때문에 대신 여권번호를 불러주는 등 다른 방식으로 신분을 증명해야 한다. 요금 납부는 청구서가 집으로 오지 않는 페이퍼리스Paperless로 신청해두는 것이 편하다. 은행계좌를 등록해 자동이체를 할 수 있기 때문에 매번 은행에 가서 이체Transfer하거나 머니오더를 만드는 수고를 덜 수 있다. 그렇지 않으면 월말에 우편으로 청구서가 배달되는데, 직접 은행에 가서 요금을 이체하거나 인터넷뱅킹으로 납부할 수 있다. 이 때 요금을 1센트 단위까지 정확하게 입력해서 입금해야 한다. 그리고 정해진 기간 내에 납부를 하지 않으면 서비스가 칼같이 끊겨버리니 주의하자.

이사를 가거나 한국으로 돌아가는 경우에는 꼭 인터넷 회사에 연락해서 서비스를 해지하고 가야 한다.

한국인 룸메이트? 미국인 룸메이트?

집을 구할 때 고민해야 할 사항들 중 가장 중요한 것이 어떤 룸메이트와 사느냐이다. 아무래도 연결이 쉬운 한국 사람과 살게 되는 경우가 많지만 개인 성향에 따라서 룸메이트를 선택하는 게 좋다. 방이 서너 개 이상인 큰 집에 사는 경우에는 다양한 국적의 룸메이트들과 어울리며 즐거운 추억을 만들 수 있다.

	한국인 룸메이트	미국인 룸메이트	기타 외국인 룸메이트
생활 편의	비슷한 정서와 생활 습관, 비교적 편리	문화적 차이로 불편할 수 있음	문화적 차이로 불편할 수 있음
현지 적응	한국인들끼리만 어울리느라 현지 적응이 늦어질 수 있음	활달한 룸메이트를 만나면 함께 미국문화를 즐기기 쉬움	보통 유학생은 공부만 열심히 하는 경우가 많아서 데면데면해질 수도
영어 활용	한국어로 대화하므로 영어에 익숙해지기 어려움	100% 영어 활용으로 빠르게 회화 실력 향상	거의 100% 영어를 쓰기는 하지만 상대가 영어를 잘 못할 수도 있음
스트레스	힘든 일이 있으면 서로 이야기하면서 풀 수 있고 술도 한 잔씩 할 수 있음	문화적 차이로 스트레스를 받게 되고 고민을 상담하기도 어려움	국적에 따라 차이가 크지만 문화적 차이로 스트레스를 받기도, 서로의 문화를 공유하며 즐겁게 지낼 수도 있음

은행계좌 열기

미국 은행계좌가 없어도 생활이 불가능하진 않지만, 아무래도 현지 계좌가 있는 편이 여러 모로 유리하다. 미국 은행계좌가 있으면 개인수표를 발행할 수 있고 한국카드의 해외사용수수료를 내지 않아도 되므로 생활비가 절약된다. 여러 번거로움으로 인해 은행계좌 개설을 미루다가도 결국에는 필요해져서 만들게 되는 경우가 많으니 평소 여유가 있을 때 만들어두는 편이 좋겠다.

추천하는 은행은 뱅크오브아메리카Bank of America와 웰스파고Wells Fargo. 특히 뱅크오브아메리카는 미국 내에서도 가장 큰 지점망을 갖고 있고 현금입출금기도 가장 많아 편리하다. 웰스파고도 그에 못지않게 많은 지점이 있으며, 공짜로 수표책Check Book을 제공해 인기를 얻고 있다. 그 외 군소은행은, 당장 학교나 집 주변에는 지점이 있을지라도 다른 지역으로 여행을 다닐 때 이용하기 어려울 수 있어서 추천하지 않는다.

은행계좌를 만들 때는 여권과 비자 서류 그리고 거주지 주소가 필요하다. 은행에 가서 직원에게 계좌를 열고 싶다고 말하면 곧 안내해준다. 은

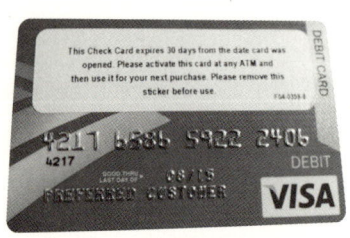

행 직원과의 상담을 거쳐 필요한 서류를 작성하고 계좌를 열고나면 개인수표를 발행할 수 있는 수표책과 함께 임시 체크카드를 준다. 며칠 후 집으로 정식 체크카드가 도착하며, 임시체크카드는 폐기하면 된다.

>>> 체크카드 : 은행계좌를 개설하면
　　　　 체크카드를 받게 된다.

160

미국 은행계좌의 특징

미국 은행계좌는 크게 체킹계좌Checking Account와 세이빙계좌Saving Account로 나뉜다. 체킹계좌는 한국의 보통예금과 같은 것으로 체크카드로 결제할 때 금액이 빠져나가는 계좌다. 세이빙계좌는 저축예금이라고 보면 되는데, 이자가 낮기는 하지만 저축을 할 수 있는 계좌다. 미국 은행에서 계좌를 개설하면 보통 이 두 가지 계좌를 같이 만들어주며, 세이빙계좌와 체킹계좌 간의 이체는 자유롭게 할 수 있다. 세이빙계좌가 필요 없으면 아예 개설하지 않거나 나중에 닫아버려도 상관없다. 체크카드를 사용하거나 개인수표를 발행할 때, 체킹계좌의 잔액을 확인하는 것이 중요한데, 체킹계좌에 잔액이 없으면 세이빙계좌에 아무리 돈이 많아도 마이너스 결제가 되기 때문이다. 한국 체크카드와는 달리 미국 체크카드는 계좌에 돈이 없어도 마이너스 결제가 되지만 수수료가 굉장히 높다. 만일의 경우에 대비해 마이너스 결제를 할 수 없게 계좌를 설정해 두면 잔액 부족 시 카드 승인이 거절되어 비싼 수수료를 면할 수 있다. 마이너스 결제가 되는 경우 경고 이메일이 발송되는데, 결제한지 24시간 안에 부족한 금액을 체킹계좌에 채워 놓으면 수수료를 면할 수 있다. 미국 체크카드는 결제 즉시 사용 금액이 빠져나가는 게 아니라 처리 기간이 며칠 걸리기 때문에 가능한 일이다.

종이로 된 통장은 주지 않으며, 인터넷뱅킹을 이용하는 것이 일반적이다. 인터넷뱅킹은 사이트키Site Key라는 비밀번호를 이용해서 접속한다. 계좌번호는 한국에서처럼 흔히 쓰지 않으며 체크카드 번호로 금융업무를 처리하기도 한다.

미국 은행을 이용할 때 가장 주의할 점은 계좌유지수수료다. 미국 은행은 계좌를 가지고 있는 것만으로도 매월 일정액의 계좌유지수수료를 내야 하는데, 뱅크오브아메리카 체킹계좌의 경우 온라인 청구서를 이용하거나Go Paperless, 은행 업무를 현금입출금기로만 처리하도록 설정하는 경우 수수료가 면제된다. 세이빙계좌의 경우 계좌에 일정 액수를 예치해 두면 수수료를 면제받을 수 있다.

머니오더와 수표 사용

집세나 학비처럼 큰 돈을 낼 때 자주 사용하는 지불수단이 머니오더와 수표다. 많은 현금을 들고 다녀야 하는 불편과 위험부담을 덜 수 있고 거래증빙 자료로도 쓸 수 있어서 미국에서 널리 이용된다. 머니오더는 일종의 개인수표로, 공인된 발행기관에서 미리 구입하는 것인데 한국에서는 잘 사용하지 않는 방식이므로 사용방법을 알아두어야 한다. 머니오더는 발행기관에 따라 은행 머니오더와 우체국 머니오더로 구분된다. 주로 집세를 낼 때 자주 이용하는데, 머니오더로 만들 돈을 갖고 가기만 하면 만들 수 있다. 예를 들어 500불짜리 머니오더를 만들고 싶다면 현금이나 체크카드를 가지고 은행이나 우체국을 방문하여 1불의 수수료를 내고 머니오더를 만들면 된다. 이 머니오더에는 이름이 적혀 있지 않다. 따라서 본인의 이름과 수취인의 이름을 펜으로 적고 서명하면, 수취인이 그것을 받아 은행에서 처리를 하면 현금화할 수 있는 방식이다.

수표는 우리나라처럼 10만원권, 100만원권 정액 수표가 있는 게 아니라 은행에서 수표책을 구입하여 사용한다. 체킹계좌를 개설할 때 무료로 몇 장 주기도 한다. 이는 체킹계좌와 연결된 백지수표로, 본인이 수표에 액수를 기재해 사용하면 그 금액만큼 개인계좌에서 빠져나가는 약속어음이라고 이해하면 쉽다. 수표책의 가격은 50매당 30불 정도로, 은행에 가서 신청하면 통상 1주 이내에 제작해 집으로 발송해준다. 소량이 필요한 경우에는 그 자리에서 바로 구입할 수도 있다. 수표에는 자신의 이름과 주소가 적혀 있다. 여기에 수취인의 이름, 주소를 정확하게 기입한 후 금액을 적고 서명하면 수표가 완성되는 것.

누군가에게 수표를 받았다면 이를 현금입출금기에서 현금화할 수 있다. 미국 현금입출금기에는 우리나라 기계처럼 통장을 읽는 부분이 없고

>>> 개인수표 :
자신의 계좌와 연결된 공수표에 날짜와 지불내역, 금액, 수취인의 이름을 적고 서명하면 개인수표가 발행된다.

대신 수표를 읽는 부분이 있다. 이곳에 수표를 넣으면 된다. 체크카드도 함께 읽혀야 하는데 이 체크카드계좌로 수표에 해당하는 액수가 입금된다. 액수가 큰 경우 은행에서 이 수표가 진짜인지 검증하는 과정이 필요해서 며칠 이상의 시간이 걸리기도 한다.

우리나라에서는 번거롭게 생각하는 수표를 미국에서는 매우 광범위하게 사용해서, 심지어 동아리 회비를 걷을 때도 현금 대신 수표로 받을 정도다. 범죄율이 높은 나라라서인지 현금을 많이 갖고 다니는 위험을 감수하느니 번거롭더라도 수표를 쓰는 편이 더 안전하다고 여기는 것. 미국에서는 은행이체수수료가 높아서 수수료를 내지 않는 방편으로 수표를 쓰기도 한다.

머니오더와 수표의 차이는 현금화에 걸리는 시간에 차이가 있다. 머니오더는 직접 현금을 가지고 만든 것이므로 은행에 제출하면 즉시 현금화가 가능하다. 반면 수표는 현금화하는 데 보통 2~3일에서 길면 일주일 이상도 걸릴 수 있다.

수표를 우편으로 보낸다고?

돈이나 다름없는 수표나 머니오더를 우편으로 보내는 일이 있다. 중간에 분실되면 어떡하지? 누가 가로채면 어떡하지? 등의 생각에, 수표를 많이 써보지 않은 한국인으로서는 걱정이 많이 된다. 하지만 수표나 머니오더 중에서도 수취인의 이름이 명시되어 있는 것일 경우에는 발행인이 지정한 수취 당사자가 아니면 현금화할 수 없기 때문에 안전하다고 할 수 있다. 미국에서 같이 살고 있지 않는 집주인에게 월세를 보낼 때나, 퇴거 후 보증금을 돌려받을 때 우편으로 수표가 오고 간다.

한국에서 송금받기

한국에 있는 시중은행에서 미국 은행계좌로 송금하는 경우에는 전신료와 송금수수료를 내야 한다. 전신료는 일종의 통신수수료로, 해외로 통신하는 과정을 거쳐 돈을 보내기 때문에 들어가는 통신비라고 보면 된다.

예를 들어 5천불을 미국으로 송금할 경우 전신료는 8천원, 송금수수료는 1만5천원을 내야 한다. 해외송금의 경우 송금환율이 적용되어 일반 환전보다는 환율이 유리하기는 하지만 수수료가 비싼 것이 흠이다. 수수료는 은행마다 조금씩 다르지만 차이는 몇 백 원 정도로 크지 않다.

하지만 인터넷뱅킹으로 송금하는 경우 매우 저렴한 수수료로 송금을 할 수 있다. 인터넷뱅킹을 이용해 해외송금을 하면 전신료가 5천원으로 할인되고, 송금수수료까지 면제된다. 따라서 은행에 방문해 송금을 하는 경우 2만3천원이 들었을 수수료가, 인터넷뱅킹을 통해 처리하면 5천원이면 충분한 것이다.

또 다른 달러 송금 방법은 최근 대부분의 유학생들이 이용하는 씨티은행 국제체크카드다. 한국 돈을 씨티은행계좌에 입금해놓으면 연계된 국제체크카드를 이용하여 미국에서 이를 달러로 인출할 수 있다. 수수료는 단 1불로 충분하고 환율도 그날그날의 전신환 매도율, 즉 송금할 때 환율로 적용되어 현금을 환전하는 것보다 유리하다. 하지만 한국에서 해외송금을 할 때는 대개 환율우대가 되기 때문에 그 환율보다는 조금 불리하다.

현지 씨티은행이나 세븐일레븐에 있는 현금입출금기를 이용하면 된다. 뱅크오브아메리카 등 타행 현금입출금기라고 해도 비자 로고가 있는 곳에서는 다 인출이 가능하지만, 수수료가 훨씬 비싸다. 인출수수료 2천원과 비자네트워크수수료, 현지은행수수료까지 내야 하기 때문이다. 현금인출은 한 번에 인출할 수 있는 금액은 현금입출금기에 따라 다르지만 400불 미만 혹은 400불까지 되는 것이 많고, 매회 인출할 때마다 수수료를 내야 한다. 하루 최대 인출 가능 금액은 5천불, 한화 약 550만원이다.

>>> 씨티은행 현금입출금기

5천불 정도 되는 큰돈을 한꺼번에 송금한다면 인터넷뱅킹을 이용하여 미국 은행계좌로 송금하는 편이 유리할 수 있다. 하지만 소액인 경우에는 씨티은행계좌로 송금하는 것이 낫다. 씨티은행 국제체크카드는 환전의 번거로움이나 복잡한 해외송금 과정을 거칠 필요가 없다는 편리성이 커서 많은 교환학생들이 애용하는 방법이다. 씨티은행 카드를 바로 결제에 이용할 수도 있지만 이 경우는 비자카드를 사용하는 것과 같은 환율과 수수료가 적용된다. 해외에서 한국 카드사용 시 환율은 전신환 매도율로 적용되지만 카드사용액에 해외사용수수료 1%와 비자수수료 1%가 더 붙기 때문에 별로 절약이 되지 않는다.

한국 씨티은행은 미국 City Bank와 무슨 관계일까?

한국 씨티은행은 우리나라의 '상업은행'을 IMF 시절 미국의 씨티그룹City Group에서 인수해 세운 은행이다. 미국 씨티은행의 현지 법인 개념이 아니라 아예 다른 은행이기 때문에, 한국에서 만든 한국씨티은행계좌는 미국 City Bank와는 아무 상관이 없다. 이름이 같은 바람에 계좌가 연계된다느니 하는 말이 있지만 다 잘못된 정보다.

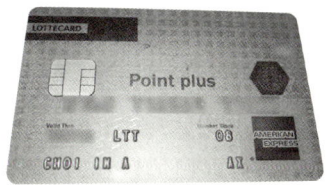

>>> 신용카드
(아멕스 또는 아메리칸 익스프레스)

>>> 신용카드(비자)

>>> 씨티은행 국제현금카드

미국의 통화체계

미국에는 동전의 종류가 6가지 있다. 1센트(1¢), 5센트(5¢), 10센트(10¢), 25센트(25¢), 50센트($½), 100센트(1달러, $1). 별명 붙이기를 좋아하는 미국인들은 동전에도 종류에 따라 다른 이름을 주었는데, 1센트는 페니Penny, 5센트는 니켈Nickel, 10센트는 다임Dime, 25센트는 쿼터Quarter라고 부른다. 5센트가 10센트보다 크기가 크다는 것에 유의하자.

특이하게 100센트 즉 1달러는 동전과 지폐가 모두 있는데 동전은 별로 흔하지 않다. 주로 자판기에서 잔돈을 돌려받을 때 1불짜리 동전이 나온다. 자주 볼 수 없는데다가 모양이 다양해서 주로 기념품으로 간직하는 경우가 많다.

지폐는 1달러($1), 2달러($2), 5달러($5), 10달러($10), 20달러($20), 50달러($50), 100달러($100)의 7종류가 있다.

왜 '달러Dollar'라고 부르는가

미국의 화폐가 '달러'라는 이름을 갖게 된 데에는 나름의 역사적 기원이 있다. 이야기는 16세기 유럽으로 거슬러 올라간다. 당시 유럽에서 사용되던 은화는 보헤미아 지방의 '세인트요아힘스탈'이라는 곳에서 주로 주조되었다. 이 은화를 '요하임스탈러Joachimsthaler'를 축약한 명칭 '탈러Thaler'라고 부르다가 이것이 달러로 변형된 것이라는 설이 있다. 이렇게 유럽에서 쓰이던 달러가 신대륙 개척과 함께 미국으로 넘어가서 미국의 화폐로 자리 잡게 된 것이다.

그럼 '$' 이 문자는 왜 달러를 의미하게 되었는가?

미국이 영국으로부터 독립하기 전 1달러로 사용되던 스페인 은화 8리알을 "I8I"로 표시하던 것이 변형된 것이다. 달러가 미국의 공식 화폐 단위로 제정된 것은 1792년부터라고 한다. 우리나라에서는 달러를 '불'이라고 읽는다. "$5=5달러=5불" 이런 식. 이는 달러 마크($)가 한자의 '아니 불(弗)' 자와 비슷한 데서 유래한 것이다.

달러, 어떻게 쓰는 게 현명할까

√ **현금** 현금 사용은 가장 간편한 방법이지만 많은 액수를 항상 들고 다니기에는 부담이 있고, 인터넷 결제 등에는 이용할 수 없다. 자주 사용하다보면 잔돈이 많이 생겨 번거롭다는 단점도 있다.

√ **신용카드** 비자카드나 마스터카드처럼 해외사용이 가능한 신용카드를 한국에서 미리 만들어온다면 편리하겠지만 수수료가 붙기 때문에 꼭 필요한 경우를 제외하면 추천하지 않는다. 카드회사에서 청구하는 해외사용수수료(카드사마다 다름) 외에 비자카드나 마스터카드에서 청구하는 수수료까지(보통 1%) 붙기 때문이다. 신용카드의 해외사용금액에 대해서는 소득공제 혜택도 주어지지 않기 때문에 간편하다는 점 외에는 별 이득이 없는 방법이다. 결제 당일이 아니라 결제일로부터 3~4일 이후의 승인일 기준의 전신환 매도율이 적용되기 때문에 환율 하락기에는 유리할 수 있으나, 환율 예측이 쉽지 않기 때문에 오히려 손해를 볼 수도 있다는 점에 유의하자.

√ **씨티은행 국제체크카드** 씨티은행 국제체크카드는 웬만한 신용카드보다 해외사용수수료가 더 높아서 직접 결제를 하기에는 적합하지 않다. 씨티카드는 주요 카드사 중에서도 해외서비스수수료가 가장 높은 축에 속하는 은행이기 때문이다. 씨티나 NH농협은행 등 은행계 카드사보다는 신한, 현대 등 전 업계 카드사의 해외서비스수수료가 상대적으로 낮은 편이다.

씨티은행이나 세븐일레븐 현금입출금기에서 현금카드로 이용할 때는 단 1불만의 수수료로 수백 불을 인출할 수 있기 때문에 유리하지만, 직접 결제는 하지 않는 게 좋다.

√ **미국 은행 체크카드** 가장 알뜰하게 달러를 사용할 수 있는 방법은 역시 미국계좌를 개설하는 것이다. 달러를 한국에서 직접 송금 받거나 씨티은행 국제현금카드로 인출하여 미국 은행계좌에 넣어두고 쓰는 것이다. 환율이 유리할 때 한 번에 많은 액수를 찾아서 미국 계좌에 넣어두면 좋다. 미국 은행 체크카드가 있으면 현금을 많이 들고 다닐 필요가 없으며, 각종 수수료를 내지 않고 저렴하게 카드 결제를 할 수 있고, 인터넷 구매 시에도 결제가 편리하다.

쌓이고 쌓인 내 방안의 동전은 어떻게 할까

동전을 그 때 그 때 사용하는 습관이 없는 사람에게는, 현금을 쓸 때마다 생기는 수많은 잔돈이 그렇게 부담스러울 수가 없다. 미국에서는 상품 가격이 똑 떨어진다고 해도 판매세 때문에 꼭 잔돈이 생기게 된다. 예를 들어 판매세가 9.7%인 지역에서 10불짜리 물건을 사더라도 11불을 내고 3센트의 잔돈이 생기는 것이다. 이런 식으로 잔돈이 생기다보면 집안 구석구석 흘려놓은 동전들이 눈에 띄게 된다. 그나마 25센트짜리 쿼터는 자판기나 세탁기, 주차요금 정산기 등에서 유용하게 쓰이지만 1센트와 5센트 그리고 10센트 동전은 부피에 비해 가치가 없어 가득가득 쌓이게 된다.

이 동전들을 간단히 지폐로 교환할 수가 있다. 단 공짜는 아니라는 거. 대략 7%의 수수료를 내야 한다. 대형마트에 가면 입구 근처에 동전을 지폐로 바꿔주는 기계가 있다. 이 기계에 동전들을 쏟아 넣으면 자동으로 동전을 분류해서 현금으로 교환 가능한 바우처를 발급해준다. 이 바우처를 가지고 계산대에 가면 수수료를 제한 나머지를 지폐로 바꾸어준다.

현지 신분증 만들기

교환학생이 미국에서 신분과 나이를 증명할 수 있는 수단은 여권. 미국은 주류 구입 시 신분증 검사가 굉장히 철저하므로 술집에 갈 때는 꼭 신분증이 있어야 한다. 학생증은 대부분 인정되지 않는다. 하지만 여권을 늘 들고 다니기에는 아무래도 위험 부담이 크다. 크기가 커서 들고 다니기 어려운데다가, 술을 마시게 되면 분실 위험도 더 높아지므로 안전한 곳에 잘 보관해 두는 것이 좋다.

대신에 현지 신분증ID Card; Identification Card을 만드는 것을 추천한다. 우리나라의 주민등록증 같은 것인데, 시민권이나 사회보장번호가 없어도 거주지 주소만 명확하면 만들 수 있다. 만드는 곳은 지역 차량국DMV; Department of Motor Vehicles으로 한국으로 치면 동사무소 같은 곳이다. 미국에서 운전이란 당연히 기본적으로 모든 사람들이 다 하는 것이기 때문에 일반 행정 업무처럼 취급되는 것이다.

여권과 비자관련 서류, 발급비용 26불을 지참하고 방문하면 된다. 언제나 많은 민원인들로 붐비기 때문에 가능하면 아침 일찍 가는 것이 좋다. 심지어 차량국이 열기 전부터 줄을 서서 기다리는 경우도 있다. 기본 1시간, 길면 2~3시간 이상 기다려야 한다는 것을 감안하자. 접수처에 신분증 발급을 문의하고 필요 서류를 작성한 뒤 번호표를 받는다. 신분증에 필요한 사진은 현장에서 직접 찍어주므로 따로 준비하지 않아도 된다. 신분증은 현장에서 바로 발급되는 것이 아니라 제작 후 집으로 우송해준다. 보통 2주에서 6주가 소요된다.

샌프란시스코 같은 대도시의 경우, 시청에서 자체적으로 발급하는 신분증을 만들 수도 있다.

>>> 신분증 : 나도 이제 캘리포니언!

169

현지 운전면허증 취득

한국에서 국제운전면허증을 받아왔다 하더라도, 현지에서 운전을 할 생각이면 아예 현지 운전면허증을 취득하는 게 좋다. 국제운전면허증은 말하자면 한국에서 딴 운전면허증의 공증 번역본 같은 것으로 제네바 협약에 의해 세계 94개국에서 효력이 유지되는 증서이다. 하지만 미국에는 지역 경찰 외에 교통 업무만 담당하는 고속도로 순찰대가 따로 있는데, 이들은 국제운전면허증에 대해 잘 모르는 경우가 허다하다. 뿐만 아니라 외국인에게 유난히 엄격한 미국 경찰이나 순찰대에 잘못 걸리면 귀찮은 일이 생길 수도 있으니 신분증 용도를 겸해 운전면허증을 취득하는 것을 추천한다.

미국 운전면허시험에는 우리나라와 달리 기능시험이 없다. 필기시험에 합격하면 바로 도로주행시험을 볼 수 있다. 차량국에 가서 신청서를 작성하고 31불의 수수료를 납부하면 그 자리에서 필기시험을 볼 수 있다. 한 번의 접수로 필기시험을 세 번까지 볼 수 있으며, 원하면 대부분의 주에서 한국어로도 시험을 볼 수 있다. 차량국에는 해당 주의 교통법규를 담은 운전자 안내서가 비치돼 있는데 이것으로 필기시험에 대비하면 된다. 한국어로도 시험문제가 제공되고 시험이 쉽다는 소문이 많아서 가볍게 생각하는 사람이 많은데, 우리나라와 미국의 운전 상식이 달라서 아무 준비없이 시험에 응시하면 낭패를 볼 수도 있다. 예를 들어 '안개가 낀 고속도로에서 속도 제한이 어떻게 달라지는가'와 같은 문제는 운전자 안내서를 자세히 공부하지 않으면 맞히기 어렵다. 주에 따라서 제한속도 등 사소한 법규도 다르니 꼭 해당 주의 자료로 공부해야 한다.

》》》 현지 운전면허증 취득 :
차량국에 비치된 운전자 안내서를 참고해
필기시험을 준비하면 된다.

운전자 안내서를 받고 필기시험을 다음날로 연기하는 것도 방법이다. 일반적으로 미국인들은 시험을 신청하고 바로 시험을 보는데, 그들에게는 평상시의 운전 상식이 있기 때문에 가능한 일이다. 필기시험이 굉장히 어려운 것은 아니나, 외국인이기 때문에 최소한 한 번 정도는 안내서를 자세히 훑어보고 시험에 응시하자. 핸드북으로 공부를 하고 구글링을 해 보면 어떤 문제가 출제되는지 시험 유형을 대충 알 수 있어서 더 철저한 대비가 가능하다. 필기시험에 떨어지더라도 또 시험을 볼 수 있지만, 다음 시험부터는 두 문제를 더 맞혀야 합격할 수 있기 때문에 처음부터 제대로 공부하고 시험을 보는 편이 낫다.

모든 시험이 다 그렇지만, 부정행위를 하다가 적발될 경우 다시는 필기시험을 볼 수 없게, 즉 아예 운전면허를 취득할 수 없게 된다고 경고하고 있으므로 의심 살 행동을 하지 않도록 주의하자. 필기시험은 차량국 한쪽에 설치된 책상에서 보게 된다.

필기시험에 합격하면 바로 실기 즉 도로주행시험을 볼 수 있다. 우리나라와 달리 도로주행시험을 볼 사람이 알아서 차를 준비해야 한다는 점이 특이하다. 또한 반드시 면허 소지자와 동반해야 한다. 시험 볼 차량을 운전해주거나 옆에서 봐 줘야하기 때문이다. 원칙적으로는 해당 주의 운전면허를 취득한지 1년 이상 지난 사람과 동행해야 한다. 도로주행시험 시간을 예약하고, 친구에게 부탁해서 차를 빌리노록 하자. 주위에 차를 가진 친구가 없다면 렌터카를 빌려 시험을 볼 수도 있지만 이 경우에도 면허증이 있는 사람에게 동행을 부탁해야 한다.

기능시험이 따로 없는 대신 도로주행시험 감독관이 기능 관련 평가를 실시한다. 중간에 주차를 해 보라는 등 여러 가지 지시를 하면서 평가하기 때문에 기능시험이 도로주행시험에 포함돼 있는 것이나 마찬가지다. 실기시험 역시 필기시험처럼 추가비용없이 세 번까지 칠 수 있다. 시험은 현장, 전화, 인터넷을 통해서 예약할 수 있고 합격하면 즉시 임시면허증이 나와서 곧바로 운전을 할 수 있다. 보통은 바로 시험을 볼 수 있지만 예약자가 많은 경우에는 한 달씩 기다려야 하는 경우도 생긴다. 정식 면허증은 보통 2주에서 8주 사이에 집으로 배송된다.

필기시험에 합격하면 면허소지자와 동승하는 조건 하에 운전할 수 있는 운전연습허가증Driving Permit을 발급해주기 때문에 운전 연습을 할 수 있다. 한적한 장소에서 주차 그리고 짧은 거리나마 주행연습을 해 보는 것이 필요하다. 단, 아무리 면허소지자와 동승한다고 해도 프리웨이로 들어간다거나 하는 도로 주행은 불법이므로 주의하자.

필기시험 접수 시 한국 운전면허증을 제출하면 2개월 동안 혼자 운전할 수 있는 임시면허Temporary License를 발급해주는 경우도 있다고 하니 문의해보자.

'선진국' 미국의 행정 처리 속도는?

느리다. 답답해 미치겠을 정도로 행정 처리가 느리다. 차량국에서 만드는 신분증의 경우 소도시에서는 1달 정도 걸리고 업무가 밀려있는 대도시의 경우 3개월까지 걸리기도 한다. 우리나라처럼 전자 행정망이 발달해서 모든 문서를 전자문서로 취급하는 게 아니라, 아직도 우체국을 통해 우편으로 주정부와 연방정부 간 문서를 교환한다. 이는 차량국뿐만 아니라 경찰서, 소방서, 일반 사기업도 마찬가지로 우리나라에는 비할 수가 없을 만큼 행정 처리가 느린 편이다.

예를 들어 나는 교환학생을 마치고 본교에 학점인정을 받기 위해서 현지 학교 성적증명서Transcript를 새로 떼어야 했는데, 자동발급기에서 1천원만 결제하면 바로 따끈따끈한 증명서를 받을 수 있는 우리나라와 달리 미국은 말도 안 되게 복잡한 절차를 거쳐야 했다. 우선 성적증명서 발급 사이트에 가서 이름과 학번 등 개인정보를 입력하고 인증 이메일을 받은 뒤, 동의서를 인쇄해서 서명하고 이를 우편 혹은 팩스로 보내야 했다. 3천원을 들여 국제팩스를 보내고 나자 일주일은 더 걸려서 성적증명서가 도착했다. 성적증명서 발급비와 온라인수수료 17.5불을 지불한 것은 물론이다.

무조건 '빨리빨리'만 외치는 우리네 풍토가 좋다고만은 할 수 없지만, 미국에서 늘 긴 줄이 늘어서 있는 차량국이나 은행에 방문할 때마다 고국이 격하게 그리워지는 건 어쩔 수 없었다.

우체국 이용하기

미국의 우체국은 USPS^{US Postal Service}라고 부른다. 우체국과 택배회사가 명확하게 구분되는 우리나라와 달리 민영화의 천국인 미국은 USPS 외에 UPS, 페덱스^{Fedex} 등 사설 업체에서도 택배와 우편 업무를 서비스한다. 보통은 저렴한 USPS를 이용하게 되지만 특정 업체와 계약을 맺었다거나 대학 입학원서처럼 중요한 우편물인 경우 페덱스를 이용하기도 한다.

우체국을 기준으로 설명하면, 우편 서비스는 미국 내 우편^{Domestic Mail}과 국제우편^{International Mail}으로 구분된다. 종류는 각각 세 가지로 특급우편^{Express Mail}, 빠른우편^{Priority Mail}, 일반우편^{First Class Mail}이 있다. 우리나라의 등기와 같은 수취인 확인^{Certified Mail}이나 배달증명^{Delivery Confirmation}, 우편물 보험^{Insurance} 등의 부가서비스도 제공한다. 우체국을 이용할 때 자신이 원하는 우편 서비스가 무엇인지 정확하게 알고 가야 합리적인 가격으로 우편물을 보낼 수 있다.

가장 빠른 특급우편을 이용하는 경우 미국 내에서는 24시간 이내에 배송되므로 거의 다음 날이면 우편물을 받아볼 수 있다. 빠른우편은 이틀, 일반우편은 사흘 이내 배송되는 것이 보통이나 이보다 더 걸릴 수도 있다. 국제우편의 경우 특급우편은 3~5일, 빠른우편은 6~10일이 걸린다. 일반우편도 보통 2주 안에 도착하는데, 우편물의 양에 따라서 일수일 만에 도착하기도 하니 굳이 빠른우편을 이용할 필요는 별로 없을 듯하다.

보낼 물건은 미리 포장해서 가져가는 것이 좋다. 우체국에서 상자를 판매하기도 하는데 종류는 고정가격 상자^{Flat Rate Box}와 일반 상자로 나뉜다. 고정가격 상자 혹은 고정가격 봉투^{Flat Rate Envelope}를 이용하면 무게와 거리에 상관없이 고정된 가격으로 우편물을 보낼 수 있다. 단, 상자나 봉투 밖으로 물건이 튀어나오지 않도록 완벽하게 포장되어야 하므로 부피를 감안해 구입을 결정하자. 부피에 비해 상대적으로 물건이 무거운 경우, 거리가 먼 곳으로 보내는 경우에 유리할 수 있다.

일반 포장 상자와 봉투도 판매하지만 일반 문구점이나 마트에서 파는 것에 비해 가격이 높으므로 고정가격 상자를 이용할 게 아니라면 미리 포장해서 준비해가는 게 좋다. 우리나라 우체국처럼 포장용 테이프Duck Tape 와 유성펜Marker 등이 제공되지 않으므로 필요할 것 같으면 챙겨가도록 하자. 판매용이 준비되어 있으나 시중가격보다 비싸다.

정해진 규격 이상의 상자를 사용하거나 상자 밖으로 내용물이 삐져나오는 경우에는 배송을 거부당하거나, 추가요금을 물어야 한다. 봉투의 경우도 마찬가지이며, 무게에 따라 배송비가 달라진다. 무게 1온스(약 28g) 이하의 일반 편지봉투는 국제우편 1.05불, 국내우편 45센트(2012년 11월 기준)면 부칠 수 있다. 엽서에 붙이는 우표값도 동일하며, 1.05 불짜리 국제용 우표와 45센트짜리 국내용 우표를 규격화해서 판매한다. 이렇게 보내는 우편물은 일반우편으로 취급되는데 국내의 경우 보통 2~3일, 국제우편일 경우 2주 이내에 도착한다.

우체국 홈페이지usps.com를 통해 자신이 살고 있는 지역에 위치한 우체국을 찾아볼 수 있고 수취인 확인 서비스 같이 간단한 업무도 볼 수 있다.

미국 집주소의 구성

① Sangjun YANG

성명을 적을 때는 '이름, 성' 순으로 적는다. 이름은 반드시 붙여서 적고 성을 대문자로 적는 게 좋다. 'Sang Jun Yang'이라고 적어놓으면 내 이름을 Sang으로 판단하고 Sangjun에게 온 우편물을 반송하는 경우가 발생할 수도 있다. 심지어 Jun을 중간이름 Middle Name으로 생각하는 경우도 있으니 주의할 것.

② APT #324

아파트 이름이나 방의 번호를 적는다. 아파트 호수는 'APT # 혹은 Suite #'라고 표현한다. 이는 'Apartment Number'나 'Suite Number'의 약자로, '#'을 생략하더라도 대부분 다 알아본다.

③ 625 Cantrill Drive

집 앞을 지나는 도로명이다. 625는 건물 번호를 뜻한다.

④ Davis

도시 이름을 적는다.

⑤ CA USA 95618

CA는 캘리포니아의 약자, 95618은 우편번호다.

도서요금제? 책만 보내는 우편 서비스?

특급우편, 빠른우편, 일반우편 외에도 다양한 우편 서비스가 존재한다. 그 중에 교환학생들이 써볼 만한 것으로 미디어 우편Media Mail이라는 것이 있다. 흔히 도서요금제Book Rate라고 더 많이 부른다. 책이나 잡지, CD와 같은 교육용 매체 등을 보낼 때 이용할 수 있는 서비스로 일반우편보다도 저렴하다. 국내 기준 2일에서 8일 정도가 소요된다.

책을 좋아하는 사람이라면 미국에서 생활하면서 한국어로 된 책을 읽고 싶은 갈증을 느끼게 되는데, 그럴 때 유학생 친구들끼리 책을 보내주기에 좋은 우편 서비스다. 미국을 떠나기 전 뉴욕을 여행하면서 다 읽은 한국어 책 한 권을 보스턴에 있는 친구에게 보냈는데, 도서요금제를 적용받아 단 2.47불에 책을 부칠 수 있었다. 이전에 데이비스에서 버클리에 있는 친구에게 책 두 권을 보냈을 때는 같은 주 안에 있었음에도 불구하고 일반우편을 이용해 약 6불 정도가 들었는데, 이 때 도서요금제를 이용했다면 4.94불이면 충분히 책을 보낼 수 있었던 것이다. 그러므로 내용물이 오로지 책뿐이라면 우체국 직원에게 도서요금제를 적용받고 싶다고 말해야 한다. 무게 1파운드(약 450g) 이내의 책 한 권당 2.47불의 요금으로 우편물을 부칠 수 있다.

대중교통 Transportation

대중교통 이용하기

미국의 대중교통 시스템은 크게 비행기, 열차, 버스로 구분할 수 있다. 미국 내에서 장거리 이동을 할 때에는 비행기를 흔히 이용하는데, 직장인들 중에는 출퇴근을 위해 비행기를 이용하는 경우가 있을 정도로 미국 내 교통에서 항공편의 중요도는 높은 편이다. 비행기 삯이 우리나라에 비해 저렴하고, 탑승 정원이 25명밖에 되지 않는 소형 비행기도 운항한다.

열차는 미국 전역에 운행되고 있는 앰트랙Amtrak이 있다. 2층으로 된 기차는 편하고 쾌적하지만 가격이 비싼 것이 흠이다. 때로는 비행기보다도 삯이 비싸다. 창밖으로 보이는 경관이 좋아서, 미국의 열차여행은 속도보다는 풍경을 즐기며 침대칸에 며칠씩 머무는 럭셔리 여행인 경우가 많다.

도시 간 이동에 필요한 장거리 버스로는 가장 많이 알려진 것이 그레이하운드버스이다. 그 외에 동부지역을 중심으로 볼트버스, 메가버스, 피터팬버스, 차이나타운버스 등 많이 알려지지 않았지만 생각보다 다양한 버스 회사가 운영되고 있다. 회사별로 이동 노선이 겹치기도 하는데, 가격은 조금씩 차이가 있다.

그레이하운드버스는 가장 큰 회사로 없는 노선이 없을 정도로 미국 전역에 광범위하게 운행하지만 가격은 다른 회사에 비해 높은 편이다. 버스도 오래 되고 낡은 것이 많으며 그레이하운드버스 터미널 주변은 어느 도시에서나 치안이 안 좋기로 유명하다. 최근 몇 년 사이에 그레이하운드의 강력한 경쟁자로 떠오른 것이 볼트버스와 메가버스인데, 이 회사들은 온라인 예매 시 매우 저렴한 가격, 심지어 단돈 1불로도 도시 간 이동을 할 수 있어서 선풍적인 인기를 끌고 있다. 단, 버스터미널이 따로 없어서 정류장을 잘 찾아가야 하고, 일단 예매하면 환불이 되지 않는다는 단점이 있다.

차이나타운버스는 도시 간 차이나타운들을 기준으로 중국인들이 많이 이용하던 버스인데, 다른 버스에 비해 의자가 좁고 불편하기는 하지만 가격이 저렴해 중국인 외에도 많이 이용하게 되었다. 인기를 끌자 버스회사도 더 생기고 차도 많이 좋아졌다. 뉴욕~보스턴 간 버스 요금 평균가를 낮춘 주범(?)이다. 다만 중국인 운전기사 중에 운전면허가 없는 이가 많다는 흉흉한 소문이 돈다.

〈대중교통에 대한 자세한 내용은 302쪽 참고〉

시내 교통으로는 도시마다 다양한 이름을 가진 버스와 전철이 운영된다. 샌프란시스코에는 뮤니MUNI, 시카고에는 CTA, 데이비스에는 유니트랜스UNITRANS 등이 있다. 전철은 대도시에만 있는데, 버스와 전철을 한 기관에서 통합해 운영하는 경우가 많고 버스와 전철 간 환승도 자유롭다. 예를 들어 샌프란시스코에는 뮤니 버스와 함께 전철인 뮤니 메트로가 있으며, 시카고의 CTA 역시 버스와 전철을 함께 부르는 이름이다. 기간제 정액권을 구입하면 버스와 전철을 모두 이용할 수 있다.

전철은 표를 구입해서 타면 되고, 버스는 현금을 내고 승차할 수 있지만 잔돈을 주지 않으니 정확한 금액을 준비해야 한다. 특히 뉴욕의 버스 같은 경우 잔돈을 주지 않는 것도 모자라서 지폐조차 받지 않기 때문에 2.25불을 모두 동전으로만 준비해야 한다. 이왕이면 정액권을 이용하는 게 낫다. 할인을 받을 수 있고 기간 내 무제한 탑승할 수 있으므로 환승

01 〉〉〉 차이나타운버스 매표소
02 〉〉〉 2층으로 된 앰트랙 열차
03 〉〉〉 메가버스

도 간편하기 때문이다.

현금승차 시 환승을 할 생각이라면 환승권Transfer Ticket을 달라고 해서 받아두어야 무료로 환승할 수 있다. 지역에 따라 환승권을 받으려면 25~30센트 정도의 금액을 더 내야 하는 경우도 있지만 새 표를 구입하는 것보다는 저렴하다. 시카고 같은 도시에서는 현금승차 시 환승이 안 되고 일정 금액이 충전된 교통카드를 쓸 때만 무료환승을 할 수 있다.

버스는 앞문으로 타서 뒷문으로 타는 게 기본이며, 버스 뒷문은 자동으로 열리는 것도 있지만 때로는 직접 밀거나 건드려야 열린다. 정지 버튼 대신에 창문 주변에 줄이 늘어져 있는 버스가 많은데, 줄을 잡아당기면 정지신호가 가서 버스를 세워 준다. 많은 버스가 두세 블록에 한 번씩 서기 때문에 느린 편이다.

》》 환승권

캘리포니아에 위치한 대학도시 데이비스에는 유니트랜스라는 버스 시스템이 존재한다. UC 데이비스 총학생회에서 직접 운영하는 버스로 열 개가 넘는 노선이 도시 구석구석을 다닌다. 대학도시인 만큼 모든 버스의 종점이 UC 데이비스 캠퍼스로 정해져 있으며 교내에 버스 터미널이 있다. 학부생의 경우는 학생증을 보여주면 버스 이용이 무료이며, 돈을 내고 타는 경우에도 요금은 1불로 저렴한 편이다. 대도시와 달리 교통체증이 없는 동네이기 때문에 버스가 제시간에 오는 편이다.

미국에서 생활하면서 한국이 그리운 것 중에 하나가 택시일 텐데, 대도시가 아니면 길거리에서 택시 잡기가 거의 불가능하다고 봐야 한다. 대도시인 경우라도 미국 택시는 콜이 기본이라 전화로 불러야 하는 경우가 많다. 심야 시간대에 이용하거나 공항 등 특정 장소를 오갈 때는 할증이 붙는다. 뉴욕의 상징이기도 한 노란색 옐로캡Yellow Cab 택시는 택시운행 이력이 기록으로 남아서 다른 택시들보다 안전하다고 한다. 택시이용 시 나온 금액의 10~20% 정도를 팁으로 주고 짐 나르는 것을 도와주는 경우 짐 한 개당 1불을 기준으로 팁을 좀 더 후하게 주도록 한다.

자전거 구입과 이용

미국 대학교들은 대부분 캠퍼스가 넓기 때문에 자전거 이용이 일반적이다. 캠퍼스 안팎으로 자전거 도로가 잘 정비돼 있고 산지가 많은 한국과 달리 길도 평탄한 편이라 자전거 타기도 쉽다. 자동차를 구매하기에는 경제적 여건이 안 되고 미국에 오래 머무르는 것도 아닌 교환학생들의 발이 되어주는 것은 역시 자전거다.

자전거는 월마트나 타겟Target 같은 대형마트, 혹은 동네 자전거가게에서 쉽게 구입할 수 있다. 대형마트에서 자전거를 구입하는 경우에는 만일의 경우에 대비해 영수증을 잘 보관해두어야 한다. 자전거는 의외로 고장이 잘 나는 물건이라 크고 작은 문제들이 생길 수 있는데 영수증이 있으면 90일 안에 반품할 수 있기 때문. 또한 한국에서 자전거를 많이 타보지 않아서 익숙하지 않은 경우, 처음에는 작고 가벼운 자전거를 타다가 나중에는 크고 빠른 자전거로 교체하면 좋다. 자전거는 성능에 따라 가격도 아주 다양한 편이며 좀 타고 다닐 만한 자전거를 사려면 1백불 정도는 생각해야 한다.

보다 좋은 자전거를 저렴하게 구입하기 위해서는 중고 구입을 추천한다. 집을 구할 때 이용했던 크레이그리스트에서 자전거도 어렵지 않게 구할 수 있다. 'for sale'의 'bikes' 항목 아래 꽤 많은 물량이 거래되고 있는 편. 자전거의 상태와 가격을 확인하고 연락을 취하고 만나서 거래하면 된다. 자전거 기종을 구글링해서 정가를 확인하면 흥정에 도움이 된다. 개인과 개인의 거래이므로 구매자의 협상력에 따라 에누리는 얼마든지 가능. 저자는 타겟에서 정가 2백불 이상에 판매되고 있는 자전거를 단돈 50불에 구입하기도 했다.

저렴하게 구입하는 것도 좋지만 자전거를 직접 타 보는 것을 잊지 말자. 브레이크는 잘 작동하는지, 안장이 너무 높지는 않은지 살펴보고 자기 몸에 잘 맞는 것으로 선택하자.

또한, 불특정다수가 수많은 중고 물량을 거래하는 크레이그리스트에서는 종종 장물 거래가 일어나기도 한다. 이런 경우를 대비하여 판매자의 전화번호와 이름, 그리고 판매자가 돈을 받고 물건을 매매했다는 간이 영수증을 받아놓자. 간이 영수증은 별 것이 아니라, 종이에 거래 날짜와 이름 그리고 가능하다면 판매자의 주소를 함께 적고 서명을 받아놓는 것이다.

자전거와 함께 구입해야 할 것으로 자물쇠와 전후방 라이트, 야간용 반사경 등이 있다. 다른 것은 생략하더라도 자물쇠와 전방 라이트는 꼭 필요하다. 라이트없이 야간 주행을 하는 경우 위험할 뿐더러 경찰에게 걸리면 벌금을 물 수도 있다. 음주 라이딩 역시 불법.

주행은 자전거도로로 하는 것이 가장 좋고 자전거도로가 없는 길의 경우 인도에 가까운 차도를 이용한다. 자전거 신호등이 따로 있는 지역의 경우 그를 준수하면 되고 그렇지 않으면 자동차 신호등을 따른다. 자전거 주행 시에도 운전할 때처럼 교차로에 정지신호Stop Sign가 있으면 발이 완전히 땅에 닿도록 3초간 멈췄다가 간다든지, 보행자가 먼저 지나갈 수 있게 배려한다든지 하는 교통법규를 지켜야 한다. 좌회전, 우회전을 할 때에는 뒤에서 오는 차나 다른 자전거에서 볼 수 있게 수신호를 해야 한다. 좌회전 시에는 왼팔을 펴서 왼쪽으로 쭉 뻗으면 되고 우회전 시에는 왼팔을 직각으로 해서 몸 앞에 오게 하면 된다.

운전하기

'미국에서 운전을 어떻게 해?!'라고 생각할 수도 있지만 미국에서 운전하기는 의외로 쉬우니 겁먹지 말자. 우선 우리나라에 비해 도로에 차가 많지 않다. 고속도로가 아닌 이상 속력도 대부분 더 느리며, 차선은 더 넓기 때문에 마음의 여유만 가진다면 어려울 것이 없다. 중요한 것은 교통법규를 반드시 준수하는 일이다. 모든 승차자가 안전띠를 매야 하고 정지신호가 있으면 반드시 제자리에서 3초 이상 정지했다 출발해야 하는 등, 가볍게 여기고 위반할 수도 있는 법규를 미국에서는 굉장히 엄격하게 적용하기 때문이다. 단속에 걸리면 많은 벌금을 내야 하니 꼭 법의 테두리 안에서 안전운전을 하도록 하자.

일반도로

일반도로에서는 한국에서와 별반 다를 바 없이 운전하면 된다. 야간에 헤드라이트를 켜는 것은 기본이고 주간에도 주행등을 켜두는 등의 운전자 예의를 지키도록 하자.

미국에서의 운전이 한국과 가장 다른 것은 과하다 싶을 정도의 보행자 우선 관행이다. 횡단보도 앞에서 보행자가 건너려 하고 있다면 가급적 운전자는 멈춰서 기다리고 보행자가 안전하게 건넌 뒤에 출발한다. 또한 위급한 경우가 아니라면 경적을 울리지 않는 게 기본이다.

안전띠에 대한 규칙 또한 엄격해 운전석과 조수석은 물론이고 뒷좌석 승차자까지 모두 안전띠를 매야 한다. 이는 권장사항이 아니고 어느 도로에서나 지켜야 하는 의무사항이다. 경찰이 단속하는 경우 안전띠를 매지 않은 탑승자는 물론이거니와 운전자에게까지 처벌이 내려지니 자신이 운전하는 경우 다른 사람들이 안전띠를 착용했는지 확인하도록 하자.

고속도로

우리나라와 마찬가지로 고속도로 1차선은 추월차선이다. 추월을 하려는 경우가 아니라면 2차선으로 주행하는 것이 기본이다. 장거리 운전을 할 때는 미리 주유를 해 두자. 미국에는 우리나라만큼 고속도로 휴게소와 주유소가 많지 않고, 특정 구간에는 주유소가 없는 경우도 있기 때문이다.

다운타운 사거리에서 운전하기

미국에서 운전하며 가장 놀랐던 것은 한국에서는 가볍게 여기던 교통 표지판을 신호등처럼 지키는 운전자들이었다. 특히 다운타운에서 운전할 때 자주 볼 수 있는 'STOP' 표지판의 경우 어기는 경우를 보지 못했다. 교차로에서 항상 볼 수 있는 정지신호에서는 반드시 정지선에 맞춰 정지한 후 좌우를 살피고 3초 후에 출발해야 한다. 지나가는 보행자가 없어도, 새벽 시간이라 주변에 다른 차가 없더라도 반드시 지켜야 한다.

사거리에 정지신호가 있다면 누가 먼저 출발하나?

교차로에 정지신호가 있어서 양편 길에 차가 다 서게 된 경우 정차한 순서대로 출발하면 된다. 정지신호가 없는 도로의 차들이 먼저 출발할 우선순위를 가진다. 차가 여러 대씩 밀려 있는 경우에도 앞차를 따라 줄줄 출발하면 안 되고 한 대씩 번갈아가며 출발하며, 뒤에 있던 차들도 정지신호 앞에서 3초 멈췄다가 출발해야 한다.

구급차나 소방차가 사이렌을 켜며 지나갈 때는?

무조건 차량을 멈추고 갓길에 차를 대놓아야 한다. 심지어 자전거를 타고 가던 사람도 한쪽에 자전거를 대고 멈춰야 한다.

주유하는 방법?

미국 주유소에서는 우리나라에서처럼 주유원이 기름을 넣어주지 않는다. 직접 주유하는 것이 일반적이며 기름값은 주유소마다 차이가 있다. 주유소에 따라 현금결제 시와 카드결제 시 가격이 다른 경우가 있다. 기름을 넣을 때는 휘발유Gasoline인지 경유Diesel인지 꼭 확인하고 주유한다.

√ 자동차 주유구를 연다.
√ 주유기를 주유구에 넣는다.
√ 주유기에 결제할 카드를 읽히고 주유할 액수를 입력한다. 혹은 주유할 금액만큼 주유소 계산실에 돈을 미리 낸다. 주유한 양만큼 후불로 결제할 수도 있다.
√ 주유기 레버를 당겨 주유를 한다.
√ 주유기에 표시되는 리터 수치를 보며 주유량을 확인한다. 미리 돈을 낸 경우에는 그 금액만큼 주유가 끝나면 자동으로 정지되고, 후불로 계산하는 경우 레버를 놓아 주유를 멈춘 뒤 주유량만큼 돈을 지불하면 된다.
√ 주유기를 제자리에 꽂아둔다.

운전 중 경찰이 차를 세우는 경우?

일반도로에서든 고속도로에서든 경찰이 뒤에서 경광등을 울리며 따라

오는 경우에는 갓길에 차를 세워야 한다. 운전석 창문을 열고 양 손을 운전대 위에 올린 뒤 경찰이 다가오기를 기다린다. 경찰의 지시와 요구에 잘 따르고, 운전면허증을 요구받는 경우 운전면허증과 여권 혹은 신분증을 함께 제시하자. 국제운전면허증을 소지한 경우 한국 운전면허증과 함께 제시해야 한다. 자기 차인 경우 보험증을 보여줘야 하지만 렌트한 차의 경우 렌터카 회사에서 준 렌트 허가증을 보여주면 된다.

속도위반 딱지를 떼였다면?

의도치 않게 교통법규위반 딱지Ticket를 떼는 경우가 있다. 미국에서 딱지를 떼면 일이 무척 복잡해진다. 단순한 주차위반 정도라면 몇 십 불에서 몇 백 불의 벌금을 내는 데서 끝나지만 속도위반이나 신호위반의 경우 법정 출두를 요구받을 수 있다. 미국은 주에 따라서도 제한속도 규정이 달라서 주 경계를 넘어서 운전하다보면 실수로 법규를 어기게 될 수 있다. 만약 법정에 가게 되더라도 흥분하지 말고 차분하게 자신의 실수를 인정하되 고의가 아니었다며 선처를 요구해보자. 사정이 참작되면 벌금을 거의 1/10 수준으로 깎아주기도 하니 말 한 마디로 천 냥 빚 갚는 건 미국도 마찬가지다.

자동차 렌트하기

가구를 사러 가거나, 대량으로 장볼 일이 있다면 차를 렌트하는 것이 편리하다. 특히 대중교통이 잘 갖추어지지 않은 지역의 경우 멀리 나가려면 렌터카 외에 대안이 없는 경우도 많다.

미국에는 전국적으로 에이비스AVIS, 버짓BUDGET, 엔터프라이즈ENTERPRISE, 허츠HERTZ 등의 렌터카 회사가 있다. 접근성이 좋은 다운타운에 위치한 대리점은 시 외곽의 대리점에 비해서 렌트 비용이 비싸다.

자동차를 렌트할 때는 한국 운전면허증과 국제운전면허증을 준비해야 한다. 또한 본인 명의로 된 신용카드가 있어야 하는데, 이는 운전자가 렌터카를 제때 반납하지 않을 경우에 대비해 담보로 받아두는 것이다. 담보를 잡힌다고 해서 겁먹을 필요는 없다. 제때에 차를 반납한다면 카드가 임의로 사용되는 일은 없다. 본인 명의의 신용카드가 없는 경우 가끔 체크카드로 홀드를 해주는 곳도 있지만 흔하지는 않다.

연휴 때는 한참 전에 렌터카 예약이 끝나 버리기도 한다. 울며 겨자 먹기로 비싼 차를 렌트하고 싶지 않다면, 사흘 전에는 예약하기를 추천한다. 렌터카 회사 홈페이지에 접속해서 가예약을 해두자. 홈페이지에서 가예약을 할 때는 렌트비를 내지 않아도 되며, 미리 예약을 해두면 다른 지점에서라도 차를 구해다 주므로 원하는 차를 바로 이용할 수 있다.

차량을 인계받을 때는 차의 상태를 잘 살펴보아야 한다. 보통은 직원과 함께 차량 주변을 돌며 외관상 흠집을 확인하게 된다. 기름도 꽉 차 있는 상태인지 자기 눈으로 직접 확인하는 것이 좋다.

렌터카를 반납할 때는 자신이 자동차를 인계받을 때처럼 깨끗한 상태 그대로 돌려주어야 한다는 것이 상식이다. 처음 렌트할 때 기름이 가득 차 있었다면 반납할 때도 기름을 가득 채워주어야 한다. 또한 렌터카 이용 중 차량에 흠집이 생기게 되었다면 반납 시 반드시 이야기를 해야 한다. 추후 발견되면 수리비용과 함께 벌금까지 물어야 할 수 있다.

렌트 비용에는 차를 빌리는 비용과 함께 보험료가 포함된다. 렌트비는 소형, 중형, 대형 등 차량 종류에 따라 다르고 보험료는 차종과 운전자의 나이에 따라 달라진다. 운전자가 만 25세 이하인 경우 보험료가 2배 이상 비싸며 차가 고급인 경우에도 보험료가 비싸진다. 한 번은 하루 자동차 렌트비가 19불인데 보험료가 25불인 적도 있었다. 렌트비는 각종 프로모션으로 할인을 받을 수 있지만, 보험료는 할인이 되지 않으니 총 렌트비용 중 얼마만큼이 렌트비고 얼마만큼이 보험료인지 꼼꼼히 확인하자.

자동차 렌트 시 가입하는 보험은 크게 세 가지다. 손실보험LDW; Loss Damage Waiver, 개인상해보험PAE; Personal Accident and Effect 그리고 상해보상보험SLI; Supplemental Liability Insurance 등이다. 손실보험은 렌트한 자동차에 대한 보상이어서 자동차를 도난당하거나, 고속도로 주행 중 차량 고장으로 인해 견인Towing이 필요한 경우 제공해주는 서비스까지 포함돼 있다. 개인상해보험은 사고로 인명 피해가 난 경우 보상해주는 보험이다. 상해보상보험은 운전자가 낸 사고로 인해 상대 운전자에게 끼친 손해를 보상해주는 것이다. 따라서 이 세 가지 보험을 모두 가입해야 소위 말하는 풀 보험이 되는 것이다. 미국에서는 자동차 수리비용과 의료비가 상상을 초월할 정도로 비싸기 때문에 만일의 사태에 대비해 반드시 세 가지 보험을 모두 들어두는 것이 좋다.

GPS?

미국은 도로가 직선이고 숫자로 잘 정비되어 있기 때문에 길을 찾기는 쉬운 편이다. 하지만 현지 지리에 서툴고 GPS 사용이 익숙한 운전자들은 비싼 비용을 들여 GPS를 빌릴 수밖에 없다. GPS 대여는 하루 7~9불정도 하는데, 미국에 오래 머물며 자주 차를 렌트할 예정이라면 차라리 친구들과 돈을 모아 GPS를 하나 사는 편이 낫다. 저렴한 것은 아마존에서 90불 정도면 살 수 있다.

교통사고 대처법

미국에서 한없이 이방인일 뿐인 교환학생에게 교통사고는 감당하기 힘든 큰일이다. 하지만 예고하고 일어나는 사고는 없는 법. 언제 일어날지 모르는 교통사고, 만일에 대한 대비는 필요하다.

미국에서 교통사고는 크게 두 가지 때문에 발생한다. 첫 번째가 동물인데, 야생동물이 많이 다니는 지역에서는 야행성동물들이 도로 위에 있는 경우 사고가 나기 쉽다. 특히 야간에 미국 중부지역의 평원을 지날 때에는 주위를 잘 살피며 속도를 줄여 운전해야 한다. 들소나 사슴같이 크기가 큰 동물에 부딪혀 사고가 날 경우에 인명피해까지 발생할 수 있기 때문이다. 특히 들소와 충돌하는 경우에는 차체가 완전 파손될 수 있고 유리파편과 충격으로 인해 운전자와 탑승자 모두 부상의 위험이 있다.

두 번째는 졸음운전에 의한 사고다. 미국은 워낙 땅이 넓어 장거리운전을 할 일이 많고 열 시간, 스무 시간 동안 밤낮없이 운전해야 하는 경우도 생기기 때문에 졸음운전의 가능성이 높다. 졸음운전은 본인이 하는 경우와 다른 운전자가 졸음운전을 하는 경우로 나누어 볼 수 있는데 본인이 졸릴 경우에는 주유소나 음식점에 차를 대고 토막잠을 자두면 사고 위험을 낮출 수 있다. 다른 운전자가 졸음운전을 하는 경우에는 사고의 위험이 다른 어떤 경우보다 높다. 낮이든 밤이든, 앞차가 졸음운전을 하는 것 같은 경우에는 앞차와의 거리를 멀리 하고 경적을 울려 경고해주어야 한다.

사고가 난 경우에는 일단 부상자가 있는지 확인해야 한다. 긴급한 부상자가 있을 경우 911에 신고한다. 구급차가 오고 있는 동안 차량에 화재 위험이 있는지 확인하고 갓길로 피해 있어야 한다. 사고 차량에서 흰 연기가 피어오르거나 휘발유 냄새가 나면 화재 위험이 있는 것이다. 또한 뒤차에 수신호를 하여 앞에 사고 차량이 있음을 알려야 한다. 자동차 트렁크를 열어보면 형광 주황색으로 된 삼각대가 들어있다. 이는 법적으로 모든 차량에 소지해야 하는 것으로 특히 렌터카에는 반드시 있다. 차량으로부터 최소 100미터 떨어진 곳에 삼각대를 설치한다. 그리고 가급적 차도에서 떨어져 있는 것이 좋다.

만약 일행 중 구급차를 타고 이송될 사람이 있다면 부상당하지 않은 사람이 동행하는 게 좋다. 보호자 역할을 해줄 사람이 같이 병원에 가야 보험금 청구에 관한 사항을 확실히 해둘 수 있기 때문이다. 보통 국내에서 가입한 여행자 보험이나 유학생 보험은 교통사고를 보장한다. 따라서 자기 신체에 대한 보험료는 걱정하지 않아도 된다. 구급차를 타고 응급실에서 치료를 받은 경우에는 거리에 따라 구급차 비용 500불 이상 그리고 응급실 비용 500불 이상이 든다. 나중에 국내 보험사에 연락하여 사고에 대해 이야기하고 구급차 비용과 응급실 비용을 청구하면 된다.
병원에서 환자가 먼저 돈을 내게 하고 나
중에 보험사에서 해당 비용을 환급해주는
방향으로 일을 진행하는 경우도 있는데
이때는 반드시 영수증을 잘 챙겨두자.
차량이 파손된 경우에는 차를 렌트한 회
사에 연락을 취해 견인 조치를 받아야 한
다. 이때 중요한 것은 보험을 어떻게 들었
냐는 것인데, 일반적으로 렌터카 회사의 보험에는 견인비가 포함되어 있고 운전자의 고
의성이 입증되지 않는 한 새로운 차량을 본래 렌트 기간까지 이용할 수 있도록 해준다.
사고 지점까지 같은 차종의 렌터카를 새로 가져다준다. 그러므로 장거리여행을 할 때는
반드시 렌터카 회사에서 자기가 운전할 차와 상대방 차량 그리고 상해까지 전부 보장되
는 보험을 들어두는 것이 좋다.
운전자에게 과실이 있는 것으로 의심될 경우 경찰의 조사를 받게 될 수 있다. 이 경우에
는 동행자 중 영어에 능숙한 사람에게 통역을 부탁하여 사실을 정확히 말해야 한다. 미
국에서는 자신의 범죄를 숨기거나 거짓 진술하는 것에 대해 가중처벌하기 때문에 혹시
실수로라도 말을 잘못하지 않도록 주의해야 한다. 또한 경찰관이 운전면허증을 보여 달
라고 하면 한국운전면허증, 국제운전면허증, 여권과 같은 신분증, 렌더키 계약문서를 한
꺼번에 제공하는 것이 좋다. 경찰관 앞에서 주눅들 필요는 없지만 지시사항을 잘 따르고,
당당하게 분명히 의사를 전달하는 것이 중요하다. 불필요한 말이나 과장된 몸짓은 하지
않는 것이 좋다. 괜히 "I'm sorry" 혹은 "That's my fault" 같은 말을 생각없이 했다는
본인 과실로 인정되어 상황이 불리하게 돌아갈 수 있기 때문이다. 또한 경찰관이 음주운
전을 의심하는 경우에는 간이 혈액검사와 간이 소변검사를 실시하기도 한다.

주의!
차량 내부에 술이 있어서는 안 되며, 마개가 열린 술이 차 안에 있는 경우에는 운전자를
음주운전 현행범으로 간주하여 처벌한다. 음주운전으로 판명이 날 경우에는 미국 내에서
처벌되는 것은 물론이고 심한 경우 본국으로 추방하기도 하니 절대로 음주운전을 하지
않도록 하자. 술을 사서 차에 싣고 가는 경우 반드시 트렁크에 넣어서 운반해야 한다.

02

이제는 생활인!
미국에서 잘 먹고 잘 살기

어찌저찌 자리를 잡기는 했는데, 아직은 어딘지 모르게 엉성한 느낌이 든다면 이제는 웰빙을 추구할 때! 저렴한 미국산 쇠고기로 3불짜리 스테이크를 구워먹고, 파머스마켓에서 신선한 유기농 과일을 구입하고, 세일 기간을 노려서 탐내던 옷까지 지르고! 이 정도면 누가 봐도 미국 생활, 제대로 즐기는 중!

식생활 Food Life

`식사 해결하기

　미국에서 교환학생으로 있으면서 가장 많이 배운 것은 영어도, 전공지식도 아닌 '요리'였다. 미국은 생각보다 농업 비중이 큰 나라여서 레스토랑에서 외식하는 것에 비해서 식재료 가격이 아주 저렴하다. 공산품은 대량생산이 이루어지기 때문에 오히려 한국보다 가격이 낮은 편이다. 따라서 비싼 음식 가격과 팁을 지불하며 외식하기보다 집에서 직접 요리를 해 먹는다면 미국에서 지내는 동안 생활비를 대폭 절약할 수 있다.

요리는 삶을 바꾸는 또 하나의 기술이라는 생각이 들 정도로, 미국 생활을 획기적으로 바꿔놓았다. 요리를 할 줄 아는 사람과 모르는 사람 간에는 삶의 질에 있어서 굉장한 차이가 있을 거라는 생각마저 들었다.

한국에서는 한 번도 내 손으로 밥을 해 먹어본 적이 없었다. 중학교 가정 시간에 밥짓는 법을 배운 게 다였고 먹고 싶은 것은 전부 어머니가 만들어주셨다. 그게 아니면 밖에 나가서 사먹곤 했다. 하지만 물가, 특히 레스토랑에서의 서비스 비용이 비싼 미국에서 하루 한 끼 이상의 식사를 밖에서 사먹는 것은 사치였다. 한두 달이야 사먹을 수도 있겠지만, 9개월 이상을 외식에 의존해 산다고 생각하면 돈이 너무 많이 들 것 같았다. 그렇다고 식사를 대충 때워가며 살고 싶지도 않았기에, 요리를 배워야겠다고 결심했다.

먹고 싶은 것이 생각나면 인터넷을 뒤져 조리법을 찾았다. 요리를 하는 것은 생각보다 시간이 많이 걸리는 일이었다. 양파 하나 까는 것, 감자껍질을 벗기는 것 등 모두가 시간과 노력을 들이지 않고는 불가능한 일이었다. 그런 시행착오를 거쳐서 요리를 하나씩 완성해 나갔다.

기숙사에 살고, 밀 플랜을 구입했다면 이런저런 고민할 것 없이 기숙사 식당에서 밥을 먹으면 된다. 한국음식을 먹기는 어렵지만 다양한 종류의 음식이 뷔페식으로 갖춰져 있고 음료수, 후식 아이스크림과 과자 등 모든 것이 구비되어 배를 곯지 않을 수 있다. 세 끼 꼬박꼬박 챙겨먹는 기름진 음식에 오히려 살이 찔 수 있다는 점에는 주의.

교내 카페테리아는 외부 식당에 비해서 가격이 저렴하고 팁을 지불하지 않아도 되어 부담없이 이용할 수 있다. 학교 본부나 총학생회에서 운영하는 카페테리아 외에 피자헛, 중식 패스트푸드점인 판다 익스프레스 Panda Express, 우리나라의 스무디킹과 비슷한 잠바주스 Jamba Juice 등 프랜차이즈 음식점들이 교내에 입점해 있기도 한다.

미국에서 뭐 먹고 살까?

미국 정착 초기에 가장 힘들었던 점을 꼽으라면 단연 먹는 것이었다. 다운타운에는 맛있는 햄버거 레스토랑과 태국음식점이 즐비했지만 매번 사먹을 수도 없는 노릇이라 식사를 거르기 일쑤였다. '미국 식사는 빵!'이라고 외치며 식빵과 베이글로만 끼니를 때운 적도 있었지만, 평생 밥을 먹어온 한국인으로서 그런 식습관으로는 일주일도 버티지 못했다. 초보주부마냥 아침에 학교를 가면서부터 '오늘 저녁은 뭘 먹지' 라는 고민을 했다.

점심 도시락

학교에서 사먹을 수 있는 메뉴는 종류가 한정돼 있어 곧 질렸고, 매번 사먹자니 돈도 만만치 않게 들었다. 그래서 점심 도시락Lunch Box을 만들어 다니기 시작했다. 말이 '런치박스'지 지퍼백에 점심이 될 만한 음식을 집어넣으면 끝이었다. 가장 만만한 것은 샌드위치였다.

* 미국식 샌드위치 만들기

재료   식빵Bread, 샌드위치용 슬라이스 햄Sliced Ham, 양상추Lettuce,
              슬라이스 치즈Sliced Cheese, 버터Butter

준비   1) 식빵은 곡물이 많이 들어간 것으로 준비한다.
              2) 양상추는 식빵 크기만 하게 썰어 물에 씻어 둔다.
              3) 슬라이스 햄은 적어도 3장을 준비한다.
              4) 치즈 종류는 기호에 따라 1장에서 2장을 준비한다.

조리   1) 식빵을 토스트기나 프라이팬으로 살짝 굽는다.
              2) 따뜻해진 식빵에 버터를 100원짜리 동전 크기로 덜어 얇게 바른다. 버터를 바르는 이유는 양상추에서 나오는 수분 때문에 빵이 축축해지는 것을 방지하기 위해서다.
              3) 슬라이스 햄은 프라이팬에 살짝 구워 3장을 식빵 위에 올린다. 슬라이스 햄은 얇아서 양이 얼마 되지 않으므로 기호에 따라 몇 장을 넣을지 정한다.

4) 따뜻하게 구운 햄 위에 치즈를 올려 녹이고 그 위에 양상추를 올린다. 양상추는 반드시 물기를 털어야 한다.

5) 완성된 샌드위치를 샌드위치용 지퍼 백에 담는다.

* 응용편: 참치 샌드위치 만들기

햄 대신 참치를 넣으면 된다. 참치 통조림 1개당 마요네즈 반 스푼을 넣고 포크로 참치가 부서지지 않게 잘 섞는게 요령. 마요네즈를 너무 많이 넣으면 마요네즈 특유의 향이 강해 느끼해진다. 미국 참치 통조림은 안에 기름이 들어있는 것 외에 물이 들어있는 것도 다양하게 있다. 담백한 샌드위치를 즐기고 싶다면 통조림에 "In water"라고 적힌 제품을 이용하자.

쇠고기 구입하기

미국산 쇠고기가 싸다는 이야기는 많이 들었다. 마트의 정육 코너에 가서도 저렴한 가격에 눈이 휘둥그레졌다. 그런데 도무지 어떤 부위를 사야 할지 몰랐다. 우리나라와는 고기를 자르는 부위가 달라서 우리나라의 등심에 해당하는 것이 갈비를 의미하는 'Rib'으로 표현되기도 한다. 미국에서는 쇠고기가 저렴하니 스테이크나 불고기를 자주 해먹으면 좋다.

>>> 쇠고기는 한국과는 자르는 부위가 차이가 있으므로 미국에서 쇠고기를 살 때는 부위명을 잘 확인하자.

밥짓기

아무리 아메리칸 스타일에 잘 적응한다고 해도, 밥을 한 끼도 안 먹고 살 수는 없는 게 한국인이다. 전기밥솥Rice Cooker은 한인마트 등에서 어렵지 않게 구할 수 있다. 현지마트에 가도 요즘은 웬만하면 밥솥이 갖춰져 있지만 한국에서 쓰던 것과는 조금 다르고 밥맛도 한국이나 일본 제품에 비해 떨어지는 편이니 잘 보고 선택하자.

나는 집주인이 가지고 있던 현지형 전기밥솥을 사용했는데, 한국 제품처럼 압력 기능이 있거나 뚜껑이 무겁지 않아서 밥맛이 떨어졌다. 그래서 밥을 지을 때 뚜껑 위에 참치 통조림을 올려놓았더니, 통조림이 압력 기능을 해서 밥맛이 더 좋아졌다. 야영을 가서 밥을 지을 때 냄비 위에 돌을 올려놓는 것과 같은 원리였다.

밥솥을 장만하고 나면 쌀을 사야 한다. 미국에는 다양한 종류의 쌀이 있는데 한국에서 먹던 것처럼 찰진 백미는 한국 쌀이나 일본 쌀이다. 쌀알이 비교적 짧고 둥근 것을 사야 좋으며, 쌀알이 길고 가는 품종은 동남아시아나 인도, 중국에서 먹는 것으로 볶음밥용에 적합하다. 한인마트에 가면 어렵지 않게 우리 입맛에 맞는 쌀을 찾을 수 있다.

한인마트가 잘 없는 지역이라 한국 쌀을 구하기 힘들거나 칼로리가 낮은 밥을 지어 먹고 싶다면 상대적으로 구하기 쉬운 중국 쌀인 자스민 라이스로 밥을 지어보자. 실제로 한국 쌀이나 일본 쌀은 다른 쌀에 비해 달고 맛있기는 해도 칼로리가 더 높다.

자스민 라이스와 찹쌀을 4:1 비율로 섞고 마지막에 올리브유를 1방울 떨어뜨려서 밥을 지으면 찰지고 맛있으면서 칼로리도 낮은 밥이 완성된다. 미국에서 30년을 넘게 사신 교포 사모님께 배운 지혜이니 믿어도 좋다.

김치, 고추장을 먹고 싶은데 구하기가 어렵다면?

한인마트가 멀리 있어서 자주 가기 어렵거나 한국인이 별로 없는 지역에서 교환수학하게 된 경우라면 아무래도 먹는 문제에 대해 고민이 더욱 깊어진다. 김치, 고추장 없이 못 사는 토종 한국인 입맛의 소유자라면, 대체재를 활용해보자.

매운 음식 좋아하는 게 세계적으로 한국인뿐인 건 아니다. 피자에 뿌려 먹는 핫소스인 타바스코 소스나 멕시코 음식에 들어가는 칠리소스, 우리나라의 청양고추에 비견될 수 있는 할라피뇨 등은 미국 마트 어디에서나 쉽게 구할 수 있다. 태국음식처럼 매우면서도 느끼한 게 아니라 톡 쏘게 매우면서도 끝맛이 개운하여 김치, 고추장을 아쉬운 대로 대체할 수 있는 음식들이다.

한 가지 더, 미국 학생들은 술 마신 다음날 해장을 뭐로 할까? 과음을 하고 나면 기름진 음식을 먹어주는 게 미국의 해장 상식이다. 과학적으로도 근거가 있다고도 하는데 어쨌든 한국인으로서는 얼큰한 국물 생각이 간절할 뿐. 이럴 때 찾아갈 해장국집이 없다면 대신 베트남 쌀국수집으로 향하자. 뜨끈한 국물 가득한 쌀국수Pho를 후루룩 들이키고 나면 부대끼던 속이 진정될 것. 가게에 따라 매운 쌀국수를 파는 곳도 있어서 얼큰한 해장 쌀국수를 원한다면 선택하자.

장보기

미국에서 장을 보는 일은 한국에서와 크게 다르지 않다. 미국에는 지역마다 유명한 대형마트 프랜차이즈들이 있는데 각 마트의 특징을 알고 이용하면 좋다.

월마트는 전반적으로 가장 저렴하지만 품질은 떨어지는 편이고, 식품과 생필품은 물론 가구와 자전거 등 다양한 상품을 판매한다.

타겟은 간단한 의류나 생활용품을 사기 좋은 곳으로, 식품 코너도 있기는 하지만 가격이 싼 편은 아니다.

우리나라에도 있는 회원제 창고형 할인매장인 코스트코는 식품과 생활용품을 대량으로 판매하며 가장 저렴한 가격을 자랑한다. 다만 매장 규모가 큰 만큼 한적한 도심 외곽에 위치한 경우가 많아 접근성이 떨어진다. 또한 입장 시 회원증을 제시해야 하는데 연회비가 55불이나 된다. 회원증이 있는 사람과 동반하면 입장이 가능하고, 결제는 현금 혹은 아메리칸

익스프레스 카드로만 할 수 있다. 한 번에 많은 양의 장을 보기에 적합하기 때문에 룸메이트들과 함께 장을 보면 좋지만 소량의 장을 보기에는 기름값이나 연회비 본전을 찾기도 어려우니 추천하지 않는다. 한국 코스트코 회원증으로도 입장할 수 있다.

캘리포니아 북부에는 세이프웨이Safeway라는 대형마트 체인이 존재하는데, 우리나라로 치면 롯데마트 정도의 느낌이다. 주로 식품류에 역점을 두고 다양한 상품을 저렴하게 판매한다. 24시간 운영하는 지점도 많다. 캘리포니아 남부에는 같은 본사에서 운영하는 마트로 본즈Vons가 있다.

뉴욕에는 홀푸드마켓Whole Foods Market이라는 유기농마트 체인이 있는데, 유기농 열풍과 함께 뉴요커들 사이에서 인기가 아주 높다. 가격이 아주 싸기보다는 질 좋은 상품을 판매하는 곳이다. 식품류뿐 아니라 푸드코트에서 판매하는 초밥도 신선하고 맛이 좋으니 기회가 되면 먹어볼 것.

트레이더조Trader Joe's는 미국 내에서 가장 빠르게 성장하고 있는 소매 체인 중 하나로, 매장 규모는 동네마트 정도로 작은 편이다. 하지만 질 좋은 유기농 상품을 공급하고 있어서 가격이 특히 저렴한 것은 아님에도 인기가 높다. 자체 생산하는 주스나 우유, 햄, 두부 등 신선식품과 다른 곳에서 구하기 어려운 채식주의자용 콩고기 등 특이한 상품들도 많이 갖추고 있다. 특히 이곳의 컵케이크는 중독성이 엄청나니 유의할 것!

그 외에 지역별로 주력 상품군과 특징이 다른 대형마트들이 있으니 이용하면 된다.

소비자의 천국, 미국

미국에서 장을 볼 때 알아두면 좋은 것은 우리나라와 다른 환불 정책이다. 소비자의 천국인 미국답게 단순변심 반품도 30일 안에 대부분 해준다. 영수증만 챙겨가면 환불을 수월하게 해준다. 사용하던 자전거가 한 달 안에 고장이 났다면 당연히 환불해주고, 고장이 나지 않았더라도 "내가 생각했던 것과는 성능이 다르다"며 상품에 대한 불만을 제기하면 군말없이 환불해준다.

가끔은 이를 악용하는 사례도 있는데, 미국인 친구 하나는 페인트를 조금만 칠할 일이 생겨서 페인트를 사서 필요한 만큼 페인트칠을 다 한 다음 "색깔이 안 맞아서 못 썼다"고 말하며 페인트값을 환불받았다. 마트에서도 그런 소비자가 있다는 걸 모르지는 않겠으나 평소 자사를 애용해주는 소비자를 믿고, 소비자에 대한 서비스 차원에서 환불을 해주는 것이다.

쿠폰, 회원카드 활용하기

쿠폰과 회원카드를 활용하면 더욱 알뜰한 쇼핑이 가능하다. 미국에는 온갖 종류의 할인쿠폰이 있는데, 생산업체 측에서 자사 상품을 구매할 때 할인해주는 생산자 쿠폰Manufacturer Coupon, 판매업체에서 할인해주는 쿠폰, 특별한 프로모션 쿠폰 등 다양하다. 나는 학기초 교내 총학생회가 지역 업체들과 협력하여 제작한 쿠폰북을

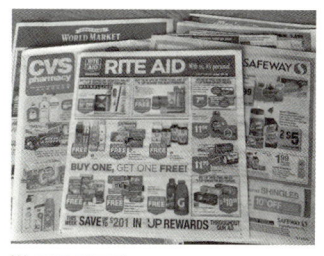

》》 마트 광고지 :
집으로 날아오는 각종 광고지에는 할인쿠폰이 들어 있다.

받아서 유용하게 이용했는데, 중복 할인이 되는 경우도 많으니 잘만 하면 생활비를 꽤 아낄 수 있다.

집으로 날아오는 무가지 신문이나 전단지에도 쿠폰이 많이 들어있는데, 회원카드를 만들면 일일이 이 쿠폰들을 오려 가지 않아도 할인이 된다. 세이프웨이나 본즈를 비롯해 여러 마트에서 자사의 회원카드를 고객에게 발급해주는데, 발급에는 따로 비용이 들지 않는다. 구입하는 품목에 따라서 할인받을 수 있는 금액이 상당하니 자주 이용하는 마트의 회원카드는 꼭 만들어두도록 하자.

미국 마트에서는 뭘 팔까?

미국 마트 역시 우리나라 마트처럼 기본적인 생필품과 식품을 취급하지만 우리나라에는 없는 특이한 상품들도 팔고 있다. 미국에 있을 때만 사용하고 먹어볼 수 있는 것들이니 관심을 갖고 살펴보자.

과일, 채소

우리나라에서는 백화점 식품매장이나 가야 볼 수 있는 아보카도를 산처럼 쌓아놓고 판다. 가격도 아주 저렴하다. 자몽, 아스파라거스 등 우리나라에서는 흔히 구하기 어려운 과일이나 채소를 쉽게 구입할 수 있다. 유기농 제품도 많이 갖춰져 있어 선택의 폭이 넓다.

주의할 점은 과일과 채소의 품종이 우리나라와는 다르다는 것이다. 예를 들어 사과나 배도 우리나라에서 보던 것과는 생김새가 다르다. 고구마가 영어로 'Sweet Potato'이기는 하지만 한국에서 먹던 고구마와 비슷한 것을 사려면 Sweet Potato가 아니라 '얌Yam'을 사야한다.

우유 및 유제품

미국마트에는 우유를 비롯한 유제품의 종류가 아주 다양하게 갖춰져 있다. 우선 우유팩의 크기 자체가 우리나라 우유에 비해서 크다. 우리나라에 있는 200ml짜리 작은 우유팩은 아예 존재하지 않는다. 유기농 인증을 받은Organic 우유, 유당제거Lactose-free 우유, 비타민 첨가 우유 등 종류가 많은데, 우리나라에 잘 없는 유당제거 우유가 흔한 것이 인상적이었다. 우유 안에 들어 있는 유당 때문에 이를 소화하지 못하는 사람이 많은데, 이렇게 몸속에 유당을 분해하는 효소가 없는 것이 유당불내증이다.

우유를 잘 소화시키지 못해서 카페라테조차 먹지 않고, 스타벅스에 가면 꼭 우유 대신 두유를 넣어달라고 말하던 사람이라면 미국은 유당제거 우유의 천국일 것이다. 우리나라에는 유당을 제거하고 나오는 우유 브랜드가 하나뿐이고 그나마 값이 비싸 잘 먹지 못했는데 미국에는 다양한 종류의 유당제거 우유가 있고 가격도 일반 우유와 큰 차이가 없었다.

또한, 우리나라에서 두유Soymilk는 달콤한 베지밀로 연상되곤 하지만, 미국에서 두유는 우유와 거의 같은 맛으로 우유의 대체재이다. 유당을 분해하지 못하거나 혹은 고기는 물론 유제품까지 전혀 먹지 않는 채식주의자가 우유 대신 선택하는 제품이다. 신기하게도 콩으로 만든 두유 외에 아몬드로 만들었다는 우유 대체재도 있는 등 다양한 취향을 가진 사람들을 위한 신기한 먹을거리가 많은 곳이 미국 마트이다.

과자, 음료수

우리나라에는 없는 미국 특유의 과자로 캐러멜 팝콘이라고 할 수 있는 '크래커 잭Cracker Jack'이 있다. 우리나라의 초코파이 정도라고 생각하면 될 정도로 전통도 있고 꾸준히 사랑받는 과자다.

탄산음료Soda 코너에서 'Rootbeer'를 발견해도 놀라지 말자. 맥주가 잘못 진열돼 있는 게 아니라, 루트비어라는 무알콜 탄산음료다. 어린이들이 좋아하는 달착지근한 맛으로 한 번 정도 맛볼 만은 하다. 우리나라로 치면 어릴 적 엄마가 타주시던 미숫가루 정도랄까, '클래식'이라고 부를 정도로 미국에서는 오래되고 흔한 음료이기 때문이다.

'진저에일Ginger Ale'은 루트비어와 달리 한국인들도 좋아한다. 우리나라에서는 쓰고 매운 것으로 여기는 생강을 미국에서는 의외로 맛있는 걸로 여기는 점이 특이하다. 탄산음료뿐 아니라 아이스크림이나 젤라토에도 생강이 함유된 것이 많다. 사이다처럼 개운하면서도 콜라나 루트비어처럼 지나치게 달지 않아 감칠맛이 있다.

미국에서 사이다Cider는 칠성사이다 같은 것이 아니라 사과주를 말한다. '애플사이다'라고도 한다. 한국에는 흔치 않은 술인데 새콤달콤한 사과의 맛과 향, 톡 쏘는 술의 느낌이 어우러져서 굉장히 맛있다.

그럼 우리나라에서 사이다라고 하는 음료는 뭐라고 부를까? 우선 탄산음료는 '소다'라고 부르는 게 기본이며, 상품명인 '스프라이트'나 '시에라 미스트'라고 언급한다. 둘 다 우리나라의 사이다와 비슷한 음료로, 시에라 미스트는 스프라이트보다 단맛이 덜하고 더 깔끔한 느낌이다.

에너지 드링크, 술

'레드불'은 우리나라에도 있지만 '몬스터'나 '락스타'는 보지 못했을 것이다. 우리나라에서는 판매가 금지된 제품들이기 때문이다. 피곤한 현대인답게 에너지 드링크를 간혹 마시게 되는데, 미국에서는 특히 파티에 가기 전 몬스터나 락스타를 한 캔씩 마시는 친구들이 있다. 하지만 미국인들과는 신체 사이즈부터 다른 한국인들에게 이는 매우 위험한 행동이니 주의하도록 하자. 우리나라에서 괜히 금지돼 있는 게 아니다. 심장이 약한 사람은 레드불만 잘못 먹어도 호흡 곤란, 심박수 증가 등의 증세를 일으키기도 한다. 특히 에너지 드링크는 카페인을 다량 함유하고 있기 때문에, 커피와 같이 마시면 위험할 수 있다. 또한 레드불에 예거마이스터를 섞으면 '예거 밤Jager Bomb'이라는 폭탄주가 만들어지기도 한다.

술은 다양한 종류의 맥주와 와인, 도수가 40도를 넘나드는 하드 리쿼Hard Liquor가 있는데 특히 와인이 한국에 비해 아주 저렴하다. 한 병에 5불밖에 안 하는 저렴한 와인이라도 잘만 고르면 맛이 뛰어나다. 보드카, 데킬라 등의 하드 리쿼도 한국에 비해서 종류도 다양하고 가격도 저렴한 편이다. 괜히 한인마트에서 값비싼 소주, 막걸리를 찾느라 애쓸 필요는 없다.

주류 구입 시 신분증 검사가 아주 철저하므로 신분증을 꼭 챙기는 것도 잊지 말자.

의약품, 영양제, 화장품

미국 마트에 처음 가보고 깜짝 놀랐던 것이 마트에서 의약품을 판매한다는 것이다. 영양제야 그렇다고 할 수도 있지만, 우리나라에서도 의약품 슈퍼 판매가 한창 논란이 되었던 이후인지라 미국 마트에서 매대 한 칸을 꽉 채우며 버젓이 팔리고 있는 의약품을 보고 조금 놀랄 수밖에 없었다. 심지어 약을 원플러스원Buy One Get One Free, 50% 할인하기도 한다.

미국에서 많이 사서 복용하고 또 나중에 가족들 선물용으로도 많이 사오게 되는 것이 영양제이다. 한국에서 사는 것에 비해서 가격이 무척 저렴하기 때문이다. 기본 가격이 저렴할 뿐 아니라 그 때 그 때 벌어지는 마트의 할인행사를 노린다면 더욱 알뜰하게 구매가 가능하다. 센트룸과 같은 유명 비타민제를 한국의 절반 가격에 살 수도 있고, 오메가쓰리가 함유된 피시오일Fish Oil이나 멀티비타민 등을 한국에 비해 싼 값에 구입할 수 있다.

우리나라 마트에서도 화장품을 판매하기는 하지만 종류가 몇 가지 없고, 아예 마트 한 편에 화장품가게가 따로 입점해 있는 경우가 많다. 하지만 미국에서는 대도시가 아닌 이상 화장품가게를 찾아보기도 힘들고, 대도시라 하더라도 우리나라처럼 브랜드마다 자체 매장을 운영하는 일이 많지 않다. 많은 미국인들이 마트에서 판매하는 싸고 양 많은 화장품을 쓴다. 뉴트로지나 같은 브랜드는 질 좋고 저렴한 마트용 화장품으로 널리 인식되고 있다.

소비자와 생산자 모두 웃고 가는 곳 파머스마켓 Farmers Market

파머스마켓은 지역사회와 지역농업을 연결시켜준다. 생산자와 소비자의 직거래를 성사시켜주는 장인 파머스마켓은 비영리기구다. 파머스마켓에서 물건을 팔기 위해서는 파머스마켓협회에 검증 절차를 거쳐야 하며 직접 판매가 어려운 농가를 위해 자원봉사자를 모집한다. 자원봉사자의 모집은 매달 초에 이루어지며 할당받은 물건을 판매하는 활동을 한다. 지역의 주민이면 누구나 참여할 수 있는 자원봉사는 판매할 상품을 재배하는 농장을 직접 방문하거나 상품을 생산하는 가게를 방문하는 프로그램을 이수해야 해당 물건을 판매할 수 있다. 파머스마켓은 미국 전역에 5,274개가 운영 중이며 계속적으로 증가하는 추세다. 이러한 증가 추세는 소비자들의 건강에 대한 인식의 증대와 지역기반의 유기농 농산물에 대한 믿음에 기반하고 있다.

농부들의 시장, 잘 만났다!

파머스마켓이었다. 멋모르고 발을 들이밀어본 공원에서 사람들은 물건을 사느라 정신이 없었다. 시큼한 과일을 먹고 싶었던 차에 산더미처럼 쌓여 있는 자두를 보고 침이 꼴깍 넘어간 것은 당연했다. 파머스마켓은 애초부터 유기농 채소와 홈메이드 식품만을 파는 시장이다. 모든 유기농 농산물이 그렇듯, 겉이 상한 상품을 조금 비싼 가격에 판매하였다. 하지만 Who cares? 미국 인심답지 않게 넉넉한 시식 바구니에서 한 조각 맛보고 나면? 달고 신맛이 불러낸 지름신 때문에 주머니에서 돈이 저절로 흘러나온다. 그렇게 과일과 빵을 양손 가득 들고 마켓을 어슬렁거리기 시작했다.

길게 늘어선 작은 상점들에서 분주하게 물건을 파는 사람들 중에, 한눈에 봐도 농부 포스를 풍기고 있는 사람들이 있었다. 작은 구멍가게처럼 생긴 파머스마켓 인포메이션센터에서 데이비스 파머스마켓 설립 초기 멤버들을 만날 수 있었다. 그중 댄 아저씨는 파머스마켓의 첫 시작을 기억하며 떨리는 목소리로 말해주었다. "파머스마켓은 데이비스 콜럼비아 대학에서 개설된 지역과 농업의 커뮤니케이션과 관련된 하나의 수업에서 시작했어요. 지금으로부터 35년 전에 지역 주민의 건강과 주변 유기농업의 유지를 위해 시작되었고 모두를 이롭게 할 수 있다는 데 많은 사람들이 공감했기 때문에 가능했지요. 대학교의 작은 창고에서 유기농 농산물을 팔기 시작하여 이제는 어엿하게 다운타운 중심의 공원에서 사람들을 불러 모으고 있어요."

돈의 왕국 미국에서 믿음과 신뢰의 힘을 발견하다

'사람들이 왜 여기 이렇게 많이 모이지?' 라는 질문을 갖고 파머스마켓을 다시 방문했다. 자동차로 월마트를 가면 더 저렴한 가격의 과일을 살 수 있고, 아무리 유기농이라지만 파머스마켓에서 파는 과일은 심지어 조금 상처 입은 것도 있는데, 자본이 모든 걸 좌지우지할 것 같은 미국문화에서 도무지 이해가 되지 않는 구석이 많았다. "왜 여기서 비싼 과일을 사요?" 보라색 자두를 유심히 보고 있던 나탈리(Natalie, 21, UC 데이비스 경제학)에게 물어봤다. "만약에 과일이나 빵을 하루만 먹는다면 당연히 가격이 싼 월마트에서 구입하는 게 합리적이겠죠. 하지만 저같이 과일을 매일 먹는 사람에게는 가격보다 더 중요한 것이 상품에 대한 믿음 같아요. 어떤 환경에서 생산되었는지 알 수 있고, 건강을 해칠만한 요소가 가능한 적게 들어 있는 과일을 고르는 게 제 건강을 위해선 장기적으로 더 좋을 것 같아요." 싸고 저렴한 물건을 구입하여 지금 당장 조금의 이득을 보는 것 보다는 장기적인 관점에서 물건을 구입하는 소비자의 인식 때문에 파머스마켓이 유지될 수 있었던 것이다. 채소를 팔고 있는 아주머니가 있었다. 채소가 그리 싱싱해 보이지 않았지만 다른 점포보다 조금 저렴한 가격에 물건을 팔고 있었다. 물건을 고르며 "유기농 채소를 기르기 어렵지 않나요?" 아주머니께 물었다. "어렵지, 농약을 한 작물보다 벌레가 쉽게 먹거든. 하지만 조금 상해도 파머스마켓이 있어서 팔 수 있잖아. 파머스마켓에 양배추를 판 지 벌써 15년째야. 한 해는 양배추가 너무 안자라서 평소의 절반 크기로 수확을 했어. 걱정이 가득한 채 파머스마켓 운영을 하던 댄에게 갔는데 간단한 답변을 들었어. '베이비 양배추로 이름 붙여 팔자' 라고 말이지. 어찌나 고맙던지."

우리나라처럼 대형 점포가 곳곳에 침투하여 작은 시장은 물론이거니와 구멍가게조차 없애 버리는 곳에선 느낄 수 없는 착한 소비를 파머스마켓에서는 할 수 있었다. 돈의 힘이 그 무엇보다도 막강한 나라 미국에서 소비자와 생산자 간의 신뢰와 믿음으로 35년 동안 이어져온 시장이 있는 것이 신기하기만 했다.

집안일 Chores

분리수거 및 쓰레기 처리

한국과는 다른 분리수거 및 쓰레기 처리 방식을 알아두면 편리하다. 미국 내에서도 주마다 차이가 있지만, 주를 불문하고 쓰레기종량제봉투가 없다는 것은 공통 사항. 항상 쓰레기종량제봉투에 쓰레기를 꽉꽉 눌러 담고 음식물쓰레기도 별도의 봉투에 담아 버리던 습관을 가진 한국인으로서 미국에서의 쓰레기 처리 방식이 처음에는 굉장히 어색했다.

미국 내에서 분리수거 제도가 가장 잘 되어있는 캘리포니아 주의 경우에는 크게 플라스틱이나 병, 캔 등을 분리수거하여 재사용하고 있으며, 음식물쓰레기를 따로 모으는 것은 아니지만 일부 음식물과 생분해성 용기 등을 '콤포스트Compost'라고 하여 따로 분리수거한다. 콤포스트는 사전을 찾아보면 '퇴비'라는 뜻으로 나오는데, 퇴비를 만들 수 있는 생분해성 쓰레기만 따로 수거하는 것으로 보면 된다. 그 외 일반쓰레기가 있는데, 보통 가정에서는 콤포스트를 따로 수거하지 않고 재사용을 위한 분리수거와 일반쓰레기 정도로만 구분하여 배출하는 경우가 많다.

그나마 분리수거를 잘하는 것은 캘리포니아 얘기고, 중부나 동부의 다른 도시에 가면 아예 분리수거를 하지 않는 곳이 많다. 캔이나 병류 정도만 따로 분리배출하거나, 플라스틱이고 캔이고 모두 일반쓰레기와 한데 모아 버려서, 분리수거가 생활화된 한국인으로서는 모종의 죄책감(!)마저 들게 하는 지역도 있다. 현지 사정에 맞춰서 쓰레기를 처리하도록 하자.

>>> 쓰레기 분리수거

202

공병 보증금, CRV

가끔 음료수를 사고 나면 영수증에 'CRV'라는 명목으로 5센트가 결제된 것을 볼 수 있다. 적은 돈이기는 하지만 뭔지 몰라서 신경이 쓰였는데, 알고 보니 이는 'California Redemption Value'의 약자로, 일종의 공병 보증금 같은 것이었다. 맥주병과 같은 병류나 캔류, 플라스틱 병에도 부과되며 보통은 제품 가격에 포함이 되어 있다.

지역마다 이 CRV를 돌려받을 수 있는 장소가 정해져 있는데, 데이비스의 경우 지역 쓰레기처리장Davis Waste Removal에 가져가면 받을 수 있었다. 현금으로 바로 돌려주는 것이 아니라 수표로 발급해주기 때문에 처리 시간이 조금 걸리는 편. 인근 대형마트에 공병 수거 기계가 있어서 마트 상품권 같은 것으로 CRV를 환급받을 수 있는 지역이 많다.

CRV는 캘리포니아 지역에서 시작됐지만 지금은 다른 지역에서도 실시하고 있는 제도다. 가정에서의 분리수거가 우리나라만큼 철저하진 않지만 이런 방식으로 자원 재활용을 유도하고 있는 것. 보통 파티가 끝나고 나면 남게되는 엄청난 수의 맥주 캔이나 음료수병을 모아서 CRV를 돌려받고 다음 파티를 위한 재원을 마련하는 미국 학생들도 있다. 차가 없는 교환학생으로서 많은 공병을 모아가기는 어렵지만, 음료수를 구입할 때 내가 낸 보증금을 돌려받는 것이니 여건이 된다면 활용하는 게 좋겠다.

>>> 공병 보증금, CRV.

빨래하기

기숙사나 아파트에는 대부분 동전 세탁기와 건조기가 구비된 세탁실이 있다. 고급 아파트의 경우 집 안에 가정용 세탁기가 설치돼 있기도. 동전 세탁기에 들어가는 동전은 25센트짜리인 쿼터. 비용은 세탁과 건조 각각

2불 안팎으로 아파트마다 차이가 있는 편이다. 세제와 섬유유연제, 표백제 등은 따로 준비해야 한다.

가끔은 겨울 코트 같은 옷을 드라이클리닝 해야 하는 경우가 생기는데, 미국 세탁소가 한국 세탁소에 비해 비싸기는 하지만 저렴한 곳을 잘 만 찾으면 이용할 만하다. 코트 한 벌에 7~8불 정도로 한국 세탁소와 큰 차이가 없는 가게도 있다. 중국인이나 인도인이 운영하는 가게가 저렴하고 한국인이 운영하는 업소는 오히려 좀 비싼 편이다.

드라이클리닝 서비스를 하는 세탁소는 '드라이클리너Drycleaner's', 동전 세탁기가 설치돼 있는 빨래방은 '론드로맷Laundromat'이라고 하며 두 가지가 붙어 있는 경우가 많다.

물건사기 Shopping

쇼핑하기

쇼핑을 좋아하는 사람에게, 온갖 브랜드 상품이 다 갖춰져 있고 각종 세일이 잦은 미국은 그야말로 천국이라고 할 만하다. 갭GAP이나 리바이스Levis 같은 미국 브랜드 제품이 한국에 비해 무척 저렴한 것은 물론, 한국에 매장이 없는 아베크롬비Abercrombie나 어반 아웃피터스Urban Outfitters에서도 손쉽게 쇼핑할 수 있기 때문이다. 포에버21Forever21 같은 스파 브랜드 의류의 경우도 미국이 조금 더 저렴하며 제품 선택의 폭도 더 넓다. 또한 환불을 잘 해 주기 때문에 구입한 뒤에 마음이 바뀌는 경우 쉽게 반품할 수 있으며, 각종 휴일을 끼고 진행하는 세일 시즌과 클리어런스 세일(창고정리 염가 판매세일)을 잘 노린다면 말도 안 되는 예산으로 흡족한 쇼핑을 할 수도 있다.

보통 대학교가 위치한 소도시에는 쇼핑을 할 곳이 많지 않아서, 본격적인 쇼핑을 하고 싶다면 주말을 이용해 대도시로 나가거나 교외에 위치한 아울렛을 방문하는 것이 좋다.

대도시에서 하는 쇼핑은 브랜드 매장 혹은 백화점을 통한 쇼핑으로 크게 나누어볼 수 있을 것이다. 브랜드 매장을 직접 방문하는 경우 해당 브랜드의 가장 우수한 제품들을 자세히 뜯어보고 구입할 수 있다는 장점이 있고, 백화점의 경우 다양한 브랜드의 상품을 비교해보고 살 수 있으며 백화점의 자체 세일, 할인혜택 등의 적용을 받을 수 있다는 장점이 있다.

미국의 가장 대중적인 백화점은 메이시스Macy's로, 외국인의 경우 여권을 보여주면 10% 할인되는 방문객 패스Visitor's Pass를 받을 수 있으니 구매 전 문의하자. 블루밍데일스Bloomingdale's 역시 미국의 유명한 백화점 체인으로, 컨시어지에 여권을 제시하면 10% 할인되는 패스를 준다.

적은 예산으로 알뜰한 쇼핑을 하고 싶을 때는 티제이맥스TJ Maxx나 로스

Ross, 센츄리21Century 21 등의 상설 할인매장을 찾아가자. 유명 브랜드의 이월상품을 큰 폭으로 할인해서 판매한다. 미국은 한국에서처럼 유행이 확확 바뀌지 않으므로 이월상품 구매를 거리낄 이유가 전혀 없다. 다만 아무래도 백화점 등에서 팔다 남은 상품이기 때문에 좋은 제품들은 어느 정도 물건이 빠진 상태이니 진흙 속의 진주를 찾아내는 눈썰미가 필요하다. 빠진 상품은 웬만하면 다시 들어오지 않기 때문에 맞는 사이즈의 옷을 찾아내는 것도 관건이다. 의류와 신발류 외에 캐리어를 비롯한 가방류와 생활용품 등 다양한 품목을 갖추고 있으니 가까운 곳에 할인매장이 있다면 여러 가지 살 게 많겠다. 계산대의 줄이 다소 긴 것은 감수해야 한다.

미국에서 쇼핑을 하면서 한국과 다르다고 느꼈던 것 한 가지는 직원이 고객을 일일이 따라다니면서 설명해주거나 상품을 추천해주지 않는다는 것이다. 의사표현이 자유롭고 스스럼없는 미국인들인 만큼 필요한 경우 알아서 요청하기 때문에, 굳이 직원이 일일이 상관하지 않고 편하게 쇼핑할 수 있도록 배려하는 것이다. 상품에 대해 궁금한 점이 있거나 입어보고 싶을 때는 주저없이 불러 도움을 요청하면 된다.

구입 품목에 따라 다른 세금

미국에서 쇼핑을 할 때 항상 고려해야 할 것이 세금Tax이다. 농산품 등 일부 품목을 제외하고는 모든 상품에 주와 도시에 따라 일정한 비율의 판매세Sales Tax가 붙게 된다. 캘리포니아 주의 기본 세율은 7.75%이고 데이비스 시의 세율도 이와 같으나 같은 캘리포니아 안이라고 하더라도 샌프란시스코 같은 대도시의 경우 세율이 8.5%에 이른다(2012년 기준).

한국에서도 물건값에 아예 부가가치세가 포함되어 있지만, 미국에서는 도시마다 세율이 다르기 때문에 따로 표기하는 것뿐이다.

세율은 주와 도시에 따라 다르며 대도시로 갈수록 비싼 것이 일반적이다. 비교적 인구가 적고 산업이 발달하지 않은 오리건이나 몬태나 같은 주는 판매세가 심지어 0%다. 그래서 전자제품 등을 대량으로 쇼핑할 때 일부러 이러한 면세 지역을 찾아가서 쇼핑해오기도 한다.

구입하는 품목에 따라서도 판매세의 적용이 달라지는데, 예를 들어 보스턴에서는 의류에 판매세가 붙지 않는다. 뉴욕시의 경우 110불 미만의 의류와 신발류에 한해 판매세가 면제된다.

판매세 외에 숙박업소에 머물 때 내야 하는 호텔세가 있는데, 이는 도시에 따라 다르지만 대략 숙박비의 15% 내외이다.

전자제품 살 땐?

미국에서 전자제품을 사고 싶을 땐 어디를 가야할까. 베스트바이Best Buy와 라디오섀크가 있다. 베스트바이는 우리나라 하이마트처럼 대규모로 전자제품을 파는 매장이고 라디오섀크는 소규모 상점인데 미국 전역에 체인이 있다.

베스트바이는 노트북부터 대형TV까지 다양한 품목을 구비하고 있다. 매장에 전시된 제품을 직접 만져보고 다른 제품과 비교해보며 선택할 수 있다는 것이 장점이다. 가격도 저렴하며, 세일 기간을 활용하면 더욱 알뜰한 구매가 가능하다.

라디오섀크는 매장 규모가 작은 대신 접근성이 높아 편리하다. 웬만한 도시의 다운타운마다 하나씩은 다 있다. 휴대폰, 노트북, 모니터와 같이 대부분의 제품을 구매할 수 있고 각종 전선과 부품 등도 판매하고 있어서, 노트북의 전원 케이블을 잊어버렸을 경우라든지 카메라에 쓸 메모리 카드가 필요한 경우 추가로 구매할 수 있다. 작은 규모에 비해 다양한 상품을 갖추고 있고 가격도 합리적이어서 많은 사랑을 받고 있는 가게다.

어제는 할인을 안 했는데 오늘부터 세일?

베스트바이에서 어제 700불에 노트북을 구매했는데, 우연히 오늘 다시 가봤더니 500불에 할인을 하고 있다면 어떻게 해야 할까? 억울한 마음에 속 끓이고 있지만 말고 영수증부터 챙기자. 구매할 때 받은 영수증과 제품을 들고 가서 차액 보상을 요구할 수 있다. 물론 구매한지 한참이 지난 물건을 가지고 가격 보상을 요구하는 것은 진상짓이 될 수 있다. 하지만 하루이틀 사이에 시작된 세일로 가격이 폭락했다면 상식선에서도 보상이 필요하지 않은가. 정중하게 차액 보상을 받고 싶다고 이야기하면 매장 정책이 허락하는 선에서 처리해준다. 이는 다른 매장이나 백화점 등에서도 마찬가지.

아울렛 쇼핑

미국에 오면 한 번쯤 가게 된다는 아울렛 쇼핑. 우리나라에도 몇 년 전 파주나 여주 등에 큰 규모로 프리미엄 아울렛이 생겨서 '명품'을 비롯한 유명 브랜드 제품을 저렴하게 구입할 수 있는 곳으로 각광받고 있다. 미국에는 이런 공장형 아울렛Factory Outlet이 더 일반적이고 지역마다 하나 이상씩은 꼭 있다.

아울렛 쇼핑을 갈 때는 큰맘 먹고 가야 한다. 우선 아울렛 자체가 한적한 교외에 위치해 있기 때문에 도시에서 차를 타고 보통 1시간 정도는 들어가야 하기 때문이다. 아울렛의 규모가 워낙 상당하기 때문에 매장을 한 군데씩 들어갔다 나왔다만 하는 데도 몇 시간이 걸린다. 제대로 쇼핑을 할 예정이라면 미리 아울렛 홈페이지에서 지도를 인쇄하거나 아울렛에 구비된 지도를 챙기는 것이 도움이 된다.

아울렛에서는 보통 철이 조금 지난 상품을 저렴하게 팔기 때문에 도심에 있는 매장처럼 신상품이 제때 제때 들어와서 아름답게 걸려있는 것을 기대하기는 어렵다. 하지만 눈썰미가 있는 사람이라면 얼마든지 좋은 상품을 저렴하게 구입할 수 있는 장소. 한국에서 인기가 높은 코치Coach 같은 브랜드는 아울렛용 브랜드인 코치 팩토리Coach Factory가 따로 있어서 가격 할인폭이 높고, DKNY처럼 우리나라에서 사려면 비싼 브랜드 제품도 싸게 살 수 있으니 참고하자.

이미 가격이 저렴한 아울렛이지만 세일 기간에는 추가로 가격이 인하되니 타이밍을 잘 노려보자. 다만, 세일 기간의 아울렛은 주차할 자리를 찾기 힘들 정도로 붐빈다는 점은 감안하길.

월	날짜, 세일명	특징
1월	신년세일 New Year Sale 1월 1일 전후	
2월	밸런타인데이 세일 Valentine's Day Sale 2월 14일 일주일 전부터	선물용 카드나 초콜릿 위주
	대통령의 날 세일 President's Day Sale 2월 셋째 월요일 전의 주말	
3월	성 패트릭의 날 세일 St. Patrick's Day Sale 3월 17일 전후	
4월	부활절 세일 Easter Sale 3월 말~4월 초	초콜릿, 가정용품 등
5월	어머니의 날 세일 Mother's Day Sale 5월 둘째 일요일 일주일 전부터	선물용품, 꽃은 물론 의류, 침구류 등 다양한 품목에 세일 적용
	현충일 세일 Memorial Day Sale 5월 마지막 월요일 일주일 전부터	미국에서도 5월은 가정의 달이라 어머니의 날과 메모리얼 데이는 꽤 큰 세일 시즌이다.
6월	아버지의 날 세일 Father's Day Sale 6월 둘째 일요일 일주일 전부터	남성복, 남성용품 위주의 세일
7월	독립기념일 세일 Independence Day Sale 7월 4일 일주일 전부터	여름 시즌 가장 큰 세일
8월	신학기 세일 Back-to-School Sale 8월 중순부터	가방, 학용품 위주
9월	노동절 세일 Labor Day Sale 9월 첫째 월요일 일주일 전부터	여름 마감세일로 할인폭이 큰 편이다.
10월	콜럼버스기념일 세일 Columbus Day Sale 10월 둘째 월요일 일주일 전부터	이때부터 크리스마스 세일이 시작된다.
11월	재향군인의 날 세일 Veterans' Day Sale 11월 11일 전	할인폭은 크지 않아도 전 품목에 걸친 세일을 실시한다.
	추수감사절 세일 Thanksgiving Day Sale 11월 넷째 목요일부터	이때부터 크리스마스까지 이어지는 세일이 미국에서 제일 긴 세일 시즌이다.
	블랙 프라이데이 Black Friday 11월 넷째 금요일 (추수감사절 다음날)	1년 중 가장 큰 세일로 할인 품목도 다양 하며 할인폭도 무척 크다.
12월	크리스마스 세일 Christmas Sale 11월 넷째 목요일~12월 25일	광범위한 세일을 실시하며 날짜가 갈수록 할인폭이 커지기도 하는데 좋은 물건이 남 아있지 않을 수 있다는 점은 감안해야 한다.
	박싱데이 세일 Boxing Day Sale 12월 26일	박싱데이는 상자에 담긴 선물을 푸는 날 이라는 의미다.

미국의 세일 기간

미국에서는 틈만 나면 이 핑계, 저 핑계로 세일을 해댄다. 사정이 이렇다보니 세일 기간이 아닐 때 뭔가를 사게 되면 오히려 손해 보는 기분이 들 정도. 이왕 세일 천국에 왔으니, 날짜를 잘 확인해서 돈버는 쇼핑에 도전하자. 정기 세일 외에도 계절이 바뀌고 신상품이 들어올 때마다 재고 정리를 위한 클리어런스 세일을 자주 하며 각 브랜드 매장마다 이런저런 명목으로 할인행사를 마련하곤 한다.

미국 의류 사이즈

미국 옷은 키가 큰 미국인들의 신체에 맞게 팔과 다리 길이가 길게 나온다. 긴팔 옷을 살 때에는 반드시 입어보고 사자. 어깨가 맞으면 팔이 너무 길고, 팔을 맞추면 어깨가 안 맞는 경우가 많기 때문. 가급적 인터넷보다는 매장에 가서 직접 입어보고 사는 것을 권한다.

반팔 티셔츠의 경우 사이즈가 넉넉하게 나오는 경우가 많다. 한국에서 L사이즈를 입었다면 미국에서는 M사이즈로 고르는 것이 좋다.

>>> 미국의 의류·신발 사이즈

여성 의류 사이즈						
구분	XS	S	M	L	XL	XXL
한국	44(85)	55(90)	66(95)	77(100)	88(105)	99(110)
미국	2	4	6	8	10	12

남성 의류 사이즈						
구분	XS	S	M	L	XL	XXL
한국	85	90	95	100	105	110
미국	90	95	100	105	110	110

신발 사이즈									
한국	230	235	240	245	250	255	260	270	280	290
미국 남자	–	–	6	6.5	7	7.5	8	9	10	11
미국 여자	6	6.5	7	7.5	8	8.5	9	10	11	12

인터넷 쇼핑

미국에서도 인터넷 쇼핑은 아주 자연스러운 쇼핑의 한 방식으로 자리 잡은 지 오래다. 학기초 교재를 사기 위해 아마존을 이용한 이후에도 종종 인터넷 쇼핑을 할 일이 생겼다. 동네 자전거가게에서는 20불 이상 줘야 살 수 있는 자전거 자물쇠가 이베이에서는 단돈 8불이었고, 유달리 예민한 탓에 저렴한 마트용 화장품을 더 이상 견딜 수 없던 피부는 세포라 지름신을 소환했다. 쓸 만한 인터넷 쇼핑몰 몇 군데를 소개하니 참고하자.

이베이 ebay.com

우리나라의 옥션, 지마켓 같은 곳으로 2006년 옥션, 2011년 지마켓을 차례로 인수하며 국내 오픈마켓 시장의 상당 부분을 점유하고 있는 회사이기도 하다. 지마켓처럼 각각 등록된 판매자가 직접 상품을 판매하는 시스템으로 판매자간 경쟁이 심해 가격이 굉장히 저렴하며 없는 게 없다고 할 정도로 상품이 다양하다. 품질보다는 가격을 위주로 구매할 때 이용할 사이트. 화장품류처럼 품질에 민감한 상품은 구매하지 않는 것이 좋으며 내용물을 바꿔치기하는 사기가 잦다고.

세포라 sephora.com

대도시가 아닌 이상, 미국의 시골 동네에는 화장품가게를 찾아보기 힘들다. 한국에서 가져온 화장품이 떨어진 후, 급한대로 마트에서 파는 제품을 사용하기는 했지만 워낙에 예민한 피부가 점점 상해가는 게 눈에 보였다. 특히 미국의 기름진 음식과 급격히 달라진 환경, 물 등으로 피부 트러블이 잦던 상황. 그 때 룸메이트가 소개해준 세포라닷컴 덕분에 소중한 내 피부를 구제할 수 있었다.

세포라는 오프라인 매장도 갖추고 있는 미국의 유명한 화장품가게 체인으로, 우리나라의 아리따움이나 올리브영 화장품코너처럼 다양한 브랜드의 화장품을 갖추고 판매하는 편집매장이다. 오프라인 매장도 인기가 높지만 온라인 쇼핑몰도 이용이 아주 편리하다. 상품이 판매량 순으로 나

열되어 있고 자신이 필요한 제품군만 선택해서 볼 수 있기 때문에 원하는 제품을 정확하게 고를 수 있게 도와준다. 화장품에 관심이 많고, 한국에서는 비싸서 못 썼던 고급 화장품을 상대적으로 저렴한 가격에 써 보고 싶은 사람에게 추천한다. 특히 한국과 가격차가 많이 나면서도 품질이 우수한 제품 브랜드로는 피터 토마스 로스Peter Thomas Roth나 오리진스Origins 등이 있다.

뽐뿌 ppomppu.co.kr

많은 네티즌들의 온라인 사랑방 기능을 하고 있는 뽐뿌는 사실 유용한 쇼핑정보를 제공해주는 것으로도 입소문이 자자한 사이트다. 국내 사용자들에게도 유용하지만 해외에 체류하는 사람이 특가상품을 찾아볼 수 있는 '해외뽐뿌' 게시판도 엄연히 존재한다. 해외뽐뿌 게시판에서는 미국 브랜드의 온라인몰이나 아마존과 같은 인터넷 쇼핑몰에서 실시하는 정기 및 비정기 세일, 특가할인상품에 관한 정보를 공유한다. 한국에서 해외 직배송 구매를 하기 위해 뽐뿌를 이용하는 사람도 있지만, 미국에 체류 중인 경우에는 현지에서 바로 배송받을 수 있기 때문에 저렴하게 구매가 가능하다.

해외뽐뿌를 할 때 중요한 것은 바로 타이밍! 온라인몰이 오프라인 매장보다 할인율이 더 높은 의류의 경우 많은 사람들이 구매하여 품절이 빨리 이루어진다. 예를 들어 아베크롬비의 경우 세일 상품이 온라인몰에 업데이트된 지 1시간 만에 전량 품절되는 일도 있었다. 70%라는 파격적인 할인율에 너도나도 구매를 해버린 것. 그러므로 필요한 물건이 생기면 주기적으로 해외뽐뿌를 확인하자.

슬릭딜 slickdeals.net

해외에 체류하면서 뭔가 저렴하게 사고 싶을 때 눈여겨 봐야할 사이트가 바로 슬릭딜! 해외 구매를 하는 사람들에게는 마르지 않는 샘과 같은 곳으로 통하는 슬릭딜에서는 노트북이 시중가의 반값으로 올라오기도 하고, 70% 할인하는 명품 의류를 구매할 수도 있다. 품목을 가리지 않고 온갖 제품들을 저렴하게 '득템' 할 수 있는 슬릭딜을 잘 이용하는 방법은 딱 하나, 자주 들어가 보는 것이다. 자주 사이트에 접속해서, 새롭게 나온 상품이 뭐가 있는지 확인하고 재빠르게 구매를 하는 것이 좋다. 또한 가지 팁이 있다면, 웹사이트에 접속해서 맨 첫 페이지보다는 상단의 'Popular Deals' 메뉴에 접속하여 구매하는 편이 좋다. 첫 페이지의 상품들은 이미 매진된 경우도 있기 때문에 구매 전 재고를 확인하자.

중고물품 이용하기

우리나라에서도 요즘은 프리마켓, 즉 벼룩시장이 유행하고 중고거래 문화가 번지고 있다. 미국에서는 집집마다 있는 차고에 물건들을 전시해 놓고 파는 차고 세일Garage Sale이나 중고가게Secondhand Shop 혹은 Thrifty Shop가 많이 있고, 남이 쓰던 중고라도 상태만 멀쩡하다면 저렴하게 구입해 쓰는 일에 거리낌이 없는 분위기다. 구세군에서 운영하는 굿윌스토어Goodwill Store나 SPCA라는 동물보호협회에서 운영하는 중고가게SPCA Thrifty Shop의 경우 수익금을 공익을 위해 사용하니, 필요한 물건을 싸게 사고 좋은 일도 하는 일석이조인 셈. 이런 중고가게는 교환학생들이 귀국 전 도저히 가지고 갈 수 없는 물건들을 기부할 수 있는 곳이기도 하니 동네의 중고가게 하나쯤 알아 두면 좋다.

UC 데이비스는 학교 안에도 중고가게가 있었는데, 학생들로부터 기부 받은 물품들을 판매해 수익금 모두 총학생회의 운영 기금으로 사용된다. 나는 이곳에서 엄청나게 예쁜 마크제이콥스 데님 반바지를 단돈 4불에 획득(!)하기도 했으니 좋은 물건을 싸게 사는 건 각자의 눈썰미에 달린 셈. 대도시에는 중고 의류를 사고파는 의류 교환 전문점Clothing Exchange Store들이 있는데, 뉴욕에 있는 비콘즈 클로짓Beacon's Closet 같은 경우 엄청난 물량과 엄선해서 매입하는 의류의 뛰어난 품질, 디자인으로 널리 유명세를 떨치고 있다.

TV 채널 가이드

미국에는 셀 수없이 많은 TV 채널이 있다. 그 중에서도 지상파 방송은 몇 개 되지 않고 대부분은 케이블 채널이다. 대표적인 지상파 방송으로는 ABCAmerican Broadcasting Cooperation, CBSColumbia Broadcasting Cooperation, NBCNational Broadcasting Cooperation, FOX, WBWanner Brother가 있다. 이 5개의 지상파 방송사는 모두 민간 회사다. 공영방송은 단 하나 PBSPublic Broadcasting Cooperation 뿐이다.

수많은 채널을 하나씩 돌리면서 보고 싶은 프로그램을 고르는 것은 거의 불가능하다. 그래서 원하는 방송을 언제든지 볼 수 있는 주문형 비디오 서비스를 신청해 두는 사람들이 많다. 그 중 많은 가정에서 이용하는 서비스는 컴캐스트Comcast와 넷플릭스Netflix다.

컴캐스트는 지나간 프로그램을 리모컨으로 선택하여 볼 수 있는 서비스다. 우리나라에도 비슷한 서비스가 있어 친숙하다. 본방사수하지 못한 드라마를 찾아보거나, 예전에 종영된 프로그램을 받아볼 때 정말 편리하다. 게다가 HD급의 화질을 제공하고, 지상파와 케이블을 불문하고 어지간한 프로그램은 모두 볼 수 있다는 게 장점이다.

넷플릭스는 DVD를 마음껏 보고 싶어 하는 미국인들의 한을 풀어준 상품이다. 자신이 원하는 TV 프로그램이나 영화를 리모컨을 이용해 인터넷에 접속하여 볼 수 있게 해주는 서비스다. 우리가 지나간 영화를 찾아봐야 할 때 P2P 사이트를 뒤지는 것처럼 미국인들은 아주 자연스럽게 넷플릭스를 뒤져서 영화를 본다. 따라서 웬만한 미국 영화는 다 있다고 보면 된다. 당장 온라인상에 없는 영화나 최신영화의 경우 주문하면 DVD를 집으로 보내주기도 한다. 시청 후 반송하면 된다. TV 콘텐츠는 일부 유명한 프로그램만 제공되기 때문에 대개는 영화를 보기 위해서 넷플릭스를 이용하는 편이다.

영화 관람

미국 영화관이라고 해서 한국과 크게 다를 것은 없다. 표를 사고, 팝콘이나 콜라, 나초 등의 간식거리를 살 수 있고, 상영관 안에 들어가서 영화를 보면 된다. 표값은 12~15불 정도인데 특정 요일에는 절반 가격 정도로 학생할인을 받을 수 있는 영화관이 많으니 이 날을 노리는 것이 좋다.

우리나라 영화관과 다른 점은 좌석이 지정돼 있지 않다는 것이다. 인기 영화의 경우 좋은 자리를 잡으려면 일찍 도착해서 기다리는 게 좋다. '빅뱅이론' 같은 미드를 보면 영화팬들이 자정에 시작되는 영화의 첫 상영을 보려고 초저녁부터 줄을 서서 기다리는 장면이 나오는데, 해리포터 시리즈처럼 유명한 영화가 개봉할 때는 실제로 볼 수 있는 진풍경이다. 자정에 시작하는 인기 영화의 첫 상영표는 한 달 전 오픈과 동시에 매진되지만 그래도 상영 당일에는 좋은 자리를 맡기 위해 줄을 서야 하는 것. 아무튼 어딜 가든 줄 서고, 기다려야 하는 곳이 미국이다.

미국 영화관은 시끄럽다. 그렇게 적극적으로 반응하는 관객을 한국에선 본 적이 없었다. 쩝쩝거리며 팝콘과 나초를 먹고, 영화의 내용에 따라서 환호와 감탄사를 던지거나 심지어 박수를 치고, 욕을 하는 등 엄청나게 액티브한 모습이다. 조용히 스크린을 쳐다보며 간혹 폭소를 터뜨리는 것 외에는 반응을 겉으로 드러내지 않는 한국 관객과는 달랐다. 영화관에서는 조용히 하는 것이 예의라고 생각할 수도 있지만, 적극적인 미국 관객들이 쏟아내는 "Oh!" "Damn!" "I love it!" "That's not cool!" 등의 감탄사와 함께 영화가 뿜어내는 분위기에 더욱 빠져들 수 있었던 것 같다.

》》》 영화관 : 우리나라의 CGV나 롯데시네마에 해당하는 미국의 리갈시네마

공연 관람

미국에서 즐길 수 있는 것으로 우리나라보다 발달된 공연문화를 빼놓을 수 없다. 꼭 뉴욕의 브로드웨이가 아니라도 우수한 공연을 관람할 수 있는 곳은 많다. 뉴욕의 TKTS, 샌프란시스코의 TIX 등 대도시에는 티켓을 저렴하게 구할 수 있는 부스도 있으니 이용하자. 각 도시의 관광안내소에서 배부하는 관광지도나 책자를 통해 관련 정보를 얻을 수 있다. 티켓마스터ticketmaster.com는 우리나라의 인터파크 티켓 같은 곳으로 콘서트, 스포츠 경기, 뮤지컬이나 연극 등 다양한 공연의 티켓을 예매할 수 있다.

대학교 안에 위치한 공연장에서 열리는 공연도 눈여겨볼 필요가 있다. 재학생에게는 무료관람이나 할인의 혜택이 있기 때문. 나는 UC 데이비스 학내에 있는 몬다비센터Mondavi Center에서 '서카CIRCA'라는 제목의 현대판 서커스 공연을 관람했는데, 입학 혹은 편입한지 1년 이내의 학생들에게 주어지는 첫 공연 무료관람 혜택을 받아서 근 50불에 달하는 공연을 공짜로 볼 수 있었다. 이후에 몬다비센터의 공연을 볼 때는 50% 할인된 가격으로 표를 살 수 있었다.

학내 공연장에서는 교내 연극동아리 등 학생들이 주최하여 여는 공연도 심심찮게 볼 수 있는데, 학생들이 올리는 공연이다 보니 표값이 상대적으로 저렴하다. 또한 슬라이딩 피Sliding Fee라고 해서 좌석에 관계없이 표값이 조금씩 다른 경우가 있다. 예를 들어 포스터에 "7~11$ Sliding Fee"라고 적혀 있다면 최소 7불에서 최대 11불까지, 자신의 경제형편과 공연에 대한 기대치 등을 고려하여 내고 싶은 만큼 값을 지불하면 된다.

서카 공연은 공연의 이해 수업 과제를 하기 위해서 보러 갔어. 수업을 같이 듣는 대니얼과 함께였지. 그런데 대니얼이 세 살배기 딸을 공연에 데리고 온 거 있지? 대니얼은 나와 동갑이지만 혼자서 딸 하나를 키우고 있는 비혼모였거든. 우리나라 같았으면 표값이 싸지도 않은 만큼 아이들은 다른 사람에게 맡겨두고 엄마만 공연을 보러 오지 않을까 싶은데, 공연을 이해나 할지 모를 세 살짜리 아이에게 공연을 보여주는 모습에서 어린 아이도 인격체로 존중하는 미국인들의 태도를 엿볼 수 있었어. 너무나 당연스럽게 아이 표까지 예매를 하더라고. 물론 아이는 지극히 포스트 모던한 공연에 곧 잠에 빠져들었지만, 이렇게 어렸을 때부터 자연스럽게 공연을 접하기 때문에 성인이 되어서도 공연을 어렵고 비싸기만 한 것이 아닌, 자연스러운 문화생활로서 받아들일 수 있는 게 아닌가 싶더라.

몬다비센터는 인근에서도 크고 시설 좋기로 유명한 공연장으로, 얼핏 봐도 1천 석은 족히 넘을 것 같은 객석이 가득 차 있었어. 대학도시인 데이비스의 평소 인구 구성괴는 다르게 대학생이 아닌 듯한 일반인도 많이 보였고, 개석은 굉장히 들뜨고 즐거운 분위기였어. 서카는 진지하고 포스트 모던한 공연이었지만 기본적으로는 서커스에 기원을 두고 있다 보니 유머와 재치를 잃지 않았지. 관객들은 공연의 심오함에 빠져들면서도 재미있는 광경이 벌어질 때마다 마음껏 웃어젖히는 걸 잊지 않았고, 나는 무대에서 벌어지는 상황 외에도 무대와 함께 인터랙티브하게 반응하는 관객들의 모습이 흥미로워 한순간도 긴장의 끈을 놓을 수 없었어. 공연이 끝난 후에는 우레와 같은 박수가 터져 나왔고 여기저기서 많은 관객들이 기립박수를 치기도 했어. 나 역시 공연이 훌륭했다고 생각해서 자리에서 일어나 박수를 쳤고. 재미있는 것은 그 와중에도 공연이 마음에 들지 않았던 사람들은 꿋꿋하게도 기립하지 않았다는 거야. 주변 반응에 휩쓸리기보다는 자기 주관이 강한 편인 미국인들의 성향을 엿볼 수 있는 대목이었지.

스포츠 관람

미국은 각종 스포츠 리그가 발달된 나라다. 미식축구라고도 하는 풋볼Football과 야구에 대한 열기가 특히 대단해 경기가 잦고 문화적 영향력도 크다. LA 다저스니, 뉴욕 양키즈니, 보스턴 레드삭스니 하는 익숙한 명칭들이 모두 야구팀 이름이라는 것만 봐도 미국 사회 내에서의 스포츠의 중요성과 인기를 가늠할 수 있을 것이다.

주요 경기가 있는 날이면 동네의 큰 펍Pub에서 대형 TV로 경기를 상영하고 스포츠팬들이 모여들어 한마음으로 경기를 즐기며 응원하는 분위기가 조성된다. 대학생들 역시, 특히 남학생들이 스포츠를 좋아하기 때문에 경기가 있는 날이면 한 집에서 모여 피자를 먹으며 TV 중계를 시청하며 떠들썩하게 즐기곤 한다.

매년 1월 마지막 일요일에는 전미 풋볼리그NFL; National Football League의 챔피언 결정전에 해당하는 수퍼볼 경기가 열린다. 풋볼 경기장의 모양이 둥근 그릇과 같다고 해서 볼Bowl이라고 부르는 것인데, 수퍼볼 외에도 로즈볼Rose Ball, 오렌지볼Orange Ball, 코튼볼Cotton Ball과 같은 볼 게임들이 있다.

우리나라에서는 흔치 않은 스포츠이기 때문에 생소할 수 있지만 미국에서 수퍼볼은 굉장히 큰 게임이다. 이 날을 수퍼볼 선데이Super Bowl Sunday라고 부르며 일주일 내내 기다리고, 경기가 끝난 뒤에도 한동안 회자되곤한다. 일 년 중 TV 시청률이 가장 높은 날로, TV 채널이 수없이 많은 미국에서 시청률 40%가 넘게 나온다고 하면 말 다한 듯. 한국인들이 인기 드라마에 열광하듯 미국인들은 스포츠 경기에 열광하며, 수퍼볼 선데이에는 집 밖에 돌아다니는 사람도 많지 않을 지경이다. TV 광고비도 가장 비싸서, 2012년에는 30초짜리 광고를 내보내는 단가가 350만불(약 40억원)에 달했다.

미국에서 야구 경기 한 번 안 보면 한이 될 것 같아서 귀국할 무렵 MLB 경기장을 찾았어. 오클랜드 애슬래틱스와 LA 다저스의 경기였지. 브래드 피트 주연의 영화 '머니볼'로 유명한 오클랜드 애슬래틱스 경기장은 옆으로 넓게 퍼진 우리나라 야구 경기장과는 달리 콜로세움처럼 높이가 높았어. 야구장의 분위기는 편을 나눠 앉지 않아 어수선했지만 선수들의 행동 하나하나에 관중은 꽤 집중했지. 우리나라처럼 편을 갈라 소리를 지르며 응원하고 야유하지는 않았어. 단지 응원하는 팀의 티셔츠를 입고 경기를 보며 옆 사람과 경기의 즐거움을 공유하면 그뿐이었지.

핫도그와 솜사탕, 츄러스 따위를 파는 상인들이 눈에 띄게 많이 돌아다녔어. 가격은 바깥에서 파는 것에 비해 3배 정도로 비쌌어. 겁나서 아무것도 못 사먹겠더라. 솜사탕은 우리 돈으로 8천원, 갈릭 감자튀김은 9천원이나 했거든. 그러다 목이 너무 말라서 루트비어 한 잔을 사려는데 수퍼 사이즈Super Size밖에 없다는 거야. 가격은 무려 9불! 비싼 경기장 물가만 아니었어도 야구장에 자주 들락날락 하고 싶었지만 역시 미국은 뭐든지 다 돈인 나라. 한 번뿐인 메이저리그 야구 경기 관람이었지만 그래서 더 소중한 추억이 되었는지도 모르겠어. 미리 짜기라도 한 것처럼 한 번의 실수 없이 프로답게 진행되는 깔끔한 플레이, 그 수준급의 경기에 입이 떡떡 벌어졌던 건 물론이고!

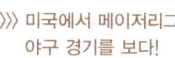

>>> 미국에서 메이저리그
     야구 경기를 보다!

건강관리 Health

병원 이용

미국의 의료 서비스는 널리 알려진 것처럼 무척 비싸다. 특히 치과 치료를 해야 하는 경우에는 한국에 들어가서 치료를 받고 돌아오는 것이 비행기 삯을 다 고려해도 오히려 싸게 먹힌다고 할 정도이다. 그래서 보험 가입이 필수이다.

교통사고 등 긴급한 상황에는 911에 연락하여 구급차를 타고 응급실 Emergency Room에 가게 된다. 추후 이동 거리에 따라 구급차 비용이 청구되고 이는 나중에 보험회사에서 환급받으면 된다. 심각한 상황은 아니지만 일반진료가 끝난 시간에 병원에 가야 할 경우 야간진료센터 After Hour Clinic를 찾으면 된다. 주위에 차가 있는 사람에게 라이드를 부탁해서 가야 한다. 마땅히 부탁할 사람이 없다면 각 학교의 교환학생 담당 부서에서 알려주는 비상전화번호에 연락해서 도움을 구할 수 있다. 야간진료센터는 당직의사 한두 명이 근무하고 있는 경우가 대부분인데 대형병원 응급실에 비해서는 가격이 저렴하다는 장점이 있다. 보통은 오후 9시 정도까지 문을 연다. 아프기 전에 가까운 병원과 야간진료센터의 위치와 전화번호 정도는 미리 알아봐서 메모해두는 것이 좋다.

보험금 타는 방법

미국에서 병원에 갈 때는 반드시 보험카드 Insurance Card와 신분증을 가지고 가야 한다. 미국 병원에서는 보험이 없는 환자는 응급환자를 제외하고는 진료 접수를 거부하는 일이 많기 때문이다.

진료를 받은 후에는 진료확인서 Doctor's Note와 처방전 Copy of Prescription, 진료비와 약제비 영수증 Receipt을 꼭 받아두어야 한다. 병원에서 받은 서류와 함께 보험카드 사본과 여권 사본을 보험사에 우편으로 보내 보험금을 청구해야 한다. 보험사에서 접수 확인 후 2주 이내에 환급액을 계좌로 송금해주거나 수표로 보내준다. 지불한 금액과 환급받은 금액이 일치하는지 반드시 확인해보자. 보험사에서 보내준 수표는 계좌를 갖고 있는 은행에 가져가면 현금화할 수 있다. 보험사에 확인 전화를 걸어 처리가 제대로 되었는지 확인하는 과정을 거치는 게 좋다.

교내병원 이용

대학교 내에는 보통 교내병원Student Health and Wellness Center이 하나씩 있다. 학교보험을 들었을 경우에는 모두 보험 처리가 되므로 진료비가 따로 들지 않는다.

학교보험이 아닌 일반보험을 든 경우라고 해도 사설병원보다는 진료비가 낮다. UC 데이비스 내에 있는 교내병원의 경우 상담 간호사Advise Nurse와 직접 만나거나 전화로 상담하는 것은 무료이고 의사를 만나는 경우 진료비는 회당 15불 정도. 비용은 직접 지불할 수도 있고 학생증과 연계된 계좌에 청구되어 나중에 한꺼번에 낼 수도 있다.

미국에서는 병원까지의 거리와 비싼 비용, 길고 긴 대기시간 등의 문제로 한국에서처럼 자주 병원에 가기 어렵다. 한국에서는 감기만 걸려도 병원에 가보라고 하지만 미국에서는 가벼운 감기몸살 정도로는 병원에 가지 않는다. 사실 가벼운 증상으로는 병원에 가봐야 별 소용이 없는 경우가 많다. 웬만한 감기몸살인 경우, 약국이나 마트에서 처방없이도 살 수 있는 약을 추천해주는 데 그치고 충분한 휴식을 취하라고 하는 정도이기 때문이다. 한국에서처럼 무조건 항생제나 진통제를 많이 쓰지 않는 점은 믿음이 갔다.

약 구입하기

미국은 병원비가 비쌀 뿐만 아니라 대기시간이 길기 때문에 병을 고치러 갔다가 오히려 화병을 얻어올지 모른다. 독한 약이나 항생제를 쉽게 처방해주지 않기 때문에 조제약이나 약국 약이나 별 차이가 없다. 처방전에 적혀있는 약 목록을 살펴봐도 마트에서 처방 없이 살 수 있는 것들이 대부분이다. 약국Pharmacy 카운터에서 증상을 이야기하면 적합한 약을 골라주기도 하므로, 자신의 증세를 어느 정도 자가진단 할 수 있다면 번거롭게 병원까지 발걸음하지 않고도 필요한 약을 구입할 수 있다. 미국 약값은 한국에 비해서 조금 비싸지만 몇 천원 정도 차이라서 극적인 격차가 있는 병원비처럼 우려하지는 않아도 된다.

미국의 약국은 약 뿐만 아니라 화장품, 생활용품, 식료품 등도 함께 판매하며 웬만한 편의점보다도 규모가 큰 드럭스토어Drugstore 개념으로, CVS나 월그린Walgreen, 라이트에이드Rite Aid 등이 있다. 대개 드럭스토어 내에 약국 카운터가 있으니 처방약을 조제해야 하거나 약품 선택에 도움을 받고 싶을 때 이용할 수 있다.

감기몸살 : 데이퀼Dayquil, 나이퀼Niquil

대표적인 종합감기약으로 매우 강력하다. 알약 타입과 물약 타입이 있고 포장단위도 다양한데 인체에 흡수가 빠른 물약이 효과가 더 좋은 것으로 알려져 있다. 데이퀼은 낮, 나이퀼은 밤에 먹는 것인데 나이퀼에는 수면제 성분이 들어 있어 밤잠을 설치지 않고 깊이 잠들 수 있도록 도와준다. 데이퀼과 나이퀼을 구입할 때 신분증 제시를 요구하는 경우가 있는데, 메탐페타민Methamphetamine이라는 환각물질이 극소량 들어있어서 18세 미만의 미성년자는 구입이 금지되어 있기 때문이다.

기침, 가래 : 뮤신엑스Mucinex

뮤신엑스는 대표적인 진해거담제로 가래를 녹여서 코나 가슴의 답답함을 해결해주는 역할을 한다. 보통 가래가 끓을 때는 기침을 멎게 하는 약을 함부로 먹어서는 안 된다. 이는 기침을 통해 체내 불순물을 바깥으로 빼내던 것을 하지 못하게 됨으로서 오히려 폐 등에 더 큰 문제가 생길 수 있기 때문이다. 하지만 뮤신엑스는 기침과 가래를 동시에 해결해주기 때문에 안심하고 복용할 수 있다.

두통 : 타이레놀Tylenol

우리나라에서도 흔히 쓰는 타이레놀. 미국에서는 진통제의 대명사처럼 여겨지고 있다. 종류가 무척 다양한데, 생리통에 잘 듣는 우먼스 타이레놀Women's Tylenol이나 증상에 따른 감기약 성분이 포함된 제품들이 나와 있고 강도 및 약효 지속시간에 따라 조금씩 특징이 다른 제품들이 다양하게 나와 있다.

복통 : 펩토 비스몰Pepto Bismol

이 약은 냉장고에 보관해야 한다. 자극적인 파스 맛이 나는 분홍색 약으로 배가 아플 때 한 컵 가득 따라 마시면 된다. 미국의 가정상비약으로 유명하다.

알레르기 : 베나드릴Benadryl

해산물 알레르기 때문에 병원 응급실에 갔을 때 병원 응급실에서 처방받은 약이 베나드릴이었다. 증상이 너무 심하면 반드시 병원에 가야겠지만 처방전 없이도 구매할 수 있는 베나드릴을 빨리 복용하기만 한다면 웬만한 알레르기는 가라앉는다.

상처 연고 : 네오스포린Neosporin

우리나라의 후시딘이나 마데카솔처럼 상처에 바르는 연고로 대표적인 것이 네오스포린이다. 네오스포린 제품군 중에서도 통증을 경감시켜주는 타입Pain relief이 가장 유명하다. 가벼운 찰과상, 화상, 베인 상처에 사용할 수 있다. 일회용으로 소량씩 포장된 것과 스프레이 형태로도 나와 있다. 야외 활동을 할 때 가방에 하나씩 넣고 다니면 좋다.

서바이벌 의료 용어

의료 용어라고 해서 어려운 말을 쓸 필요는 없고 쉬운 단어를 이용하더라도 증상을 정확하게 설명하는 것이 중요하다.

증상 설명	
오한	Chill
열	Fever, Temperature
가려움	Itching
설사	Diarrhea
심한 통증	Severe Pain
몸살	Body Pain
생리통	Menstrual Pain
삐다, 접질리다	Sprain
오른팔이 부러진 것 같아요.	My right arm seems to be broken.
발목이 아파요.	My ankle hurts.
입원해야 하나요?	Do I need to be hospitalized?
마지막 생리 첫날이 언제였나요?	When was your first day of last period?
임신 가능성이 있나요?	Do you have any possibilities of being pregnant?

약품 종류	
알레르기 치료약	Allergy Remedy
멀미약	Sickness Relief
수면제	Sleeping Aid
피임약	Birth Control Pills
붕대	Bandage
연고	Ointment
처방전 없이 살 수 있는 약	Over the Counter Medication
이 약 먹으면 졸린 가요?	Does this medicine make me drowsy?
하루 세 번, 4시간에서 6시간 간격으로 2알씩 복용하세요.	Take two pills every 4 to 6 hours, three times a day.

나는 미국에서 인플루엔자 A에 걸려서, 그야말로 과장 조금 보태 '죽을 고생'을 했었지. 인플루엔자 A는 한때 '신종 플루'로 알려지며 우리나라를 비롯한 전 세계를 공포의 도가니로 몰아넣었던 바로 그 독감이잖아.

교내병원에서 받은 진료확인서가 있기 때문에 출석은 문제가 되지 않았지. 하지만 당장 수업을 가지 않으면 다음 수업을 이해하기가 어렵고, 페이퍼를 쓸 때나 시험을 볼 때도 두 배로 어려울 게 뻔했어. 결국 아픈 몸을 이끌고 병원에 다니면서도 수업을 빼먹지 않았고 중간고사까지 치렀지. 그런데 이 감기가 깨끗하게 떨어지지를 않고 좀 나아졌다가 다시 심해졌다가 하더니 기말고사를 한 주 앞두고 인플루엔자 A라는 진단을 받게 된 거야.

다행히 나는 한 알에 1만원이 넘는 타미플루를 먹고 푹 쉬는 것으로 상태가 호전되었지만, 의사는 '노약자나 임산부에게 바이러스를 옮기면 그들은 자칫 사망에 이를 수도 있다'며 증상이 없어질 때까지 절대 집 밖에 나가지 말라고 겁을 주더라고. 데이비스 시가 속한 욜로 카운티의 보건법에 의한 규정이라고 하더군. 나는 기말고사가 한 주 남았다며 불평했지만, 의사는 법이니까 지켜야 한다는 말만 반복했어.

수업에 가지 못한 것은 물론 일부 기말고사마저 집에서 이메일로 시험지를 받아서 치렀어.

시험도, 페이퍼도, 학교생활을 알차게 하는 것도 좋지만 역시 제일 중요한 건 건강이라는, 지극히 당연한 사실을 다시 한 번 느꼈어. 한국에서 아무리 건강하던 사람이라도 환경이 달라지면 아프기 쉬워. 그러니까 평소에 미리미리 건강을 관리하는 게 필요해.

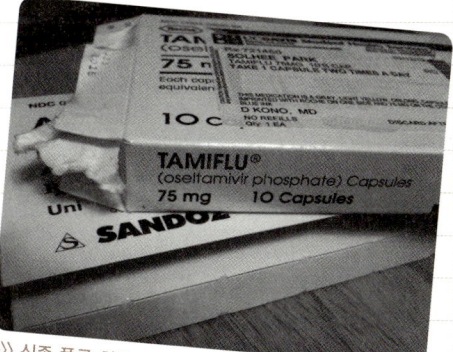

》》 신종 플루 치료제로 알려졌던 타미플루.

서비스 Service

미용실 이용

미국에 가기 전 가장 고민했던 것 가운데 하나가 머리 손질이었다. 여자들이라면 공감할 이 문제에 대해서 이미 교환학생이나 어학연수를 다녀온 친구들에게 물어보았으나 뾰족한 답이 나오지 않았다.

그래도 머리 손질을 전혀 하지 않을 수는 없어서 딱 한 번 미용실에 갔는데, 겁먹었던 것에 비하면 비싸지 않았다. 총학생회에서 나눠준 쿠폰북에 쿠폰이 들어있는 가게였는데 17불이면 머리를 자를 수 있었다. 나는 할인쿠폰을 이용해 2불을 할인받고 여기에 팁 5불을 포함해 20불을 지불했다. 걱정에 비해서는 저렴했고 서비스도 괜찮아서 만족했다.

하지만 이곳은 데이비스에서 가장 저렴한 미용실 중 하나였다. 비싼 곳은 머리 길이에 따라서 자르기만 하는데도 50불 이상을 지불해야 한다. 남자 커트가 30불부터 시작하는 곳도 있다. 요금이 비싸질수록 팁도 그만큼 많이 줘야한다는 건 또 다른 함정. 미국에서 염색은 집에서 하는 게 보통이고, 나도 룸메이트의 도움으로 집에서 염색을 했다.

한 번씩은 하지 않을 수 없는 머리 손질을 위해서 동네마다 하나씩은 있을 저렴한 미용실을 발굴하거나, 비용이 상대적으로 저렴한 한인미용실을 이용하는 게 좋겠다.

Walk-ins Welcome

미국에서 미용실은 기본적으로 예약제이기 때문에 전화로 예약Appointment을 잡고 가야 하지만 가게 앞에 'Walk-ins Welcome'이라고 표시돼 있는 경우에는 예약하지 않은 사람도 바로 서비스를 받을 수 있다. 이는 미용실 외에 네일샵이나 마사지샵에서도 마찬가지다.

자르다^{Cut}와 다듬다^{Trim}의 차이

머리를 잘라달라고 하면 보통 뭉텅 자르는 것을 의미하기 때문에 조금만 다듬고 싶을 경우에는 다듬어달라고 말해야 불의의 사고를 방지할 수 있다. 몇 인치 정도 자르고 싶은지를 정확하게 말하거나 원하는 스타일의 사진을 가져가서 보여주는 것도 좋다.

레스토랑 즐기기

설명이 필요없는 맥도날드!

미국 음식문화에 특징이 하나 있다면 프랜차이즈 식당이 많다는 것. 꼭 식당이 아니라도 미국에는 어딜가나 프랜차이즈가 많기는 하지만, 음식의 경우 맛과 가격을 예측하기 쉬운 프랜차이즈가 유난히 반갑다. 미국 전역 때로는 전 세계에 매장이 있기 때문.

설명이 필요없는 맥도날드, 버거킹, KFC는 대표적인 패스트푸드 전문점이다. 우리나라에는 없는 웬디스^{Wendy's}도 미국에서는 자주 볼 수 있다. 미국 맥도날드는 '먹고 죽으라는 건가' 라는 생각이 들 만큼 음료수 사이즈가 크니 놀라지 말자. 벤티 사이즈 탄산음료가 단 1불이니 '참 맥도날드답다' 는 생각이 든다.

서부의 인앤아웃, 동부의 파이브가이즈

특정 지역에만 있는 식당도 있다. 예를 들어 미국 서부에는 인앤아웃^{In-N-Out}, 동부에는 파이브가이즈^{Five Guys}가 있는 식이다. 일부 지역에만 있어서 그런지 두 식당 모두 신선한 재료를 이용한 훌륭한 버거로 기반 지역에서 최고의 인기를 누리고 있다.

인앤아웃은 서부의 캘리포니아, 네바다, 유타, 애리조나 네 개의 주에만 있다. 햄버거 재료를 얼리지 않고 냉장보관하기 때문에 캘리포니아에서 하루 안에 재료를 배송할 수 있는 곳에만 매장을 연 것이다. 메뉴는 단순하게 햄버거, 치즈버거, 감자튀김으로 구성돼 있다. 5불 정도에 세트메

뉴를 먹을 수 있는 착한 가격, 그러나 절대 뒤떨어지지 않는 맛과 재료의 질로 캘리포니아 일대에서 가장 인기 있는 햄버거로 자리매김하고 있다.

인앤아웃에는 비밀 메뉴가 있는데, 햄버거를 주문할 때 애니멀 스타일 Animal Style로 달라고 하면 햄버거 속에 들어가는 생양파를 잘게 썰어 익힌 양파로 바꿔주고 피클과 소스도 더 많이 넣어준다. 감자튀김도 애니멀 스타일로 주문할 수 있는데, 이 경우는 비용이 추가되며 감자튀김 위에 익힌 양파와 치즈가 올려져 나온다. 이 외에도 햄버거 빵 대신 양상추가 들어가는 프로틴 버거Protein Burger, 고기와 치즈가 들어가지 않는 베지 버거 Veggie Burger 등 모험심을 자극하는 비밀 메뉴가 많다. 구글에 'In-N-Out Secret Menu'라고 검색하면 더 자세한 정보를 알 수 있다.

파이브가이즈는 권위 있는 맛집 가이드인 자갓 서베이Zagat Survey가 평가한 맛집으로 미국 동부에서 명성을 떨치고 있다. 햄버거와 핫도그, 감자튀김 등의 메뉴가 있는데 햄버거도 감자튀김도 맛있고 양이 많다. 주문 시 샌드위치가게처럼 토핑을 무얼 넣겠는지 물어보는데 특별한 선호가 없다면 전부 넣어달라고 하면 된다. 인앤아웃 버거가 작고 저렴하며 신선한 재료를 사용한 웰빙 버거라면 파이브가이즈 버거는 크기가 더 크고 그만큼 값도 비싸며 햄버거 본연의 맛을 잘 살린 버거다. 햄버거와 감자튀김만 주문해도 10불이 살짝 넘어가는 가격이니 푸짐한 식사를 원할때 선택하자. 햄버거 마니아들이 멀리서 찾아올 정도의 맛집이니 보스턴이나 뉴욕 같은 동부의 도시에 갈 때 꼭 먹어볼 것.

패밀리 레스토랑

그 외에 '빅뱅이론'의 페니가 일하는 치즈케이크 팩토리Cheesecake Factory는 치즈케이크가 맛있고 샐러드 등의 메뉴도 괜찮은 편이다. 가격도 유명세에 비해서는 의외로 비싸지 않아서 일 인당 20불 정도면 가벼운 식사를 할 수 있다. 캘리포니아 피자 키친California Pizza Kitchen, 애플비Applebee도 비슷한 규모의 패밀리 레스토랑이다. 우리나라에도 있는 아웃백 스테이크 하우스Outback Steak House도 종종 찾아볼 수 있지만 미국에서는 별로 인기가 없는 레스토랑에 속한다.

패밀리 레스토랑에 방문할 때는 입구에서 호스티스Hostess에게 안내를 받고 자리에 앉는다. 인기 있는 레스토랑의 경우 미리 전화로 예약을 하고 가는 게 좋다. 자리에 앉으면 서버Server가 물과 메뉴판을 가져다준다. 주문을 결정하면 메뉴판을 서버가 볼 수 있도록 테이블 한쪽 끄트머리에 놓아둔다. 그걸 보고 서버가 주문을 받으러 오게 된다.

식사 중에는 부르지 않았더라도 담당 서버가 한 번씩 들러서 음식이 입에 맞는지, 더 필요한 것은 없는지 물어본다. 우리나라에는 없는 문화라 당황할 수도 있지만 미국에서는 좋은 서비스를 제공하고자 하는 차원에서 물어보는 것이니 불만이나 필요한 것이 있으면 이 때 이야기하면 된다. 미국에서는 앉은 자리에서 계산까지 마치는 것이 보통이므로 식사가 끝나면 계산서를 갖다달라고 해서 음식값과 팁을 계산한 후 나오면 된다.

미국에서는 남은 음식을 포장해가는 게 지극히 당연하고 일반적인 문화이므로 음식이 남았을 경우 포장을 요구하자. "이것 좀 포장해 주시겠어요?Could I get a box for this?"라고 말하면 되며, 스스로 포장하도록 종이상자를 갖다 주는 경우도 많다.

스테이크, 피자 등

태드 스테이크 하우스Tad's Steak House는 주요 도시에 하나씩 있는 스테이크 레스토랑인데 수준급의 스테이크를 저렴한 가격에 맛볼 수 있어서 인기가 높다. 말하자면 셀프서비스 스테이크 레스토랑 같은 곳으로 자기가 직접 주문하고 음식을 받아가야 하지만 그만큼 가격이 낮고 팁을 주지 않아도 된다. 접시 한가득 나오는 스테이크를 20불이면 맛볼 수 있어서, 스테이크는 먹고 싶은데 돈이 많이 없을 때 가기 좋은 곳이다.

피자는 라운드테이블Round Table이 맛있고 도미노피자Domino's Pizza도 있다. 우리나라 같은 배달문화가 없는 미국에서 거의 유일하게 배달해주는 음식이 피자다. 피자야말로 미국화가 뼛속까지 진행된 음식의 하나인데 이탈리아 피자와는 상당히 다르다. 치즈피자나 페퍼로니피자를 많이 먹고, 조각의 크기도 우리나라에서 보던 것에 비해 훨씬 큰 편이다.

멕시코 음식을 파는 가게로는 타코벨Taco Bell이나 치폴레Chipotle 등이 있는데, 멕시코 출신 친구들은 이들이 제대로 된 멕시코 음식이 아니라고 할 정도로 미국화되어 있다. 판다 익스프레스Panda Express는 미국화된 중국 음식점으로 최근 한국에도 지점이 생겼는데, 탕수육과 비슷한 오렌지치킨Orange Chicken이나 볶음밥 등을 판다. 패스트푸드 중국음식점이라고 할 정도로 저렴한 가격과 빠른 포장 속도를 자랑한다.

마실거리

잠바주스Jamba Juice는 대표적인 웰빙 주스와 스무디를 파는 프랜차이즈로 큰 인기를 얻고 있다.

미국 스타벅스에서 처음에 못 알아들었던 말이 "크림 넣을 공간을 남겨드릴까요? Would you like a room for the cream?"였다. 영어로든 한국어로든 한국에서는 들어본 적이 없는 소리고, 음료를 컵 입구까지 가득 채워주는 게 당연했기 때문이다. 하지만 미국 커피전문점에는 셀프바에 설탕과 시럽 외에 다양한 종류의 우유가 비치돼 있어 취향에 따라 넣을 수 있다. 그래서 커피 잔에 우유나 크림을 넣을 공간이 필요할 수 있는 것이다.

셀프바에 준비된 우유의 종류는 일반 우유Whole Milk, 무지방 우유Non Fat Milk, 저지방 우유2% Milk, 두유Soy Milk, 유지방이 10% 이상 함유되어 반 우유 반 크림이라고 할 수 있는 하프 앤 하프Half & Half 등이 있다. 아메리카노에 우유를 섞으면 쓴맛이 가시고 텁텁한 라테와는 또 다른 느낌이 나므로 입맛에 맞는 커피를 개발해보자. 미국 커피값은 우리나라와 비슷하거나 조금 싼 수준이다.

샌드위치 주문하는 방법?

서브웨이Subway와 퀴즈노스Quiznos도 한국에 진출해 있다. 샌드위치 전문점으로, 미국에서는 샌드위치를 주문할 때 빵을 고르는 것에서부터 어떤 속 재료를 넣고 어떤 것은 빼고 싶은지, 치즈는 뭐로 할 것인지 등등 직원이 하나하나 물어보면서 즉석에서 샌드위치를 만들어준다. 처음에는 어려울 수 있는데 특별히 가리는 재료나 알레르기가 있는 게 아니라면 다 넣어 달라고 하고 빵과 치즈만 선택하면 된다.

팁, 얼마나 줘야 할까?

팁은 서비스를 제공받았을 때 지불하는 서비스 비용Service Charge에 해당한다. 따라서 자신이 받은 서비스의 만족도에 따라 액수가 달라진다. 보통 팁을 지불해야 하는 장소는 식당이나 호텔, 미용실 등 사람이 직접 서비스를 제공하는 공간이다. 팁은 지폐로 주는 것이 예의이므로 특히 여행을 갈 때는 1불짜리 지폐를 넉넉히 준비해 두는 것이 좋다.

식당에서 내는 팁

서버가 음식을 가져다주는 일반적인 식당에서는 세금을 포함한 음식값의 15~20%를 팁으로 준다. 계산이 어려우면 8~9%에 해당하는 판매세의 두 배 정도를 주면 된다. 보통의 만족스러운 서비스에 대해서는 18%의 팁을 주는 것이 일반적이다. 대여섯 명 이상의 단체인 경우 식당 측에서 서비스 비용을 일정 비율로 청구하기도 한다. 이 경우 계산서에 서비스 비용이 포함된 것이므로 별도의 팁은 내지 않아도 된다. 고급식당이고 서비스가 좋을수록 팁을 많이 주는 것이 일반적이다. 최고급식당에서는 20~25%까지 팁을 주기도 한다. 바에서 칵테일을 주문할 때는 술 한 잔당 1불 정도를 팁으로 준다.

카드로 계산할 때

계산을 카드로 하는 경우 계산서 하단에 보면 팁 금액을 써넣는 난이 있다. 이곳에 주고 싶은 팁 액수를 적고 서명하면 된다. 음식값은 카드로 결제하더라도 팁은 현금으로 주고 싶을 때는 'Cash'라고 적는다. 팁을 현금으로 내는 것이 팁 받는 사람을 배려하는 행동이기도 하다.

복잡한 주문을 할 때

복잡한 주문을 했을 경우에는 팁을 충분히 주는 것이 좋다. 음식에서 향이 강한 고수 잎 Cilantro을 빼달라고 부탁했거나, 자주 불러서 이것저것 갖다달라고 했을 경우가 그렇다. 메뉴에 없는 특별한 칵테일을 주문할 때도 팁을 잔당 2~3불 정도로 넉넉히 주는 게 좋다.

서비스가 형편없을 때

팁은 서비스에 대한 비용이므로 서비스가 형편없었다면 줄 필요가 없다. 서비스가 마음에 들지 않은 경우 15% 미만의 낮은 팁을 줘도 되지만, 서버가 적은 팁을 받은 이유에 대해서 문의한다면 할 말을 준비해두어야 한다.

PART 4
본토 대학생 뺨치는
캠퍼스 라이프
완벽 즐기기

일 년이면 일 년, 한 학기면 한 학기, 교환학생에게 허락된 현지에서
의 시간은 결코 넉넉하지 않다. 하지만 짧은 기간이라고 해서 겉돌기
만 하다 돌아갈 수는 없다. 한정된 시간인 만큼 오히려 더 알차게 활
용해야 한다는 말씀! 학생의 본분인 공부는 기본, 주말이면 현지 친구
들과 어울려 파티를 즐기고, 캠퍼스를 벗어난 야외활동과 국립공원 캠
핑, 미국일주 여행까지! 본토 미국 학생도 울고 갈 패기만발 캠퍼스 라
이프를 200% 만끽해보자.

파란 눈 교수님의
애제자 되기

교환학생은 여러모로 학업에 불리할 수밖에 없는 상황이다. 하지만 불리하다는 생각에 기죽기보다 오히려 교환학생이기 때문에 가질 수 있는 이점, 즉 미국 학생들과는 다른 시각 및 관점 그리고 한국 학생 특유의 성실한 학습태도를 십분 활용해보자. 파란 눈 교수님의 인정을 받는 애제자 되는 게 어려운 일만은 아닐 것이다.

학교가기

미국 대학은 대부분 캠퍼스가 넓고 건물이 여기 저기 흩어져 있기 때문에 길을 헤매기 십상이다. 처음 학교를 방문할 때는 시간 여유를 넉넉히 두는 게 좋다. 대부분 학교에는 한국으로 치면 학생회관에 해당하는 메모리얼 유니언Memorial Union 내지는 스튜던트 유니언Student Union 건물이 있고, 이곳에서 캠퍼스 지도를 얻을 수 있는 경우도 있으니 길 찾기에 참고하자.

234

오리엔테이션 참가하기

개강을 전후로 학교의 교환학생 담당 부서에서 오리엔테이션을 실시한다. 전체 오리엔테이션과 함께 소그룹 오리엔테이션, 캠퍼스 투어나 도서관 이용 워크숍 등 다양하게 이루어지는데 가능하면 많이 참가하는 게 좋다. 현지 적응 및 학교생활에 대한 정보를 얻을 수 있을 뿐더러 한국의 다른 학교나 다른 나라에서 온 교환학생들을 만나는 기회가 되기 때문이다. 오리엔테이션에 관련된 사항은 출국 전 현지 대학에서 보내주는 웰컴패킷에 동봉되며 이메일로도 공지된다.

학생증 발급

학교마다 정해진 장소에서 학생증을 발급해준다. 사진은 대개 현장에서 직접 찍도록 되어 있으니 따로 준비하지 않아도 된다.

학생증은 도서관이나 체육관, 수영장 등 학내 시설의 출입증으로 기능할 뿐 아니라 교내병원이나 카페테리아에서 비용결제 시 이용할 수도 있다. 학외에서는 학생증 제시 시 영화관이나 박물관 등에서 학생할인을 받을 수 있으니 유용하게 활용하자.

교과서 구입

미국에 와서 가장 놀란 것 중 하나는 교과서 가격이 굉장히 비싸다는 것이다. 일반 서적은 페이퍼백(보급판)을 이용하면 한국 책값과 큰 차이가 없지만 수업 교과서는 유난히 값이 비싸다. 새책의 경우 100불을 훌쩍 넘는 것이 보통. 미국 대학생들의 등록금 투쟁 시 주요 의제로 '교과서값 인하'가 자주 나올 정도로 미국 내에서도 말이 많은 사항이다.

예를 들어 한국에서도 많이 쓰는 경제학 기본서인 '맨큐의 경제학'의 경우 한국에서 인터내셔널 버전을 구입하면 4만원 정도에 살 수 있지만 미국에서는 20만원 정도를 줘야 한다. 그러므로 미국에서 수강할 수업들을 예측할 수 있다면 가능한 한국에서 교과서를 구입해 가자.

만약 미국에서 교과서를 사야 할 경우라면 가급적 중고책을 이용하는 게 좋다. 아마존을 이용하면 새책의 절반 가격으로 중고책을 구입할 수 있다. 같은 새책이라도 학교서점보다 아마존이 훨씬 저렴한 경우가 많다. 다만 배송에 걸리는 시간을 감안해 수업 시작 전 여유를 두고 책을 미리 주문하자.

교과서를 굳이 소장할 게 아니라면 중고 교과서를 렌트해서 이용하는 게 가장 알뜰한 방법이다. 서점에서 교과서 판매 외에 렌트도 해주고 있다. 책마다 다르지만 렌트는 중고책을 사는 것보다도 저렴해 책값을 가장 많이 아낄 수 있는 방법이다. 책에 글씨를 쓰거나 밑줄을 긋거나 하는 데 대한 제약도 없기 때문에 편하게 쓸 수 있다. 다만 반납을 제때 하지 않으면 정가에 가까운 책값을 물어야 하기 때문에 유의한다. 반납 기한은 보통 기말고사가 끝나기 직전인데, 가끔 시험을 보기 전에 책을 반납해야 하는 안타까운 상황이 생기기도 하니 날짜를 확인하고 렌트하는 게 좋다.

아마존 스튜던트 프라임

세계 최대의 인터넷 서점 아마존amazon.com. 아마존을 이용하면 새책을 시중보다 저렴하게 살 수 있고, 중고책도 많은 물량이 거래되고 있어서 알뜰 구매가 가능하다.

거기다가 '스튜던트 프라임'이라는 제도가 있어서 학생들에게는 더욱 유리하다. 스튜던트 프라임은 연 39불의 연회비로 무제한 무료배송을 받을 수 있는 서비스다. 아마존은 배송에 걸리는 시일에 따라서 배송료를 다르게 책정하고 있는데, 사흘에서 닷새가 걸리는 일반배송에서 이틀 안에 받을 수 있는 이틀배송, 하루배송 등 다양하다. 주문량에 따라서도 배송료가 달라지지만 보통 일반배송 한 번에 3불 이상이 든다. 그런데 스튜던트 프라임에 가입하면 이틀배송 서비스를 일 년 내내 무료로 이용할 수 있고, 하루배송을 신청할 때도 할인을 받을 수 있다.

스튜던트 프라임 혜택을 받기 위해서는 회원정보에 끝자리가 edu로 끝나는 미국 대학 이메일 계정을 등록해야 한다. 학생이 아닌 경우에는 '아마존 프라임'의 가입 대상이 되는데 스튜던트 프라임과 혜택은 같지만 연회비가 79불로 훨씬 더 비싸다.

영어 이름 짓기

서양인들은 생소한 한국 이름을 절대로 제대로 발음하지 못할 뿐더러 기억은 더더욱 못하기 때문에 이왕이면 영어 이름을 하나 만드는 게 좋다 (기억나는 인도나 태국 이름 있는가? 입장 바꿔서 생각해보자). 룸메이트처럼 오랜 시간을 같이 보내는 친구들이라면 어떻게든 이름을 외우게 되지만, 미국에서는 크고 작은 파티에서 새로운 사람을 만나는 일이 많고 길거리를 지나다니다가도, 수업 시간에 발표를 할 때도, 심지어는 스타벅스에서 커피를 주문할 때에도 이름을 알려줘야 하는 경우가 많다. 초장부터 '이름 이상한 애'로 낙인찍히고 싶지 않다면 적절한 영어 이름이 있는 쪽이 편리하다. 영어 이름을 정한 다음에는 페이스북 이름에 영어 이름을 포함시켜 바꿔두어야 새로 만나는 친구들과 페이스북 친구를 맺을 때 헷갈리지 않는다.

한국 이름에서 한 글자를 따서

영어로 표기하면 Sangjun Yang이 되는 내 이름. 하지만 Sang을 '상'이라고 발음하는 미국인은 거의 없었고 대부분 '생'이라고 불렀다. 할수 없이 영어 이름을 짓기로 했다. 끝 글자인 '준'을 따서 'June'이라고 지으려 했지만 그건 여자 이름이라고 해서, 비슷한 'John'으로 결정했다. 흔한 이름이지만 미국 친구들이 쉽게 기억해주어 좋았다.

한국 이름과 비슷하게

받침을 잘 발음하지 못하는 일본인 친구가 '솔희'를 '소훠'나 '소퓌'라고 부르던 것에 착안해서 'Sophie'라고 영어 이름을 지었다. 너무 흔하지 않으면서도 예쁜 이름이라 마음에 들었다. 많은 사람을 한 번에 만나게 되는 파티나 클럽에서 주로 사용했고 사람을 일대일로 만날 때는 한국 이름을 가르쳐주었다.

이니셜 사용하기

한국 이름을 영어 이니셜로 썼을 때 발음하기 쉽다면 그 자체를 영어 이름으로 사용해도 좋다. 예를 들어 '준석'을 'JS'라고 할 수 있다. 미국인들 역시 이름이 길거나 발음하기 어려운 경우 이니셜을 쓰는 경우가 있다. '후안 카를로스Juan Carlos'를 'JC'라고 하는 식이다.

미국 대학의 수업시간

한국의 수업이 강의 중심의 주입식이라면 미국의 수업에서는 강사와 학생들 간의 상호작용이 굉장히 중시된다. 강사는 끊임없이 질문을 던지며 학생들은 자연스럽게 손을 들고 대답을 하고, 강의 중이라도 궁금한 것이 있으면 손을 들고 질문하기를 주저하지 않는다.

수업시간에 조용히 듣고 있는 것에 익숙한 한국 대학생들에게 미국 대학의 수업 방식은 상당한 문화 충격으로 다가온다. 처음에는 적응이 되지 않더라도 점차 발표에 참여하려고 노력해보자. 쉬운 것이라도 하나씩 대답하다보면 자신감도 붙고 용기가 생기기 마련이다. 숙제로 내준 리딩 내용에 관련된 질문을 하는 경우가 많기 때문에, 숙제를 착실히 하는 만큼 수업시간에 할 말도 많아진다. 자주 발표를 해서 교수님이나 조교TA에게 어필하면 자연스레 참여 점수도 잘 받을 수 있다.

또한 첫 수업시간이 끝난 뒤 교수와 담당 조교에게 가서 자신이 교환학생이라서 영어가 완벽하지 않다는 점, 앞으로 도움이 많이 필요할 수 있다는 점을 꼭 알려 두는 게 좋다. 아무 말도 하지 않았는데 알아서 교환학생을 배려해주리라 기대하기는 어렵기 때문이다. 미국에는 워낙 다양한 민족이 섞여 살고 있어서, 가만히 있으면 내가 외국인인 것도 모를 수 있다.

컬쳐쇼크 극복하기

아무리 한국에서 외국인 친구들과 자주 어울렸어도, 온갖 미드를 섭렵하며 미국인의 사고방식에 익숙해졌어도 컬쳐쇼크는 어김없이 찾아온다. 흔히 생각하는 컬쳐쇼크는 우리나라와 다른 미국의 개방적 성문화나 파티문화에서 오는 거라고 생각하는데, 다른 나라에 도착해서 겪는 생활 속의 어려움들을 모두 컬쳐쇼크의 진행 과정으로 볼 수 있다. 컬쳐쇼크는 정신적인 것뿐 아니라 두통이나 복통 등 물리적 증세로 오기도 한다.

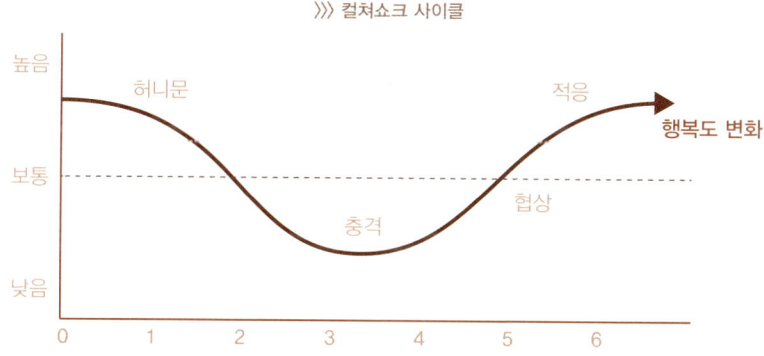

》》 컬쳐쇼크 사이클

허니문 모든 게 새롭고 흥미진진하다. 지루한 일상에서 벗어나 새로운 삶을 개척하러 왔다는 사실에 설레고 흥분되어 기분은 최고조에 이른다.

충격 조금 지내다 보니 한국과 다른 점들이 많이 발견된다. 이 나라에는 너무 이해 안 되는 일들이 많다. 스트레스가 쌓여간다.

협상 자기 자신 그리고 환경과 타협하며 어떻게든 적응을 해 본다.

적응 이제는 현지에 어느 정도 적응이 되어 마음이 편해진다.

교환학생을 떠나는 일은 단순히 사는 장소가 한국에서 외국으로 바뀌는 것만을 뜻하지 않는다. 정든 가족, 친구들을 떠나 믿을 사람, 의지할 사람 하나 없는 타지에서 홀로서기 하는 일은 생각보다 만만치 않은 삶의 변화를 겪게 된다. 단순한 관광여행과는 다른 차원이다.

교환학생 초기에는 모든 것이 새롭고 신기하기 때문에 마치 허니문에 온 것처럼 기분이 들뜬다. 처음 보는 사람들과도 금방 친해질 수 있을 것 같고 음식도 다 맛있게 느껴진다. 하지만 학기가 시작되고 따라가기 벅찬 수업들과 과제에 시달리고, 마음 통하는 친구를 찾기도 쉽지 않고, 생활도 단조롭게 반복되다보면 우울증이나 대인기피증과 같은 형태의 컬쳐쇼크를 겪게 된다.

이럴 때 많은 교환학생들이 택하는 방법이 방에만 머무는 것이다. 집 안에 틀어박혀 한국에 있는 친구들과 채팅을 하면서 어려움을 털어놓고, 한국에서도 잘 안 보던 예능 프로그램이나 드라마를 섭렵하기 시작한다. 물론 이런 방법은 단기적으로 도움이 되지만, 눈앞에 있는 상황을 극복하려는 의지가 없이 계속 진통제만 맞아서는 병을 고칠 수 없다.

집 밖으로 나가자. 사람들과 어울리고, 다른 교환학생들과도 어울리자. 주변 환경에 익숙해지면 도움이 되므로, 동네를 산책하며 지리를 익히고 집안일처럼 간단한 일들도 즐거운 마음으로 해보자. 가벼운 운동을 하며 몸을 움직이는 것도 좋고, 잠시 짬을 내서 가까운 도시로 여행을 다녀오거나 교내 미술관에서 전시를 감상하는 등 취미 생활을 즐겨보자. 컬쳐쇼크는 숨어서 피할 수 있는 게 아니라 더 적극적으로 생활하며 정면 돌파해야만 이길 수 있다.

미국에 첫 발을 내딛은 후, 새로운 환경에 적응하느라 정신없이 시간이 지나갔어. 모든 게 새롭고 좋아보이고, 앞으로 이곳에서 펼쳐질 내 인생의 새 장에 대한 기대가 한없이 부풀었지. 하지만 학기가 시작되고 나니 들뜨고 흥분되던 마음이 차츰 가라앉았어. 여유로워 보이기만 하던 미국 생활도 학기가 시작하니 무진장 바빠졌고, 예상치 못한 곳에서 문제가 터져 나오기 시작한 거야. 착하다고 생각했던 룸메이트와도 집 계약과 관련하여 불편한 관계가 됐고, 매일 장을 보고 학교를 다닐 때 타고 다니던 자전거를 도둑맞는 등 불운이 이어졌어. 꽉꽉 늘 줄 알았던 영어 실력도 제자리걸음. 아무것도 하기 싫어졌어. 마음을 새롭게 할 만한 무언가가 필요했어. 단조로워진 일상생활에서 벗어나는 가장 좋은 방법은 여행이라고 생각했어. 하지만 멀리 여행을 가기엔 부담이 컸고 도시보다는 자연으로 가고 싶었어. 이런 생각을 하며 캠퍼스를 돌아다니다 아웃도어 어드벤처Outdoor Adventure를 발견했지.

아웃도어 어드벤처는 학교에서 주관하는 아웃도어 전문 여행사 같은 곳으로 카약, 래프팅, 캠핑 등 다양한 아웃도어 프로그램을 운영하고 있어. 그 중 내 눈길을 끈 것은 국립공원에서 등산과 캠핑을 하는 프로그램이었지. 일정표를 보니 주말에 요세미티 국립공원 캠핑이 예정돼 있더라고. 마침 주말에 과제도 없던 차, 그길로 곧장 프로그램을 신청했지.

나를 포함한 한국인 교환학생 네 명과 미국인 학생들이 한 팀을 이루게 됐어. 오랜만에 하는 야외활동이어서 말 그대로 신이 났지. 아름다운 경관을 즐기며 국립공원을 등반하고, 저녁식사로는 스파게티를 만들어 먹었어. 캠프파이어를 하고 도란도란 이야기를 나누면서 처음으로 미국인 친구들과 자연스럽게 친해지는 계기가 됐지. 이 때 만난 친구들이 내 미국 생활 내내 끝까지 함께 했고, 내가 단 한 순간도 지루할 날 없이 재미있게 지낼 수 있게 해주었어.

컬쳐쇼크에 대처하는 첫 단추가 중요한 것 같아. 생활에 변화를 주자, 그리고 기왕이면 자연 속으로 가자.

학교 시설 이용하기

도서관Library

도서관 이용은 한국 대학 도서관과 크게 다르지 않다. 학생증으로 출입 및 도서 대출을 할 수 있고 학번을 입력해 컴퓨터를 사용하거나 인쇄, 복사 등의 서비스를 이용할 수 있다. 자료가 워낙 많기 때문에 필요한 것을 찾기는 어려운 편인데 안내 데스크에 가서 문의하면 도와준다. 자료 대출을 위해서는 도서관 홈페이지에서 학생증을 따로 등록해야 하는 경우도 있다.

체육관Gym

학생증을 이용해 체육관과 수영장 등에도 출입할 수 있다. 미국 학생들은 워낙 운동하는 것을 좋아해서 체육관에서 많은 시간을 보내곤 한다. 러닝머신 외에 스쿼시나 요가, 실내암벽등반 등 다양한 시설을 갖추고 있는 편이다. 운동을 하면서 자연스럽게 친구를 사귀는 계기가 되기도 한다.

수영장Pool

미국 학생들은 수영장에서 시간을 보내는 것도 좋아한다. 꼭 수영을 하지 않더라도 수영복을 입고 잔디밭이나 의자에 누워 일광욕하는 것을 즐긴다. 여학생들은 몸매와 상관없이(!) 당당하게 비키니를 입곤 한다. 한국에서는 남의 시선을 의식해 하지 못했던 일들에 도전하는 기회로 삼아 보자.

식당Dining Commons

기숙사마다 운영하고 있는 뷔페식 식당이 있다. 기숙사에 사는 경우 대개 밀 플랜을 구입해서 이용하게 되고, 기숙사에 살지 않더라도 식권을 구입해 이용할 수 있다. 음식의 종류가 다양해서 입맛대로 골라먹을 수 있다는 장점이 있다.

학생회관 Memorial Union

대부분의 대학교에는 메모리얼 유니언 내지는 스튜던트 유니언이라고 하는 학생회관이 존재하며, 이곳에서 나름대로 운영하는 카페테리아가 있다. 비교적 저렴한 가격에 식사를 해결할 수 있어서 점심시간에 자주 찾게 되는 곳. 피자헛이나 타코벨, 스타벅스 등 외부 업체가 입점해 있는 경우도 많다. 학생회관에는 식사를 해결할 만한 시설은 물론 서점과 우체국, 편의점, 학생 휴게실 등이 위치해 있어서 학생들이 편리하게 이용할 수 있다.

서점 Bookstore

미국 대학 내에 있는 서점은 단순히 책만 파는 공간이 아니라 다양한 문구류와 사무용품, 간식류, 심지어 의류와 화장품까지 다양하게 갖추고 있다. 특히 학교의 로고가 새겨진 머그컵이나 티셔츠 등 기념품을 살 수 있기 때문에 종종 들르게 되는 장소다.

박물관 Museum

웬만한 규모의 대학교라면 박물관 한두 개 정도는 있기 마련. 전시 수준이 높은 곳도 많으니 공강 시간 때 들러보자. 유료 박물관의 경우라도 본교 학생에게는 할인이나 무료관람 혜택을 주므로 기회가 있을 때 이용하도록 하자.

인원 초과 시 수강신청 방법

교환학생은 재학생에 비해서 수강신청 우선순위에서 밀려나기는 하지만 담당 교수의 허락만 받는다면 정원 외 남은 자리를 얻어서 원하는 수업을 들을 수 있다. 속칭 '사인'이라고 하는 담당 교수의 허가서를 받아 해당 학과 사무실이나 교환학생 담당 부서로 가서 수업에 넣어달라고 하면 된다.

꼭 듣고 싶은 수업인 경우, 수강신청을 하지 못했더라도 일단 교수님께 이메일을 보내고 첫 수업에 들어가서 눈도장을 찍어둔다. 그리고 수업이 끝나자마자 다가가서 남은 자리를 열어달라고 부탁하자. 인기 강의의 경우 재학생들도 들어가기가 어렵기 때문에 수강이 쉽지는 않지만 자신이 교환학생이며 이 수업을 꼭 듣고 싶다는 점을 잘 어필하면 의외로 수월하게 허락을 받을 수도 있다.

교수님께 이메일 쓰기

이메일은 쉽게 작성하고 보낼 수 있다는 장점 때문에 교수님과 의사소통하기 편리한 수단이다. 하지만 그 편리함 때문에 이메일을 지나치게 가볍게 써서 오해를 사는 경우가 종종 있다. 영어실력이 부족하더라도 일정한 형식에 맞추기만 한다면 예의에 어긋나지 않으면서도 자신의 의도를 정확하게 전달할 수 있다.

교수님께 보내는 이메일의 나쁜 예와 좋은 예를 비교해보자.

Bad Example

Hey Prof, this is nick from your bio class, i managed to set my alarm wrong and missed the test today, is it pocipal for me to take it at a difrent time. i work at night and have never functioned properly in the morning. Also, what may i do to make up the absences I have in the the class, and help would be greatly apreciated. life has been a little crazy for the past couple months. thank you—nick.

교수님께 이렇게 이메일을 보내면 절대 안 된다. 이메일은 문자메시지가 아니다. 대소문자 구분과 맞춤법 검사는 기본이고 예의를 갖춰 써야 한다. 아무리 편리한 이메일이라지만 '서신'이라는 생각으로 최소한의 격식은 차리자. 또한 자신의 이름과 수강하는 과목, 수업 시간, 교수명 등을 적어서 자신이 누구이며 누구에게 이메일을 보내고 있는 것인지 정확하게 전달하도록 한다.

Good Example

Hi Professor Smith,

My name is Solhee Park. I am an exchange student from Korea and this is my first quarter at UC Davis. I want to ask you if I could get into your "Introduction to Linguistics" class. I tried to register that course but unfortunately I couldn't. Since I am an exchange student, I was far behind the priority to register classes that left me no available space for the course. I was not even able to be wait listed. But I do need to take this class since my major is English language and your class is an important introductory class for the major. Could you give me the permission to add the course "LIN 001, CRN: 68319"? I would be more than happy to be saved by your generosity.

Thanks,

Solhee Park, LIN 001, MWF 12:00

인사말과 교수명, 자신이 처한 상황과 도움받기 원하는 내용을 예의바르면서도 직설적으로 표현했다. 마지막에는 감사의 인사와 학생의 이름, 수강하는 과목과 수업시간을 구체적으로 명시한 서명을 담았다. 미국에서는 편지나 이메일을 쓸 때 마지막에 "Thanks," 나 "Bests," 등의 인사말과 함께 자신의 이름이 담긴 서명을 쓰는 것이 기본이니 알아두자. 또한 수많은 학생들에게 이메일을 받는 교수님의 상황을 고려해 어떤 과목의 어떤 분반에 해당하는 일인지 파악하기 쉽도록 과목명과 수업시간을 함께 적는 배려를 보였다.

기본 형식만 익힌다면 교수님께 이메일 보내기도 어려울 게 없다. 다음의 원칙들을 참고하여 교수님께 제대로 된 이메일을 보내는 방법을 숙지하자.

√ 제목에는 항상 과목명과 이메일의 취지를 넣자. 예를 들어 "Question re BIO 361"이라고 쓰면 BIO 361 수업에 대해 질문하고 있다는 것을 분명히 알 수 있다. "This is Solhee from DRA 05"라는 식으로 학생 이름과 함께 과목명을 언급하는 것도 좋다.

√ 만약 교수님의 답장에 대해 다시 답장을 보내는 경우에는 자신이 받은 이메일과 자신이 맨 처음 보냈던 이메일 내용이 모두 포함되도록 하는 게 좋다. 그래야 교수님이 학생과 어떤 내용을 이야기하던 와중이었는지 쉽게 파악할 수 있다.

√ 예의를 갖추자. 영어에 존댓말이 없다고 하지만 예의바른 표현과 허물없는 표현에는 분명 차이가 있다. 오피스 아워에 가지 못해 새로운 상담시간을 잡고자 하는 경우라면 "I need to meet u at a different time."보다 "I can't make any of your office hours. Will it be convenient for you if I come by on Tuesday, October 17th, at

8:30am?"라고 쓰는 게 훨씬 공손하게 들린다.

√ 가급적이면 학교 이메일 계정을 사용하자. 끝이 edu로 끝나는 대학 이메일 계정을 제외한 gmail이나 hotmail 등은 스팸메일로 분류될 수 있기 때문이다. 또한 본인의 신원을 명확히 밝힐 수 있는 효과도 있다.

√ 답변하기 복잡한 내용을 이메일로 질문하지 말자. 질문이 복잡한 경우에는 이메일을 통해 약속만 잡고 직접 찾아가 질문하고 답변을 듣는 것이 좋다.

A⁺, 어렵지 않다! 페이퍼 잘 쓰는 법

페이퍼에서 좋은 성적을 받기는 결코 쉽지 않다. 교환학생 입장에서, 영어가 모국어인 친구들과 비슷한 수준으로 글을 쓰는 일은 그야말로 불가능하기 때문이다. 하지만 페이퍼 과제가 '글 솜씨 테스트'는 아니라는 사실을 명심하자. 영어는 내용을 전달하는 도구일 뿐, 중요한 것은 내용, 즉 콘텐츠다.

A⁺ 받는 페이퍼를 쓰고 싶다면 먼저 교수님을 찾아가자. 페이퍼의 주제를 받은 뒤 자신이 쓸 페이퍼의 주요 흐름을 생각해보고 나서 교수님을 만나야 한다. 구체적인 질문이 없더라도 자신이 생각한 방향이 맞는지 조언을 구해보자. 교수님을 직접 만나기 어렵다면 조교의 도움을 받아도 좋다. 한국처럼 페이퍼는 혼자 쓰는 것이라는 고정관념은 버리고, 교수님과 조교, 주변 친구들과도 이야기를 하면서 아이디어를 발전시켜 나가자.

미국 대학에서 요구하는 페이퍼 수준은 어느 정도일까. 채점 기준은 교수님마다 다르겠지만 대체적으로 한국보다는 점수가 짠 편이다.

C = 기본적인 페이퍼 요구사항에 부합
B = 몇 가지 요구사항이 뛰어남
A = 모든 요구사항이 뛰어남

기본적으로 지켜야 할 것은 문제에서 요구하는 답을 내놓는 것이다.

문제에서 제시한 요구사항을 간신히 만족시키는 정도로는 합격선인 C를 받게 된다. 내용이 참신하고 기발하면 더 좋은 점수를 받을 수 있다.

영문 페이퍼의 기본 개요

영문 페이퍼는 정형화된 틀과 원칙이 있어서 이 구성만 잘 숙지해도 훨씬 수월하게 페이퍼를 쓸 수 있다. 서론 - 본론 - 결론에 해당하는 개요를 탄탄히 짠 뒤 살을 붙여 나가자. 스스로 개요를 짜 보고 교수님이나 조교에게 조언을 구하도록 하자.

A⁺ 받는 페이퍼의 필수 요소를 알아보자.

아이디어가 좋아야 한다.

주어진 문제에 답이 되는 명쾌한 아이디어를 제시해야 한다. 수업시간에 배운 이론을 정리하고 지문에서 제시한 내용이 어떤 이론에 맞는지, 어떤 이론과는 맞지 않는지에 대해 자세히 생각하고 정리해야 한다. 용어에 대한 정의도 분명히 할 필요가 있다.

통일성이 중요하다.

글 전체를 통해 자신이 하고 싶은 이야기를 한 방향으로 제시해야 한다. 그래야 읽는 사람이 페이퍼의 논지를 분명히 이해할 수 있다. 개요 단계에서부터 페이퍼의 전체적인 흐름을 명확히 해야 한다. 페이퍼는 자전적인 에세이가 아니다. 따라서 어떤 주장을 하기 위해서는 반드시 근거를 들어야 한다. 근거 제시도 나열식이 아니라 주장과 근거 사이에 연결고리가 분명히 보이게 논리적으로 써야 한다.

논리적으로 주장의 근거를 제시하자.

근거를 제시할 때는 주장과 근거 사이, 그리고 각각의 근거들 사이의 관계가 분명하게 연결되도록 작성해야 한다. 간혹 자신의 주장과 반대되거나 전혀 상관없는 예를 드는 경우가 많은데 이는 감점의 요인이 된다.

스타일과 스펠링, 문법 체크

페이퍼 과제가 나올 때는 따라야 하는 일정한 형식이 함께 지시된다. MS워드를 기준으로 글자 크기와 줄 간격을 맞춰야 한다. 보통은 글자크기 12, 줄 간격 2(12p, double-spaced)에 맞추도록 요구되고 특정 글꼴을 쓰라고 정해주는 경우도 있다. 특별히 지정해주지 않는 경우 Times New Roman이나 Ariel, Calibri, Cambria 등을 이용하는 것이 무난하다.

스펠링과 문법체크는 필수다. MS워드에서는 스펠링이나 문법이 틀린 경우 빨간색과 초록색으로 밑줄이 표시되어 기본적인 오류 점검을 할 수 있다. 또한 대부분의 미국 대학에서는 학생들이 문법 체크를 받을 수 있도록 라이팅센터Writing Center 등을 운영한다. 이용은 대개 무료이므로 꼭 활용해 페이퍼에 도움이 되도록 하자. 페이퍼 마감이 겹치는 시즌에는 예약자가 많아 이용하기 어려울 수 있으므로 페이퍼 작성 중간이라도 미리미리 문법 체크를 받아 두자.

'나는 교환학생' 임을 숨길 필요가 없다

오히려 적극적으로 드러내고 티를 내야 한다. 개인을 중시하는 미국에서는 페이퍼에 'I' 주어를 사용해 자신의 의견을 직접적으로 피력하는 글쓰기를 더 이상 격식 없다고 여기지 않으며, 오히려 권장하는 추세다. 뿐만 아니라 개인적인 경험이나 주변의 사례를 활용하는 것도 좋은 방법. 자신의 주장을 명료하게 내세우고 그것을 어떻게 잘 뒷받침하는지를 중점적으로 평가하기 때문에 자신의 생각과 느낌을 전혀 숨길 필요가 없다.

미국 학생들만큼 글솜씨가 없는 교환학생들은 부족한 영작 실력을 참신한 콘텐츠로 극복해야 한다. 따라서 한국의 사례, 미국과 한국의 비교 분석 등 미국 학생들과는 다른 새로운 시각을 보여주는 것이 좋다. 다른 문화에 대한 이해도와 글로벌 감각을 보여주는 '해외 사례'를 잘 활용한다면 자칫 약점으로 작용할 수 있는 교환학생이라는 입장을 오히려 강점으로 바꿔버릴 수 있다.

표절Plagiarism은 중죄

표절은 미국에서 중대한 범죄로 여겨진다. 대학에 논문 표절을 담당하는 작은 법정이 있을 정도로 표절에 대해 엄격하다. 같은 수업을 듣던 일본인 친구 중에 제출한 페이퍼가 표절 의심을 받아 학교 법정에 출두한 경우를 보았는데, 결국 표절로 확정되어 수업에서 F학점을 받은 것은 물론이거니와 논문표절자 목록에 이름이 올라 미국에서는 대학원을 갈 수 없게 되었다.

주로 표절 의심을 받는 경우는 구글링을 통해 얻은 자료를 출처 정보 없이 도용하거나, 남이 쓴 글을 임의로 단어 몇 개만 바꿔 제출하는 경우다. 특히 온라인으로 페이퍼를 제출하는 경우 프로그램이 자동으로 표절 논문을 걸러내는 경우도 많으니 각별히 조심하자.

참고 자료는 위키피디아Wikipedia나 블로그 자료보다 책이나 논문을 활용하는 게 좋은데, 영어로 된 무수한 자료 가운데 필요한 것을 찾아내기가 쉽지는 않다. 인터넷에서 자료를 찾더라도 가능한 한 공신력 있는 출처를 발굴하는 것이 바람직하며, 어려운 경우 교수님이나 조교에게 참고할 만한 웹사이트나 책을 추천해달라고 하면 도움을 받을 수 있다.

리스펀스 페이퍼Response Paper

흔히 RP라고 줄여 부르는 리스펀스 페이퍼는 리딩의 내용과 관련해 간략한 초점만을 잡아서 한 쪽 정도로 짧게 쓰는 페이퍼를 말한다. 리딩의 내용을 자신의 어휘로 요약정리하고 거기에 자기 생각을 덧붙이는 방식으로 쓴다고 생각하면 된다. 보통의 페이퍼는 몇 가지 질문이 복합된 논제를 여러 장에 걸쳐 논해야 하기 때문에 한 학기에 두세 번 이상 과제가 나오지는 않는다. 그러나 RP는 하나의 주제에 대해서만 초점을 맞춰 짧게 쓰면 되는 것이라, 경우에 따라서 매주 RP를 써가야 하는 수업도 있을 수 있다. 아무래도 분량이나 주제 등 모든 면에서 쓰기 쉬울 뿐 아니라 채점 기준도 덜 까다로운 편이다. 그렇다고 막 써도 된다는 뜻은 결코 아니다. 리딩을 한 문장이라도 인용한다면 각주를 다는 것은 물론이고 스펠링과 문법도 꼭 체크해야 한다.

한국과 다른 용지 규격을 확인하자!

한국과는 미묘하게 다른 용지 규격이나 문서 편집 관행 등을 알아두어야 한다. 미국에서 표준이 되는 종이의 크기는 레터 용지로 한국에서 쓰는 A4 용지보다 가로가 좀 더 길고 세로는 짧다. A4 용지의 크기는 가로 21cm x 세로 29.7cm 혹은 가로 8.3inch x 세로 11.7inch이며 레터 용지는 가로 21.59cm x 세로 27.94cm 혹은 가로 8.5inch x 세로 11inch 이다. MS 워드에서 문서를 작성할 때 처음부터 용지 규격을 레터로 바꿔 놓아야 한다. 그러지 않고 A4 사이즈로 설정된 페이지 레이아웃에서 작업한 후 학교에 가서 프린트를 해보면 컴퓨터 모니터로 보던 문서와는 배치가 다르고 인쇄돼 나오는 장수도 더 많아질 수가 있다. 교수님이 페이퍼 분량을 엄격하게 준수하도록 요구하는 경우에 더더욱 체크해야 할 사항이다.

페이퍼 쓸 때 도움 되는 웹사이트

동의어사전, 시소러스 thesaurus.com

페이퍼에서 가장 중요한 것은 아이디어이지만 그 아이디어를 매끄럽게 전개하지 못한다면 A⁺를 받기는 어렵다. 영어 글쓰기에서 중요한 점 중 하나가 같은 표현을 반복하기보다는 다양한 어휘를 사용하는 것인데, 이 때 필요한 것이 동의어사전인 시소러스. 검색창에 단어를 입력하면 동의어와 반의어를 보여준다.

예를 들어 "어려운"이라는 의미로 "hard"를 쓰고자 하는데 이미 같은 단어를 앞에서 많이 반복해 식상한 느낌이 든다면 시소러스에서 검색을 해 보자. 대체해 쓸 수 있는 단어들이 죽 나온다. 이 중에서 적절한 단어를 골라 사용하면 된다.

페이퍼는 학문적인 글쓰기이기 때문에 너무 쉽게 쓰는 것도 좋지 않다. 의미는 같을지라도 좀 더 '교양 있는' 단어를 쓰는 것이 좋은 학점을 받는 지름길이다. 한 차원 높은 페이퍼를 위해서 소서러스 검색을 생활화하자.

학습 가이드와 전략 studygs.net

페이퍼를 쓸 때 주로 참고할 만한 부분은 글쓰기와 어휘 Writing and Vocabulary라는 카테고리다. 글쓰기 과제를 어떻게 시작하면 좋은지에 대한 개괄이나 쓰는 글의 종류에 따라 달라지는 전략에서부터 인용하기 좋은 웹사이트, 맞춤법 원칙 등 유용한 정보가 가득하다.

영어 글쓰기에서는 and, but, however 같은 접속어가 중요한데 글이 길어질수록 같은 단어를 반복하게 되는 문제가 있었다. 이 때 사이트를 참조하면 대조와 비교 Contrast and Comparison의 의미를 가진 접속어구나 but이나 however 외에 yet, still, nevertheless 등으로 다양한 것을 알 수 있다.

같은 의미의 단어일지라도 표현을 풍성하게 하면 훨씬 더 수준 높은 페이퍼가 되고, 학점은 자연히 따라온다.

퍼듀 온라인 라이팅 랩(OWL) owl.english.purdue.edu/owl

인디애나 주의 퍼듀 대학교에서 운영하는 온라인 라이팅 랩으로, 대학 글쓰기의 모든 것이 총망라된 사이트로 유명하다. 기본적인 글쓰기와 인용법에서부터 이력서 작성 방법까지 광범위한 정보를 제공한다. 미국 대학 글쓰기의 기본 형식인 MLA 스타일이나 APA 스타일의 포맷은 어떻게 잡으며 각주는 어떻게 다는지에 대한 가이드도 자세히 나와 있어서 많은 참고가 된다.

시험, 미국 학생보다 더 잘 보기

학기중에 수업을 듣고 과제를 하는 것은 조금 소극적이어도 따라갈 수 있었을지 모르지만, 시험을 잘 보려면 적극적인 태도가 필요하다.

미국 대학의 시험은 학생이 수업에서 배운 내용을 잘 알고 있는지 평가하는 것이지, 시험 잘 치는 기술이나 다른 학생들과의 비교, 경쟁이 중요한 것이 아니다. 따라서 교수님이나 조교 나름대로 스터디 가이드를 배포한다. 시험 범위 내에서 학생들이 꼭 알아야 할 개념이 무엇인지 적어놓은 것이다. 수업시간에 배운 키워드와 함께 핵심 내용이 간단히 요약돼 있다. 이를 바탕으로 수업 시간에 배웠던 내용을 되새겨가며 공부하라는 것이다. 스터디 가이드가 주어지지 않는 경우 학생들이 나름대로 스터디 그룹을 짜서 핵심 개념을 정리하고 이를 공유하며 공부하기도 한다.

시험을 보기 전 수업시간에는 리뷰를 한두 번 하게 된다. 보통은 수업시간 중에 진행하며 보강 형식으로 하기도 한다. 리뷰라고 해서 강의를 요약해주는 것은 아니라 학생들이 각자 공부하다가 어렵거나 헷갈리는 부분을 질문하면 그에 대해 답해주는 형식. 따라서 미리 시험공부를 어느 정도 하고서 적극적으로 질문을 하는 사람이 많은 도움을 받을 수 있다.

리뷰 때 교수님이 해주는 답변을 잘 들어야 한다. 이 때 교수님이 답변한 내용이 그대로 시험에 나오기도 하기 때문이다. 스터디 가이드와 시험 리뷰만 잘 활용해도 시험을 선방할 수 있다.

시험 당일

대부분은 학생이 직접 시험 답안지를 사 가야 한다. 블루북Bluebook이나 그린북Greenbook 등으로 불리는 주관식, 서술형 답안지나 스캔트론Scantron 이라고 하는 OMR 카드를 구매해야 하는데 대개 수업시간에 안내된다. 교내서점에서 구입 가능하고 가격은 몇 십 센트 정도로 비싸지 않다.

답안 작성은 연필을 이용해도 관계없으니 각자 편한 필기도구를 이용하자. 단, OMR 카드에 표시하는 것은 컴퓨터용 사인펜이 아니라 지정해주는 연필을 써야 하고 수정은 지우개로 한다.

서술형 시험

에세이를 쓸 때에는 문제를 잘 파악하고 써야 한다. 무조건 많이 쓰려고 하기보다는 문제에서 요구하는 내용에 대해 정확하고 간결하게 답변하는 것이 중요하다. 빈 칸을 채워야겠다는 생각에 사로잡혀 문제의 답이 아닌 내용을 주저리주저리 나열하는 것은 매우 큰 감점 요인이 될 수 있다. 시험공부를 할 때 스터디 가이드를 보며 문장이나 문단으로 내용을 작성하는 연습을 하는 것이 좋다. 그렇다고 단답형으로 답변해서는 좋은 점수를 받기 어렵다.

시험결과 확인

시험을 본 후 결과는 오래지 않아 온라인상에서 확인할 수 있거나 답안지에 간단한 피드백과 함께 점수를 표기해서 돌려준다. 만족스런 결과가 나왔을 수도 있고 그 반대일 수도 있다. 하지만 한국에서 일부 학생들이 하는 것처럼 교수님께 이메일을 보내 성적을 올려달라고 하는 것은 큰 무례다. 다만 성적이 잘못 채점된 것 같거나 채점결과에 승복하지 못할 경우 재채점을 요구할 수 있다. 하지만 성적이 오르기는커녕 자세히 채점하여 감점되는 경우도 더러 있다.

시험결과를 돌아보며 더 배울 수 있는 게 무엇일지 찾아보는 것도 좋은 공부 방법이다. 중간고사를 본 후라면 조교에게 면담을 신청하여 자신이 낮은 점수를 받은 항목에 대해서 어떻게 썼으면 더 좋은 점수를 받을 수 있었을지 물어보는 것이 필요하다. 기말고사에서 같은 실수를 반복하지 않기 위해서다.

조교와 친해지기

우리나라와 미국 대학의 제도적 차이 중 큰 것을 꼽으라면 TA^Teaching Assistant 제도를 들 수 있다. TA는 우리말로 조교라고 할 수 있는데, 말 그대로 교수님을 도와 수업을 진행하는 사람이다. 우리나라 대학 수업에서는 조교가 형식적으로 있거나 교수님 심부름을 하는 정도인 경우가 많은데 미국에서는 조교의 역할이 크다. 언제든지 이메일로 약속을 잡아서 질문을 할 수 있고, 매주 일정한 시간에 오피스 아워Office Hour를 정해두고 있어 그 시간에 맞춰서 연구실을 찾아가면 따로 약속을 잡을 필요가 없다.

대형 강의의 경우 조교가 서너 명씩 있어서 교수님보다는 자신의 담당 조교와 직접 소통하게 되는 경우가 더 많다. 과제나 시험을 조교가 직접 채점하는 경우도 많고 조교가 진행하는 수업TA Section 시간에는 조교가 출석이나 수업 참여 점수 등을 매기기도 해서 어떤 조교를 만나느냐에 따라서 성적이 판가름 날 수도 있다.

조교는 대부분 박사과정의 대학원생이다. 해당 교수 아래서 같은 과목을 대학원 심화 과정으로 이수한 학생들이기 때문에 질문에 바로바로 대답을 잘 해준다. 그 과목을 어떻게 공부하는 게 좋을지에 대한 팁도 얻을 수 있으니 조교와 친하게 지내서 나쁠 것이 전혀 없다.

조교와 친해지기 위한 방법은 딱 한 가지

자주 만나는 방법밖에 없다. 조교들은 학부생을 도와주기도 하지만 자기 연구와 학위 논문 준비도 병행하기 때문에 무척 바쁘다. 초등학교 담임선생님처럼 한 명 한 명 신경써줄 여유가 없는 것. 그러다보니 아무래도 자신을 먼저 찾아오는 학생들에게 관심을 줄 수밖에 없다. 조교 한 명당 한 수업에서 담당하는 학생들은 약 20명 정도로 적지 않지만, 시험 때도 아닌데 오피스 아워에 찾아가거나 적극적으로 질문하는 학생은 의외로 드물다. 특별한 질문거리가 없더라도 찾아가서 인사를 나누고, 자신이 교환학생이라서 배려가 필요하다는 점을 어필해두면 의외로 많은 도움을 받을 수 있다.

나는 개인적으로 사회학 수업 조교인 아마라의 오피스 아워에 자주 찾아가고 교환학생인 내 입장을 어필해두었는데 나중에 정말 큰 도움이 되었다. 어렵기만 한 영어 페이퍼 쓰기에 좌절하고 있을 때 "잘 하고 있다. 영어가 모국어가 아니라는 점을 감안할 때 이 정도면 훌륭하다"는 응원의 말을 해주어 큰 용기를 얻었고, 기말고사 때는 내가 따로 부탁한 것도 아닌데 교수님의 허락을 얻어서 교환학생인 나에게 특별히 시험시간을 30분 더 받도록 해주었다.

조교에게 어떤 도움을 받을 수 있을까?

TA 제도를 가장 적극적으로 활용해야 하는 때는 바로 과제 제출과 시험 직전이다. 평소에 교재를 읽다가 이해가 안 되는 사항에 대해서 질문을 하는 경우도 매우 좋은데 이는 학구적인 열정이 강한 사람에게 해당되는 사항일 것이다.

미국 대학 교수는 과제를 내줄 때 과제에 대한 설명과 꼭 포함시킬 내용, 형식 등의 요구사항을 담아 매우 자세히 공지를 하곤 한다. 문제도 뻔한 정답이 있는 것보다는 생각할거리가 많아서 다방면으로 응용 가능한 질문을 던진다. 따라서 주제를 선정하거나 주제에 대한 접근 방법을 고민할 때 주저하지 말고 조교를 찾아가자. 과제 공지 전 조교는 교수님에게 과제에 대한 설명을 듣게 되고, 과제에서 좋은 점수를 받기 위해 필요한 요소와 채점기준, 교수님의 성향 등을 모두 알고 있다. 미국에서 지낸 1년 동안 수많은 과제를 해왔지만 조교에게 자주 질문한 과제일수록 성적이 좋았다. 과제 채점 역시 대개 조교들이 하기 때문에 교수님보다는 조교의 기준에 맞는 과제가 오히려 더 좋은 성적을 받는다.

인트라넷 활용하기

수업과 관련된 공지 사항 등이 교내 인트라넷에 게재되기 때문에 자주 확인해야 한다. 또한 미국에서는 업무상 이메일의 활용도가 굉장히 높고, 교직원의 개인 휴대폰 번호는 잘 가르쳐주지 않으므로 이메일을 자주 확인하는 것이 중요하다.

인트라넷을 통해서 강의계획서, 과제 공지는 물론이고 성적도 그 때 그 때 확인할 수 있다.

UC 데이비스에는 EAP Education Abroad Program와 GSP Global Study Program 두 가지의 교환학생 프로그램이 있다. 그 중 저자들이 참여했던 글로벌 스터디 프로그램의 인턴 학생들로서 저자들의 생활을 도왔던 키얼스틴과 에단을 인터뷰했다. 미국 대학생으로서 스페인에서 생활했던 본인들의 교환학생 경험과, 미국에 오는 교환학생들에게 줄 수 있는 조언 등을 들어봤다.

키얼스틴 터니(Kirstin Turney)
국제관계 · 스페인어 전공
2012년 졸업

1. 안녕, 키얼스틴! 항상 여러 가지로 도와줘서 고마워.
너는 어떻게 교환학생 담당 부서 인턴을 하게 됐어?
내 전공이 국제관계잖아. 국제적인 활동에 대해서 항상 관심이 많아. 나 자신 역시 스페인으로 교환학생을 다녀왔고. 다양한 문화적 배경을 가진 사람들을 만나고 이야기하면서 배우는 게 많거든! 나와는 다른 관점으로 세상을 바라보는 사람들과 대화하는 건 참 흥미로워. 그래서 교환학생 담당 부서 인턴도 지원해서 하게 됐지.

2. 너의 교환학생 경험은 어땠는데?
스페인 남부의 그라나다에 7개월 동안 있었어. 그라나다는 세계에서 제일 교환학생이 많다고 하는, 굉장히 국제적인 도시야. 스페인 사람들은 미국인들에 비해서 굉장히 여유로워. 예를 들어 미국 대학교, 특히 UC 시스템에서는 한 학기 내내 굉장히 빠듯하게 공부해야 하잖아. 매주 퀴즈가 있고, 중간고사와 페이퍼 제출 기한과 기말고사가 쉴 새 없이 이어지지. 그런데 스페인에서는 과제가 전혀 없어. 학기말에 있는 기말고사를 통과하면 끝이야. 그나마도 탈락하면 재시험의 기회가 주어지지. 그래서 스페인 학생들은 별로 공부를 안 하고, 나는 상대적으로 학점도 굉장히 잘 받았어.

3. 집을 떠나 다른 나라에서 생활하면서 힘든 점은 없었어?

왜 없었겠어! 스페인에 도착한지 얼마 안 돼서 크리스마스가 찾아왔어. 우리 가족은 항상 크리스마스를 함께 보내. 그 때가 내 평생 처음으로 크리스마스를 가족과 떨어져서 보낸 때였어. 얼마나 향수병이 심했던지! 다행히 슬로바키아인 룸메이트가 자기 가족과 크리스마스를 함께 보내자고 초대해줘서 따뜻하게 보내긴 했지만, 나 자신에 대해서 아주 잘 알게 된 시간이었지(웃음).

4. 그래도 네 교환학생 경험을 긍정적으로 평가할 수 있니?

그럼! 내내 좋기만 했다고는 할 수 없지만, 의미 있는 시간이었어. 가장 즐거웠던 건 학기 중이나 학기가 끝나고 나서 유럽 전역을 여행한 거였어. 왜, 여행을 떠나면 항상 배우는 게 있잖아. 그리고 유럽은 정말 최고였거든!

5. 그런 국제 경험들을 바탕으로 나중에 네가 하고 싶은 일은 뭐야?

일단은 대학원을 가려고 두 군데 정도 학교를 생각하고 있어. 국제관계학도 범위가 은근히 넓은데, 내가 주로 집중한 건 팔레스타인 같은 분쟁이나 인권 분야야. 이쪽으로 공부를 더 해서 난민들처럼 어려움을 겪는 사람들을 돕고 싶어.

6. 네가 보기에, UC 데이비스에 와 있는 교환학생들이 어떻게 생활하고 있는 것 같아?

전반적으로 잘 지내고 있다고 가정하지만, 아무래도 내가 다는 알 수 없겠지? 사무실에 자주 들르는 친구들은 대부분 잘 지내는 친구들이거든. 나 역시 스페인에 있을 때, 우울하거나 힘들 때는 집에 틀어박혀 있는 날이 많았고, 기분이 좋을 때 주로 교환학생 담당 부서에 자주 들렀거든. 다들 자주 들러서 인사 하고 갔으면 좋겠어!

7. 마지막으로, 앞으로 외국에 나가서 공부하게 될 교환학생들에게 줄 수 있는 조언이 있니?

Do things that you don't do! 평소에는 하지 않는 일들을 다 해봐. 나는 원래 술을 별로 좋아하지 않아서, 스페인에 있을 때도 누가 술 마시러 가자고 하면 사양하곤 했어. 그런데 지금 생각해보면 좀 더 적극적으로 술도 마시고 어울릴 걸 그랬나봐. 새로운 걸 시도하는 일, 그런 게 교환학생들만의 특권이 아니겠어?

에단 로즈먼(Ethan Roseman)
국제관계 · 스페인어 전공
2012년 졸업

1. 안녕, 에단! 이따 축구하러 간다며? 축구 좋아하는 네가 스페
인에서 교환학생을 할 때는 정말 신났을 것 같아! 어땠어?

그럼! 정말 최고였어. 2010년 여름부터 일 년 간 스페인의 마드리드에 있었지. 마침 스
페인이 월드컵에서 우승한 직후라 열기가 굉장했어. 여러 나라에서 온 친구들과 함께 축
구도 많이 하고, 스페인 특유의 여유로운 생활, 아침해가 뜬 이후에도 계속 이어지는 파
티를 즐기면서 얼마나 끝내주게 보냈는지 몰라!

2. 와! 정말 재밌었겠다. 미국이랑 스페인은 문화가 많이 다르니? 한국인의 관점에서는,
미국이나 스페인이나 비슷한 서양 문화권에 있는 게 아닌가 하는 느낌이 들거든!

아무래도 동양과 서양처럼 극적인 차이까지는 아니겠지만, 그래도 분명 다른 느낌을 많
이 받았어. 일 년이나 스페인에 있었는데도 완벽하게 적응한 느낌이 들지 않더라니까?
스페인 사람들은 미국인들에 비해 굉장히 여유가 있고 친근해. 이렇게 다른 나라의 문화
나 생활 방식을 경험하면서 시야가 넓어지는 거라고 생각해.

3. 이번 학기가 끝나면 졸업이지? 졸업하면 뭐 하고 싶어? 전공인 국제관계를 살릴 거니?

일이 년 정도 일을 하다가 대학원에 갈 생각이야. 대학원에 가는 건, 좋은 직장을 얻기
위해서는 더 높은 학력이 필요하다고 생각하기 때문이야. 계속해서 해외에 자주 나갈 수
있는 일을 하고 싶어. 대학원을 졸업한 이후에는 아예 스페인 같은 해외에 취업하는 것
도 좋을 것 같아. 여러 나라를 돌아다니면서 살고 싶어. 미국에만 머물러 있기에, 세상은
너무 넓잖아?

4. 한 명의 미국 대학생으로서 네 생활은 어때? 동아리 같은 것도 하니?

응, 축구 동아리를 하고 있어. 축구는 물론 모든 스포츠를 좋아해. 하는 것, 보는 것 모두! 스페인에 가기 전에는 프래터니티 활동도 했었어. 사교 프래터니티였는데, 파티도 많이 하고, 친구들도 사귀고, 즐거웠지. 그렇게 사람들을 만나고 어울리는 게 평범한 미국 대학생의 삶인 것 같아.

5. 교환학생들은 아무래도 이곳에 머무르는 기간이 짧잖아. 최대한 빨리 적응하고 이곳 생활을 즐기는 게 관건일 텐데, 가끔 친구를 못 만들어서 고민하는 학생들이 있는 것 같아. 한국인의 관점에서, 미국인들은 누구나에게 친절하고 친근하지만 진짜 친구가 되었다는 느낌을 받기는 조금 어렵거든. 미국 아이들은 보통 어디서 친구를 만드니?

맞는 얘기인 것 같아. 미국인들은 여러 사람들과 쉽게 친구를 맺곤 하지만 속마음을 털어놓는 진짜 친한 친구가 많은 건 아니거든. 사람마다 다 다르겠지만 내 경우는 예전에 프래터니티에서 만든 친구들이나 같이 살았던 룸메이트들과 오랫동안 우정을 유지하고 있어. 때로는 술집에서 잠깐 만났더라도, 마음이 맞아서 같이 축구를 하러 가거나 하면서 더 친해지기도 하고. 마음이 통하는 사람을 만나면 자연스럽게 친구가 되곤 했던 것 같아.

6. 앞으로 UC 데이비스에 올 교환학생들에게 해줄 조언이 있니?

미국문화를 제대로 경험하고 싶다면, 미국인들과 룸메이트를 해서 같이 살아보는 걸 추천해. 그들의 언어, 그들의 문화 속에서 24시간 함께 생활하면서 진짜 미국을 느낄 수 있을 거야. 학교생활에도 적극적으로 참여했으면 좋겠어. UC 데이비스 전교생이 2만 명도 넘지, 아마. 그 중에서 나와 같은 관심사를 가진 친구들을 최소한 몇 명쯤은 찾을 수 있지 않겠어?

나는 스페인에서 교환학생을 하면서 내 인생 최고의 시간을 보냈어. 다른 사람들도 교환학생을 하면서 좋은 시간을 보내길 바라. 즐기자고! Enjoy every single time!

현지 학교에
녹아들기

공부도 좋지만, 기껏 교환학생까지 와서 도서관에만 틀어박힐 텐가? 교환학생 생활의 즐거움은 어떤 친구들을 만나고 어떤 활동을 하게 되느냐에 달려 있다고 해도 과언이 아니다. 캠퍼스 안팎의 모임, 파티, 동아리 등을 통해 친구들을 사귀고, 인턴십을 통해 경력까지 쌓아갈 수 있다면 당신의 교환학생 라이프는 100점 만점에 100점!

친구 사귀기

새내기 시절은 이미 기억의 저편으로 희미한데, 친구 사귀는 문제로 다시 고민을 하게 될 줄은 몰랐다. 사실 즐겁고 알찬 교환학생 생활의 관건은 어떤 친구들을 사귀느냐에 달려 있다고 해도 과언이 아니다. 정든 친구들을 한국에 남겨두고 홀로 떠나온 교환학생. 한국에서야 초·중·고등학교 동창에서부터 대학 동기들까지 자연스레 사람들을 만날 기회가 많이 있었지만 전혀 새로운 환경에 적응해 새로 인간관계를 개척해 나가는 일은 막연하기만 하다. 특히 마음에 맞는 친구들을 만나는 데는 시간이 걸리기 마련이니, 적극적인 자세로 상대방에게 다가가 보자.

미국인들은 초면에 낯가리는 한국인들과 달리 잘 웃고 친절해서 말 트

260

기는 쉬운 편이다. 하지만 고민이나 사적인 이야기는 어느 정도 친해진 뒤에 나누는 게 보통이다. 미국문화에서 나이나 결혼 여부 등의 신상 정보는 함부로 묻지 않는 것이 예의지만 비슷한 나이 또래의 대학생들끼리 어울릴 때는 크게 구애받지 않아도 된다. 문화적 차이는 분명히 있지만 사람 마음은 만국 공통인 법이기에, 괜한 편견을 갖거나 지나치게 조심스러울 필요도 없다.

동양문화에 관심이 있는 친구들은 의외로 한국에 대해 잘 알고 있는 경우도 있고, 특히 아시아계 미국인들 사이에서 한국 가요나 드라마 등의 한류 열풍은 상상 이상이다. 영화 마니아라면 '올드보이' 같은 세계적 영화 정도는 다 안다. 이런 친구들에게 미국에서는 알기 어려운 한국 연예인들 소식들을 얘기해주면 엄청난 흥미를 보이기도 해서, 친해지기는 수월한 편.

가장 중요한 것은 적극적인 태도와 열린 마음이다. 교환학생이라고 해서 모두가 나에게 먼저 관심을 갖고 다가오거나 말을 걸어줄 거라는 착각은 버리자. 운이 좋아 그렇게 된다면 편하긴 하겠지만 미국인 중에서도 분명 수줍음 많은 친구들은 있다는 사실을 기억할 것. 한국인 특유의 낯가림과 어색함으로 무장하고 있기에는 짧기만 한 교환학생 기간이 너무 아깝다. 미국인들은 상대가 먼저 말을 걸어오면 대부분 호의적으로 받아주니, 처음에는 쉽지 않더라도 부담을 떨쳐보자. 웃는 얼굴로 손을 내밀며 "Hi, I am Sophie."라는 식의 인사를 건네면 상대도 반가운 미소와 함께 악수로 화답할 것이다.

친구를 사귀는 방법

카우치서핑

미국에 도착하자마자 카우치서핑을 해 잠자리를 얻을 뿐더러 현지 친구를 사귀었다. 이때의 카우치 호스트 그리고 그녀의 친구들과 함께 저녁 식사를 함께 하고 콘서트도 보러 가는 등 자주 어울렸다.

룸메이트

현지에서 생활하면서 가장 많은 시간을 함께 보낼 친구는 역시 한 지붕 아래 동거동락할 룸메이트일 것이다. 나는 집을 구할 때 가격이나 시설도 중요하지만 룸메이트를 중요하게 생각했고, 다행히 좋은 룸메이트들을 만나 미국 생활 내내 즐겁게 지낼 수 있었다.

수업참여

수업 시간을 통해 친구를 만드는 것은 개인의 적극성과 수업의 형태에 달려 있다. 대형 강의에서 조용히 수업만 듣고 나간다면 친구를 사귀기는 아주 어려울 것이다. 하지만 발표가 많은 소규모 수업이라면 자연히 발표를 들으면서 클래스메이트들의 얼굴을 익히게 되고, 자신이 발표에 많이 참여한다면 그만큼 관심을 갖고 다가오는 친구들도 많다.

스터디그룹에 참여하는 것도 좋은 방법이다. 미국 학생들은 시험을 앞두고 스터디그룹을 만들어 같이 공부하는 일이 많다. 모르는 내용을 서로 물어볼 수도 있고 아무래도 덜 지루하게 공부할 수 있기 때문이다. 의외로 필기도 쉽게 공유하므로 도움을 주고받을 수 있는 친구를 찾아보면 좋다. 강의 공지가 올라오는 인트라넷의 게시판이나 전체 이메일을 통해 자신이 교환학생이라 도움이 필요하다는 내용을 적극적으로 어필하면 생각보다 많은 도움의 손길을 받을 수 있다.

교환학생 모임

각 학교 교환학생 주관 부서에서는 서로 다른 나라에서 온 교환학생들이 만나 어울릴 수 있도록 크고 작은 행사를 열곤 한다. 이런 모임에 자주 나가서 얼굴을 비추고 친구들에게 먼저 악수와 함께 자기소개를 건네 보도록 하자. '한국에서 온 성격 괜찮은 애'로 소문이 나서 주변에 친구들이 바글바글해지는 건 시간문제.

국제학생 동아리 International Students Club

운영 방식은 각각 다르지만 여러 학교에 국제학생 동아리가 운영되고 있다. 우리나라에도 교환학생 버디 동아리나 버디 프로그램 같은 게 있듯이, 미국의 국제학생 동아리에서도 현지학생과 교환학생, 혹은 국제학생들을 서로 짝지어주는 버디 제도가 있어서 빠르게 현지에 적응할 수 있도록 도와준다. 교환학생인 경우 자동 가입되어 활동하게 되는 경우도 있고 원할 경우에 가입하면 되는 경우도 있다. 국제학생들은 대부분 현지에 기반이 없어서 적극적으로 새 친구를 만들고 싶어 하기 때문에 친해지기 쉬운 편이다. 다양한 나라에서 온 친구들을 사귀고 싶다면 적극 참여해보자.

인터내셔널 하우스International House

미국에는 많은 학교에 인터내셔널 하우스, 줄여서 아이하우스I-House가 있어서 각 나라에서 온 국제학생들이 서로 교류할 수 있도록 하고 있다. 아이하우스는 대부분 대학 근처에 위치하고 학교 기관과 협력하지만 대학 부설은 아니다. 참여 대상은 교환학생이나 학부생에 국한되지 않아서 대학원생이나 졸업생도 만날 수 있다. 몇몇 학교의 경우 아이하우스 내에 국제학생 기숙사가 있어서 입주도 가능하다.

아이하우스는 회원제로 운영된다. 데이비스 소재 아이하우스의 경우에는 연회비 20불을 내면 일 년간 무료로 어학수업이나 토론 세션, 사교 모임 등에 참여할 수 있다. 크고 작은 문화행사나 파티도 자주 열리니 다양한 국적의 친구들을 사귀고 싶다면 참여해보자.

회장 제이 종지티랏(Jay Jongjitirat)
UC 데이비스 로스쿨 졸업 후 데이비스 소재
법률회사(Murray Tech Law) 근무 중

1. 클럽 인터내셔널은 어떤 곳이야? 소개를 부탁해!

보통 클럽아이Club-I라고 줄여서 부르는 클럽 인터내셔널은 기본적으로 교환학생을 비롯한 국제학생이나, 학생이 아니더라도 국제교류에 관심 있는 모든 사람들에게 열려 있는 사교 동아리야. 생긴지 10년이 넘었는데, 교환학생이나 인턴십, 연구 참여를 위해서 데이비스에 오는 사람들이 현지에 빨리 적응하고 친구들을 만들도록 도와주는 게 목적이지. 교환학생들만 해도, 데이비스에 머물 수 있는 기간이 제한돼 있기 때문에 가능한 빨리 같이 어울리고 여행도 갈 수 있는 친구들을 만들고 싶어 하기 마련이잖아. 클럽아이에는 교환학생을 포함한 국제학생, 대학원생, 인턴, 이런저런 이유로 데이비스에 방문한 외국인, 직장인 등등 다양한 사람들이 모여 있어. 매주 같이 저녁식사를 하거나, 영화를 보거나, 포틀럭 파티를 하거나, 볼링을 치러 가거나 하는 등 우리가 하고 싶은 일들을 정해서 하게 돼. 학기초의 웰컴 바비큐 파티나 샌프란시스코 여행, 할로윈 호박등 만들기, 지역사회와 함께 하는 추수감사절 저녁식사 같은 연중행사도 진행하고 있지.

2. 교환학생들이 클럽아이에 참여하려면 어떻게 하면 돼?

누구든지 환영이야! 클럽아이 연락망에 이메일을 등록하기만 하면 돼. 이메일을 통해 모임 공지가 나가거든. 아이하우스 홈페이지나 페이스북 클럽을 통해서도 정보를 얻을 수 있어. 모임 시간과 장소를 확인하고 끌리는 행사에 그냥 오면 돼. 보통은 공식적인 모임을 마친 뒤에도 파티를 하거나 술을 마시며 어울리는 때가 많아.

클럽아이에 참여하면 전 세계에서 온 외국인 친구들을 만날 수 있고(물론 나 같은 미국인도 있어!), 주말이나 방학 때 같이 여행 갈 친구들을 찾기 쉽지. 추수감사절이나 할로윈과 같은 미국문화를 제대로 느껴보는 기회도 만들 수 있어.

3. 너는 어떻게 클럽아이에 참여하게 됐는데?

나는 2006년 가을에 UC 데이비스 로스쿨에 입학했어. 클럽아이라는 게 있다는 건 첫 학기가 끝난 후에 알게 됐지. 나는 워싱턴대학교University of Washington 학부에 재학하던 당시 아일랜드로 교환학생을 갔었거든? 5개월 동안 아일랜드에서 다른 국제학생들과 같이 생활했고, 다양한 관점과 라이프스타일을 가지고 있는 사람들을 만나면서 여러 가지로 깊은 인상을 받았어. 그러고 나서 로스쿨에 왔는데 한 학기 동안 공부만 하고 나니 좀 지쳤달까? 공부 외에도 즐기면서 할 수 있는 활동이 좀 필요했고, 아직 데이비스에는 친구들이 별로 없으니까 다양한 국적의 친구들도 만들고 싶었어. 그 무렵 클럽아이를 알게 되어 당시 회장에게 이메일을 보냈더니 무척 환영해 주더라고. 그 뒤로 클럽아이에 참여하면서 즐거운 추억을 많이 만들었고, 졸업한 뒤에도 데이비스에서 직장을 잡게 되면서 2008년 이후로는 내가 쭉 클럽아이 운영을 맡고 있지.

4. 왜 그렇게 오랫동안 클럽아이 활동을 열심히 하고 있어?

내가 클럽아이를 통해서 너무나 즐거웠고 좋은 친구들도 많이 만든 만큼, 여러 나라로부터 데이비스에 오는 친구들이 좋은 경험을 하고 돌아갔으면 좋겠다는 마음에서 재미있는 모임을 만들려고 노력하고, 최대한 여러 가지로 도와주려고 하는 편이야. 아는 사람 하나 없는 외국에서 혼자 생활해야 되는 그 심정, 나도 겪어봐서 잘 아니까 말이야.
친구들이 오래지 않아 자기 나라로 돌아가야 하는 거, 그게 클럽아이를 하면서 제일 힘든 부분이야. 그래도 분명하게 말할 수 있는 건, 헤어짐이 아쉽기는 하지만 그래도 그 친구들을 만난 게 아예 만나지 않은 것보다 훨씬 낫다는 거야. 그리고 많이 친했던 친구들과는 몇 년이 지났지만 아직도 연락을 하고 지내고, 내가 다른 나라로 여행을 갈 때마다 만날 사람들이 있다는 것도 참 좋아. 한국에도 벌써 몇 번이나 갔는데 그 때마다 친구들을 만나서 즐거운 시간을 보냈거든.

5. 앞으로 미국에 올 교환학생들에게 조언 한 마디 부탁해!

UC 데이비스로 오든, 다른 학교로 가든, 최대한 적극적으로 여러 활동에 참여하라고 말하고 싶어! 같은 나라, 같은 학교에서 온 친구들이랑만 놀지 말고 말이야. 그게 처음에는 편할 수 있지만, 폭넓게 친구들을 사귀고 다양한 활동을 해보는 게 결국은 더 가치 있는 경험으로 남게 될 거야. 항상 열린 마음을 갖고, 다른 생각과 관점들을 받아들여봐. 그리고 무엇보다도, 신나게 즐겨! 시간이 정말 빨리 가버리거든.

언어교환 프로그램Language Exchange Program

서로 다른 언어와 문화를 배우고 싶은 학생들을 연결해주는 언어교환 프로그램으로 영어 회화를 연습하는 동시에 새로운 친구들을 만날 수 있다. UC 데이비스의 경우 PALPartners in Acquiring Language 프로그램이라는 이름으로 운영되고 있다.

주로 각 학교 언어학과에서 주관하는데, 언어학을 전공하는 학생인 경우 프로그램 참여로 학점을 이수할 수 있기 때문에 참여도가 높은 편이다. 온라인으로 신청을 하면 서로 원하는 조건에 맞는 언어 파트너를 찾아서 연결해주고, 매주 1회 1시간 이상씩 만나 이야기를 나누면서 서로의 언어를 배우게 된다. 이야기를 하다가 친해지면 공식적으로 만나야 하는 시간 외에도 파티에 초대하거나 서로의 친구를 소개시켜주기도 하면서 어울리게 된다.

PAL 프로그램을 통해 학점을 이수할 수 있다는 점을 노리고 이를 악용하는 미국 학생들도 가끔 있다. 노골적으로 "매주 한 시간씩 만났다"고 하는 문서에 서명하기를 강요하는 경우도 있고, 만나자고 해 놓고서 번번이 약속시간을 바꾸거나 나타나지 않는 경우도 있다. 하지만 시도하지 않으면 좋은 친구를 만날 가능성은 생기지도 않는 것이니 일단 신청을 해보라고 말하고 싶다.

나의 PAL, 자그룹 Jagroop
-상준

자그룹을 만난 건 미국에서의 첫 학기가 시작하고 한 달이나 지나서였어. 미국 대학생 신청자보다 교환학생들의 언어교환 신청이 많아서 PAL이 짝지어지는 데 시간이 많이 걸리게 된 거야.

자그룹은 인도에서 5살까지 살다가 미국으로 이민을 왔고, 소아과 의사가 되기 위해 열심히 준비하는 4학년 학생이었어. 특이하게도 자그룹은 언어교환보다는 다양한 문화권에서 온 친구들을 사귀고 싶어 PAL 프로그램을 신청했대.

우리는 매주 수요일 오후 다섯 시에 만나 수다를 떨었어. 특정한 주제를 정하기보다는 흘러가는 대로 이야기를 나눴지. 어떤 때는 인도의 영화 산업에 대해, 어떤 때는 한국과 미국 사이의 FTA에 대해 토론하기도 했지만 보통은 편하게 앉아서 미국에서의 삶이 어떤지, 친구들 사이에서 일어난 일, 재미있는 TV 프로그램 등에 대한 일상다반사의 이야기를 공유했어. 첫 학기에는 의무적으로 매주 1시간씩 만나 이야기를 했지만 공식적인 PAL 기간이 끝난 뒤에도 우리는 계속해서 PAL 친구로 남아 있었지, 내가 미국을 떠나기 전까지. 자그룹에게서 미국 생활에 대한 수많은 조언을 들을 수 있었고, 미국문화를 좀 더 깊이 있게 이해하는 데 도움도 많이 받았어.

다양한 모임 참여

학내의 크고 작은 모임에 참여하여 새로운 사람들을 만나고 미국 대학문화도 느껴볼 수 있다. 학내 게시판에 붙어 있는 포스터나 전단지를 보고 관심이 가는 모임이 있으면 시간과 장소를 확인해 찾아가면 된다.

평소 사회 문제에 관심이 많던 나는 오큐파이Occupy 시위와 등록금 문제에 대한 토론회에 참여하여 다양한 입장을 가진 친구들의 의견을 들어보았다. 등록금이 비싸기로 유명한 미국 대학 중에서도 특히 UC 계열 대학교들은 캘리포니아 주정부의 재정난으로 최근 몇 년 사이 가파르게 등록금이 인상되었다. 그래서 대학가의 오큐파이 시위는 대부분 등록금 문제가 큰 의제로 대두되곤 했다.

동아리 활동 Club, Society

동아리 활동을 통해서 친구도 사귀고 관심 있는 활동도 해볼 수 있다. 미국의 동아리는 기본적으로 일주일에 한 번 한 시간 정도 모이며, 가입과 탈퇴에 제한이 없는 경우가 많다. 한국의 동아리처럼 가입 기간이 따로 정해져 있는 것이 아니라 어느 때고 모임에 나가면 된다. 하지만 이왕이면 학기초부터 참여하는 편이 친구들을 사귀기에 좋다.

다양한 동아리가 존재하는 만큼 운영 방식도 제각각이지만, 한국의 동아리와 비슷할 거라고 기대하면 안 된다. 선배 기수가 후배 기수를 챙겨주고 모일 때마다 끝나지 않는 뒤풀이를 해대는, 동아리의 이름과 상관없이 사교가 주목적이 되곤 하는 한국 동아리와는 다르다. 많은 학생들이 동아리의 주제에 대해서 진지하게 접근하며, 사교 동아리가 아닌 이상 뒤풀이는 거의 하지 않는 편. 누구에게나 열려 있지만 끈끈한 소속감을 느끼기는 쉽지 않다고 하겠다.

미국 모의유엔에서 한국을 대표하다 -솔희

미국에서 제일 처음 기웃거려본 동아리는 보통 'MUN'이라고 줄여 부르는 모의유엔 Model United Nations 동아리였어. 모의유엔이란 말 그대로 가상의 유엔총회를 여는 대회로, 실제 국제정치처럼 토론이나 협상이 벌어지게 돼. 그래서 보통 정치나 국제기구 진출에 관심 있는 학생들이 많이 참여하는 편이야.

모의유엔은 UC 데이비스의 교환학생 담당 부서 인턴인 키얼스틴이 하고 있는 동아리였고, 나는 캠퍼스 투어 도중 키얼스틴에게 이야기를 듣고 관심이 생겨 모임에 나가게 됐어.

모임은 매주 화요일 저녁 한 시간 동안 이루어졌고, 다가오는 모의유엔 대회에 대한 안내 및 참가 신청, 한 주간의 국제 이슈 정리, 모의유엔 출전 연습 등으로 꽉 차는 시간이었어. 첫 모임 후 동아리 연락망 Listserve에 이메일 주소를 등록하자 모임 전에 꼬박꼬박 공지 이메일이 와서 소식을 알 수 있었어.

학기가 시작한지 한 달도 채 되지 않아서 모의유엔 대회가 열렸어. 교내에서 회원들끼리 여는 대회라 초보인 나도 부담없이 참여할 수 있었지. 자기가 대표하고 싶은 국가나 국제기구의 대표를 맡아서 역할을 하면 되는 거였어. 나는 대한민국을 대표하고 싶다고 신청했고, 대회당일 'Republic of Korea'의 이름표를 받게 됐어.

사실 미국 학생들 사이에서 멋지게 대한민국을 대표했는지는 잘 모르겠어. 지난 학기부터, 혹은 몇 년 전부터 모의유엔을 해왔던 친구들과는 달리 이번 학기에 처음 참여하는 나로서는 준비가 한참 부족했거든. 그래도 눈에 불을 켜고 경쟁하는 자리라기보다는 교내 회원들끼리 교외 대회를 준비하는 연습 차원의 대회라서, 다들 자기도 처음에는 그랬다며 격려해주더라고. 대회가 끝난 후 뒤풀이를 겸하는 파티에도 참석해 국내·국제 정치에 대한 미국 학생들의 생각을 들어볼 수 있어서 더 흥미로웠어.

그 외에도 민주당 학생모임 College Democrats, 사진 동아리 등에 들락거리며 활기찬 학교생활을 하며 친구 사귈 기회도 모색했지.

프래터니티와 소로리티

미국에서 처음 학교생활을 시작하며, 캠퍼스에서 자주 보이는 그리스 문자들이 궁금했다. 그리스 문자들은 건물 앞의 입간판, 벽 그리고 학생들이 입고 다니는 후드티에서도 발견할 수 있었다. 그 후드티를 입고 다니는 학생들은 알고 보니 프래터니티Fraternity와 소로리티Sorority의 회원들이었다.

미국 대학 특유의 문화인 프래터니티와 소로리티는 일종의 회원제 사교 클럽이다. 이 사교 클럽은 단순히 친목을 도모하는 것을 넘어 개인의 대학생활을 송두리째 바꿔놓기도 한다. 원래 프래터니티는 남학생, 소로리티는 여학생들을 위한 클럽인데 보통 프래터니티라고 통칭한다. 최근에는 혼성 프래터니티Co-Ed Fraternity도 많이 있다.

프래터니티와 소로리티에는 클럽 활동을 위한 프래터니티 하우스가 있다. 일종의 동아리방인 셈이다. 이 프래터니티 하우스에서 회의도 하고 행사 기획과 준비, 파티를 한다. 클럽 임원들은 아예 이 하우스에서 살기도 한다. '가십걸' 같은 미드나 '소셜 네트워크' 같은 영화를 보면 대학생들이 교내의 어떤 집 같은 건물에서 만나는 장면을 볼 수 있는데 그곳이 바로 프래터니티 하우스다.

처음엔 다른 동아리와 뭐가 다른 건가 싶었지만, 이 사교 클럽 회원들의 클럽에 대한 열기는 대단했다. 매 학기가 시작될 때마다 각 프래터니티와 소로리티들은 신규 회원들을 모집한다. 특히 미국 대학의 한 해가 시작되는 가을학기에는 각 프래터니티 간에 불꽃 튀는 모집 경쟁이 일어난다. 몇몇 프래터니티와 소로리티는 폐쇄적인 성격이 있어 교환학생은 가입하지 못한다. 대부분의 프래터니티는 교환학생도 가입은 할 수 있지만, 서류심사와 인터뷰를 통과해야 하고 고된 신고식, 정회원이 되기 위한 험난한 과정이 기다리고 있는 경우가 많다. 정회원이 되기 위해서는 한 학기 또는 6개월 동안 각종 행사를 준비하거나 클럽이 운영되는 데 필요한 자질구레한 심부름을 해야 하는 등 준회원으로서 겪어야할 고난이 있다. 일부 프래터니티는 술을 과하게 먹이는 등의 악습도 있으니 잘 알아보고 가입하도록 하자.

미국 대학생들에게 "프래터니티가 뭐 하는 거냐"라고 물으면 아마 "파티하는 동아리"라고 답할지 모른다. 그 정도로 프래터니티 활동 가운데는 파티가 많은 비중을 차지한다. 프래터니티도 나름대로 성격이 제각각 달라서 비즈니스 프래터니티, 봉사 프래터니티, 기독교 프래터니티 등 중심이 되는 활동 내용이 있긴 하지만 실제로는 파티와 소풍 등 사교 활동이 주를 이룬다. 회원들끼리 매일같이 프래터니티 하우스에 모여서 술을 마시며 즐기거나 프래터니티와 소로리티 간 교류를 한다. 프래터니티는 미국에서도 꽤나 오래된 전통이라서, 예전에는 동부 명문대의 특정 프래터니티에서 대통령을 줄줄이 배출했다거나 하는 정치적 속성도 있었지만 요즘에는 대개 술 마시고 파티하는 클럽이라는 이미지가 더 강하다.

프래터니티나 소로리티를 하면 좋은 점이 뭘까. 우선 미국 친구들을 많이 사귈 수 있다는 장점이 있다. 앞에서 언급한 힘든 경험들을 함께 하는 동기들과 친해지는 것은 당연하다. 프래터니티와 소로리티는 형제애와 자매애를 굉장히 강조한다. 개인주의가 강하고 끈끈한 인간관계를 기대하기 어려운 미국에서 프래터니티 활동을 통해 우리나라의 과 생활이나 동아리 생활만큼이나 진한 우정을 경험할 수 있다. 미국 학생들은 프래터니티 선배를 통해 인턴십을 소개받기도 하고 졸업 후 사회에 진출한 뒤에도 끈끈한 관계를 유지하며 영향을 주고받는 일이 있다.

또한 자신이 속한 클럽의 속성에 따라 다양한 경험을 할 수 있다. 파티를 많이 하는 클럽에 가입할 경우에는 대규모 파티를 준비하는 경험을 해볼 수 있다든지, 봉사 프래터니티를 통해 다양한 종류의 봉사활동을 해볼수 있다든지 하는 등이다. 많은 프래터니티에서 자선기금 모금을 위한 파티나 바자회를 열고, 비즈니스 프래터니티에서는 같이 스터디를 하기도 한다.

그럼 안 좋은 점은? 이리저리 끌려 다니다가 시간 낭비를 하게 될 수 있다. 제한된 교환학생 기간 동안 프래터니티와 소로리티를 하다가 금방 시간이 지나가버렸다는 친구들이 많다. 봉사활동과 파티를 명목으로 놀다보면 학업에 집중하지 못하는 것도 당연하다. 서류심사와 인터뷰를 뚫고 프래터니티에 합격하고도 매일 이어지는 파티와 사교 모임 등의 활동으로 개인 시간이 너무 없다며 탈퇴하는 경우도 보았다. 물론 프래터니티 활동에 푹 빠져서 알차고 즐거운 시간을 보낸다면 나쁠 것이 없겠지만, 사실 프래터니티는 신입생 때 많이 가입하고 졸업할 때까지, 혹은 졸업 후에도 활동하는 공간이라서 교환학생으로서 제대로 즐기기는 쉽지 않은 듯하다.

또한 프래터니티와 소로리티를 하는 데 추가비용이 많이 들어간다. 매 학기 적게는 몇 십불에서 많게는 몇 백불에 이르는 회비를 내야하고 각종 행사를 진행하다보면 추가비용이 들 수 있다. 또한 클럽 선배들의 생일이나 졸업 때 동기들끼리 돈을 모아 선물을 사 주는 일이 많다. 특히 소로리티 활동을 제대로 하려면 한 해에 최소 1천불은 깨질 것을 예상해야 한다.

데이트

대학교 캠퍼스라는 공간 안에 청춘남녀가 모여 있다 보니 자연 스캔들이 생기기 마련. 실제로 많은 교환학생들이 현지에서 갖가지 로맨스를 만들어 오는데, 미국과 한국의 연애관 차이 때문에 오해가 생기기도 한다.

서양식 연애관이 우리네와 가장 다른 것은 진지한 관계에 대한 부담감이다. 우리나라에서 남녀가 '사귀는' 것은 아주 진지할 수도 그렇지 않을 수도 있다. 하지만 미국에서는 누가 봐도 '사귀는' 것 같고 스킨십도 자연스러운 남녀에게 "너희 사귀니?"라고 물었을 때 "아니"라는 답변을 들을 가능성이 상당하다(사실 미국인들은 연애 상태 같은 개인적인 질문은 함부로 하지도 않는다).

한국인의 연애 패턴이 대체로 '만남 – 사귐 – 스킨십'의 단계로 이어진다면 미국인의 연애 패턴은 '만남 – 스킨십 – 사귐' 혹은 '스킨십 – 만남 – 사귐'의 단계로 이어진다. 미드와 영화 등으로 우리에게도 잘 알려진 것처럼 미국의 성문화는 한국의 그것에 비해 훨씬 개방적이어서, 진지하게 사귀는 단계가 아닌데 성관계를 맺는다고 해서 비난하는 분위기는 아니다. 하지만 진지하게 사귀는 단계에서 바람을 피우는 일은 거의 없는 등, 나름대로의 도덕 기준이 있으니 나쁘게만 볼 수는 없을 듯하다. 미드나 영화에 등장하는 문란한 모습만이 현실인 건 아니고 개인차도 있기 때문이다.

진지하게 사귀지는 않지만 만나고 스킨십도 하는 상태를 훅업Hookup이라고 하는데, 보통 파티 같은 자리에서 처음 만나 놀다가 엮이게 되고, 만남을 지속하다가 흐지부지해지거나 혹은 정식으로 사귀게 되거나 하는 패턴이 일반적이라고 볼 수 있다.

또 한 가지, 한국인들이 잘 몰라 오해하기 쉬운 미국의 데이트 상식은 굿바이 키스에 대한 것이다. 저녁식사 혹은 영화관람 그리고 남자가 여자를 집에 바래다주는 것으로 이어지는 정석적인 미국식 데이트에서는 헤어지기 전에 가벼운 굿바이 키스를 하게 된다. 특히 첫 데이트 후에 여자가 남자에게 키스를 해주지 않으면 상대가 마음에 들지 않았다는 뜻이나 다름없다. 상대가 교환학생이라서 미국의 데이트문화를 잘 모른다는 것을 인지하고 있는 상황이라면 괜찮겠지만, 함께 즐거운 시간을 보내고 났는데 굿바이 키스를 해주지 않아서 상대를 혼란에 빠뜨린다면 누구에게도 득이 되지 않을 것이다. 상대가 마음에 들었지만 그래도 처음 만난 사람과 키스하는 것이 내키지 않는다면 차라리 솔직하게 이야기하고 오해를 피하는 것이 낫다.

또한 서로가 학생이라면 데이트 비용은 반반씩 부담하는 것이 보통이지만 첫 데이트의 경우는 남자가 다 내는 것이 일반적이다.

종교 활동

잘 알려진 것처럼 재미교포 커뮤니티는 교회에 기반하고 있고, 미국 어디를 가나 한인교회는 다 있다. 한인교회 외에도 동네에서 여러 교회와 성당들을 쉽게 찾을 수 있으니 한국에서부터 지키던 종교 활동을 이어가는 데는 문제가 없다. 절은 흔치 않지만 가끔씩 있고, 오히려 이슬람 사원이 불교 절보다는 흔한 편이다.

학내에 기독교 동아리나 기독교 프래터니티가 있고, 교회 자체에서도 모임이 있어 같은 종교를 가진 친구들을 쉽게 만날 수 있다. 종교 활동을 하면서 같이 봉사활동을 하거나 소풍이나 여행을 가기도 하는 등 친해질 수 있는 기회도 많다.

인턴십

교환학생으로 미국에 가서 공부뿐 아니라 차후 경력에 도움이 되는 인턴십까지 하고 올 수 있다면 금상첨화일 것이다.

교환학생이 미국에서 할 수 있는 인턴십은 지역회사 인턴십과 교내 인턴십, 학교수업과 연계된 교외 인턴십으로 나뉜다. J비자 소지자의 경우 교환학생 기간이 끝난 후에 개인적으로 자리를 구해서 유·무급 인턴십을 할 수 있다. F비자 소지자의 경우 수학 기간이 끝난 후에 인턴십만 하는 것은 비자 관계상 허용되지 않는다. 학교에 다니고 있는 상태가 아니면 비자가 연장되지 않기 때문이다. 그래서 출국준비기간 60일 이내에 끝나는 단기 인턴십을 하거나 캐나다, 멕시코 등 가까운 나라로 잠시 나갔다가 관광 목적으로 재입국하는 방법을 이용한다. 혹은 여름학기에 등록하는 등의 방식으로 I-20의 유효기간을 연장할 수도 있다. 또한 어떠한 경우에도 학교 밖에서 유급 인턴십을 하는 것은 허용되지 않는다.

그래서 비자가 안정적으로 유지되는 학기중에 인턴십을 하는 것이 여러 모로 편리하다. 미국의 인턴십은 종류가 다양하기는 하지만 무급 인턴십의 경우 매일 출퇴근하는 것보다는 트레이닝 형식의 인턴십이나 일주일에 2~3번만 나가면 되는 것이 많다. 학기중에 인턴십까지 하려면 바쁘기는 하겠지만 그런대로 유연하게 일정을 조정할 수 있는 편이다.

인턴십, 어디서 찾을까

인턴십에 관련한 정보는 학교에서 제공하는 커리어 사이트를 통해 찾을 수 있다. 현지 학교에서 안내해주는 전체 이메일이나 교환학생을 대상으로 하는 인턴십 설명회를 통해서도 정보를 얻을 수 있다. 특히 전공과 관련해서는 교수님께 문의하면 의외로 쉽게 인턴십을 해볼 만한 곳들을 소개해준다. 물론 연락하고 이력서를 보내는 것은 자기가 직접 해야 하고, 교수님 추천이 아니라 단순 소개이기 때문에 인턴 채용이 보장되는 것은 아니지만 현지 사정에 어둡고 어디부터 찔러봐야 될지도 모르는 막연한 상황에서는 큰 도움이 된다. 현지 미국 학생들 중에서도 이러한 경로로 인턴 자리를 구하는 경우가 많다.

교환학생은 미국 체류 기간이 길지 않고 영어도 완벽하지 않기 때문에 다소 제약이 있는 것은 사실이다. 사기업, 그 중에서도 유명한 회사나 대기업의 인턴십은 현지 학생들 사이에서도 경쟁이 치열하고 TO도 적기 때문에 자리를 얻기가 쉽지 않다. 영어에 대한 부담이 적게 할 수 있는 현지 한인회사나 주재원 등에서 인턴십을 하기도 하는데 이 역시 쉽게 구해지지는 않는다. 미리미리 연락을 취해 문의해야 하고, 소개나 추천을 받을 수 있다면 훨씬 유리하다. 학교 선배 등 이미 인턴십을 했던 사람의 추천으로 인턴십 자리를 얻는 경우도 간혹 있다.

하지만 지역의 NGO나 봉사단체, 공립학교, 교내 기관 같은 경우 TO가 한정돼 있지 않은 경우가 많아서 의외로 쉽게 인턴 자리를 구할 수 있다. 특히 관련 분야 전공자인 경우 영어만 웬만큼 하면 간단한 업무를 하는 인턴십은 어렵지 않게 할 수 있다. 웨스트 프로그램에 참가했던 친구 하나는 워싱턴 DC에 있는 국립자연사박물관에서 5개월간 인턴십을 하고 왔다. 그 유명하고 세계적인 자연사박물관에서 어떻게 인턴 자리를 구했냐고 물어보니 돌아온 대답은 의외로 간단하게도 "홈페이지에서 연락처를 찾아서 이메일로 레주메와 커버레터를 보냈어"가 전부였다. 역사에 관심이 많아 사학을 복수전공하고 있었기 때문에 역사와 자연사에 관한 자신의 관심을 어필했고, 박물관 측에서는 몇 가지를 물어보더니 면접을 보러 오라고 해서 일자리를 얻게 되었다. 큰 박물관이다 보니 일도 많아서 열심히 일하겠다는 인턴 지원자를 사양할 이유가 별로 없었던 듯. 해양생물학 연구자를 보조하는 인턴으로서 이집트, 나일, 델타 지역의 지층 추출본 데이터를 컴퓨터로 정리하고 통계 내는 업무를 수행했다. 업무도 업무지만 미국 박물관의 직원문화나 연구태도 등을 보며 많은 영감을 얻었고, 매주 열리는 특강에 참석하며 고고학에 대한 지식도 쌓았다. 한 번은 상사의 초대로 미국 고고학회에서 개최한 특강에 참석했는데, 폼페이나 로마의 고대 유적 발굴현황을 알 수 있어서 무척 흥미로웠다고. 적극적인 구직 태도와 열정 덕분에 관심 분야에 대한 실무 경험을 쌓는 귀중한 시간을 보내고 돌아올 수 있었던 것이다.

미국의 박물관이나 미술관, 공공기관 등에서는 인턴을 상시 채용하는 경우가 많아서 홈페이지에 나와 있는 연락처를 통해 연락을 넣어보면 의외로 긍정적인 답변을 받을 가능성이 열려 있다. 따라서 관심 분야 인턴십을 하고 싶다면 눈에 불을 켜고 찾아볼 것. 그러나 긍정이든 부정이든 아예 답변을 주지 않는 경우도 많으니 최소한 10곳, 경우에 따라서는 50곳 이상에 이력서를 넣어야 함을 각오하자.

학교 안에도 기회가 많다. 미국 대학에서는 각종 연구에 대한 투자가 우리나라와는 비교도 안 될 정도로 많이 이루어지기 때문에, 학과 내 연구실이나 대학 부설 연구소 등의 연구에 참여하고 학점을 받을 수 있는 형식의 인턴십 기회가 많다. 특히 대학원 진학을 생각하고 있는 경우에 현지에서의 연구 참여는 좋은 경력사항이 될뿐더러 한국과는 다른 연구 환경을 접해보는 신선한 경험이 된다.

미국은 기회의 땅

인턴십을 구하고자 할 때 가장 중요한 자세는 가까운 곳에서부터 도움을 구하는 태도다. 인턴십에 대한 대학생들의 관심이 높아지고 있기 때문에 현지 학교에서도 인턴십을 원하는 학생들에게 적극적으로 정보를 제공한다. 어디서부터 시작해야할지 모르겠고 막막하기만 하다면 교환학생 담당 부서에 찾아가 상담하는 것으로부터 인턴 구직을 시작해보자.

샌프란시스코에서 어학연수를 하던 친구 한 명은 다니고 있던 어학원에서 인턴십을 하기도 했다. 예정한 연수 기간이 절반을 넘어갈 무렵, 이대로 학원만 다니다가 귀국하기에는 좀 아깝다는 생각에 인턴 자리를 알아보기 시작했고, 현지 시청에도 인턴이력서를 넣고 면접까지 보았지만 쟁쟁한 현지 학생들도 많이 지원한 터라 인턴십 자리를 얻지 못했다. 그런데 평소 인턴십에 대한 관심을 상담해왔던 학원의 행정직원이 '괜찮으면 학원에서라도 인턴십을 해보겠느냐'고 제안했다. 출국일이 많이 남지 않아 다른 인턴십을 구하기도 어려운 상황이어서 친구는 제안에 응했고, 하루 동안의 업무 평가와 면접을 통해서 한 달 동안 학원 수업이 끝난 후 인턴으로 일하게 됐다.

짧은 기간이지만 수료증도 나오는 정식 인턴이었고, 자신이 직접 다니고 있는 학원이기 때문에 업무에도 더 실질적인 도움을 줄 수 있어 보람 찼다고 한다. 만약 나중에 취업을 하게 될 경우, 미국에 가서 단순히 어학연수만 하지 않고 적극적인 구직활동을 통해서 인턴십까지 하고 온 사람을 인사담당자가 높게 평가할 것은 당연한 일이다.

지역회사 인턴십

UC 데이비스에는 새크라멘토에 지점을 두고 있는 금융회사 모건스탠리Morgan Stanley에서 운영하는 인턴십 프로그램이 있다. 이 인턴십은 파이낸셜 트레이닝 프로그램Financial Training Program으로 운영되어 직접적인 업무보다는 세미나나 워크샵 같은 교육이 중심이 된다. 교육 내용은 모건스탠리 새크라멘토 지점에 가서 금융시장과 기업 분석과 같은 경영 세미나를 듣고, 배운 내용을 실무에 어떻게 적용할 수 있을지에 대해 페이퍼를 작성하는 식으로 이루어진다.

UC 데이비스의 경우 학사 일정과 맞추어 매 학기 진행된다. 다음 학기가 시작되기 전에 미리 신청을 받는데 이 때 영문자기소개서와 커버레터가 필요하다. 면접도 봐야 하기 때문에 미리 대비해두어야 한다. 인턴십 수료를 위해서는 마지막에 리뷰 페이퍼를 작성해야 하고, 그래야 성적표에 기록을 남길 수 있다.

모건스탠리 인턴십과 같이 가까운 도시에서 진행되는 인턴십을 하고 싶다면 학교에서 제공하는 커리어 사이트를 자주 확인해야 한다. 지역의 대학교와 연계하여 해당 학교 학생들에게 많은 기회를 부여하는 것이므로 비교적 수월하게 인턴십을 따낼 수 있는 기회다. 하지만 미국 경기에 따라 인턴십 구하기가 유난히 어려운 시기가 있다. 이런 시기에는 비단 교환학생들뿐만 아니라 현지 학생들도 인턴십을 하기 어렵다.

교내 인턴십

학교 안에서 하는 인턴십의 장점은 학점인정을 받기 쉽다는 것이다. 또한 쉽지는 않지만 유급 인턴십을 구하는 경우 합법적으로 급료를 받을 수 있다. 한국에서 생각하는 것보다 인턴십의 범위가 넓은 미국에서는 교내 아르바이트를 인턴십이라고 하는 경우도 많으니 업무 내용이 어떤 것인지 설명을 자세히 읽고 지원해야 한다.

교내 인턴십 중에는 연구실에서 보조로 일하는 자리가 많다. 연구실에서 하는 인턴십은 자신의 학과에 맞는 커리어를 쌓아갈 수 있다는 장점이 있다. 특히 이공계 전공을 가진 학생들의 경우 세계적인 수준의 연구를 진행하는 연구실에서 일해 보는 값진 경험을 할 수 있고, 한국과는 다른 연구 환경을 접해보는 기회가 되어 유익하다. 또한 졸업 후 대학원에 갈 계획이 있는 경우 연구 참여 경력 자체가 높이 평가받을 뿐만 아니라 이때 만난 교수님으로부터 추천서를 받을 수 있다는 것이 큰 장점이다. 미국 대학원에 지원할 때나 유급 인턴십을 구할 때 추천서를 요구받는 경우가 많은데, 평소에 본인을 잘 아는 교수님이 있어야 추천서를 받을 수 있기 때문이다. 최소한 수업이라도 하나 들었거나 한 학기라도 연구실에서 일하면서 서로 소통한 과정이 있어야 추천서를 써 준다. 한국 본교 교수님으로부터 추천서를 받을 수도 있지만 영문추천서를 부탁드리기 어려운 경우가 있을 뿐더러 현지 교수의 추천서가 더 큰 힘을 발휘하는 경우가 많이 있다. 예를 들어 교환수학했던 학교의 대학원으로 진학하고 싶은 경우에 교환학생 시절 연구에 참여했던 교수님으로부터 추천서를 받게 되면 동 대학 교수의 추천서인 만큼 영향력이 무척 큰 것이 당연하다.

학교 수업과 연계된 인턴십

학교 수업과 연계되어 급료 대신 학점을 받을 수 있는 인턴십도 있다. 그 중 흔한 것이 바로 인근 초등학교에서 보조교사로 일하는 것이다. 수강 신청을 할 때 강의계획서를 보고 인턴십이 연계된 수업을 신청하고, 초등학교 교실에 배정되어 일한다. 영어실력이 뛰어나지 않은 교환학생들은 주로 저학년 교실에 배정된다. 아이들이 놀 때 다치지 않도록 보살피거나 실습시간에 선생님을 도와 수업을 진행하는 등의 역할을 맡는다. 매 수업시간마다 짧은 보고서를 작성해야 학점을 인정받을 수 있다. 아이들을 좋아하거나 교육 관련 학과라면 꼭 해볼 만한 인턴십이다.

| UC 데이비스 물리학과 대니얼 칵스Daniel Cox 교수팀에서
2학기 동안 연구 참여 인턴십

이화여대 물리학과 08 박혜연
UC 데이비스 글로벌 스터디 프로그램 2012
가을학기~봄학기(1년), 미국 대학원 진학 예정.

1. 미국에서 어떤 연구에 참여했나요?

UC 데이비스 내 생물물리Biophysics 연구실에서 알츠하이머와 관련된 뇌 연구에 참여했습니다. 알츠하이머의 원인을 물리학적으로 풀어내는 연구로, 수식을 풀어서 증명하는 작업을 주로 했어요.

2. 어떻게 인턴십을 구했나요?

학교에서 교환학생을 대상으로 여는 인턴십 설명회 같은 게 있어서 전반적인 정보를 얻었고, 관심 분야 교수님께 이메일로 연락을 드려서 구했어요. 이공계는 원래 연구 참여가 필수인데 저는 한국에서 연구 참여 경력이 아직 없었던 터라 열심히 찾아다녔죠.

미국 대학에는 연구실이 엄청 많아서 자리가 많아요. 게다가 UC 데이비스 물리학과의 경우 학과 홈페이지에 학부생 연구 참여를 잘 받아주시는 교수님 목록이 공지돼 있기도 했어요. 생각보다 쉽게 OK 해주시던데요? 학생들이 도와주어 연구에 도움이 된다면 당연히 받아주시는 것 같아요. 한 학기만 하는 것보다는 두 학기 이상 일할 수 있는 학생을 선호하는 경우가 많고요. 그래도 세 군데 정도 연락해서 구한 자리였으니까, 한두 번 거절당하더라도 계속 알아보는 게 필요해요.

3. 학점인정을 받을 수 있나요?

본인이 원하면 다 받을 수 있어요. 학점인정을 받기 위해서는 학기말에 리뷰 페이퍼를 쓰거나 발표를 해야 하는데 이 부분은 교수님 재량인 것 같아요. 저는 연구 참여 두 번째

학기인 봄학기에 그간 연구 참여한 내용을 정리하는 발표를 하고 1학점으로 인정을 받았어요. 학점인정을 받지 못하더라도 나중에 추천서를 받는 경우에 연구 참여한 내용이 다 들어가기 때문에 어떻게든 경력으로 인정되는 셈이죠.

4. 영어로 연구에 참여하는 것이 어렵지는 않았나요?
어차피 물리학 자체는 한국에서도 원서로 많이 공부하고, 영어라고 해서 다를 게 없는 수식 계산 같은 작업이 많아서 별로 부담은 없었어요. 그런데 저는 전공이 물리학인데 연구가 생물물리다보니 생물 분야와 관련된 단어는 하나도 몰라서 그건 좀 어려웠죠. 많이 물어봐가면서 배웠죠. 그래서 마지막 학기에는 일부러 일반 생물 수업을 하나 수강하면서 공부했어요.

5. 연구 참여 인턴십이 본인에게 어떤 도움이 되었나요?
저는 미국 대학원에 진학하고 싶었기 때문에 현지 연구실을 경험해보는 것 자체가 귀한 경험이었어요. 미국 대학원은 특히 더 실적을 중시해요. 게다가 UC 데이비스 대학원에도 원서를 쓸 생각이라서 교수님 추천서가 큰 힘이 돼줄 거라고 기대하고 있어요.
그 외에 전공 분야에 대해서 영어로 심도 있는 대화를 하게 된다는 점과 자기 분야에 열정적인 미국 학생들에게 많은 자극을 받을 수 있다는 점이 좋았어요. 우리나라에서는 학부생과 대학원생의 실력 차이가 꽤 있는 편이에요. 그런데 미국에서는 학위보다도 실적이 중요한 풍토여서 그런지, 실력은 정말 자기가 열심히 하기 나름이에요. 한국 본교에서는 2학년 밀 겨울방학부터 연구 참여를 할 수 있어서 아무리 오래 해봤사 2년인네, UC 데이비스에서는 자기가 마음먹기에 따라서 더 오래 할 수도 있어요.

6. 미국에서 교환학생 생활을 하면서 연구 참여 인턴십을 하고 싶어하는 학생들에게 줄 수 있는 조언이 있다면?
교환학생이라고 해서 연구 참여에 특별히 제약이 있는 것이 아니니까 적극적으로 도전해보세요. 특히 저처럼 미국으로 대학원을 가고 싶은 사람이라면 반드시 하라고 권하고 싶어요. 제가 미국에 있을 때 한국에서 온 학생들 중에서는 물리학과가 없었지만 다른 나라에서 온 교환학생들 중에 물리학과인 친구들은 대부분 연구 참여를 하더라고요. 현지 학교생활을 미리 경험해 보고, 추천서를 받을 교수님도 만나기 위해서죠. 대학원 갈 때 학부 성적이 중요하니까 공부도 무척 열심히 하고요. 교환학생 시절 동안 즐기는 것도 좋지만 자기 진로에 따라서는 중요한 준비 기간이 될 수도 있으니까 잘 활용해 보세요.

| **노스 데이비스 초등학교**North Davis Elementary School**에서**

1학기 동안 보조교사 인턴십

숙명여대 아동복지학과 08 **최인아**

UC 데이비스 글로벌 스터디 프로그램

2012 겨울학기~봄학기(6개월),

1. 인턴십을 통해서 어떤 일을 경험했나요?

초등학교 보조교사로서 일주일에 두세 번씩 학교에 가서 아이들 숙제를 봐주거나 선생님을 도와 수업을 진행하는 일을 했어요. 수학 문제 푸는 것을 도와주거나 숙제를 채점하는 일도 했는데, 영어가 완벽하지 않은 교환학생들도 충분히 할 수 있는 일이었어요. 일주일에 한 번씩은 UC 데이비스에서 수업도 했는데, 교수님이 간단한 강의를 하시거나 외부 특강을 통해서 초등학생들과 상호작용하는 방법 같은 것들을 교육해 주셨어요. 보조교사를 하는 학생들끼리 서로의 경험에 대해 이야기하는 시간도 가져요.

2. 인턴 자리는 어떻게 구했나요?

교환학생 담당 부서에서 온 전체 이메일 중에 인턴십과 관련된 수업을 소개하는 것이 있었어요. 초등학교 보조교사 활동을 하고 학점을 인정받을 수 있는 수업이 있다는 걸 알게 되었죠. 자기가 일할 초등학교 교실은 각자 알아봐서 구하고, 다녀올 때마다 간단한 보고서를 써서 내면 1학점을 받을 수 있는 형식이었어요.

일할 곳을 찾는 일은 별로 어렵지 않았어요. 구글에서 'elementary school in davis ca'라는 식으로 검색을 해 보면 동네에 있는 초등학교들이 나와요. 학교 홈페이지에 들어가 보면 'Staff'나 'Faculty' 같은 항목이 있고, 여기에 1학년부터 6학년까지 담임선생님들의 이메일 주소가 다 나와 있어요. 그쪽으로 간단한 자기소개와 보조교사 인턴쉽을 하고 싶다는 이메일을 보냈어요. 50통 정도는 보냈던 것 같은데 의외로 너무 수월하게 긍정적인 답변이 절반 이상이나 왔어요.

3. 인턴십 구하기가 생각보다 훨씬 쉬웠네요?

미국 초등학교는 교실 특성상 조별활동이나 개별활동이 많아서 보조교사를 많이 필요로 해요. 그래서 조금만 알아보면 쉽게 자리를 찾을 수 있는 것 같아요.

강의계획서를 살펴보면 인턴십과 연계된 수업이 상당히 많고, 특히 교내 연구와 관련된 인턴십은 비교적 구하기 쉬워요. 미국인 하우스메이트가 여름방학 동안 학교에서 연구 관련 인턴십을 한다고 하기에 '나는 교환학생이라 영어도 완벽하지 않은데 연구 인턴십을 구할 수 있을까?' 했더니 웬만하면 상관없을 거라는 거예요. 마침 봄학기가 끝나고 난 뒤 60일간의 출국준비기간 중에 여름학기 수업을 청강하고 있었는데, 그 중 아동발달심리와 관련된 수업이 무척 재미있어서 더 깊이 있게 공부해보고 싶어졌어요. 한국에서는 제 전공과 관련해서 학부생 수준에서 참여할 수 있는 프로젝트가 거의 없어요. 그런데 미국 대학에는 우리나라에 비해 다방면에 걸친 연구가 많이 이루어지고, 학부생이 참여해볼 수 있는 연구도 굉장히 많아요. 교내 연구 인턴십을 하면 대부분 학점인정도 받을 수 있고요.

4. 보조교사 일이 어렵지는 않았나요?

워낙 아이들을 좋아해서 즐겁게 일할 수 있었어요. 아이들도 착했고요. 다만 아이들은 어른들과 다르게 영어 발음이 조금만 부정확해도 잘 못 알아들어요. 아무리 초등학생들이라고 해도 우습게 보면 안 돼요. 특히 문학과 관련된 단어 같은 경우에는 3학년 아이들이 보는 책인데도 무슨 뜻인지 모르겠는 것들이 가끔 있었어요.

수업시간에 다른 학생들 이야기를 들어보니까 중학교나 고등학교에서 보조교사를 하는 경우에는 직접 수업을 하기도 했대요. 미국인 학생이었는데도 어려워하던 걸 보면, 영어도 영어지만 학교에서 가르치는 내용도 좀 알아야 될 테고, 만만치 않나 봐요.

5. 초등학교 보조교사 인턴십이 본인에게 어떤 도움이 되었나요?

딱히 '스펙'이 될 거라는 생각보다, 일주일에 두세 번씩 아이들을 만나러 가는 게 즐거워서 한 일이었고 그만큼 좋은 시간들이었어요. 미국 초등학교의 수업 방식이나 아이들의 자치활동을 지켜보면서도 깊은 인상을 받았어요. 제가 인턴십을 하는 동안 학교 축제가 있었는데, 워낙에 자율적인 미국 아이들답게 초등학생인데도 직접 부스를 만들어 운영하고, 음식을 만들어서 팔기도 하더라고요.

아동복지가 전공이니 장기적으로 어떤 일을 하던 밑거름이 돼줄 거라고 생각해요. 또 인턴 학생들끼리 일이 어땠는지 이야기할 때, 서로 다른 관점과 경험을 들을 수 있었던 것도 흥미로웠어요.

영문이력서와 커버레터 만들기

영어권 국가에서 인턴십 혹은 구직을 하는 경우에 필요한 서류로 영문이력서Resume와 커버레터Cover Letter가 있다. 지정된 양식에 구체적인 답변 내용까지 정해주는 우리나라 회사들과 달리 미국 회사는 대부분 자유 양식의 이력서와 커버레터만을 요구한다. 양식이 자유로운 만큼 정해진 질문에 구애받지 않고 자신의 개성과 강점을 잘 어필할 수 있지만 서류를 만들 줄을 모르는 사람에게는 오르지 못할 산이다.

레주메 또는 이력서

보통 레주메라고 부르는 영문이력서는 한국에서 쓰는 이력서와 크게 다르지 않다. 지원하는 업무 분야와 관련된 자신의 학력과 경력을 정리해서 쓰면 된다. 이력을 시간 순으로 쓰거나 최근의 경력을 중심으로 역순으로 쓰는 방법이 있고 이공계·경상계·인문사회계 등 전공과 업무 분야에 따라 다양한 방식으로 작성할 수 있다. 아래 예시는 콤비네이션 방법으로서 보편적으로 무난한 형식이다. 특히 경험과 과외 활동의 경우에는 자신이 맡은 업무가 구체적으로 어떤 일이었고 그 일을 통해 무엇을 배우고 어떤 성과를 올렸는지 구체적으로 작성하는 것이 필요하다. 예시에서는 자신이 실험실에서 일하면서 어떤 역할을 맡았는지 구체적으로 작성한 것을 알 수 있다. 학비를 벌기 위해 백화점에서 판매직으로 일한 내용에 대해서도 구체적으로 서술돼 있다.

레주메는 단 한 장으로 승부를 내야 한다. 최대한 구체적이면서도 간결하게 써서 읽기 편하게 만드는 게 좋다. 특히 자유 양식이다 보니 글씨 크기나 배열, 구두점까지도 신경을 써야 한다. 레주메를 평가하는 측에서 레주메의 생김새를 보고 지원자의 성격을 판단할 수 있기 때문이다.

커버레터 또는 CV

우리나라 취업시장에서는 익숙하게 쓰이지 않는 커버레터는 CV라는 약자와 함께 영문자기소개서로 통하고 있다. 하지만 우리나라에서 사용하는 자기소개서와 커버레터의 개념이 서로 다르다는 것을 먼저 알아야 한다. 우리나라에서 취업용 자기소개서에 작성하는 내용은 주로 자기소개, 자신의 장단점 같은 내용이다. 하지만 커버레터는 자신에 대해서 한 페이지로 짧게 요약하되 레주메에 작성한 내용을 위주로 포인트를 잡아 써야 한다.

정해진 작성법이 있는 것은 아니지만 아래 예시와 같은 형식으로 작성하는 것이 일반적이다. 레주메에 적은 항목들을 일률적으로 나열하는 커버레터는 최악이므로 나열이 아닌 기술을 하도록 하자. 토익 RC에서 자주 본 듯한 형식의 커버레터에는 특이하게도 수신인의 주소가 들어가는데 미국에서는 편지를 쓸 때 편지봉투 외에 편지지 본문에도 주소를 적는 것이 기본이다.

보다 완성도 높은 레주메와 커버레터를 만들고 싶다면 학교의 커리어센터를 적극 활용할 것을 권한다. 학교마다 있는 커리어센터에서는 재학생을 위한 취업 정보 제공이나 이력서 첨삭과 같은 서비스를 제공하고 있다. 영문이력서를 무료로 첨삭 받을 수 있는 기회가 한국에서는 흔치 않기 때문에, 나중에라도 해외 인턴십이나 해외 취업에 관심이 있는 사람이라면 필히 활용하자.

Hernandez Castillo

Local Address
625 Cantrill drive
Davis, Ca 95618
(530) 750-9045
hernandez@ucdavis.edu
(본문 안에 연락받을 수 있는 주소와 전화번호, 이메일 주소를 포함한다.)

OBJECTIVE   Research position in Neuroscience laboratory
(원하는 업무 포지션을 명기한다.)

EDUCATION   Bachelor of Science in Neuroscience
University of California, Davis
Degree expected March, 2013
(학력 사항을 기재한다.)

SKILLS   Ability to keep accurate laboratory records
Laboratory epidermal cell handling
Computer data analysis,
Comfortable interpreting MS data for identification of
target proteins.
(자신이 수행할 수 있는 업무 분야를 기술한다.)

RESEARCH EXPERIENCE
Neuroscience department Intern, Ame Inc., San Diego, CA (June to September 2011)
laboratory experimentalist with experience of highly skilled working on biological systems
(cells/ex vivo tissues).
(과거의 연구 경력을 기술했다. 포지션과 회사 이름, 일한 기간만이 아니라 구체적으로 어떤 조사와 실험을 했는지 밝혀야 한다.)

LABORATORY Cell & Signal HANDLING EXPERIENCE
Laboratory Assistant, Neuroscience Science Department, University of California, Davis
(May to August 2010)
Cell & Signal Neuroscience laboratory assistant,
(세포 반응 연구실에서 일했던 경력을 기술했다. 마찬가지로 구체적인 업무 내용을 포함시킨다.)

POSITION HELD TO FINANCE EDUCATION
Sales team, Safeway, Berkeley, CA. (May to September 2010)
Communicator customer service, engaged in sales transactions, public relations,
inventory stocks, balanced account sheet
(자신의 커리어와 큰 상관은 없지만 학비를 벌기 위해 했던 아르바이트에 대해서도 기재하였다.
어떤 업무를 담당했는지도 구체적으로 적는다.)

ACTIVITIES   Vice-president, Neuroscience Club
Team leader, Biochemistry study group
President, University Basketball Club
(신경과학 동아리 부회장, 농구 동아리 회장 등 과외활동에 대한 내용을 통해
자신의 개성과 관심사를 표현하였다.)

Example. 커버레터

Joseph Tong

2103 Whittier drive
Davis, Ca 95618
(530) 574-9561
(이메일도 문서이기 때문에 종이에 편지를 쓸 때처럼 격식을 갖추어 주소와 연락처를 포함시킨다.)

November 8, 2012
Human Resources Department – Internship Program
Sacramento Radio Channel
123 Baker Street
Sacramento, CA 95758
(수신처의 담당 부서와 주소를 적는다. 회사 주소를 모르면 구글링해서 찾는다.)

Dear Human Resources Manager:
(영어 편지를 쓸 때는 한국에서 흔히 하듯이 본문에 'To' 뒤에 수신인을 적지 않는다. To나 From은 편지봉투에만 적는 표현이고 본문에는 'Dear' 뒤에 수신인을 쓰며 마지막에는 인사말과 함께 발신인의 서명을 쓴다.)

I am seeking an summer internship with your Media Relations Department during the Spring quarter. I am a student at the University of California, Davis, pursuing a bachelor degree in Linguistics with a minor in Communication. My academic research during winter quarter has been my interest in the way that mass media is delivered through advertising strategies. I believe in the high level vision of Sacramento Radio Channel represent your organization.
(첫 번째 문단에는 보통 지원동기를 전공과 관련지어 작성한다. 구구절절하게 작성하는 것보다 간결하게 3~4문장으로 작성하는 것이 좋다.)

This summer while studying abroad in Santiago, Chile I was able to look at American culture from a different perspective. This increased my admiration for news delivery that allows its audience to be informed citizens. I could learn high level of maturity and responsibility through student association experience at UC Davis and coordinating volunteers. These experiences have introduced me to the value of effective communication through all forms of media exchange.
(두 번째 문단은 레주메에 들어 있는 활동에서 배운 경험을 지원하는 포지션과 관련하여 간략하게 작성한다. 활동 내역을 단순 나열하는 것은 좋지 않다.)

It would be an honor to contribute to Sacramento Radio Channel through an internship. I am available beginning of March through June 10th. I have attached my resume and look forward to discussing the position and my qualifications in detail. Thank you for your time and consideration.
(인턴십을 하고 싶다는 의지를 공손하게 전달하며 언제부터 언제까지 일할 수 있는지에 대해서도 명기하였다.)

Sincerely
Joseph Tong
(편지글의 마지막에는 간단한 인사말과 함께 서명을 적는다. 구직자가 인사 담당자에게 보내는 이메일이므로 성실하고 공손한 느낌을 주는 'Sincerely'가 무난하다.)

아르바이트

F-1이나 J-1 비자를 갖고 있는 교환학생들은 합법적으로 교내 아르바이트를 할 수 있다. 교내 아르바이트는 공강 시간을 활용하기 편리하고 시급도 상대적으로 높은 편이라 미국 학생들 사이에서도 인기가 많다. 때문에 영어가 완벽하게 익숙하지 않고 미국의 업무 분위기도 잘 모르는 교환학생들이 사무직처럼 편한 일자리를 얻기는 쉽지 않다. 보통은 기숙사 식당이나 카페테리아 등에서 아르바이트를 하게 되는데, 이를 위해서는 사회보장번호Social Security Number를 받아야 하는 등 꽤 복잡한 절차를 거쳐야 하기에 많은 교환학생들이 아르바이트를 하지는 않는다.

간혹 교환학생들이나 어학연수생 중에 한인업소에서 불법으로 일하는 경우가 있는데, 이는 명백한 불법행위로 적발될 경우 본국으로 추방당할 수 있다. 더군다나, 어렵게 교환학생을 떠나와서 할 수 있는 일은 불법 아르바이트보다 귀중한 것이 많으므로 절대 하지 않도록 하자.

개인 프로젝트, 학생리포터 활동으로 두 배 알찬 생활하기

나름대로 목표를 세우고 프로젝트를 진행하면 보다 알찬 교환학생을 즐길 수 있다. 솔희는 미국에 있는 동안 우리나라 대학생들과는 상당히 다른 인생관을 가진 미국 대학생들의 생각이 흥미로워 친구들을 인터뷰해보겠다는 목표를 세웠고 그 결과물을 책에 싣게 됐다. 미국인들은 평소에는 한국인들처럼 깊은 이야기를 잘 하지 않기 때문에 인터뷰의 형식으로 여러 가지를 질문하면서 평상시에 들을 수 없었던 친구들의 진지한 모습을 볼 수 있었다.

상준은 '대학내일'의 국제팀 학생리포터로 활동하며 파머스마켓, 대마초 합법화 논란, 오큐파이 UC 데이비스 등 다양한 주제의 기사를 작성했다. 2011년에 기획팀 학생리포터로 활동했던 대학생 잡지에서 이번에는 국제팀으로 활동하며 다른 사람들은 관심없이 지나가버리는 장소와 사건에 더 관심을 갖고 눈여겨 볼 수 있었다.

솔희 역시 2011년 기획팀 학생리포터 활동을 마친 이후 계속 프리랜서로서 기고해왔던 대학내일에 미국 대학생들의 연애관, 페이스북 본사 방문기 등의 기사를 썼고 귀국 전 22일 간 미국을 여행하는 동안에는 카우치 서핑 칼럼을 연재하기도 했다.

꼭 글이나 특정 매체가 아니더라도 나름대로 미국 생활을 기록해 남겨 보거나 사진을 찍는 등 자기만의 독창적인 프로젝트를 기획하고 실천한다면 보다 알찬 교환학생 시절을 보낼 수 있을 것이다.

대학내일 국제팀 외에도 영현대 글로벌 대학생 기자단이나 영삼성 캠퍼스 리포터 해외조 활동을 통해 현지 리포트를 작성하고 소정의 활동비와 원고료를 받을 수 있다. 대학내일 국제팀은 매년 5월과 11월, 영현대 글로벌 기자단은 매년 3월, 영삼성 캠퍼스 리포터는 매년 12월과 8월에 모집한다.

〈대학내일 naeilshot.co.kr〉

〈영현대 young.hyundai.com〉

〈영삼성 youngsamsung.com〉

03

파티! 파티!
파아티!

한국 대학에 MT문화가 있다면 미국 대학에는 파티문화가 있다! 영화나 미드에서만 보던 파티는 한국에 없는 문화로 호기심이 뭉게뭉게 피어오르기 마련. 자기가 마음먹기에 따라서 교환학생 기간 동안 한 번도 파티에 가지 않을 수도 있고, 하룻밤에도 2~3개의 파티를 다니며 파티퀸에 등극할 수도 있다. 생소하고 궁금한 미국 대학의 파티와 술문화를 샅샅이 파헤쳐보자.

미국 대학의 파티와 술문화

미국 대학생은 술을 많이 마실까? 그들의 술자리, 파티문화는 어떨까?
요즘은 우리나라에서도 술을 강권하는 문화가 많이 없어지기는 했지만, 미국에서는 술을 먹기 싫다는 사람에게 억지로 먹이는 분위기는 전혀 없다. 다만 미국에서는 알코올 도수가 40도를 넘어가는 보드카와 데킬라 등 하드 리쿼를 많이 마시기 때문에, 한국에서 소주 마시듯이 마구 원샷을 하다가는 많은 어려움(?)을 겪게 될 수 있다는 점을 명심하자. 파티에 가면 한 쪽에 맥주와 하드 리쿼가 준비돼 있고 자기가 마시고 싶은 만큼 가져다 마시면 된다. 그런데 아무래도 파티라는 게 함께 술을 마시며 어울리자는 취지로 열리는 것이다 보니, 술도 안마시고 멀뚱멀뚱 있자면 사실 재미없는 건 본인이다. 굳이 술을 많이 마실 필요는 없지만 분위기를 부드럽게 해주는 역할을 하는 만큼, 다른 사람들과 잘 어울리고 싶다면 적당히 즐기는 태도를 갖는 게 필요하다.

미국에서 법적으로 음주가 가능한 나이는 만 21세이다. 미국 대학 신입생들이 보통 만 18세라는 점을 감안하면 굉장히 아이러니한 기준이다. 만 18세가 넘으면 투표와 군 입대를 할 수 있고 심지어 담배 구입도 가능하기 때문에, 이런 식의 이중 잣대가 미국 내에서도 많은 비난을 받고 있다. 하지만 어딜 가든 자동차로 움직이는 것이 기본인 미국에서, 십대 청소년들의 음주 운전으로 인한 문제를 우려해 정해진 연령이라고 하니, 이해가 안 가는 것은 아니다.

법적 연령과 상관없이 대학생들은 다 술을 마시고 파티를 한다. 하지만 가게에서 주류를 구입하거나 바 혹은 펍에서 술을 주문할 때는 신분증 검사를 굉장히 철저하게 한다. 학생증은 인정되지 않고 운전면허증이나 여권이 필요하다. 영어로 된 공식 신분증이 아니면 원칙적으로 인정되지 않지만 가끔 한국 주민등록증이나 운전면허증을 보여주며 열심히 설명해서 넘어갔다는 경우도 있다. 미국 대학생들이 즐기는 파티를 크게 두 가지로 나누자면 프래터니티 파티와 하우스 파티로 구분해볼 수 있다.

프래터니티 파티

프래터니티 파티는 프래터니티 회원들이 주관해 자신들의 프래터니티 하우스에서 여는 비교적 큰 파티로, 초대를 받았거나 아는 사람이 있어야 들어갈 수 있다. 입장 시 재학생임을 확인하기 위해서 학생증을 확인할 때도 있다. 대개는 무료지만 자선기금 모금 등의 목적이 있는 파티의 경우 티켓을 판매하기도 한다.

프래터니티 파티는 보통 '클럽 파티' 분위기다. 빵빵한 사운드의 음악을 틀어놓고 어둑한 실내에서 돌아다니며 술을 마시고 음악을 들으며 춤을 춘다. 좋은 DJ를 섭외해온 경우 더욱 끝내주는 음악을 즐길 수 있으며, 드레스 코드가 주어져 옷을 잘 차려입고 가야 하는 파티도 있다.

하우스 파티

하우스 파티는 말 그대로 집에서 여는 파티이므로, 규모나 분위기는 파티 호스트에 따라 천차만별이다. 다만 보통 친한 친구들을 중심으로 친구의 친구들을 초대하는 식으로 여는 파티이기 때문에 프레터니티 파티보다 분위기는 더 편안하지만, 친한 사람들끼리만 이야기하고 있는 경우처음 가는 사람 입장에서 오히려 낯설고 뻘쭘할 수도 있는 게 단점이다.

보통 하우스 파티에 초대된 사람들이 술과 간단한 안줏거리를 사온다. 파티 호스트는 음식을 담을 그릇과 포크, 맥주컵 그리고 여분의 술을 넉넉하게 준비하면 된다. 환경을 생각한다면 당연히 일회용 용기를 쓰지 말아야겠지만, 수많은 그릇과 포크, 컵을 설거지할 엄두가 나지 않는다면 일회용을 쓰는 것도 방법이다. 일회용 용기 중에서도 생분해성 용기를 구입해 쓴다면 조금 나을 것이다.

랩탑이나 아이팟을 이용해 음악을 틀어놓고 호스트가 맥주 등 주류를 제공하기도 하고 각자 자기가 마실 술을 가지고 오기도 한다. 특히 초대장에 'BYOB Bring Your Own Beer'가 명시돼 있는 파티의 경우 자기가 마실 술을 준비해 가는 게 예의다. 초대장은 대개 조그만 전단지나 페이스북 이벤트의 형태로 뿌려진다.

또한 미국에서는 술을 마실 때 안주를 거의 먹지 않으므로, 파티에 가기 전에 밥을 먹고 가야 한다. 파티를 마치고 배가 고파진 새벽에 타코나 부리토, 햄버거나 핫도그 등을 사먹는 것도 미국 파티문화의 일부이기도 하다.

파티는 10시부터 시작해서 새벽 2시가 지나면 슬슬 파한다. 미국인들은 한국인들처럼 술을 천천히 마시면서 오래 이야기를 나누기보다는 떠들썩하게 마시고 신나게 춤을 추면서 스트레스를 푸는 걸 좋아하기 때문.

파티는 보통 친구 몇 명이 같이 차를 타고 가게 되는데, 보통 운전할 사람인 'DD Designated Driver'를 미리 정해둔다. DD는 술을 마시지 않거나 파티 초기에 아주 조금만 마시고 같이 간 친구들의 안전한 귀갓길을 책임지는 역할을 맡는다.

미국의 술 게임, 비어펑과 레이지케이지

한국에 랜덤게임이 있다면 미국에는 비어펑Beer Pong과 레이지케이지Rage Cage가 있다. 파티에 가면 당구대만큼 큰 테이블 위에 빨간 플라스틱 컵을 잔뜩 배열해두는 것을 볼 수 있는데 이게 바로 비어펑과 레이지케이지 같은 술 게임을 하기 위한 준비다.

비어펑을 하는 방법은 간단하다. 두 명이 한 팀이 되어 양편에 자리를 잡고 플라스틱 컵들을 당구공 배열하듯 삼각형 모양으로 설치한다. 컵 안에는 맥주를 조금씩 따라둔다. 그리고 순서대로 서로의 컵에 탁구공을 던지는데, 상대가 던진 탁구공이 우리 편 맥주컵에 들어가면 그 잔을 마셔야 한다. 이렇게 어느 한 편이 이길 때까지 하는 게임이 비어펑으로, 미국에서 굉장히 대중적이면서도 인기가 있는 술자리 게임이다(간혹 비어펑이 '보드 카펑'으로 진화하는 무시무시한 사태가 발생하기도 하는데…… 그럴 때는 뒤도 돌아보지 않고 도망가는 것이 상책이다).

레이지케이지는 여러 사람들이 다 함께 즐길 수 있는 게임으로, 테이블 한가운데에 벌주로 마실 맥주 컵들을 모아놓고, 각자 빈 맥주 컵을 하나씩 가지고 시작한다. 테이블 양쪽에 자리 잡은 사람 두 명이 술을 한 잔씩 들이키면서 게임을 시작한다. 자기 차례가 오면 탁구공을 테이블에 퉁겨 자기 앞에 있는 맥주 컵에 집어넣어야 한다. 게임은 시계방향으로 진행되는데, 탁구공을 아직 맥주 컵에 넣지 못했는데 다른 사람들이 빨리 성공해서 나를 제치게 되면 술을 한 잔 마셔야 한다. 탁구공이 들어간 맥주 컵들은 겹쳐서 쌓게 되는데, 컵이 높게 쌓일수록 탁구공을 집어넣기는 더 어려워진다.

비어펑과 레이지케이지 외에도 트럼프카드를 이용하는 킹스컵King's Cup이나 한 시간 동안 1분에 한 번씩 작은 잔에 맥주를 마시는 파워아워Power Hour 등 다양한 술자리 게임이 있다. 파티를 다니다 보면 자연스레 배우게 될 테니 미리 염려할 필요는 없다. 흥이 나면 배스킨라빈스31, 더 게임 오브 데스 등 한국 술 게임들을 가르쳐주며 즐기기도 한다.

안전한 파티 즐기기

신나게 노는 것도 좋지만 언제나 가장 중요한 건 안전! 파티에서 정신 줄 놓고 술을 마시다보면 불의의 사고가 발생하기도 한다. 특히 미국에서는 운전을 해서 다니기 때문에 음주운전 문제도 조심해야 하고, 약물이나 성에 대해서 우리나라보다 개방적이기 때문에 신경을 써야 한다.

미국에서는 웬만한 대도시가 아닌 이상 택시가 잘 다니지 않기 때문에 술에 너무 취하기 전에 집에 돌아갈 방도를 마련해 두어야 한다. 운전을 해야 할 사람에게 술을 못 먹게 해야 하는 것은 물론이다. 친한 친구 집에서 열리는 파티이고 집이 멀다면 미리 이야기를 해두고 아예 자고 가는 것이 나을 수 있다.

한국인 학생들이 미국에 가서 처음으로 접하고 놀라는 문화 중 하나가 대마초 등의 약물에 관한 것이다. 우리나라에서 스모킹이라고 하면 당연히 담배를 피우는 것으로 생각하지만 미국에서는 스모킹이 담배 피우는 게 될 수도 있고, 대마초 피우는 게 될 수도 있다. 그 정도로 대마초 흡연이 일반적이며, 담배는 피우지 않아도 대마초는 피우는 학생들도 많다. 심지어 캘리포니아와 같은 일부 주에서는 의료용 대마초가 합법이라 개인이 취급허가증을 받아 대마를 재배, 대마초로 제조할 수도 있다. 불법인 곳에서도 대학생들은 다들 어딘가에서 구해다 피운다. 대마초, 즉 마리화나Marijuana는 위드Weed나 팟Pot이라고도 자주 부른다.

사실 대마초는 담배보다도 중독성이 낮아서 한두 번 피워본다고 해서 문제가 생기지는 않지만, 국내에서는 엄연히 불법이므로 유의하도록 하자. 대마초를 접한 후 두세 달 동안은 머리카락 등에 그 흔적이 남아 신체검사 시 검출될 수 있으므로, 머지않아 신체검사를 할 일이 있다면 간접흡연도 하지 않도록 주의하자.

대마초 외에 하시시, 헤로인, 코카인 등의 약물은 미국 전역에서 엄격하게 규제되어 있고, 미국에서도 웬만한 곳(?)에 가지 않는 이상은 별로 마주칠 일이 없다. 우리나라에서 대마초를 비롯한 약물들을 '마약'으로 취급하여 아주 부정적으로 보는 것과 달리 미국에서 대마초는 담배와 비숫한 수준으로 여기지만, 그 외 다른 약물들에 대해서는 여전히 위험하고 나쁜 것으로 본다. 대마초를 하다가 경찰에 걸리면 훈방될 수 있지만 다른 약물을 하다가 걸리면 아주 큰 문제의 소지가 될 수 있으므로 절대로 연루되지 않도록 조심하자. 또한 미국은 우리나라보다 성문화가 개방적인 나라로, 파티를 하다가 술에 많이 취해 사고(?)를 치는 경우가 종종 있다. 대학생도 성인이므로 개인적인 처신은 알아서 하면 되지만, 만일의 사태를 위해 콘돔 정도는 들고 다니는 게 어떨까 싶다. 교내병원에서 콘돔을 무료로 배부하는 경우가 많으니 이용하자. 만에 하나 피임을 제대로 하지 못한 경우 72시간 이내에 약국에서 사후피임약을 구입해 복용해야 하는데, 시간이 지날수록 피임 가능성이 낮아지니 가능한 빠른 시간 내에 조치를 취해야 한다. 피임약은 Birth Control Pill, 사후피임약은 Plan B라고 부른다.

포틀럭 파티

파티라고 해서 다 미친 듯 술 마시고 정신줄 놓는 파티만 있는 건 아니다. 각자 음식을 준비해 와서 친구들과 나누어먹으며 간소하게 즐기는 포틀럭 파티Potluck Party도 있기 때문이다.

포틀럭 파티는 한국에서 접해보지 못한 새로운 개념의 파티였다. 포틀럭은 냄비와 행운의 합성어로 한 장소에 모이되 각자가 음식을 싸오는 형식의 파티다.

포틀럭은 외국인 친구들을 많이 사귀는 좋은 방법이다. 서양음식과는 모양부터가 다른 한국음식이 모든 친구들의 이목을 집중시키기 때문이다. 보기에도 예쁘고 먹기도 간편해서 외국인 친구들이 부담없이 즐길 수 있는 음식은 단연 코리안 스시, 김밥이 최고였다. 김밥은 먹기는 쉬워도 처음 만들 때는 의외로 손이 많이 간다. 포틀럭에 같이 가는 한국인 친구들과 함께 만들기를 추천한다. 파티 호스트가 특별히 얘기하지 않는 한 음식은 3인분 정도를 준비하는 게 적당하다.

포틀럭 음식을 만들 때는 재료를 신중히 선택해야 한다. 채식을 하는 친구들을 위해 고기를 넣지 않은 음식도 만들어 가면 좋다. 쇠고기김밥을 만든다면, 한두 줄 정도는 쇠고기 대신 참치를 넣는 식이다. 다만 참치는 싫어하는 친구들이 있으므로 주의하고, 깻잎도 독특한 향 때문에 거부감을 갖는 친구들이 간혹 있다는 것을 알아두자.

요리에 자신이 없다면, 손쉬우면서도 다들 맛있게 먹을 수 있는 한국 음식이 있다. 바로 군만두! 한인마트에 가면 쉽게 구할 수 있는 냉동 군만두는 외국인 친구들이 가장 좋아하던 포틀럭 음식이었다.

포틀럭 파티 호스트를 하는 경우에는 개인용 접시를 넉넉하게 준비하자. 외국인 친구들은 한국에서처럼 국이나 찌개를 같이 먹는 등, 음식 섞어 먹는 것을 싫어하기 때문이다. 개인용 접시와 함께 음식을 덜 때 쓰는 집게나 큰 수저를 구비해두자. 젓가락질을 못 하는 친구들을 위해서 포크를 준비하되, 젓가락질 하는 방법과 함께 한국문화를 가르쳐줄 수도 있다는 점을 염두에 두자.

포틀럭 파티에 음식을 싸갈 때에는 가급적 일회용 용기를 사용하자. 보통 그릇을 사용한다면 파티가 끝날 즈음 자기가 가져간 그릇을 설거지해야 하는데 한국인 정서상 자기 것만 할 수가 없어 설거지를 다 하게 된다. 자기 설거지만 한다고 해서 얌체라고 생각할 외국인 친구들은 없으니 걱정할 필요는 없다. 그래도 파티 호스트를 도와 설거지와 뒷정리를 하는 모습은 친구들에게 좋은 이미지로 남을 수 있다.

>>> 포틀럭 파티 : 맛있는 음식을 나누어 먹는 것은 친구 관계를 돈독히 다지는 좋은 방법이다.

Spirit! 대학 스포츠의 천국

미국은 대학 스포츠의 천국이라고 할 만큼 교내 스포츠팀과 학교 대항 리그 등 다양한 스포츠가 발달해 있다. 미 동부의 명문 8개 대학이라고 알려진 '아이비리그'도 본래 풋볼 리그에 속하는 대학들이었다고 하니, 미국의 대학문화에서 스포츠가 얼마나 큰 비중을 차지하는지 알 수 있다. 학교마다 매 학기 농구, 배구, 풋볼 등의 리그전이나 다른 학교 팀과 겨루는 초청경기가 열린다. 경기 규칙을 잘 모르더라도 친구들과 함께 응원하며 구경하는 것만으로도 충분히 즐거울 수 있으니 일정을 확인하고 참가해보자.

학교 축제 즐기기

미국 대학에서도 축제란 일 년 중 손꼽아 기다리는 즐거운 날로, 총학생회 산하의 축제위원회에서 몇 달씩 준비하는 중요하고 큰 행사다. 학교마다 축제의 콘셉트가 확실하고 내용도 다채롭다. 예를 들어 동물학이 유명해 학교 안에 소를 기르는 목장이 있는 UC 데이비스에서는 소젖 짜기 이벤트를 열기도 하며, 남부 캘리포니아의 햇살이 따사로운 UC 샌디에이고에서 야외 뮤직페스티벌의 형태로 펼쳐지는 선 가드 페스티벌Sun God Festival 같은 경우 표를 구하기 어려울 정도로 인기라고.

일 년에 한 번 있는 큰 축제 외에도 날씨가 좋은 봄철이면 수시로 지구의 날 기념 축제Whole Earth Festival나 빨리 먹기 대회Eating Contest, 미국 원주민 축제Powwow 등 소소한 축제들이 열려 학교생활에 활기를 더해 준다.

그 중 특이한 것으로 속옷 달리기 대회Undie Running로, 한밤중에 학교에서 학생들이 모여 일정한 코스로 달리면서 입고 온 옷들을 벗어던지며 속옷만 입고 달리는 행사다. 여기서 벗어던져진 옷들은 모아서 자선 목적으로 기부한다. 보통 시험이 끝난 후나 졸업식을 앞두고, 공부하느라 쌓인 스트레스를 풀어버리기 위해 하는 행사로, 우리나라에서는 절대 하지 않을 미친 짓이지만 막상 달리다보면 민망하기보다 잔뜩 신이 날 뿐!

피크닉 데이!
학교 축제 참가기
-상준

섭외된 연예인들의 공연을 보고 환호하는, 틀에 박힌 대학 축제는 미국에 없어. 가장 크게 다른 점은 지역 주민들과 동문들이 대규모로 참여한다는 거야. 재학생만을 위한 폐쇄적인 축제가 아니라, 대학이 위치한 도시의 주민들까지 모두 함께 즐길 수 있는 큰 행사였어. 축제는 아침 일찍부터 밤 12시가 될 때까지 계속됐어. 그래서 축제에 참가하는 데 필요한 것 단 한 가지는 축제를 마음껏 즐길 강인한 체력이라고 할 수 있지.

지역 주민과 동문도 함께, 모두를 위한 축제

일 년에 한 번뿐인 UC 데이비스의 축제 피크닉 데이 당일, 아침부터 다운타운에는 학교로 향하는 퍼레이드가 한창이었어. 다운타운에서의 퍼레이드 행렬은 2시간 동안 계속됐고 길거리에는 지역 주민과 동문들이 가득했지. 다운타운의 모든 상점들은 저마다 행사를 진행해. 내 룸메이트의 가족이 경영하는 카페에서는 피크닉 데이 기념 점심도시락을 판매하고 있었고, 피자 가게에서는 피자 한 판을 사면 한 판을 더 주는 행사를 진행하고 있더라고. 지역 상인들에게는 대학의 축제가 장사 대목이기도 한 거지.

학교 안은 축제 분위기로 온통 들썩였어. 학교 중앙에 있는 잔디밭에서는 배고프거나 목마르지 않게 축제를 마음껏 즐길 수 있도록 핫도그와 레모네이드를 팔고 있었어. 축제는 모두를 위한 것이라 믿는 미국 대학생들은 음식을 팔아 남긴 이익금을 전액 소아암 단체에 기부하기도 하더군. 하나의 일률적인 프로그램으로 진행되기보다는 작은 동아리부터 규모가 큰 동아리까지 각자 자기들의 단체가 추구하는 바에 따른 나름대로의 행사를 진행한다는 점이 인상 깊었어.

학과별로 특화된 행사를 진행하는 것도 흥미로웠어. 전통적으로 몇몇 학과의 행사는 일주일 전에 예약하지 않으면 표를 구할 수 없을 정도로 인기가 높아. 그 중 하나는 화학과의 마술쇼! 화학과 학부생과 대학원생 그리고 교수들이 재미있는 화학 반응을 마술쇼로 보여주는 건데 보는 내내 신기해서 눈을 뗄 수 없더라. 매년 참신한 쇼를 위해서 교수와 학생들이 머리를 맞대고 한 달 넘게 아이디어 회의를 한다고 해. 역시나 티켓의 수익금 전액은 화학물질로 화상을 입은 환자를 위해 기부된다고. 좋은 일을 하는데 즐거움까지 더한다니 관객들의 호응이 끊이지 않은 것도 당연하겠지?

학교 간에 벌어지는 치열한 경쟁은 미국이라고 다르지 않았어. 그런데 특이한 점은 점수로 대결하지 않는다는 거야. 배틀 오브 밴드Battle of the Bands, 대학밴드들 간의 배틀이 벌어졌어. 데이비스 인근의 대학들과 아침부터 자정까지 돌아가며 밴드 연주 대결을 펼치는 거야. 말이 대결이지 1년 동안 갈고 닦은 실력을 원없이 펼쳐 보이며, 축제의 대미를 장식하는 행사였어. UC 얼바인과 UC 버클리 그리고 스탠포드 대학에서도 배틀에 참가했어. 승자도 패자도 없이 대결하는 밴드 배틀이 처음에는 어색하게 느껴졌어. 관객의 호응을 적게 받은 대학은 알아서 짐을 싸서 돌아가는 형식인 밴드 배틀은 언제나 주최하는 대학이 우승을 하게 돼. 웃기지만 2등을 한 스탠포드 대학의 지휘자는 열정을 더해 끝까지 연주하더라고. 사람들은 자정까지 자리를 지켰고 끝까지 최고의 연주를 보여준 밴드들에게 환호와 박수를 보냈어.

대학교 축제와 술?

아무리 축제일이라 해도, 미국 대학 캠퍼스 내에서 음주는 원칙적으로 불법이야. 행사 며칠 전부터 재학생들에게 전체 이메일을 통해 축제 안내와 함께 음주에 대한 강력한 경고문을 발송해. 캠퍼스에서 술을 마시다 대학경찰에게 적발될 경우 1인당 1백불의 범칙금을 내야 할 수도 있고, 대학 자체적으로 학생에게 징계를 내리기도 하니 주의해야 해. 하지만 축제가 끝난 후 집이나 바에 가서 친구들과 즐기는 거야 상관없겠지?

기숙사문화

미국 대학문화에서 재미있는 것 중 하나가 기숙사문화다. 우리나라와 달리 미국 대학 신입생들에게는 전공이 없다. 그래서 과생활이라는 개념이 없다. 대신 신입생들은 대개 기숙사에 살게 되기 때문에, 각자 생활하는 기숙사를 중심으로 친구들을 사귀고 끈끈한 인간관계를 맺어가곤 한다.

해리포터 시리즈에 나오는 기숙사 대항 퀴디치 경기처럼, 영미문화권에서는 대학 기숙사를 중심으로 스포츠 리그전을 실시하거나 각 기숙사의 개성을 살려 나름대로의 행사를 열기도 한다. 미국 대학 기숙사는 입사 시 원하는 기숙사 유형을 선택할 수 있는데, 아시안이나 흑인 등 같은 인종끼리 모여 사는 기숙사, 성 소수자를 위한 전용 기숙사, 특정한 기준 없이 섞여 사는 기숙사 등 다양하다. 그래서 그런 기숙사들에서 특정 인종이나 민족의 문화를 공유하는 행사를 열기도 하고, 특별한 성격이 없는 기숙사라고 해도 나름대로의 파티나 콘서트 등을 개최하곤 한다.

기숙사에는 RA^{Residential Assistant}라고 하여 사생들의 생활을 도와주는 상급생이 있어서, RA들이 주관하여 바비큐 파티를 열기도 하고 캠핑 등 필드트립을 떠나기도 한다. RA와 사생들 간의 관계는 엄마와 자식에 비유되기도 하는데, 함께 어울리며 즐겁게 지내면서도 기숙사에서 허용되지 않는 음주나 흡연 등에 대해서는 명확하게 제지하고 벌점을 매긴다. 룸메이트와 갈등이 있거나 생활에 어려움이 있을 때 고충을 해결해주는 것도 RA의 역할이다.

기숙사 파티 참가기
-솔희

"솔희! 너 우리 기숙사 파티 갈래?" 기숙사에 살지도 않는 나에게 뜬금없이 보내온 질리안의 문자. 기숙사 파티Dormal는 기숙사Dormitory를 뜻하는 돔Dorm과 격식을 말하는 포멀Formal의 합성어로, 말하자면 포멀하게 차려입고 즐기는 파티 같은 거야. 미국 학생들은 평소에는 수수하게 옷을 입지만, 이런 기회를 틈타서 한 번씩 멋지게 차려 입은 모습을 뽐내곤 하지.

이런 자리에 초대받았으니, 당장 걱정이 된 것은 입고 갈 옷이었어. 다행히 프롬 수준으로 차려 입을 필요는 없고 세미포멀이면 충분하다고 해서 가지고 있던 드레스 중에서 입을 옷을 한 벌 골랐지만, 구두는 갑자기 사기도 애매해서 룸메이트에게 빌려 신었어. 행사가 새벽 1시에 끝난다고 하기에 기숙사에 사는 친구 방에서 자기로 미리 이야기를 해두고, 미국의 특별한 파티인 프롬과 가까운 분위기를 느껴볼 수 있다는 기대감에 부풀었어. 파티 당일 여학생들은 딴 사람들 같아 보였고, 신입생이라 어려 보이기만 하던 남학생들도 정장을 차려 입으니 그럴싸해 보이더라고.

파티라고 해도 기숙사 행사이다 보니 음주는 절대 금지고, 심지어 음주측정기가 있어서 술을 마신 사람은 입장할 수 없게 하더라고. 대신 한쪽에 뷔페식으로 다과와 음료가 준비되고, DJ가 섭외되어 훌륭한 음악을 들려주었어. 친구들과 함께 음악에 맞춰 춤을 추며 즐겼고, 하이힐을 신고 온 여학생들은 나중에는 아예 구두를 벗어 한가운데에 모아 놓고 노는 지경이 됐지. 몇 시간이 지났을까. 신나게 즐긴 뒤, 예정대로 파티는 1시에 종료됐어. 파티가 끝나자 눈부신 형광등이 홀 전체에 점등되었고, 학생들은 군말없이 신발과 겉옷을 챙겨 기숙사로 돌아가더라. 우리나라 같았으면 술도 한 방울 안 마시고 이렇게 노는 일도 잘 없겠지만, 아쉬움이 남는데도 불구하고 정해진 시간에 맞춰 파티를 딱 마치는 모습에, 놀 때는 신나게 놀지만 원칙을 지키고 끝낼 때는 끝내는 미국 학생들의 뒤끝없는 면모를 볼 수 있었어.

기숙사로 돌아온 뒤, 여학생들이 한결같이 입을 모아 던진, 후기 한 줄!

" Dormal = Painful Feet!"

청춘, 떠나라!
아웃캠퍼스

즐거운 캠퍼스 라이프, 신나게 즐겨 주시고! 주말, 연휴, 방학이면 학교를 벗어나 드넓은 미국 곳곳을 누벼 보자. 대자연의 경이를 느낄 수 있는 국립공원 캠핑, 보스턴, 뉴욕 등 동부 대도시여행, 미국 밖을 벗어나는 외국여행까지! 한정된 교환학생 기간을 알차게 활용할 수 있는 여행 조언과 추천 여행지, 깨알 같은 팁까지 모두 담았다. 청춘, 떠나라!

주말, 연휴를 이용한 근교여행

미국의 공휴일은 8월 15일, 10월 3일처럼 날짜로 정해진 것이 아니라 2월 셋째 월요일, 5월 넷째 월요일 등 요일로 정해져 있다. 게다가 대부분 월요일이어서 긴 주말 동안 미국 학생들은 부모님이 계신 고향집으로 돌아가거나, 친구들끼리 여행, 캠핑을 떠나기도 한다.

길지 않은 교환학생 기간 동안 주말, 특히 연휴가 끼어 긴 주말을 잘 활용하면 공부하느라 지친 심신을 달래고 새로운 활력소를 얻을 수 있다. 미국 어디에서 지내든지 구경할 곳은 많으니 가까운 대도시에서부터 주 경계를 넘는 비행기여행까지 다양하게 즐겨보자.

자동차를 렌트해 운전해 가는 것도 좋지만 가벼운 나들이라면 기차나 버스를 타고 떠나보자. 미국 전역을 연결하는 앰트랙은 특히 서부 지역에서 많이 이용한다. 미국 중부나 동부 지역에서는 기차보다 버스 이용이 더 흔하다. 배차 간격이 짧고 그레이하운드, 메가버스, 볼트버스 등 이용할 수 있는 회사가 다양하다.

뉴욕, 보스턴 등 중국인이 많이 사는 지역에는 차이나타운을 기준으로 발착하는 차이나타운버스가 있다. 풍화버스Fungwah Bus 등 몇 가지 회사가 있다. 원래는 중국인들이 타던 버스였는데 그레이하운드보다 저렴한 가격에 다른 승객들도 많이 타게 되면서 이제는 상당히 대중화됐고 저렴한 가격 대비 서비스도 나쁘지 않다.

미국 버스는 한 번 타면 3~4시간은 기본이고 10시간 이상 쉬지 않고 가는 경우도 흔하므로 타기 전에 단단히 준비하는 것이 좋다. 버스 안에 화장실이 있고, 휴게소 같은 곳에 들러서 식사할 시간을 주기도 한다. 또한 도로사정에 따라 연착되는 일이 잦으니 감안하자.

주말여행을 할 때는 계획을 무리하게 세우기보다는 여유롭게 테마를 정해서 구경하는 편이 좋다. 미술관이나 박물관을 방문하는 것도 좋고, 유명한 맛집을 탐방해보는 것도 좋다. 이웃 학교를 방문해서 다른 학교는 어떻게 생겼는지 구경하는 것도 재미있다. 데이비스에서는 1~2시간 거리에 UC 버클리와 스탠퍼드 대학이 있어서 UC 데이비스와는 또 다른 학교의 분위기를 느껴볼 수 있어 흥미롭다.

>>> 미국의 기차 엠트랙 티켓

미국의 공휴일

미국의 공휴일은 우리나라보다 관대하다. 미국의 법정 공휴일을 확인해 주말과 연휴를 이용한 여행 계획을 세워보자. 법정 공휴일은 주마다 조금씩 차이가 날 수 있다.

미 연방 정부 공휴일

1월 1일	New Year's Day(설날)
1월 셋째 월요일	Martin Luther King Day(마틴 루터 킹 탄생일)
2월 셋째 월요일	President's Day(대통령의 날)
5월 넷째 월요일	Memorial Day(현충일)
7월 4일	Independence Day(독립기념일)

* 미국의 독립기념일은 '4th of July'라고 더 많이 부르며 이날 미국 전역에서 성대한 불꽃놀이가 펼쳐진다. 가장 화려한 불꽃놀이는 찰스강을 수놓는 보스턴의 불꽃놀이이며, 세계에서 제일 큰 백화점인 뉴욕 메이시스가 주관하는 뉴욕의 불꽃놀이도 장관을 이룬다.

9월 첫째 월요일	Labor Day(노동절)
10월 둘째 월요일	Columbus Day(콜럼버스 기념일)
11월 11일	Veterans Day(재향군인의 날)
11월 넷째 목요일	Thanksgiving Day(추수감사절)
12월 25일	Christmas(성탄절)

공휴일이 아닌 기타 기념일, 축제일

2월 14일	St. Valentine's Day(밸런타인데이)

* 미국의 밸런타인데이에는 남녀 상관없이 가까운 친구들에게 초콜릿이나 작은 선물, 특히 마음이 담긴 카드를 주고받곤 한다.

3월 17일	St. Patrick's Day(성 패트릭의 날)

* 아일랜드계 이민자들로부터 시작된 성 패트릭의 날에는 초록색 옷을 입거나 몸에 초록색 물건을 지녀야 하며, 그렇지 않으면 꼬집힘을 당할지도 모른다.

3월 하순 ~ 4월 상순	Easter Sunday(부활절)

* 서양에서는 이날 이스터 버니(Easter Bunny)라고 부르는 토끼가 달걀을 가져다준다고 생각하기 때문에 이스터 버니 혹은 달걀 모양의 초콜릿을 많이 주고받는다.

4월 1일	April Fool's Day(만우절)
5월 둘째 일요일	Mother's Day(어머니의 날)

* 미국에서는 어머니의 날에 자녀가 팬케이크로 아침상을 차려 어머니 침실에 가져다주는 것이 전통이다.

5월 마지막 주 월요일	Decoration Day(전몰장병 기념일)
6월 14일	Flag Day(국기의 날)
6월 셋째 일요일	Father's Day(아버지의 날)
10월 31일 밤	Halloween Day(할로윈데이)

다 큰 어른인데 뭐, 아무렇지 않을 줄 알았어. 하지만 가족과 떨어져 산다는 게 만만하지 않더라. 늘 마음 한편에 외로움이라는 단어가 남아있는 것 같았어. 한국에서는 북적거리는 추석인데 미국에서는 평범한 날이라는 게 왠지 허전했고, 11월에 접어들어 쌀쌀해지는 미국의 날씨에 내 마음도 가을을 타는지 쓸쓸했어. 교환학생 두 달째, 미국 생활의 위기라고 할 수 있을 만큼 극심한 외로움이 찾아왔어. 미국인 친구들은 모두 고향집으로 돌아가는 추수감사절이 다가오고 있었어. 미국의 추수감사절은 우리나라의 추석만큼이나 가족과 함께 보내야 하는 시간이야. 그래서 다른 한국인 교환학생들과 여행이나 갈까 하는 생각을 하고 있을 때 나탈리에게 문자가 왔어. "존, 뭐해? 이번 주말에 에이미랑 같이 우리 할머니 집에 놀러 갈래?" 나탈리의 할머니 댁은 캘리포니아 중북부의 와인 산지인 러시안 리버라는 곳에 있었어. 와인 산지답게 지평선 끝까지 포도밭이 이어져 있었지. 할머니는 여든이 넘은 연세에도 스페인어를 배우는 열정을 가진 분이셨고, 건축가인 나탈리의 아버지가 지었다는 집은 주변 풍경과 잘 어울려 너무나도 아름다웠어.

나탈리는 "추수감사절은 배터지게 먹고 잠자다가 또 먹는 날"이라고 장난스럽게 말했지. 그런데 그건 정말이었어! 우리나라의 명절처럼 하루 종일 집안에 먹을 게 넘쳐나더군. 저녁 때가 되어서는 칼 아저씨가 배낭만한 칠면조 요리를 오븐에서 꺼내 자르는데, 거대한 칠면조 고기는 웬만한 칼로는 잘리지 않아 식용 전기톱을 사용하더라고. 칠면조를 다 잘라 해체하는 데 무려 30분이 넘게 걸렸어. 그 사이 나와 에이미는 열심히 테이블 세팅을 했지. 테이블 위에 가득한 칠면조 고기를 배 터지게 먹었어. 개인주의가 팽배하다고 알려진 미국인들의 따스한 가정 분위기가 처음엔 낯설었어. 하지만 나탈리의 할머니 집에서 추수감사절을 보내며 사랑이 넘치는 미국 가정을 겪어본 이후로는 가족 간의 따뜻한 정은 어디를 가나 똑같구나 하는 생각이 들었어. 언어도 문화도 다르지만, 가족 간의 정다운 사랑은 역시나 만국 공통인 모양이야.

방학을 이용한 여행

3월과 9월에 시작하는 정규 학기와 여름방학, 겨울방학으로 무척 심플한 우리네 학사 일정과 달리 미국은 학사 일정이 복잡하고 학교에 따라서도 차이가 많이 난다.

우선 미국의 학기 제도는 시미스터제와 쿼터제 두 가지가 있다는 것을 이해해야 한다. 시미스터제는 우리나라의 학기제와 비슷하게 한 학기가 약 16주에 걸쳐 있는 것인데 중간에 봄방학이 있다. 9월 상순 시작하는 가을학기는 크리스마스 전에 끝나고, 크리스마스를 겸한 겨울방학이 시작된다. 봄학기 중간에는 일주일 정도의 봄방학이 주어지고, 여름방학이 무척 긴 것이 특징이다.

쿼터제는 우리나라에는 없는 제도인데 일 년을 크게 4등분해서 가을쿼터와 겨울쿼터, 봄쿼터 그리고 여름방학으로 나눈다. 10주가 한 쿼터이며 기말고사를 보는 기간이 따로 있다. 9월 중순 정도에 가을학기가 시작되며 겨울방학 후 1월초에는 겨울쿼터가, 일주일 정도로 짧은 봄방학 후에는 바로 봄쿼터가 이어진다. 개강 5주 만에 중간고사를 보는 등 시미스터제에 비해 호흡이 가쁜 것이 특징이다. 짧은 기간에 집중적으로 한 코스를 끝낼 수 있다는 것은 장점으로 작용한다. 다니는 학교의 학사 일정을 확인해서 방학 동안의 여행 계획을 세워보자.

>>> 시미스터제와 쿼터제 비교

	9	10	11	12	1	2	3	4	5	6	7	8
시미스터제	가을학기			겨울방학		봄학기1		봄방학	봄학기2	여름방학		
쿼터제		가을쿼터		겨울방학	가을쿼터			봄방학	봄쿼터	여름방학		

미국 내의 시차와 일광시간절약제

미국의 표준시간대

넓이가 한반도의 43.7배, 남한의 약 96배에 달한다는 미국 대륙. 당연히 시간대도 하나가 아니다. 미국 내에서 장거리여행을 다닐 때면 꼭 고려해야 할 부분이 바로 시차다. 여행 중 시간대가 바뀔 때마다 시계를 맞춰 놓아 비행기나 버스를 놓치는 일이 없도록 해야 한다.

표준시명(국문)	서부 표준시 or 태평양 표준시	산악 표준시 or 산지표준시	중부 표준시	동부 표준시
표준시명(영문)	PST = Pacific Standard Time	MST = Mountain Standard Time	CST = Central Standard Time	EST = Eastern Standard Time
주요도시	LA 샌프란시스코	덴버 피닉스	시카고 뉴올리언스	뉴욕 보스턴
한국과의 시차	−17시간	−16시간	−15시간	−14시간
한국이 오후 3시일 때	전날 밤 11시	자정	오전 1시	오전 2시

스프링 포워드, 폴 백 Spring Forward, Fall Back

미국에서 살다보면 한 번씩 실수를 겪게 되는 것이 일광시간절약제. 흔히 서머타임제도라고도 하는 일광시간절약제DST; Daylight Saving Time는 낮 동안의 밝은 시간을 활용해 에너지를 절약하자는 취지로 일 년에 두 번씩 시간을 한 시간씩 앞당기거나 늦추는 것을 말한다. 매년 3월 둘째 일요일 오전 2시가 되면 이를 3시로 한 시간 앞당기고 11월 첫째 일요일 오전 3시가 되면 다시 이를 2시로 한 시간 늦추게 된다. 위성에서 시간정보를 받아오는 휴대폰 시간은 자동으로 바뀌지만 시계는 새로 맞춰야 한다. 이 제도를 몰라서 본의 아니게 수업에 늦거나 약속을 어기는 일이 꼭 한 번씩 생기니 확인해서 실수가 없도록 하자.

일광시간절약제로 인한 시간 변화가 헷갈린다면 '스프링 포워드, 폴 백'으로 기억하면 쉽다. 봄이면 한 시간씩 시간을 앞당기고 가을에 이를 되돌린다는 것이다.

일광시간절약제는 미국뿐 아니라 캐나다, 영국 등에서 시행하고 있는데 애리조나와 일리노이 주는 예외적으로 실시하지 않는다.

방학, 미국 밖으로 나가보자

　방학은 미국 밖으로 여행을 떠날 수 있는 절호의 기회다. '미국만 해도 엄청 커서 다 못 볼 텐데 뭣하러 미국 밖까지 나가지?'라고 생각할 수도 있다. 하지만 막상 현지에 있다 보면 캐나다, 멕시코 등 우리나라에서 직접 가려면 너무 멀고 비싸지만 미국에서는 쉽게 다녀올 수 있는 곳으로 여행을 가고 싶은 욕심이 생기게 된다.

　캘리포니아 남부의 샌디에이고에서는 차로 국경을 넘어 30분이면 멕시코의 티후아나Tijuana에 갈 수 있고, 워싱턴 주 시애틀에서 캐나다 밴쿠버까지 3시간도 안 걸려 갈 수 있다. 뉴욕 주 버팔로의 나이아가라 폭포에서는 걸어서 국경을 넘어가 캐나다 측에서 폭포를 볼 수도 있다.

　한국에서 직접 남미를 가려면 직항이 없어서 대부분 LA에서 환승을 해서 가야 하고 그만큼 항공료도 비싸진다. 하지만 미국에서 남미까지는 한국에서 동남아 가는 수준의 항공료로 이동할 수 있다. 남미는 브라질 등 일부 국가를 제외하고는 미국보다 물가도 훨씬 싸기 때문에 마음 편하게 즐길 수 있다. 멕시코 남부의 캔쿤Cancun은 바다빛이 너무나 아름다운 휴양지로 유명하고 페루, 푸에르토리코, 코스타리카 등 한국에는 잘 알려지지도 않았고 생소하지만 숨겨진 보석 같은 여행지가 많다. 색다른 방학을 보내고 싶을 때 여행지로 선택하면 좋다.

　방학 때 미국 밖으로 나갔다가 재입국하려면 I-20나 DS-2019 상에 미리 DSODesignated School Official의 서명을 받아둬야 한다. DSO는 미국 이민국에 학생의 세비스 정보를 전달하고 관리하는 사람으로 미국 학교의 국제학생 신상 담당자라고 할 수 있는 사람이다. 학기초의 오리엔테이션 등을 통해 누구인지 알 수 있다. DSO의 서명이 담긴 서류없이 미국 밖으로 나갔다가 재입국하려면 무척 큰 곤란을 겪게 되므로 잊지 말고 반드시 챙기자. 수학이 종료된 후에 미국 밖으로 나갔다가 재입국해야 하는 경우에도 꼭 DSO의 서명을 받아야한다. 이 경우 수학 종료 4주 이전에 서명을 받아야 하며 불법체류에 대한 우려 때문에 뚜렷한 근거가 없으면 서명을 잘 해주지 않는다. 그러므로 항공권 등의 문제로 꼭 재입국해야 한다면 항공권을 보여주고 잘 설득해보도록 하자.

DSO의 서명을 받지 못하고 수학 종료 후의 출국 준비기간 동안 미국 밖으로 나가게 되면 학생비자의 효력이 다하기 때문에 재입국이 불가하다. 꼭 재입국해야 하는 경우에는 비자면제 프로그램을 이용해 미리 관광 목적의 입국허가를 받아둬야 한다.

비자면제 프로그램 이용법

미국의 비자면제 프로그램이자 전자여행허가제인 ESTAElectronic System for Travel Authorization는 전자여권을 소지한 외국인에게 관광 목적의 단기체류 시 비자를 면제해주는 프로그램이다. 교환학생으로 미국에 체류하는 동안은 F-1이나 J-1 비자를 갖게 되는데, 수학 종료 후 다른 나라에 방문하고 나서 다시 미국에 들어가려면 반드시 전자여행허가를 받아둬야한다. 전자여권 소지자만 가능하며 온라인을 통해 신청할 수 있다. 한국어로도 신청할 수 있기 때문에 영어를 걱정할 필요도 없다.

보통은 이틀 안에 허가가 떨어지지만 이왕이면 며칠 여유를 두고 신청하는 것이 좋다. 전자여행허가를 받으면 90일까지 무비자로 체류가 가능하며 10불의 관광진흥기금과 4불의 수수료로 총 14불의 비용이 든다. 비자나 마스터카드 등 해외사용이 가능한 신용카드로만 결제할 수 있다. 한번 전자여행허가를 받아두면 2년간 유효하기 때문에 재입국 시 다시 신청할 필요가 없다.

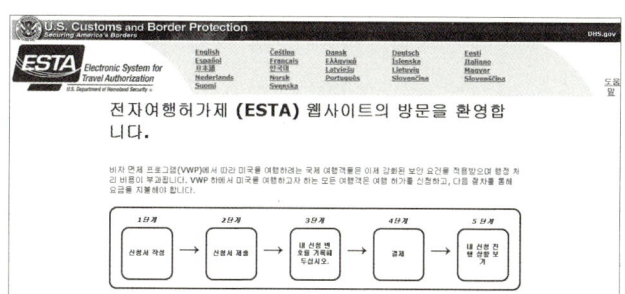

>>> 전자여행허가제 신청 esta.cbp.dhs.gov
: 온라인을 통해 간단하게 전자여행허가를 받을 수 있다.

국립공원 캠핑

광활한 대자연을 만끽하고 싶다면 국립공원NP; National Park에 가자. 미국 전역의 대부분의 주에 걸쳐 58개의 국립공원이 있다. 가장 많은 국립공원이 있는 곳은 개발이 늦게 진행된 중서부지역이다. 미국에서 꼭 가볼만한 국립공원으로는 그랜드캐니언과 요세미티 국립공원을 꼽을 수 있다.

그랜드캐니언 국립공원은 사막으로 이루어진 애리조나 주에 있으며 세계에서 가장 깊고 웅장한 협곡으로 유명하다. 경치가 좋은 곳에는 어김없이 전망대가 있으며 순환버스도 다녀 편리하게 구경할 수 있다. 트레일을 따라 직접 하이킹을 하면 더욱 제대로 그랜드캐니언을 체험할 수 있다. 주로 북쪽의 노스림North Rim과 남쪽의 사우스림South Rim에 가게 되는데 노스림은 겨울철에 폭설이 내려 방문이 제한되기도 한다.

상대적으로 덜 알려졌지만 미국에서는 무척 인기 있는 캠핑 장소인 요세미티 국립공원은 원시림으로 뒤덮인 산이 아름다운 곳이다. 카메라 화면에 다 담기지 않을 정도로 큰 나무들이 빽빽하며, 거대한 폭포들이 장관을 이룬다. 비교적 난이도가 낮은 트레일이 많아서 초보자도 쉽게 도전할 수 있다. 운이 좋으면 밤하늘의 은하수를 볼 수도 있고, 있는 그대로의 야생 속에서 잠드는 일은 어디에서도 쉽게 경험하지 못하는 소중한 추억이다. 단, 곰을 조심할 것.

국립공원 캠핑을 하려면 국립공원 서비스nps.gov를 통해 캠핑장을 예약하고 가야 한다. 캠핑장 이용 요금은 차종과 인원수에 따라 달라진다. 캠핑장이 아니라도 오두막집 형태의 로지Lodge나 캐빈cabin 같은 숙박업소가 있는데 수가 많지 않으므로 미리 예약을 하고 떠나자.

준비해야 할 캠핑 용품으로는 텐트, 침낭, 캠핑용 매트리스(스펀지보다는 에어매트가 편하다), 랜턴(조금 비싸더라도 최대한 밝은 것을 구매하자) 등이 있으며 빅5big5sportinggoods.com에서 저렴하게 구매하거나 교내 아웃도어센터에서 대여할 수 있다.

여러 장비를 준비하는 게 번거롭거나 캠핑 초보자라면 교내 아웃도어센터에서 주관하는 그룹 프로그램에 참가해서 캠핑을 떠나보는 것도 좋다. 가이드가 동행해 장비 준비와 트레일 안내 등을 맡아주어 편리할 뿐더러 재학생 할인을 받을 수 있어 참가비도 저렴한 편이다.

캠핑의 하이라이트인 캠프파이어는 정해진 장소가 아니면 할 수 없으니 주의하자. 산에 버려진 나무를 이용하면 된다고 생각하면 큰 오산이다. 국립공원의 동식물을 함부로 가져가거나 불에 태우는 것은 엄연히 불법이다. 캠프파이어용 장작과 불쏘시개 석탄은 세이프웨이나 월마트 같은 대형마트에서 저렴하게 구입할 수 있다. 캠프파이어를 마치고 나서는 반드시 물을 부어 불씨를 완전히 없애야 한다.

미국여행의 꽃, 자동차 일주

미국여행의 꽃은 자동차 여행이다. 산이 많고 교통체증이 심한 우리나라와 달리 미국은 탁 트인 자연 속으로 도로가 시원하게 쭉쭉 뻗어있는데다가 대도시를 제외하면 교통체증이 별로없어 드라이브의 참맛을 즐길 수 있다. 한국에 비해 저렴한 차량유지비와 기름값도 매력이다. 교환학생들은 대부분 차가 없으므로 렌터카를 이용하게 되는데 여러 명이 같이 차를 빌리고 기름값도 나눠내면 저렴하게 미국여행을 할 수 있다. 비행기는 물론이고 기차나 버스보다도 비용이 적게 든다.

비행기여행보다 자동차여행이 좋은 이유는 비단 비용절약 외에도 가까이서 더 많은 것을 보고 느낄 수 있기 때문이다. 자동차여행이 얼마나 매력적이면 미국자동차여행usacartrip.com이라는 동호회까지 있을까. 미국에서 살면서 다닌 여행 중에 가장 기억에 많이 남는 것도 자동차로 떠났던 일주일간의 그랜드캐니언 여행이었다.

〈렌터카 이용방법은 183쪽 참고〉

운전 중 차가 서버린다면?

미국은 워낙 땅이 넓고 우리나라처럼 고속도로 휴게소가 자주 보이지 않기 때문에, 중부의 사막처럼 인적이 드문 지역에 갈 때는 주유소가 보일 때마다 기름을 넣어야 한다. 하지만 아무리 정속운행을 해 기름 소모를 줄이더라도 운전 중 차가 서버리는 불상사가 생길 수 있는데, 이때는 렌터카 회사의 서비스센터에 전화하여 응급 서비스를 받아야 한다. 렌트 계약서와 렌터카 회사 홈페이지에서 전화번호를 찾을 수 있다. 렌트 시 종합보험Full Coverage에 가입했다면 서비스가 무료로 제공되지만 무보험인 경우 비싼 출장비를 내야 한다. 따라서 장거리여행 시에는 반드시 종합보험을 가입하도록 하자.

운전을 못 한다면? 그레이라인 투어

미국은 아무래도 차가 없으면 못 다니는 곳이 많다. 하지만 운전면허증이 없거나 타국에서 운전하는 게 겁이 나는 경우, 혼자 떠나고 싶은데 렌트 비용이 부담되는 경우에는 그레이라인 투어를 이용해서 충분히 돌아볼 수 있다.

다국적 투어 회사인 그레이라인은 미국 전역 대부분의 도시에서 투어를 진행하고 있으며, 가이드 겸 운전기사가 동반해서 안내와 설명을 해준다. 우리나라식의 전 일정 동반 패키지투어가 아니라 하루투어, 반일투어나 2~3시간 투어 등등 소요시간이 짧은 것이 많고 투어 종류는 지역의 유명한 관광지에 따라 무척 다양하다.

미국의 투어는 일단 관광 장소에 도착하면 가이드가 일일이 따라다니는 게 아니라 일정한 시간을 주고 구경하도록 하는 것이 일반적이며, 식사도 추천을 해줄 뿐 각자 알아서 하도록 하는 경우가 많다. 호텔을 중심으로 픽업을 해주고 투어 후에는 다시 데려다주므로 이동이 편리하다. 가이드가 무척 유머러스해서 대개 즐거운 시간을 보낼 수 있다. 여유가 된다면 약간의 팁을 주어도 좋다.

그레이라인 외에도 지역에 따라 다양한 투어 회사가 있다. 미국 관광지의 투어는 코스가 일정하게 굳어져 있는 경우가 많아서 회사가 달라도 코스는 비슷비슷하기 때문에 가격을 기준으로 선택하는 게 현명하다.

〈그레이라인(미국 전역) grayline.com〉
〈가이드유(샌프란시스코 출발) guideyou.com〉

미 서부 여행 추천 일정

1일차 새크라멘토 〉 라스베가스 [라스베가스 호텔 숙박]

　°라스베가스에는 유명한 4성급, 5성급 호텔도 많지만 프라이스라인priceline.com
을 통해 가격대를 확인하고 결정하는 것이 좋다. caesars.com/total/las-vegas/
buffet-of-buffets에서 "Buffet of Buffets" 티켓을 구입하면 45불에 6개 호텔의 뷔
페를 24시간 동안 마음껏 이용할 수 있다.

2일차 라스베가스 〉 그랜드캐니언 국립공원 사우스림 〉 말발굽 협곡Horseshoe Bend
〉 파웰 호수: 와입 마리나 선착장Lake Powell: Wahweap Marina 〉 페이지Page
[페이지 인이나 모텔 숙박]

　°파웰 호수에서는 다양한 수상 레포츠를 즐길 수 있다. 예약은 홈페이지lakepowell.
com를 통해 할 수 있으며 계절과 수량의 변화에 따라 프로그램이 달라진다.

3일차 앤털롭 어퍼 캐니언 투어 참가Antelope Upper Canyon Tour(8:00am)
〉 모뉴먼트 밸리Monument Valley 〉 멕시칸 햇Mexican Hat, 구즈넥 주립공원
Goosenecks State Park 〉 모압Moab [모압 인이나 모텔 숙박]

　°앤털롭 어퍼 캐니언 투어는 자연보호를 위해 원주민 투어 가이드가 동반한다. 인
기가 많기 때문에 홈페이지antelopecanyon.com를 통한 예약은 필수다.

　°페이지와 모압 등 그랜드캐니언 주변에 있는 작은 도시에는 여행자들을 위한 저
렴한 숙박업소가 많이 있다.

4일차 아치스 국립공원Arches National Park 〉 데드호스 포인트 주립공원 Dead Horse
Point State Park 〉 고블린 주립공원Goblin State Park 〉 고속도로 루트 UT12로
이동 - 브라이스 캐니언 국립공원 Bryce Canyon National Park [브라이스 캐니언
주변의 인이나 모텔 숙박]

　°브라이스 캐니언의 인스피레이션 포인트Inspiration Point에서 일몰을 감상한다.

5일차 브라이스 캐니언에서 일출 감상(06:44am) 〉 브라이스 캐니언 국립공원
하이킹(추천 루트: 선셋 포인트Sunset Point 〉 나바호 루프Navajo Loop
〉 퀸 가든 트레일Queen Garden Trail - 선라이즈 포인트Sunrise Point
〉 자이언 캐니언 국립공원Zion Canyon National Park
〉 라스베가스 [라스베가스 호텔 숙박]

6일차 라스베가스 관광 및 오쇼O Show 관람 [라스베가스 호텔 숙박]

7일차 라스베가스 - 새크라멘토(8:00 pm)

서부 도시여행 – LA, 샌프란시스코, 라스베가스

넓고 넓은 미국에서, 어디를 여행하는 것이 좋을까?

아무래도 유명한 도시 위주로 여행지를 결정하는 게 무난하다. 여행의 묘미는 자신이 발견하기 나름이지만 사람들이 많이 찾는 곳에는 분명 이유가 있기 마련이므로. 미국 서부의 주요 도시로는 미국 최대 규모의 한인타운이 있는 LA와 미국에서 가장 아름다운 도시 중 하나인 샌프란시스코, 카지노가 유명한 라스베가스가 있다.

LA

LA에 갈 때는 차가 있어야 한다. 아예 관광을 못하는 것은 아니지만 도시가 워낙 크고 볼거리가 뚝뚝 떨어져 있기 때문에, LA를 제대로 보고 싶다면 차를 준비해서 아쉬움이 없도록 하자. 주요 볼거리는 유니버설스튜디오와 할리우드, 게티센터Getty Center와 게티빌라Getty Villa, 코리아타운, 베니스비치와 말리부비치 등의 아름다운 해변이다. 디즈니랜드는 LA 중심가에서 2시간가량 떨어진 오렌지카운티의 애너하임 시에 있다. 따라서 디즈니랜드 방문이 주목적이라면 아예 애너하임 공항으로 직접 가는 것이 낫다. 디즈니랜드는 며칠에 걸쳐서 놀아야 할 정도로 크기 때문에, 놀이공원을 좋아한다면 아예 3일권이 포함된 시티패스를 끊어 디즈니랜드 내의 호텔에서 숙박하며 즐기는 것도 좋다.

유니버설스튜디오는 한 번 가본 사람은 다 강추하는 필수 방문지. 영화 스튜디오이지만 3D 어트랙션 등 신나는 탈것이 많아 놀이공원 느낌으로 즐길 수 있는 곳이다. 아침 10시, 문을 열자마자 기다리고 있던 수많은 사람들이 우르르 입장하는 광경을 볼 수 있다. 가능하면 평일에 가는 것이 훨씬 좋으며, 하루 종일 부지런히 움직이면 알차게 전부 즐길 수 있다. 2012년 개장한 트랜스포머를 놓치지 말자.

게티센터와 게티빌라는 장 폴 게티라는 미국의 거부가 평생 수집한 미술품과 조각품으로 꾸며진 곳으로 웬만한 국립 미술관 뺨치게 볼거리가 많고 전시 수준이 높은데도 무료로 개방되고 있다. 게티센터는 유명하지만 게티빌라는 LA에 사는 사람도 잘 모르기도 하는데, 분위기가 사뭇 다르므로 둘 다 방문해보면 좋다. 게티빌라는 미리 홈페이지에서 예약하고 가야 한다.

샌프란시스코 San Francisco

"I left my heart at San Francisco"라는 노래가 있을 만큼 샌프란시스코는 무척이나 아름다운 도시다. 너무나 유명한 금문교Golden Gate Bridge와 골든게이트 공원, 영화 '더 록'의 배경이 되었던 알카트라즈 섬, 차이나타운 등 볼거리가 많다. 큼직큼직한 볼거리보다는 골목골목 돌아다니면서 마주치는 재미있는 가게와 특색 있는 거리 등 소소한 즐거움이 많은 곳이 샌프란시스코다. 연중 높고 새파란 하늘을 볼 수 있다는 것 또한 매력인데, 날씨는 한국의 가을 날씨 정도로 생각보다 쌀쌀하고 바람이 많이 부니 겉옷을 꼭 준비해야 한다.

해안가를 따라 피셔맨스 워프Fishermen's Wharf라는 선창가가 있고 수십 개의 부두들이 늘어서 있어 관광객을 끌어모은다. 귀여운 바다사자들을 볼수 있는 피어39가 가장 인기 있다. 유명한 유니언 스퀘어는 작은 공원 수준이라 의외로 별 건 없고, 코이트타워Coit Tower와 롬바드 꽃길Rombard Street, 오션비치Ocean Beach에 있는 클리프하우스Cliff House, 트윈픽스Twin Peaks 등 한국에서는 잘 모르는 곳들이 오히려 더 좋았다. 잘 알려지지 않은, 숨겨진 명소가 너무나도 많은 곳이 샌프란시스코다.

게이문화의 진원지인 카스트로Castro, 히피문화의 온상 해이트-애시버리 스트리트Haight-Ashbusy Street 등 재미있는 거리도 무척 많은 곳. 예술가들이 많이 살고 있어 예쁜 기념엽서가 다양하게 많고, 사고 싶은 기념품도 무척 많았던 도시.

유니언 스퀘어 주변에 호스텔이 많다. 샌프란시스코 국제공항에서 일종의 경전철인 바트BART; Bay Area Rapid Transit를 타고 파웰 스트리트Powell Street에서 하차하면 다운타운과 유니언 스퀘어에서 가장 가깝다.

라스베가스 Las Vegas

라스베가스! 화려한 슬롯머신이 휘황찬란하게 돌아가는 카지노의 모습이 떠오른다. 하지만 라스베가스에는 카지노 말고도 즐길거리가 많다. 오쇼와 카쇼 등 우리나라에서도 몇 차례 공연을 하며 유명해진 태양의 서커스Cirque Du Soleil를 볼 수 있다. 워낙 인기가 높기 때문에 한 달 전에 예매해야 볼 수 있는 공연이라고 하지만 운이 좋으면 현장에서 표를 구할 수도 있다. 표는 최소 1백불 이상이지만 세계에서 제일 좋은 공연이라고 하니 여유가 있다면 꼭 관람하길 추천한다. 화려한 무대장치와 공연자들의 현란한 몸놀림으로 입이 쩍쩍 벌어진다.

화려한 이미지 때문에 무척 비쌀 것 같지만 사실 라스베가스 물가는 의외로 저렴하다. 호텔비도 수준에 비해 다른 지역보다 저렴하고 갖가지 산해진미가 차려진 호텔 뷔페가 20~30불밖에 안 한다. 라스베가스 호텔들의 주요 수입은 카지노에서 나오기 때문에, 다른 비용을 낮게 책정하고 관광객들을 카지노로 유도하기 때문. 스스로 자제력만 갖출 수 있다면 게임을 즐겨보는 것도 좋다. 가장 쉽게 할 수 있는 게임은 슬롯머신으로, 적게는 10센트씩 베팅할 수도 있기 때문에 부담없이 즐길 수 있다. 또한 슬롯머신들 사이로 종업원이 술이나 음료를 들고 돌아다니는데, 원하는 것을 주문하면 무료로 가져다준다. 1불 정도의 팁만 지불하면 되어, 무척 저렴하게 술을 마실 수 있는 셈이니 마음껏 활용하자.

라스베가스의 중심지는 스트립Strip이라고 하는데 이 안에 주요 호텔과 카지노가 모여 있다. 스트립의 끝에서 끝까지는 도보 20~30분 정도 걸리며 이 사이를 돌아다니며 구경하게 된다. 벨라지오와 TI〓 Treasure Island 등의 호텔에서는 저녁마다 수준 높은 무료공연을 펼치니 놓치지 말자. 라스베가스는 그랜드캐니언과도 3시간 거리로 가까워 이곳의 호텔에서 그랜드캐니언으로 가는 당일 투어 상품이 많다.

그 외에 서부에서 가볼 만한 지역으로는 동물원이 유명한 샌디에이고, 커피의 성지 스타벅스 1호점이 있는 시애틀, 장미축제가 유명한 포틀랜드 등이 있다.

미국 국내선 저가항공 완벽 해부

캘리포니아에 살았던 내가 미국에서 제일 사랑한 항공사는 두말할 것 없이 사우스웨스트Southwest였다. 말 그대로 미국 남서부, 캘리포니아 지역을 중심으로 취항하는 국내선 전용 항공사인 사우스웨스트는 평균적으로 가장 저렴한 항공료와 무난한 서비스로 많은 팬을 거느리고 있는 회사. 마일리지가 소멸되지 않기 때문에 이담에 미국에 가게 되면 꼭 다시 이용하리라 굳게 마음먹고 있다. 너무 일찍 예매할 필요도 없고, 3~4주 전에만 예매해도 무척 좋은 가격에 표를 구할 수 있다. 최저가 캘린더가 나와 있어서 날짜에 구애받지 않고 항공권 가격이 저렴한 날에 맞춰 떠나고 싶을 때 더욱 유리하다. 변경수수료가 없는데다가 짐도 2개까지 무료로 부쳐준다.

기내 스크린이 없어서 승무원들이 직접 비상상황안내를 해주며 좌석이 지정돼 있지 않아 원하는 자리에 앉으면 된다. 불필요한 거품을 뺀 효율적 운영이 사우스웨스트 저가 정책의 비결이다. 미국에서도 굉장히 성공적인 비즈니스 모델로 회자되는 항공사다.

동부에서는 젯블루jetBlue가 여러 노선에 걸쳐 취항하고 있다. 역시 무척 저렴한 가격이고 서비스도 나쁘지 않다. 한 달 전쯤 예매하면 되고 마찬가지로 최저가 캘린더를 주 단위로 볼 수 있다. 짐 1개를 무료로 부쳐준다. 알래스카 항공Alaska Airline도 저가 항공사인데 예매를 좀 일찍 해야 싸고 그렇지 않으면 별로 이득이 없다. 짐을 부치려면 개당 20불을 더 내야 한다.

사우스웨스트 같이 저렴하고 좋은 항공사를 외국인들이 잘 모르는 이유는 프라이스라인이나 카약닷컴 같은 항공권 가격비교 사이트에 나오지 않기 때문이다. 하지만 그런 사이트에서 보여주는 최저가보다도 사우스웨스트가 더 저렴할 때가 많다. 게다가 변경수수료와 수화물 비용이 따로 없다는 것을 간과하면 안 된다. 사우스웨스트 외 다른 항공사들은 변경이나 취소 시 수수료가 엄청나게 높아 때로는 항공권 구입 가격보다 비싸고, 국내선에서 수화물을 부치려면 첫 번째 짐은 25불, 두 번째 짐은 35불씩 추가비용을 내야 하기 때문이다.

동부 도시여행 – 뉴욕, 시카고, 보스턴

말이 필요없는 뉴욕, 진짜 미국을 볼 수 있는 시카고, 하버드가 있는 보스턴. 미국 동부에는 미국 최대의 도시 뉴욕, 가장 미국적인 미국을 볼 수 있는 도시 시카고, 하버드와 MIT로 더 유명한 대학도시 보스턴이 있다.

뉴욕 New York City

뉴욕에 대해서 더 무슨 말을 할 수 있을까. 수많은 영화와 미드, 노래의 소재가 되었고 또 되고 있으며 화려한 외양 뒤에 수많은 그림자를 가지고 있는 도시, 뉴욕! 미국에서 열 개가 넘는 도시를 다녀봤지만 뉴욕은 그 어떤 도시들과도 느낌이 달랐다. 뉴요커들은 무척이나 바쁘고 날카로우며, 캘리포니언들에 비해서 무척이나 불친절했고, 서로 포옹도 잘 하지 않았다. 한국보다 훨씬 여유 있다고 생각한 미국에서 가장 서울같이 번잡한 도시였다. 하지만 조금 지내면서 알고 보면 그 차가움 속에 따뜻한 인간미가 있는 곳이 또한 뉴욕이다. 그래서 뉴욕은 짧은 일정으로 머물러서는 사람에 치이고 길만 헤매다가 그 진가를 제대로 발견하지 못하기 십상이다. 최소한 닷새 이상의 넉넉한 일정으로 가는 것을 추천한다.

갈 곳은 정말 많다. 뉴욕의 상징 타임스퀘어와 세계적으로 유명한 뮤지컬의 본산인 브로드웨이, 엠파이어스테이트 빌딩, 센트럴 파크, 월스트리트와 사우스스트리트 시포트, 브루클린 다리, 그라운드 제로 등등. 월스트리트에 있는 작은 공원인 주코티 공원Zuccotti Park이 바로 오큐파이 운동의 진원지로 아직까지도 여러 시위나 퍼포먼스가 펼쳐져 흥미를 끄는 곳이다. 월스트리트에서 가까운 사우스스트리트 시포트는 상대적으로 덜 알려졌지만 허드슨강과 브루클린 다리를 조망할 수 있는 최고의 장소다. 2층 푸드코트의 발코니를 찾아가보자.

자유의 여신상은 맨해튼 남부의 배터리 파크Battery Park에서 볼 수 있다. 가까이서 보려면 배터리 항구에서 출발하는 페리를 타고 프리덤 아일랜드Freedom Island에 가면 되는데 가격은 오디오투어 포함 17불이다. 맨해튼 남부의 스테이튼 아일랜드Staten Island까지 시에서 운영하는 무료페리가 다

 Is this New York?　　　　　　　　　>>> This is New York.

니는데, 이걸 타도 자유의 여신상을 비교적 가까이서 볼 수 있으니 돈을 절약하고 싶은 사람에게 추천한다.

록펠러센터는 싸이가 출연한 NBC 투데이쇼의 촬영 현장이기도 했던 곳으로 꼭대기에 있는 탑 오브 더 락은 최근 엠파이어스테이트 빌딩의 아성을 무너뜨리고 있는 훌륭한 전망대로 부상하고 있다. 맨해튼 동쪽에 있는 유엔본부를 놓치기 쉬운데, 한국어 투어도 있을 뿐더러 반기문 사무총장의 초상화 앞에서 찍는 인증샷은 한국인이라면 하나씩 다 찍어오는 사진이므로 기념해보는 것도 좋겠다.

그 외 뉴욕의 가로수길로 통하는 블리커스트리트Bleeker Street를 중심으로 한 그리니치 빌리지, 첼시마켓, 소호SOHO, 하루 이틀로는 다 볼 수도 없을 정도로 큰 메트로폴리탄 박물관과 현대미술관MOMA, 구겐하임 미술관 등 볼거리, 즐길거리가 가득하다.

이런 뉴욕에 오래 머물며 구경하고 싶지만 유난히 비싼 숙박비를 감당하기가 쉽지 않다. 뉴욕에서 가장 싸게 숙소를 찾는 방법은 한인민박이다. 시설을 떠나 1박에 150불 이하인 호텔을 아예 찾아보기 힘든 뉴욕에서는 상당히 유용하다. 한인민박을 통해 더블룸을 하루 1백불에 빌렸는데 입실 시 매니저에게 말을 잘 하면 더 깎아주기도 한다. 한인민박은 게스트하우스 형태로 운영되기도 하지만 대개 단기 서브리스 개념으로 직원이 상주하는 프론트 데스크나 부대시설은 없지만 특별히 불편한 점 없이 지낼 수 있다. 한인민박 외에 저렴한 숙소로는 맨해튼 곳곳의 호스텔이나, 사실상 모텔급으로 시설이 수수하기는 하지만 잠시 지내기에는 불편함이 없는 데이즈호텔 브로드웨이Days Hotel Broadway가 괜찮은 편이다.

〈한인텔 hanintel.com〉

시카고 Chicago

가장 미국적인 미국 도시는 어디일까? 서부의 샌프란시스코와 동부의 뉴욕만 해도 느낌이 무척 다르기 때문에 평균적인 미국 도시가 어디라고 수렴해버리기가 쉽지는 않다. 하지만 많은 미국인들은 시카고를 꼽는다. '작은 뉴욕'이라는 별명이 붙어있기도 한 시카고는 갖가지 형태의 아름다운 마천루가 빼곡한 스카이라인을 자랑하고, 얄팍한 이탈리아 피자로는 배가 차지 않았던 미국인들이 개발한 시카고 딥디시 피자Deep Dish Pizza가 명물이며, 맑디맑은 미시간 호수Lake Michigan에서 수영을 즐길 수도 있다. 미시간 호수 주변에는 마치 진짜 바닷가처럼 모래사장이 깔린 해수욕장이 여럿 있다. 여름에도 물이 무척 차고, 춥기로 유명한 시카고의 겨울에는 아예 얼어붙어 버려서 수영을 할 수 없다.

시카고는 워터타워, 트리뷴타워, 리글리빌딩 등 유명한 건축물이 많아서 건축물 투어도 있으니 참가해봐도 좋겠다. 94층의 전망대로 유명한 존 핸콕센터에는 96층에 바가 있는데, 바에서 맥주를 한 잔씩 주문하면 전망대 입장료를 내지 않고도 시카고 최고의 전망을 즐길 수 있다. 특히 이곳 여자화장실에서 보는 전망이 가장 훌륭하다고 하니 여성이라면 잠시 들러 확인해보자.

네이비피어Navy Pier에서는 수요일과 토요일마다 불꽃놀이가 펼쳐지니 날짜가 맞는다면 놓치지 말도록 하고, 이곳 관람차에서 보는 시카고의 야경 또한 유명하니 참고하자. 밀레니엄 파크에서는 다양한 문화 행사가 펼쳐지고, 블루스와 재즈가 유명한 시카고의 재즈 클럽을 방문해 밤문화를 즐겨도 좋겠다.

오헤어ORD와 미드웨이MDW 두 개의 공항이 있는데 미국 내에서는 미드웨이 공항으로 가는 것이 좋다. 오헤어 국제공항은 세계에서 가장 바쁜 공항으로 모든 수속 시간이 오래 걸리고 시내로부터의 거리도 멀기 때문이다. 미드웨이 공항에서는 CTA_{Chicago Transit Authority} 트레인으로 약 30분이면 시카고 도심에 도착한다.

보스턴 Boston

하버드와 MIT가 있는 보스턴은 학구열을 불태우는 어학연수생들이 가장 많이 선택하는 도시다. 보스턴 차 사건이 일어났던 곳이기도 하며, 미국 건국과 관련된 사적이 많이 남아 있는 유서 깊은 도시다. 보스턴 커먼Boston Common이라는 공원에서 출발하는 붉은 길인 프리덤 트레일Freedom Trail을 따라 자유의 나라 미국이 세워진 흔적들을 따라가 볼 수 있다. 도시가 아담하고 MBTAMassachusetts Bay Transit Authority라고 하는 대중교통 노선이 잘 갖춰져 있어 이동도 편리하다. 고풍스런 건물이 많고 정돈이 잘 된 도시라 쾌적한 기분으로 여행할 수 있다.

하버드 대학교는 보스턴 서쪽의 케임브리지에 위치한다. 지하철 레드라인을 타고 하버드Harvard역에 내리면 된다. 캠퍼스 입구에 위치한 홀요크센터의 인포메이션센터에서 재학생들이 안내해주는 무료투어를 신청할 수 있다. 그 외에 관광객들을 대상으로 하는 사설 투어도 있는데 비용이 더 비싸므로 무료인 공식 투어를 받는 편이 좋다. 학교 앞에 맛집이 많은데 멕시칸음식을 파는 보더스Bordor's와 미국에서도 열 손가락 안에 꼽히는 햄버거 가게인 바틀리 버거Batley's Gourmet Burgers를 추천한다.

푸르덴셜타워 앞에서 출발하는 덕 투어Duck Tour에 참가하면 대부분의 명소를 가이드의 재치 있는 입담과 함께 둘러볼 수 있다. 수륙양용의 오리 자동차를 타고 보스턴 시내 곳곳은 물론 아름다운 찰스강 위를 달리기 때문에 매력이 넘치는 투어다. 찰스강은 7월 4일 독립기념일 불꽃놀이 때 온통 아름답게 수

》》》 보스턴의 명물 덕 투어

놓아지는 곳이기도 하다.

170여 년의 전통을 자랑하는 퀸시마켓Quincy Market은 맛있는 식당들과 쇼핑하기 좋은 상점들이 모여 있는 시장이다. 과일 등 식료품을 파는 재래시장도 가까이 있고 사람들이 모이는 광장 같은 곳이라 길거리 공연도 자주 펼쳐져 가볼 만한 곳이다.

로건 국제공항BOS에서 MBTA 지하철로 시내까지 편리하게 이동할 수 있다. 뉴욕에서는 버스로 4시간 정도 걸린다.

이 외 미국 동부에서는 미국의 수도인 워싱턴 DC, 크림치즈로 유명한 필라델피아, 나이아가라 폭포가 있는 버팔로Buffalo 등에 가보면 좋다.

아이비리그 두 가지 속설

그 이름도 찬란한 아이비리그는 미국 동부의 명문 사립대를 일컫는다. 아이비리그 소속 대학은 브라운Brown, 콜롬비아Columbia, 코넬Cornell, 다트머스Dartmouth, 하버드Harvard, 프린스턴Princeton, 예일Yale, 유펜U-Penn; University of Pennsylvania 등 8개 학교다. 모두 이름만 들으면 알 정도로 유명하고 역사도 오래된 학교들이다. 이 중 미국에서 가장 전통 있고 좋은 학교로 치는 하버드(H)와 예일(Y), 프린스턴(P)은 한국의 'SKY' 처럼 'HYP' 라는 별칭으로 부르기도 한다.

아이비리그라는 이름의 유래에는 두 가지 설이 있다. 첫 번째는 8개 대학들에 모두 많은 담쟁이덩굴Ivy 때문이라는 설이다. 1937년에 컬럼비아대학과 유펜의 미식축구 경기를 취재하던 캐스웰 애덤스 기자가 '이런 담쟁이덩굴로 뒤덮인 곳에서 미식축구를 봐야 하나' 고 푸념하자 동료인 스탠리 우드워드 기자가 기사에 담쟁이덩굴이라는 단어를 사용하여 아이비리그Ivy League라는 명칭이 생겼다는 것이다.

두 번째는 콜롬비아, 하버드, 프린스턴, 예일 대학교가 미식축구 리그를 구성했을 때 로마숫자 Ⅳ(4)를 영어철자 그대로 발음한 데서 유래했다는 설이다. 설이야 어쨌든 1954년 이후 8개 대학교가 매년 미식축구 경기를 개최하면서 공식적으로 아이비리그가 시작됐고, 그 이후에는 동부의 명문 사립대학을 의미하는 단어로 사용되고 있다.

남부의 향기, 뉴올리언즈 여행

미국은 동부와 서부의 대도시를 중심으로 여행하는 것이 일반적이지만 남부의 매력도 빼놓으면 아쉽다. '바람과 함께 사라지다'의 배경이 된 애틀랜타는 마틴 루터 킹 목사가 흑인 해방운동을 시작한 역사가 있는 도시고, 디즈니월드가 있는 올랜도, 길게 펼쳐진 해변이 아름다운 마이애미, 헤밍웨이가 사랑했다는 키웨스트는 물가는 비싸지만 연중 기후가 좋아 인기가 높은 휴양지다. 샌안토니오나 엘패소, 산타페이 같은 도시는 상대적으로 비행 수요가 적어 항공권은 비싼 편이지만 멕시코와 가까워서 동부나 서부와는 다른 독특한 분위기를 느껴볼 수 있다.

텍사스 주의 오스틴 같은 대학도시나 재즈의 고향 뉴올리언스는 미국의 다른 도시에는 흔치 않은 밤문화를 자랑한다. 특히 금요일 저녁이면 거리에서 각종 길거리공연이 펼쳐지고 신나는 음악이 울려퍼져 절로 어깨가 들썩인다. 특히 뉴올리언스는 2005년 태풍 카트리나로 무너진 도시로 알려졌으나 본래는 유명한 관광지다. 프랑스, 스페인, 미국이 각각 통치하면서 각국의 문화가 어우러져 특색 있고 아름다운 도시가 되었다. 현재는 도시가 거의 완벽하게 재건되었기 때문에 방문을 주저할 이유가 없다. 프렌치쿼터French Quarter의 로열스트리트Royal Stree와 버번스트리트Bourbon Street를 중심으로 볼거리와 즐길거리가 빽빽이 있다. 재즈 공연을 하는 클럽과 바, 식당, 기념품 가게와 갤러리 등 구경만 해도 즐거워지는 가게들이 많다. 남쪽의 매거진스트리트Magazine Street는 우리나라의 가로수길이나 삼청동처럼 예쁜 가게와 갤러리 들이 늘어서 있는 거리인데 길을 따라 걸으며 구경하는 재미가 쏠쏠하다. 뉴올리언스 거리를 걷다보면 나무나 울타리에 싸구려 구슬 목걸이가 주렁주렁 걸려 있는 모습을 자주 볼 수 있다. 이는 2월의 마디그라Mardi Gras 축제 때 미시시피강 위의 배에서 뿌리는 것으로 뉴올리언스 주민들은 집집마다 이 때 받은 구슬 목걸이를 잔뜩 걸어놓는다. 검보Gumbo와 잠발라야Jambalaya, 포보이Po-Boy 등 다른 지역에는 없는 특별한 음식을 맛보는 것도 뉴올리언스 여행의 묘미이다.

페스티벌 완전 즐기기

시기별로, 지역별로 펼쳐지는 축제 일정을 체크하면 여행이 더욱 풍성해진다. 포틀랜드는 5월말에서 6월초의 장미축제 기간에 가는 것이 좋고, 5월의 샌프란시스코에서는 히스패닉 이민자들을 중심으로 미션 카니발이 펼쳐진다. 6월에는 미국 전역의 대도시에서 게이 퍼레이드가 펼쳐지는데, 가장 큰 퍼레이드는 샌프란시스코의 카스트로 일대가 중심이다.

또한 미국에서 제대로 즐길 수 있는 축제 중 하나는 EDM 즉 일렉트로닉댄스뮤직 페스티벌이다. 레이브Rave라고도 하는 대형 뮤직 페스티벌은 우리나라의 록페스티벌처럼 큰 인기를 끌고 있다. 한국에서는 한 번 내한했다 하면 난리가 나는 티에스토나 스티브 아오키, 덕소스, 아프로잭, 데이빗 게타 등 유명한 DJ들의 음악을 미국에서는 어렵지 않게 접할 수 있으니 티켓마스터ticketmaster.com 같은 사이트를 미리미리 확인해두자.

유명한 레이브로는 흔히 EDC라고 줄여 부르는 일렉트릭 데이지 카니발Electric Daisy Carnival이나 코첼라Coachella 등이 있다. EDC는 미국에서 가장 유명한 레이브로 매년 개최장소가 달라진다. 최고의 디제잉을 들을 수 있는 일렉트로닉 페스티벌이라고 자부한다. 코첼라는 우리나라의 지산 밸리 록페스티벌처럼 매년 일정한 장소에서 개최된다. 캘리포니아 남부의 코첼라 밸리에서 열리며, 일렉트로닉뿐 아니라 록과 인디, 힙합 등 다양한 장르의 음악을 들을 수 있다는 것이 장점이다.

〈일렉트릭 데이지 카니발 electricdaisycarnival.com〉

〈코첼라 www.coachella.com〉

볼드모트, 조커, 슈퍼맨…….
너는 어떤 코스튬을
입고 올래? 할로윈데이
-상준

솔직히 유치할 거라고 생각했어. 별로 대단할 건 없을 줄 알았지. 하지만 할로윈데이 몇 주 전부터 준비하는 미국 친구들의 코스튬을 보고, 할로윈 파티복, 코스튬 전문 매장에 들어서고 나자 할로윈은 단순히 사탕 받으러 돌아다니는 아이들을 위한 날만이 아니란 걸 깨닫게 되었어.

할로윈은 엄연히 어른들의 파티였어. 10월 31일, 할로윈데이 일주일 전부터 여러 프래터니티 하우스와 여러 친구들의 집에서 할로윈 파티가 열렸어. 원래 친구들 집에서 하는 가벼운 파티에는 드레스코드가 없는 편이야. 그래서 학교 수업이 끝나고 나서 안주거리나 맥주를 조금 사서 친구 집에 가면 될 뿐이었지. 하지만 할로윈 파티는 달라. 빈드시 코스튬을 입어야 해. 멋진 정장이나 예쁜 드레스를 입어야 하냐고? 아니! 무조건 자기를 파괴(?)해야 해. 늘 점잖은 표정으로 이야기를 하던 친구는 얼굴에 분칠을 하고 빨간 립스틱을 발라 조커로 분장했어. 상의를 벗고 직접 나무껍질로 만든 옷 비슷한 걸 걸치고 신이 나서 춤을 추더군.

고대 서양문명에서는 11월 1일에 새해가 시작된다고 믿었고, 한 해의 끝은 10월 31일이라고 생각했다고 해. 이날 밤에는 망자의 영혼이 가족을 방문하거나, 정령이나 마녀가 나오는 날이래. 그래서 귀신이 집에 들어오지 못하도록 무서운 코스튬을 입게 된 거야.

두 번의 할로윈 코스튬 파티에 갔어. 마녀들과 함께 호박을 먹고, 볼드모트와 쓴 독주를 마셨지. 그런데 같이 놀았던 친구들이 누구였는지, 코스튬과 분장 때문에 잘 기억이 안 나. 마이클이 볼드모트였던가? 슈퍼맨이었나?

PART 5
아쉬운 작별,
실속까지 챙겨
귀국하기

도저히 적응되지 않을 것만 같던 미국 생활, 이제는 한국보다 더 편해진 기분이다. 정든 학교, 집, 친구들과 헤어지려니 발길이 떨어지지 않는다. 교환수학한 학교는 앞으로 제2의 모교이자 미국에서의 고향으로 기억될 터. 아쉽기만 한 작별이지만 실속 있는 수확도 잊지 말자. 이별에도 예의가 있고 절차가 있는 법. 수학 종료와 귀국 준비, 귀국 후 학점인정 절차까지 속속들이 살펴본다.

트랜스퍼하기

미국에서 '학교를 트랜스퍼한다'고 말하는 것은 전학 내지는 편입을 말한다. 미국은 우리나라에 비해 트랜스퍼 학생Transfer Student 즉 편입생이 많다. 한국 유학생들 중에도 커뮤니티 칼리지에 다니다가 더 좋은 학교로 편입하는 경우가 자주 있다. 우리나라에 비해 편입이 쉬울 뿐더러, 저학년 때는 학비가 저렴한 커뮤니티 칼리지에서 기초 과목을 듣고 나서 명문대로 편입해 좋은 졸업장을 따고자 하는 경우도 있다.

교환학생이나 어학연수생이 학교를 트랜스퍼한다고 말할 때는 편입보다 전학의 의미가 강하다. 교환수학 전에 미리 어학연수를 하고 싶은 경우, 먼저 어학연수 기관의 I-20을 받아 미국에 입국한 뒤 교환수학할 학교의 I-20을 현지에서 받으면 된다. 새 I-20가 나오면 기존의 I-20는 효력이 없어진다. 교환수학을 마치고 다른 학교에서 여름계절학기를 듣고 싶은 경우, 테솔 등 수료하고 싶은 과정이 있는 경우에도 같은 방식으로 옮길 학교에 트랜스퍼 양식을 제출하고 새 I-20을 받으면 된다.

수학 종료 후 주어지는 60일간의 출국준비기간은 새 학교를 알아보고 옮기는 기간이기도 해서, 60일 안에만 새 I-20을 받으면 되므로 수학 종료 후 바로 한국에 들어가기 아쉽다면 트랜스퍼해서 더 공부할 만한 학교가 있는지 알아볼 수 있다. 이렇게 해서 옮긴 학교를 한 학기를 다니든

한 달을 다니든, 심지어 2주만 다니더라도 수학 종료 후에는 또다시 새로운 출국준비기간 60일을 받게 되므로 여행 등의 이유로 미국에 더 머무르고 싶은 경우 참고하자.

절차를 잘 몰라서 그렇지 간단한 트랜스퍼 양식만 작성하면 되기 때문에 어려울 건 전혀 없다. 어학연수 기관과 교환수학 기관 양쪽에 트랜스퍼 의사를 알리고 행정적인 처리를 부탁하면 된다. 트랜스퍼 절차 역시 현지 학교에서 처리해줘야 하는 업무이기 때문에 추가비용을 내라거나 하는 일은 결코 없으니 안심하자. 참고로 이러한 트랜스퍼는 학생비자인 F-1 비자인 경우에만 가능하다.

여권을 분실했다면? 비상상황 대처법

여권 분실 시

여권을 잃어버리면 여권 그 자체는 물론 그 안에 들어있는 비자와 I-94를 모두 잃어버리기 때문에 매우 슬픈 상황이 발생한다. 여권 자체보다도 비자와 I-94 때문에 문제가 더 복잡해질 수 있다.

일단 가까운 경찰서에 여권분실신고를 하여 분실확인서Police Report를 발급받아야 한다. 이 분실확인서는 여권을 재발급받기 전까지 계속 필요하므로 여러 상 복사해두는 것이 좋다. 그리고 가까운 대사관이나 영사관에 신고하여 임시여권을 신청한다. 임시여권을 발급받기 위해서는 경찰서에서 받은 분실확인서와 여권분실사유서, 사진이 있는 신분증, I-20, 증명사진 2장, 여권용 사진 2장이 필요하다. 임시여권의 유효기간은 보통 1년이기 때문에 보통 한국에 들어갈 때까지 사용할 수 있다. 임시여권 발급에 드는 수수료는 42불이고 3~4주의 시간이 소요된다.

√ 대사관과 영사관의 차이

대사관은 보통 해당 국가의 수도에 위치한다. 미국의 경우 워싱턴 DC에 주미 한국대사관이 위치한다. 대사를 파견하여 우리나라를 대표하는 역할을 하는 기관이 대사관이다. 그렇다면 영사관은? 국가를 대표하기보다는 자국민의 이익을 보호하기 위해 존재한다. 그래서 여권 분실과 같이 위급한 상황에서는 대사관보다 영사관을 찾는 편이 일처리가 빠르다. 위치도 워싱턴 DC뿐만 아니라 뉴욕, 샌프란시스코 등 대도시마다 소재해 있다.

보통 '현지 공관'이라고 말하면 대사관과 영사관을 통틀어서 말하는데 대사관에도 영사과가 있고, 민원 업무를 처리하기도 한다.

미국비자 분실 시

비자는 미국에 입국하기 위해 필요한 것이기 때문에 잃어버려도 당장에는 별 문제가 없다. 하지만 방학을 이용해서 다른 나라에 갔다가 다시 미국에 들어오려는 경우, 한국에 귀국했다가 나중에 또 미국에 공부하러 오고 싶은 경우에는 비자의 원 발급처인 주한미국대사관 혹은 미 국무부를 통해 새 비자를 발급받아야 한다. 미국비자가 붙어있는 여권을 분실신고하면 여권을 다시 찾더라도 해당 비자는 더 이상 유효하지 않기 때문에, 아예 비자를 새로 다시 받는 것과 마찬가지다. 한 번 해봐서 알지만 과정도 복잡하고 비용이 만만치 않은데다가, 여권 분실 경력이 있는 사람은 추후 전자여행허가제를 이용할 수 없는 등의 불이익이 있다. 그러므로 여권 및 비자를 절대 분실하지 않도록 주의하자.

I-94 분실 시

여권 속에 붙어 있는 출입국 기록카드인 I-94를 잃어버리면 문제가 커진다. 일단 재발급 비용이 330불이나 든다. I-102라는 서류를 작성해서 미 이민국US Citizenship and Immigration Services에 보내야 한다. 재발급 비용을 머니오더나 수표로 동봉해야 하며 기간은 최소 6주에서 3개월까지도 걸린다. 입국이 얼마 남지 않아 더 빨리 I-94가 필요할 수 있는데 이 경우는 비용이 더 든다. 절대로 I-94를 잃어버리지 않도록 하자.

〈미 이민국 홈페이지 uscis.gov〉

I-20, DS-2019 분실 시

다행스럽게도 I-20나 DS-2019는 무척 중요한 서류임에도 불구 쉽게 재발급이 가능하다. 발급기관인 학교 담당자에게 사실을 알리고 재발급을 요청하면 된다. 대개 추가비용없이 2주 안에 재발급 된다.

카메라 분실 시

카메라와 같은 귀중품을 분실했을 경우 빨리 가까운 경찰서를 찾아 분실확인서를 받아야 한다. 여행자보험에 가입돼 있는 경우 보상을 받을 수 있기 때문이다. 잃어버렸을 만한 장소를 떠올려 보고 짐작가는 곳 근처의 관광안내소나 유실물센터Lost & Found 등에 분실물의 생김새를 설명하고 연락처를 남겨두자.

수학 중 중도 귀국해야 하는 경우

수학기간 중 집안의 경조사 등으로 한국에 다녀와야 한다면 학교의 교환학생 담당 부서에 알리고 I-20나 DS-2019에 DSO의 서명을 받고 다녀올 수 있다. 건강 등의 문제로 수학을 중도 포기해야 하는 경우 먼저 한국 본교의 국제처 담당자와 충분히 상의해야 한다. 중도 휴학으로 처리되기 때문에 양교에 낸 등록금을 돌려받게 되는데, 학기초일수록 많이 돌려받을 수 있다. 한국 본교의 등록금은 장학금으로 감면 처리된 경우가 많기 때문에 오히려 돈을 내야 휴학을 할 수 있는 경우도 생긴다.

긴박한 사유로 인해 수학을 중단하게 되면 이민법상 15일 이내에 출국해야 하는 것이 원칙이다.

귀국 시 I-94 카드를 제출하지 않았다면

여권에 붙어 있는 I-94는 귀국 시 이민국에 제출해야 하는데 보통은 항공사 직원이 떼어서 처리해준다. 하지만 실수가 생겨서 I-94를 제출하지 않은 채 한국에 돌아오게 된 것을 뒤늦게 발견했다면 날짜와 서명이 담긴 영문사유서, 미국 출국 시 사용한 탑승권 원본, 미국과 한국의 출입국 도장이 찍혀 있는 여권 페이지 사본 등을 I-94와 함께 미 이민귀화국 Immigration and Naturalization Service으로 보내야 한다. I-94가 제대로 제출되지 않으면 미국에서 출국했다는 기록이 남지 않기 때문에 이민국에 의해 불법체류자로 간주된다. 따라서 추후 미국 입국 시 비자가 나오지 않는 등 문제가 발생한다.

발송할 주소는 아래와 같다. 만일의 우편 사고를 대비하여 반드시 복사본을 만들어두고 원본을 보내도록 하자.

ACS-INS SBU
P.O.Box 7125
London KY 40742-7125 USA

귀국 준비

집 정리하기

기숙사에 사는 경우 짐을 빼고 청소만 하면 되지만 아파트를 렌트한 경우에는 조금 절차가 복잡하다. 퇴거 전 렌트계약서를 다시 살펴보고 보증금을 어떻게 돌려받게 되는지 확인하자. 보통은 수표로 보내주기 때문에 한국에서 보증금을 받게 되면 환전해서 쓰거나 외화예금을 개설해서 돈을 넣어두는 게 좋다. 교환학생들이 본국으로 돌아가고 나면 보증금을 돌려받지 못해도 대처할 방법이 없다는 사실을 악용해 보증금을 제대로 돌려주지 않는 아파트나 집주인이 많다. 이런 피해를 최대한 방지하기 위해 미리 퇴거 시 규정을 확인하여 아까운 보증금을 날리지 않도록 하자. 기물을 파손했거나 청소를 제대로 하지 않은 경우에는 보증금에서 일정 액수를 공제한 금액만을 돌려받게 된다.

아파트 계약기간이 남아 있는 경우에는 미리미리 크레이그리스트와 유럽, 페이스북 그룹 등을 통해 서브리스 광고를 내둔다. 학생들이 많이 사는 동네일수록 학사 일정이 같이 때문에 서브리스 구하기가 쉽지 않다. 서브리스를 빨리 구하기 위해서 원래 렌트보다 저렴하게 할인해서 내놓는 경우가 많다.

짐 정리하기

살다보면 짐이 늘기 마련인지라 도저히 짐을 다 짊어지고 돌아갈 수 없게 돼버린다. 귀국 이사를 도와주는 한인업체를 통해 미리 짐을 한국으로 부쳐버리는 것이 좋다.

현대해운cyhds.com 드림백을 이용하면 LA 기준 119불의 고정된 가격으로 최대 38kg까지 짐을 부칠 수 있으며, 짐을 넣어 보낼 수 있는 이민가방도 제공해 준다. 소량 화물의 경우 가장 좋은 방법이며 미국에서 쇼핑을 너무 많이 해서 짐이 늘었다거나 한국으로 돌아가기 전 짐을 직접 가지고 가기 어려운 경우 이용하면 편하게 한국 집에서 택배로 짐을 받아볼 수 있다. 발송 후 짐을 받아보기까지 시일은 30~35일 정도 걸리며, LA 외 지역의 경우 UPS를 통해 이민가방을 LA로 보내야하기 때문에 소요되는 비용과 시간이 늘어난다.

비슷한 서비스로 범양해운anyex.co.kr의 애닉스가 있는데, 이민가방 대신 종이상자를 제공하지만 상자 크기가 다양해서 짐이 적은 경우 유리하다. 유학생 귀국짐 서비스인 유씨아저씨iloveuc.com는 무료견적을 통해서 최적의 방법으로 짐을 보낼 수 있게 도와준다.

한국으로 가져가기 어려운 옷가지나 책 들은 현지의 중고가게에 기증하면 좋다. 한국어로 된 책이나 여행 책자들은 아이하우스 등 국제학생들이 계속 모이는 곳에 기증하면 다음 교환학생들에게 도움이 된다. 자전거나 가구는 미리미리 크레이그리스트에 올려서 처분하자.

은행계좌 닫기

이용하던 은행에 가서 계좌를 닫고 출국해야 한다. 진행 중인 거래가 있으면 계좌를 닫지 못하니 최소 일주일 전부터 체크카드를 쓰지 말자.

귀국 쇼핑

귀국 시에는 미국에서 싸게 살 수 있는 물건을 사 가는 게 좋다. 보통 귀국 전 아울렛에 가서 가족들을 위한 옷이나 가방 등을 사게 된다. 마트에 가서 피시오일 등 미국에서 저렴한 영양제를 몇 통 사 가면 좋고, 미국에서만 찾아볼 수 있는 과자 등 즐기던 것이 있으면 사 가서 미국을 추억하는 것도 괜찮을 것이다.

한국에 아직 출시되지 않았거나 한국에서는 비싼 화장품을 사 가면 유용하게 쓸 수 있다. 바디샵이나 러시 등 한국과 가격차이가 심하게 많이 나는 브랜드 제품 중 쓸 만한 것을 찾아보자. 탐스슈즈나 나이키 운동화, 빅토리아 시크릿Victoria's Secret 속옷이나 아베크롬비 티셔츠 등도 많이들 구입한다.

다니던 학교의 로고가 새겨진 후드티나 머그컵과 같은 기념품도 많은 교환학생들이 꼭 하나씩 구입해가곤 하는 귀국 쇼핑 품목이다.

친구들과 작별하기

길다면 길고 짧다면 짧은 교환학생 기간 동안 정든 친구들과 헤어질 때가 왔다. 특별히 친했던 친구들에게는 한국에서 가져온 기념품이나 마음이 담긴 카드를 선물하면 좋다. 미국인들은 소박하게 카드 주고받는 것을 좋아하기 때문에 친구들에게 큰 감동을 줄 수 있다. 마트나 서점에서 목적에 맞는 다양한 카드를 살 수 있다.

귀국 후에도 페이스북이나 이메일을 통해 계속 연락을 주고받고, 나중에 서로의 나라에 방문할 수도 있으니 인연을 소중히 여기자.

귀국 및 학점인정 받기

소중했던 미국에서의 교환학생 시절이 끝나고 한국으로 돌아간다. 입국 시와 마찬가지로 비싼 추가비용을 물지 않도록 짐을 잘 싸고, 항공편이 제때 출발하는지 재확인하여 일정에 차질이 없도록 한다. 여권에 붙어 있는 I-94가 제대로 처리되었는지 확인한다.

귀국 후 본교의 요구에 따라 수학보고서를 작성해 제출하고, 학점인정을 받아야 한다. 학기 종료 후 1달 이내에 미국 대학에서 성적표를 우편으로 보내준다. 보통은 본교 국제처와 학생 본인에게 각 1부씩 보내준다.

이를 스스로 개봉하면 공식 성적표로서의 효력이 없어지니 받은 성적표 그대로 국제처 혹은 학사지원과에 제출해야 한다. 공식 성적표가 도착하기 전이라도 인트라넷을 통해 성적을 확인할 수 있다.

학점인정 절차는 학교에 따라 절차가 조금씩 다른데, 미국 학교에서 들은 수업의 강의계획서를 요구하는 경우도 있으니 문서를 없애지 말고 잘 보관해두어야 한다. 전공 학점은 해당 학과의 전공주임교수 서명을 받아야 하고, 졸업학기인 경우 기일에 맞춰서 성적처리를 해야 제때 졸업을 할 수 있다. 하지만 성적표 발송 기일과 이수학점 부족의 문제로 8학기에 교환수학 한 경우에는 초과학기를 듣는 사람이 많다.

교환수학한 학교에서 받은 학점은 보통 평점평균에 포함되지 않지만 이는 학교마다 규정이 다르므로 출국 전 미리 확인해두어야 한다. 또, 미국의 평점평균는 4.0이 만점이기 때문에 한국 학점으로 환산할 때는 한 등급씩 높여주는 경우가 있다. 미국에서 B^+를 받았다면 A^-로, A^-를 받았다면 A^0로 바꿔주는 식이다.

알아두면 유용한 웹사이트

ⓘ 검색

구글   google.com
해외에서는 모든 검색의 기준은 구글이다.

위키피디아   wikipedia.com
미국 학생들은 위키피디아가 없으면 과제를 못한다고 할 정도.
교수님들은 위키피디아 정보 인용을 반기지 않지만 위키피디아
검색결과에 링크된 참고자료는 페이퍼에 활용할 수 있다.

ⓘ 어학 시험

토플   toeflgoanywhere.org
토플시험의 접수와 시험장 위치정보를 얻을 수 있다.

아이엘츠   ieltstest.or.kr / ieltskorea.org
아이엘츠를 주관하는 주한영국문화원과 IDP의 웹사이트로
시험에 관한 기본적인 정보를 제공한다.

ⓘ 항공권 예매

탑항공   toptravel.co.kr
투어2000   tour2000.co.kr
투어익스프레스   tourexpress.com
투어캐빈   tourcabin.com
인터파크 항공   air.interpark.com
대표적인 우리나라 항공권 판매 사이트로 다양한 항공권 할인
행사가 자주 진행된다.

ⓘ 지도

구글 맵   maps.google.com
자동차 여행 시의 경로 탐색이나 대중교통 정보 등 대부분의
길찾기 정보를 얻을 수 있다.

① 집 구하기

크레이그리스트   craiglist.com
도시별로 형성돼 있는 인터넷 중고장터로 자동차부터 아파트까지
다양한 매물이 거래된다.

유룹   uloop.com
대학생만 가입할 수 있는 커뮤니티 사이트로 룸메이트나 집을
구할 때 유용하다.

WISE 홈스테이   wise.wisefoundation.com/group—homestay
홈스테이를 연결해주는 기관으로 홈스테이 희망자와 미국 가정
을 매칭해준다.

홈스테이 파인더   homestayfinder.com
기관을 통하지 않고 개인적으로 홈스테이를 구할 수 있는 사이트.

① 장학금

아이엘츠 장학 프로그램   ieltstest.or.kr/bclELTSV1/info/info22.aspx
매년 5월에 모집하는 주한영국문화원의 아이엘츠 장학 프로그램.

미래에셋 해외교환학생 장학금 foundation.miraeasset.com/scholarship/overseas.do
매년 3월과 9월에 신청할 수 있다.

나도 유학생이다   eduhouse.net/event/2012/nadouhak.asp
유학네트와 피고디 이학원이 주최하는 장학생 선발 오디션
프로그램.

① 대외활동

대학내일   naeilshot.co.kr
영현대   young.hyundai.com
영삼성   youngsamsung.com

① 여권, 비자 관련

외교통상부 여권과 홈페이지   passport.mofat.go.kr
여권을 만드는 데 필요한 정보를 찾아볼 수 있다.

주한민국대사관 비이민 비자 안내 korean.seoul.usembassy.gov/visas_non—immigrant_visas.html

| 미국비자 신청 | ustraveldocs.com/kr_kr |
| 세비스 | fmjfea.com |

비자를 발급 받는 과정에 필요한 사이트 목록

| 미 이민국 홈페이지 | uscis.gov |

I-94나 비자를 분실했을 때 필요한 정보를 얻을 수 있다.

ⓘ 전화

| 스카이프 | skype.com |

전 세계 어디나 인터넷이 되는 곳이면 무료로 전화할 수 있다.

한아름마트 온라인 쇼핑몰	hmart.com
수다카드	sudacard.co.kr
119카드	119card.co.kr

국제전화카드를 저렴하게 구매할 수 있다.

ⓘ 행정, 우편업무

| USPS | usps.com |

미국 우체국 사이트로 배송비 조회, 우편물 위치 추적 등 다양한
서비스를 이용할 수 있다.

| UPS | ups.com |
| 페덱스 | fedex.com |

UPS와 페덱스는 미국의 대표적인 택배회사다.

| 캘리포니아 지역 차량국 홈페이지 | dmv.ca.gov |

ID카드와 운전면허증을 발급받을 수 있는 차량국의 위치와
운영시간 정보가 있다. 'ca'를 다른 주의 약자로 바꾸면 해당 주
차량국 홈페이지를 찾을 수 있다.

ⓘ 문화생활

| 티켓마스터 | ticketmaster.com |

한국의 인터파크 티켓 같은 예매 전문 사이트로 각종 공연 정보를
제공하고 예매도 할 수 있다.

| ESPN | espn.go.com |

미국의 스포츠 전문 방송으로 경기 일정 소개.

① 맛집

엘프   yelp.com
비싼 레스토랑부터 저렴한 패스트푸드까지 인근 지역의 맛집
정보를 제공한다.

자갓   www.zagat.com
레스토랑 추천 웹사이트로, 자갓의 인정을 받은 식당은 믿고 먹어도
좋다.

① 쇼핑

아마존   amazon.com
미국의 대표적인 인터넷 서점으로 책뿐만 아니라 각종 잡화,
의류 등 다양한 상품을 판매한다.

이베이   ebay.com
온라인 경매 및 오픈마켓 웹사이트로 우리나라의 옥션이나 지마켓
정도로 생각하면 된다.

세포라   sephora.com
화장품 전문 쇼핑몰로, 상품평과 순위가 잘 나와 있어 좋은 제품을
쉽게 고르도록 도와준다.

뽐뿌   ppomppu.co.kr
할인하는 제품 정보를 공유하는 웹사이트로 특히 해외뽐뿌 메뉴가
요긴하다.

슬릭딜   slickdeals.net
인터넷 쇼핑몰에서 제공하는 그날의 특가상품 정보를 정리하여
한눈에 볼 수 있게 해두었다.

① 교통

대중교통 정보   publictransportation.org/systems
미국 전역의 대중교통 정보를 지역별로 찾아볼 수 있는 웹사이트.

앰트랙   amtrak.com
미국 전역에서 운행하는 열차인 앰트랙의 운행 정보 확인과 예매가
가능하다.

그레이하운드	greyhound.com
메가버스	megabus.com
볼트버스	boltbus.com

버스회사 웹사이트로 티켓을 예약할 수 있고 지역별 버스 정류장 위치를 제공한다.

ⓘ 여행

프라이스라인	priceline.com
카약닷컴	kayak.com
익스피디아	expedia.com
모몬도닷컴	momondo.com
부킹버디닷컴	bookingbuddy.com

항공권과 호텔을 저렴하게 예약할 수 있는 웹사이트로 카약닷컴은 항공, 익스피디아는 호텔 등 각 사이트별로 강점이 있다.

ⓘ 여행 정보

트립어드바이저	tripadvisor.com

세계 각국의 호텔과 관광 정보를 공유하는 사이트.

프로머스	frommers.com

휴양지와 테마파크, 호텔, 항공료등의 정보를 제공한다.

론리플래닛	lonelyplanet.com

세계여행 안내서를 제공하며 국가별 여행 정보가 자세히 수록되어 있다.

카우치서핑	couchsurfing.org

여행자들의 무료 숙박 및 문화교류 네트워크.

ⓘ 렌터카

에이비스	avis.com
버짓	budget.com
엔터프라이즈	enterprise.com
허르츠	hertz.com

미국의 주요 렌터카 회사들로 차량 사진을 보며 예약과 결제를 할 수 있다.

학습

시소러스   thesaurus.com
동의어 사전으로, 보다 풍성한 페이퍼 작성하는 데 도움을 준다.

학습 가이드와 전략   studygs.net
학습전략 정보 제공 사이트로 공부에 필요한 다양한 학습 가이드와
전략을 제공한다.

퍼듀 온라인 라이팅 랩 OWL   owl.english.purdue.edu/owl
퍼듀 대학에서 운영하는 영작문 사이트로 다양한 영작 방법과
기술들을 알려준다.

귀국이사

현대해운   cyhds.com
범양해운   anyex.co.kr
유씨아저씨   iloveuc.com
미국에서 한국으로 많은 양의 짐을 보낼 때 유용한 운송회사.

한인 사이트

미국 각 대학의 한인학생회를 찾을 수 있는 사이트
gohackers.com/html/?id=USAstudy_studentlink

주미한국대사관   koreaembassy.org
홈페이지에서 영사민원 → 영사관 위치순으로 클릭하면 가까운
영사관의 위치를 확인할 수 있다.

북캘리포니아 한인회   sfkorean.com
샌프란시스코와 가까운 지역의 한인회 커뮤니티로 다양한 생활
정보를 제공한다.

헤이코리안   heykorean.com
한인 포탈 사이트로 특히 뉴욕 지역에서 렌트를 구할 때 유용하며
질문에 대한 답변도 잘 올라오는 편.

바다티비   bada.tv
UCC나 동영상이 많이 올라오는 한인 커뮤니티로 웬만한 한국
방송은 다 검색해볼 수 있다.

 유용한 스마트폰 애플리케이션(이하 앱)

 Maps   동네에서 길을 헤맬 때나 여행을 다닐 때 지도 앱이 있으면 편리하다.

 Yelp   이용자들의 평점을 기준으로 맛집 정보를 제공하는 앱이다. 이용자가 직접 쓴 리뷰를 볼 수 있고 업소의 주소와 전화번호도 알 수 있어 유용하다.

 Smithsonian Mobile   스미소니언 협회에 가입된 19개 박물관의 정보를 찾아볼 수 있다. 스미소니언 박물관은 전시 수준이 높을 뿐더러 입장료가 없기 때문에 여행 중 꼭 가보기를 추천한다.

 Amtrak   미국 기차인 앰트랙 앱으로 열차 시간을 확인할 수 있으며 예매도 가능하다.

 네이버 13개국 글로벌회화   영어는 물론 중국어, 프랑스어, 독일어 등 13개국 언어로 기본적인 회화 표현이 담겨 있다.

 Google   언제 어디서나 유용한 검색 도구인 구글.

 네이버 영어사전   스마트폰 속에 영어사전을 하나 담아두면 편리하다.

 Shazam   듣고 있는 음악의 소리를 인식해 제목을 찾아주는 앱.

Kayak 항공권과 호텔 예약 사이트로 유명한 카약닷컴의 앱 버전으로, 실시간 업데이트되는 티켓과 할인 정보를 바로바로 확인할 수 있다. 항공사 및 공항 정보도 제공해 알뜰한 여행에 도움이 된다.

 CouchSurfing 카우치서핑 웹사이트의 앱 버전으로, 인터페이스가 편리하고 여행 중에도 실시간으로 카우치 요청을 확인할 수 있다.

 빠른환율-조회/계산 그날그날의 환율 변동을 간편하게 확인할 수 있다.

 학교 앱 미국에서도 스마트폰을 많이 쓰기 때문에 앱스토어에 학교 이름을 검색해보면 대부분 앱이 있다. 학교 지도, 뉴스, 버스 시간표 등 유용한 정보를 얻을 수 있다.

 Skype 인터넷 화상전화인 스카이프를 앱으로도 이용할 수 있다. 컴퓨터로 이용하는 것에 비해 통화품질은 아무래도 떨어지는 편.

 ooVoo Video Chat 무료화상통화를 할 수 있는 앱. 비슷한 앱 중에서 가장 통화품질이 우수하다.

 Viber 한국에서도 많이 쓰는 무료통화 앱 바이버로 한국에 있는 가족, 친구와 연락할 수 있다.

 The Weather Channel 전세계 주요도시의 날씨 정보를 알려준다.

343

교환학생
완전정복

2012년 11월 26일 초판 1쇄 펴냄

지은이 박솔희 양상준
발행인 김산환
편집인 조동호
편집 정보영 윤소영
디자인 김재미

펴낸곳 꿈의지도
주소 경기도 파주시 교하읍 문발리 출판문화단지 516-2 성지문화빌딩 401호
전화 070-7535-9416
팩스 0505-991-9416
홈페이지 www.dreammap.co.kr
출판등록 2009년 10월 12일 제82호

ISBN 978-89-97089-16-1-13370